Zhongguo Shehui Guanli Luncong

中国社会管理论丛 2012

——城市化进程中的社会管理

主　编　龚维斌　马西恒

副主编　李志明　何海兵

国家行政学院出版社

图书在版编目(CIP)数据

中国社会管理论丛.(2012):城市化进程中的社会管理/龚维斌,马西恒主编.—北京:国家行政学院出版社,2013.10.

ISBN 978-7-5150-1008-3

Ⅰ.①中… Ⅱ.①龚… ②马… Ⅲ.①社会管理—中国—文集 Ⅳ.①D63-53

中国版本图书馆 CIP 数据核字(2013)第 250456 号

书　　名 中国社会管理论丛(2012)
——城市化进程中的社会管理
作　　者 龚维斌　马西恒　主编
责任编辑 陈　科
出版发行 国家行政学院出版社
(北京市海淀区长春桥路 6 号)
(010)68920640　68929037
http://cbs.nsa.gov.cn
编 辑 部 (010)68928764
经　　销 新华书店
印　　刷 北京金秋豪印刷有限责任公司
版　　次 2013 年 11 月北京第 1 版
印　　次 2013 年 11 月北京第 1 次印刷
开　　本 650 毫米×980 毫米　16 开
印　　张 31
字　　数 386 千字
书　　号 ISBN 978-7-5150-1008-3
定　　价 76.00 元

编辑委员会

认真学习党的十八大精神　深入推进城市化进程中社会管理教学科研咨询工作

——在2012年全国行政学院系统社会管理教研协作会议上的讲话

（代序）

周文彰

各位领导、各位专家：

今天，我们齐聚上海行政学院，举办城市化进程中的社会管理研讨会暨2012年全国行政学院系统社会管理教研协作会议。首先，我代表国家行政学院，向全体与会者表示热烈欢迎！对会议的召开表示热烈祝贺！

上个月，中国共产党第十八次全国代表大会在北京胜利闭幕。党的十八大是在我国进入全面建成小康社会决定性阶段召开的一次十分重要的大会，是我们党奋斗历程中又一次承前启后、继往开来的重要会议。它系统总结了党的十六大、十七大以来我国发展取得的历史性成就，回顾总结了三十四年来改革开放的伟大历史进程和宝贵经验，选举产生了德才兼备、年富力强的新一届中央领导集体，深刻阐明了我们党在新世纪坚持举什么旗、走什么路、实现什么奋斗目标等重大问题，对我国改革开放和社会主义现代化建设作出了全面部署。这是我们党团结和带领全国各族人民沿着中国特色社会主义道路继续前进、为全面建成小康社会而奋斗的政治宣言和行动纲领。

当前,社会建设和社会管理在我们国家整个改革发展进程中越来越重要,从中央到地方也越来越重视。胡锦涛同志在党的十八大政治报告中指出,建设中国特色社会主义,必须"全面落实经济建设、政治建设、文化建设、社会建设、生态文明建设五位一体总体布局",并作出了"在改善民生和创新管理中加强社会建设"的重要战略部署。胡锦涛同志还提出,要坚持走中国特色新型工业化、信息化、城镇化、农业现代化道路。这是继党的十六大以及十七届五中全会之后,我们党对中国特色城镇化道路作出的新论断、新部署。

正是在这样的背景下,我们来到上海,就城市化进程中的社会管理问题进行专题研讨,总结过去的工作,研究部署下一步如何学习和贯彻落实党的十八大精神,特别是其中有关社会建设和社会管理的战略部署,深入推进城市化进程中社会管理教学、科研、咨询工作,可谓恰逢其时,意义重大。我们选择在上海行政学院召开此次会议,我觉得是选择对了地方。上海的社会管理工作卓有成效,城市化水平高,上海行政学院办得也非常有特色。

借此机会,我谈以下几点意见,请大家批评指正。

一、充分认识城市化进程中社会管理创新的重要性和紧迫性

城市化进程是人口向城市集中、乡村地域向城市地域转化、城市生活方式和城市文明不断向农村传播扩散的历史过程,是人类社会经济发展的必然趋势和重要驱动力。改革开放以来,随着经济持续快速发展,我国城市化发展也取得很大进步。2011 年城镇化率由 1978 年的 17.9%上升到 51.3%,城市常住人口总量历史性地超过农村常住人口,这标志着中国城乡经济社会结构发生重大变化。截至 2010 年年底,我国城市数量由 1978 年的 193 个增加到 657 个,超过 100 万人口的城市由 29 个增加到 125 个,城市群逐步形成。城市

化取得这些发展成果，是我国改革开放累累硕果的重要组成部分；城市化的进一步发展，也必将为我国保持经济社会持续发展提供强大支撑，进而成为我国转变经济发展方式、推动经济结构调整升级的重要抓手。诺贝尔经济学奖获得者斯蒂格利茨曾预言：有两件大事将对21世纪人类社会进程造成深刻的影响，一是新技术革命，二是中国的城市化。

但是，我们也要看到，我国的城市化发展过程中也出现了一些必须高度重视和需要着力解决的问题，给社会管理提出了新要求、带来了新挑战。例如，2011年我国按常住人口计算的城镇化率已达51.3%，而按户籍人口计算的城镇化率仅为35%左右，即全国有2.1亿人以上是城乡两栖的“半城镇化”人口。这部分人口虽然进得了城，但是却享受不到城市同等的公共服务，融入不了所在城市，无法成为真正意义上的城市居民。究其原因，根本还在于我们的民生建设和社会管理工作还没做到位。

又如，随着经济发展以及城市用地规模的扩大，城市的地理边界不断向农村地区扩展和延伸，原有老旧城区也面临着改造和更新，这些都会涉及农村土地征用和城镇房屋拆迁等与群众切身利益密切相关的问题。在这个过程中，要想办法让城乡居民理解、支持和配合城市发展和城市化进程，同时，建立好权益保障机制确保群众合理合法权益不受损失，健全好诉求表达机制使得群众话有处说、冤有处诉、问题有处反映，完善好矛盾调解机制保证群众矛盾纠纷得到及时有效化解，对于我们科学有序推进城市化进程至关重要。

再如，大量人口在城市聚集，他们的各种物质和精神文化需求单靠政府无法有效满足，还需要通过引入社会组织、利用市场主体、借助家庭力量等方式来多方提供服务。多方主体的有效参与以及各种方式的有效协同就涉及了培育和引导社会组织发展、推进政府购买公共服务、制定适当的家庭社会政策以调动公民积极性等社会管理体制问题。

此外,在城市化、工业化大潮的推动下,大量农村剩余劳动力向城市转移,不少农村家庭出现空巢化,造成了数以千万计的留守儿童、留守妇女和留守老人,他们的学习、生活和精神慰藉等,也已成为当前农村社会管理和服务面临的突出问题。同时,返乡外出务工人员也面临着由于城乡制度分割造成的社会保障权益接续困难等现实问题,需要通过创新社会管理来加以解决。

因此,在我们继续深入推进城市化的过程中,进一步加强和创新社会管理,就显得尤为重要和紧迫。城市化进程中的社会管理问题既是重大理论问题,也是重要现实问题。我们的社会管理工作搞得好不好,不仅关系到我国城市化能不能顺利推进,关系到"城市,让生活更美好"的良好愿望能不能得到实现,也关系到在新的历史条件下全面建成小康社会过程中社会能不能保持总体稳定,甚至关系到我们党的执政地位能不能得到巩固。对于这些问题,我们应当予以正视、加以重视,认真研究对策,找到解决问题的方式方法。

二、城市化进程中社会管理值得关注的重点领域

近年来,随着社会管理方面问题的增多,各地社会管理创新的步伐也在加快。在应对城市化进程中社会管理新挑战方面,各地探索了许多新做法,积累了不少好经验。如北京市从东城区进行网格化社会管理的探索开始,抓住社会领域党建全覆盖这个龙头,建设"社工+义工"两支队伍,夯实社区建设和社会组织建设两个基础,努力创新社会服务管理全覆盖模式。上海市则聚焦社区,夯实社会建设和管理基础,着力推进社区建设、探索社区共治机制、加强居委会自治建设、推进"镇管社区"管理体制、推动社会力量参与化解社会矛盾,取得了很好的工作成效。可以说,党中央的高度重视和全国各地的丰富实践,为我们从事社会管理教学科研咨询的专家学者

提供了巨大的研究机遇和丰富的研究素材。我认为，当前城市化进程中社会管理有如下几个领域值得大家重点关注：

第一，被城市化群体的出路问题。在城市化加速推进的过程中，伴随着城市用地规模不断扩大，农村土地征用、城镇房屋拆迁数量不断增长，部分农村居民被迫放弃宅基地集体“上楼”，部分老城区居民也被迫从原居住地迁离，都是被迫改变原有生产、生活方式，被动地受到城市化的深刻影响。对于这些群体，我们不仅需要研究如何对他们进行合理经济补偿，更需要进一步思考他们的子女教育、劳动就业、社会保障等长期性的民生和出路问题，从而维护好他们的合法权益。这是从源头上减少因土地征用、房屋拆迁而引发的群众上访和群体性事件的治本之策。

第二，流动人口管理服务和城市社会融入问题。我国的城市化建设应该尽快扭转目前土地城市化快于人口城市化、二者没有同步发展的不利局面。要扭转这个局面，不是要阻挡土地城市化的进程，而是要加速人口城市化的进程，要让城市外来人口进得来、留得住、融得入，而不是让他们总是处于流动的状态。只有这样，才能消除城乡之间、农民与市民之间、外来人口与当地人口之间的利益矛盾，有力促进人口城市化，有效提高城市化质量。

第三，城乡社区管理问题。社区是有地域属性的人们的社会共同体，是社会的基本单元，也是基层社会管理和实现社会整合的重要载体。不管是外来人口还是本地人口，都要在一个社区居住和生活。依托社区对居住和生活在这里的各类人口实行属地管理和服务，才能真正把管理和服务落到实处。因此，城市化进程中的社会管理创新，需要由条块分割的单位体制向属地化、社会化管理服务的社区体制转型，依托城乡社区建立新型城乡基层社会管理和服务体制。

第四，社会管理体制机制创新问题。当前，工作和生活在城市的人口来自五湖四海，他们个体化的利益诉求和福利需要千差万别,并且标准还在不断提高。面对这种情况,单纯依靠"政府包办一切"的传统公共物品提供思路已经行不通,亟需创新社会管理体制机制。为此,我们应当按照党的十八大战略部署的要求,改进政府提供公共服务方式,加强基层社会管理和服务体系建设,增强城乡社区服务功能,强化企事业单位、人民团体在社会管理和服务中的职责,引导社会组织健康有序发展,充分发挥群众参与社会管理的基础作用。事实上,这也是我们进行社会管理能力建设的客观要求。

第五,社会管理方式方法创新问题。以往,在进行社会管理时主要依靠行政手段,采取管、控、压、罚等强制性社会管理方式,重管理、轻服务,重"刚性"措施、轻"柔性"方法。为此,我们有必要研究加快政府职能转变,树立以人为本的管理思想,减少行政管制控制的方式,学会运用群众路线的方式、民主的方式、服务的方式,通过平等地对话、沟通、协商、协调等办法来解决社会问题,化解社会矛盾。在行政手段之外,我们还需要学习研究如何综合运用法律规范、经济调节、道德约束、心理疏导、舆论引导等手段,并发挥好党的政治优势,利用好现代信息科技手段。

第六,社会管理法制建设问题。当前,法治已经成为全体中国人的核心价值观。我国在促进生产力发展、建立市场经济方面的立法比较完善,但是,在社会领域特别是在社会建设、社会管理方面的法制建设相对比较滞后。党的十八大报告提出,要加快形成社会管理体制,其中就专门加入了"法制保障"的要求。在城市化加快推进特别是城市社会管理任务日益繁重的今天,加快社会管理立法研究、促进社会管理法制建设显得尤为重要。只有社会管理法制完备了,各项社会管理工作才有章可循,社会管理体制机制也才有了法律保障。

此外,还有城市化进程中人口大规模流动可能引发的社会治安问题、社会文明问题等一些其他社会管理问题,需要我们深化研究。

各位专家学者肯定还能捕捉到更多的社会管理问题。我们的课题，就来自社会的难题。接下来，我谈一下我们应该如何履行职责和使命。

三、认真学习党的十八大精神，把社会管理教学科研咨询工作引向深入

近年来，全国行政学院系统围绕中心、服务大局，在社会管理和社会建设方面做了大量研究和探索，相关教学科研咨询力量不断加强，所取得的成绩也越来越大。一是机构越来越健全。很多的省级行政学院都成立了社会学教研部、社会文化教研部，甚至是社会管理教研部，建立健全了专门组织机构。二是研究队伍越来越壮大。不仅仅是社会学和社会管理学科的教研力量在社会管理领域持续开拓探索，像哲学、文史、经济学、政治学、行政学、科学社会主义、公共管理等其他学科领域的教研人员也都分别从不同角度对社会管理展开了深入研究。三是成果越来越丰硕。近年来，全国行政学院系统举办了各种层次的社会管理专题研讨班，编写了多种社会管理教材，承担并完成了很多相应的研究课题，向各级党组织和政府机构提供了许多有价值的研究报告。

国家行政学院社会和文化教研部也在社会管理教学科研咨询领域做了大量工作：2009—2011 年，连续三年组织举办全国行政学院系统社会管理教研协作会议并按年度编辑出版了中国社会管理论丛。今年是第四届。国家行政学院社会和文化教研部协助课题组领导完满完成了“加强和创新社会管理”重大课题的研究工作，并承担了 2011 年中欧社会管理论坛的大量组织工作。目前，主要依靠行政学院系统的研究力量，继续组织开展“加强和创新社会管理”重大课题二期项目研究，与江苏省江阴市在社会管理方面的良好研究合作也进入第二年，还与江苏省海门市开始了这方面的研究合作，取得了一系列教学、科研、咨询成果。

同志们,全国行政学院系统正在与其他系统一道,认真学习、贯彻、落实党的十八大精神,更加奋发努力、扎实工作,争取为全面建成小康社会做出新的更大贡献。在当前和今后一段时期,我们要把学习好、宣传好、贯彻好党的十八大精神,特别是有关社会建设和社会管理的战略部署作为重大政治任务,原原本本地学、结合实际地学,做到入眼、入脑、入心,全面领会和真正掌握十八大精神实质,确保自身学习活动取得实效;积极推进十八大精神进教材、进课堂、进头脑,紧紧围绕十八大提出的目标、任务、重大举措开展教学培训,使广大学员准确把握中央精神,深刻领会党和政府工作的要求、政策方针和具体措施,不断提高推动科学发展以及在改善民生和创新管理中加强社会建设的能力;积极开展对十八大精神的理论研究,要在科研咨询成果中更加注重解决党和政府工作中带有长期性、全局性、战略性的问题,特别是在改善民生和创新管理工作中的重点、难点和热点问题。

具体到社会管理教学科研咨询工作思路方面,今后怎么搞,大家都有思考。我的总的意见是,在党的十八大精神的指引和鼓舞下,一是要认真进行实践调研研究,到实践当中去寻找那些社会和政府迫切需要研究的课题,同时到实践中去总结经验,将其上升为理论并通过论文、著作和讲课来加以推广,这样的研究才有价值,绝不能局限于书本、为做学问而做学问。二是要学习借鉴人类一切成功的社会管理经验和理论,并且同中国的具体实践结合起来,既要学习国外发达国家,又要做好"中国化",深刻把握中央决策部署,创造中国特色社会管理理论与实践。三是要多进行协作交流,相互碰撞观点、启迪思路。全国行政学院系统社会管理教研力量要进一步加强团结协作,同时对外保持开放性,共同努力,为我国社会管理理论研究和实践创新做出越来越大的贡献。

这次会议是由国家行政学院社会和文化教研部与上海行政学院联合主办,得到了上海行政学院、兄弟单位和系统外专家学者的大力支持和积极参与，在此表示衷心感谢！

最后，祝愿各位参会代表在上海学习生活愉快！祝愿 2012 年全国行政学院系统社会管理教研协作会议取得圆满成功！

谢谢大家！

城市化进程中的社会管理研讨会综述

上海行政学院　何海兵

2012年12月1日至2日，由国家行政学院社会和文化教研部、上海行政学院联合主办的“城市化进程中的社会管理研讨会暨2012年全国行政学院系统社会管理教研协作会议”在上海行政学院召开。来自全国行政学院系统及普通高校的100余名学者参加了会议，国家行政学院副院长周文彰出席会议并发表讲话。与会专家学者围绕城市化进程中的社会融合与公共服务、社区改造与社区治理、农村社会管理、社会体制改革以及社会管理理论前沿等议题展开了深入的研讨，取得了积极的成果。

一、社会融合与公共服务

流动人口的服务和管理是与会学者关注的焦点问题，涉及流动人口的公共服务、流动人口的社会保障、流动人口自组织建设、户籍制度改革等内容。北京行政学院尹德挺总结了发达国家流动人口有序管理的九条经验：一是以“法治＋市场”的手段，保障公民自由迁徙的权利；二是以信息化的“双轮驱动”，夯实人口管理系统的基础；三是以法律、税收等行政性限制措施，实现人口准入及分类管理；四是以“个人利益＋公共福利”为动力，引导流动人口主动接受管理；五是以“责权利相统一”为准绳，保障人口合理、有序流动；六是以成本调控为手段，引导人口流量和流向；七是以城市总体规划为目标，纾解城市中心区人口压力；八是以市场机制为导向，调控城市人口规模；九是以移民整合指数为监测手段，保障区域内的社会融合。我国要实现人口有序管理，要统筹考虑经济发展、社会福利、城市定位、区域规划及人性关怀等因素，基本思路是：在管理基础上建立两轮驱动的“双核心”人口服务管理信息平台；在管理机制上以成本调控为突破口，建立人口管理协作机制；在管理手段上建立居住证制度，实现流动人口渐进式福利供给；在服务配套上通过分税和转移支付，实现公共福利均衡供给；在空间布局上建立以“城市功能定位”为导向的公共资源合理配置机制；在管理目标上实现彰显人性关怀的城市社会融合。浙江行政学院董敬畏指出对于流动人口的城市化和城市融入研究，基本是从现代化理论和结构主义理论出发，很少考虑到现行制度对于流动人口的壁垒功能及流动人口遭遇的污名化社会氛围。认为在现行制度下，只有加强和完善对于流动人口的公共服务，才能有效消弭当前制度壁垒及其带来的污名化氛围。上海行政学院张晓杰指出目前流动人口的社会保障存在着制度碎片化、不可流动性、便携性损失、财政与转移支付的难题，应考虑建立全国社会保障弹性统一的模式，构建能衔接城乡二元社会保障制度的缴付模式，建立完备的社会保障均等化服务转移支付的政策体系。杭州行政学院方秀云认为要有效改善流动人口管理服务现况，应当把流动人口组织起来。从流动人口自组织的情况来看，目前存在着总量少、活动与影响有限、专业化规范化程度不够的问题，应建立流动人口自组织建设的督导机制，建立和完善流动人口自组织的评估体系，加大政府的扶持力度。安徽行政学院张超通过对合肥市新生代农民工的调查，认为新生代农民工的社会支持网络规模较小，社会支持网络构成主要是父母、兄弟姐妹、朋友、同学，具有同质化的特征。构建新生代农民工社会支持网络，政府要逐步消除制度障碍，加强政策支持；创造各种机会，提升新生代农民工的社会资本。社区要提供全方位社会救助，通过组织文体活动促进交流,对社区居民进行思想宣传与教育。苏州大学叶继红采用问卷调查法对苏州市相城区农民工享有城市公共资源状况进行了实地考察,发现实践中存在着农民工对城市公共资源利用不足、城市公共资源惠及农民工不足的问题;其影响因素主要有政府政策偏好、城市资源状况、市民态度以及农民工组织化程度等,据此,提出了改革户籍制度、将农民工纳入城市公共服务体系以及对农民工实行公共资源分层供给制度等建议。国家行政学院马福云提出我国户籍制度改革要取得进展需要放弃城市主导的思维,转向城乡发展统筹,将政府主导和民众需求结合起来,对户籍管理和户籍权益配置制度进行统筹配套改革,推进政府公共服务、社会保障的城乡均衡发展,促进人口迁移和资源配置的合理化。

二、社区改造与社区治理

社区在社会建设与社会管理中发挥着基础性的作用,与会学者围绕着老旧社区改造、新型社区治理、社区自治与共治展开了热烈讨论。关于老旧社区改造,上海市黄浦区行政学院钱胜以黄浦区旧区改造为例,指出动拆迁要执行阳光政策、坚持阳光操作、实施阳光监督、倡导阳光心态、确保阳光结果,防止政府部门与地产商的利益勾连。云南行政学院钱红认为随着城市化进程的加快,老旧社区管理压力加大,而社区资源匮乏,缺乏凝聚力,自治水平低,社区队伍的素质、能力低,缺乏长效机制,出现集体行动困境等问题,提出通过优化治理体制形成多元治理主体合作共治,以人性化服务吸引、组织居民,强化社区队伍建设,建立健全社区发展机制,重塑基层治理价值,使老旧社区治理更加社会化、服务化、专业化、制度化、规范化、法治化,不断提高治理水平。山东行政学院袭亮指出城市棚户区改造的实践在很多地方呈现二元悖论现象:一方面各地投入大量人力、物力、财力如火如荼地推动棚户区改造,另一方面,很多地方的棚户区居民却抵制甚至抵抗棚户区的改造。导致这种情况的原因在于很多地方政府部门对于棚户区改造的理解简单而片面，仅仅把它看作是居民居住条件的提升和物质环境的改善。完整意义上的棚户区改造除了物质条件的改变之外，还应包括居民素质能力的提升、社会资本的扩大、社会的有机融合等很多层面。

关于新型社区治理，济南行政学院王济萍指出由于工作对象、利益需求、管理方式等方面的差异，城市新型社区在实际运行中存在着职责不清、关系不顺、各自为政的问题。济南市康桥社区创新社区治理模式，以服务社区居民、完善社区管理为目标，以社区党总支为领导核心，以社区居委会为主体，以社区服务站、业主委员会和物业公司为依托，以联席会议制度为纽带建立了“五位一体”社区治理模式，初步形成了“事情共商、资源共享、文明共创、难题共解、活动共办”的工作格局，取得了显著成效。大连行政学院解秀玲提出要加快社区居委会的改革，实现社区自治的“归位”；建立权、责、利、职一致的管理服务制度；实施社区服务岗位“雇员制”；激活社区内生力量，构建多元化主体合作格局。四川行政学院杨丽梅认为加强区域化党建创新，是推进社区治理的有效路径。

关于社区自治与共治，上海行政学院刘中起以楼道公共客厅与楼道居民自治为例，提出未来社区治理的方向是如何建立起社区事务协商参与的多级公共空间，形成共治、自治衔接的有效机制，从而真正实现基层社区国家与社会良性互动、政府行政管理与居民群众自治相衔接的基层社会管理的新格局。浙江省嘉兴行政学院陈国强提出造成社区居民参与不足的问题在于构成居民行动链接的水平型社会关系的缺乏，深层次原因则在于社区内垂直型社会关系网络的健全及对水平型社会关系的排挤。要提高当前社区居民自我管理、自我教育、自我服务、自我监督的作用，在为他们提供更多参与渠道的同时，更需要注重社区内社会关系的发展。特别是在居委会还不能完全体现自治性的情况下，社区内居民之间、邻里之间的社会交往和互动尤为重要。上海市黄浦区行政学院陈海燕将黄浦区老西门街道的社区共治模式总结为协商社区事务,激发社区共治的活力;协调利益矛盾,增强社区共治的动力;协同完成重大工程,发挥社区共治的合力;协作社区活动,挖掘社区共治的潜力。广西行政学院李广义指出环保是社区居民共同关注的问题,可以通过环保行动促进社区自治。

三、城市化背景下的农村社会管理

农村社会管理的主题受到较多学者的关注,集中讨论的内容包括农村社会管理的内涵、面临的问题、各地农村社会管理的创新探索等。重庆行政学院王正攀认为农村社会管理的内容包括:协调农村社会关系、规范农民社会行为、促进农村社会认同、解决农村的社会问题、化解农村社会矛盾,以及在应对好农村社会风险的基础上,促进农村的社会公正和社会稳定。当前农村社会管理面临的问题有:一是农村社会管理的理念意识不到位,二是外出务工人员的大量增加带来“人口空心化”问题,三是农村社会管理的人才缺乏且流动性大,四是统筹城乡给农村社会管理带来新问题。上海行政学院李婷玉通过对上海市某镇农民的抽样调查发现,农民群体内部存在多种价值倾向,既有保守取向的成分也有自由取向的成分。作为一个整体,他们对社会现状满意度一般,对现任政府的信任度不算高,对现存的社会不平等现象有清晰的认知,有较为强烈的民主参与意识和需求,追求更高程度的社会公正,但又不希望发生社会冲突,尤其是激烈的社会冲突。这种较为复杂和矛盾的社会政治态度预示着农民行动取向的多种可能性。成都行政学院李德虎提出居住形态集中化、社区结构异质化、治理主体多元化的新型农村社区表现出利益诉求增多、民生诉求凸显、民主诉求增强等治理新需求,迫切要求新型农村社区管理体制的转换与创新。推进新型农村社区管理体制创新的基本路径是完善新型农村社区组织的善治架构，厘清和健全新型农村社区自治的内部结构和配套制度，培育和完善新型农村社区社会组织及管理体制，构建新型农村社区多样化的公共服务供给体制。

广东行政学院张艺认为乡贤文化所代表的农村助产兴学、忠孝仁义等传统观念在农村生活中仍然影响着群众生产生活，大批乡村精英尤其是外出精英怀有叶落归根、反哺家乡的强烈愿望，成为建设和管理农村的一支不可忽视的力量。因此，应该大力弘扬乡贤文化，发挥乡贤群体在农村基层社会管理中的积极作用。成都行政学院张洪彬以成都市陆坝村信息化建设为例，指出信息化与基层社会管理的融合，是基层社会管理创新的重要途径。浙江师范大学鲁可荣分析了浙江省农村社会管理创新的三种模式：舟山模式、武义模式、慈溪模式，提出要加强农村社会组织建设，发挥农村社会组织在社会管理中的作用。吉林省行政学院吴琳提出要创建培育农村社会资本有序增长的实践机制，创建农村社会管理绩效考核主体的多元化机制，创建积极培育农村民间自治组织的社会管理机制。

四、社会管理体制创新

社会管理体制创新的主题聚焦了公众参与、政府公共服务购买、社会组织发展等内容。关于公众参与研究，青海行政学院张佐良认为公众参与社会管理是社会管理的基础，当前存在着公众参与社会管理只在法律上有所规定，而在实际中得不到体现的问题，有想参与不知如何参与、想参与单靠个体或部分组织和个人而难以参与、想参与却不能参与等现象，不能有效表达利益诉求。要以城乡社区为载体，以居民需求为导向，通过建立健全联系公众参与工作制度常态化机制、政府回应机制、协商机制、社会组织培育机制、矛盾调处机制、诉求表达机制、公众参与社会管理综合保障机制、利益协调机制、与社团组织长期沟通机制、良好的信息反馈机制和公众参与社会管理工作评估机制等公众参与社会管理的长效机制，达到公众依法有序参与社会管理，形成人人参与、人人共享的良好局面，实现政府管理与公众有效衔接和良性互动。

关于政府购买公共服务研究，上海行政学院周耀虹认为推进政府公共服务购买机制，拓展社会组织参与公共服务的途径，一要实现政府购买服务的制度保障，由资金援助、信息发布、监督管理、绩效评估、结果公示等培育发展和有序规范社会组织参与公共服务；二要提高社会组织参与公共服务的能力，有效配置资源，完善公共服务供给的利益协调、优势互补、合作互动的机制；三要加强政府与社会组织的合作关系，发挥社会组织提供公共服务主力军作用，探索社会治理的多元参与、合作共治，促进社会管理体制的改革与创新。国家行政学院胡薇指出作为政府支持社会组织参与社会服务的一种方式，购买服务往往在广义和狭义两个层面被交替使用，带来了实践中的一些差异。政府向社会组织购买服务，指的是政府将原来直接提供的公共服务事项交给有资质的社会组织来完成，并为此支付相应费用的公共服务运作模式。更准确地理解“购买服务”，应该在狭义的层面上，从服务委托、合同承包的角度来理解，将其与民办公助、公办民营等具体的合作形式区别开来。而针对实践中将“购买服务”与“政府资助”混同使用的情况，也应当有意识地加以区别，以使“购买服务”的发展更加科学化和规范化。

关于社会组织发展研究。上海行政学院唐文玉梳理了海内外学术界关于中国社会组织与政府关系的理论模式，如公民社会、民营视野、法团主义、组织视野、多元模式和分类控制等，指出中国社会组织与政府的关系具有模糊性和特殊性，需要基于整体的视野和中国的经验进行概念框架的再造，以及需要实现结构研究与行动研究之间的互为补充。上海市社会团体管理局曾永和专门探讨了枢纽型社会组织的内涵特征、功能定位和作用效果，认为枢纽型社会组织就是通过一个中枢性、整合性的社会组织去管理服务一个领域或地域的社会组织，这种管理方式叫枢纽式管理，承担这种职能的社会组织叫枢纽型社会组织。枢纽型社会组织是会员单位的服务中心、综合信息的发布中心、政府购买服务的受理中心、规范化建设的评估中心和党建工作的指导中心。枢纽型社会组织作为一种结构性的社会组织是必要的，也是迫切的，但是枢纽型社会组织应去行政化，非科层制，不能办成“二政府”。

五、城市化社会管理理论前沿

城市化进程中的社会管理面临很多挑战，需要理论上做出说明和解释。与会学者从管理学理论、伦理学视野、社会政策视角等方面分析了当前我国城市化进程中社会管理的相关问题。中国社会科学院社会学研究所陈光金认为中国现行社会体制和社会管理的主要挑战和问题有：一是社会变革巨大，对社会体制改革和社会管理创新提出新的要求。比如，政府与社会关系的重大变化，要求尽快改变以政府为唯一中心的“单中心”治理结构，建立政府与其他公共管理主体共同管理社会事务的“多中心”治理结构。二是经济社会发展不协调，社会分化加剧，社会矛盾多发，现行社会体制和社会管理不相适应。三是政府社会管理的理念和认识仍然存在误区。比如，片面理解“秩序”问题，认为“秩序”就是社会治安、社会稳定。没有把重点放在如何从根本上保障人民群众的基本权益、调节社会关系上。四是社会管理各领域的改革创新与现实需要还有较大差距。比如，在社会政策体系建设方面，存在着社会立法和社会政策决策中公民参与不足、社会立法滞后和社会行政机构之间协调性差等突出问题。国家行政学院胡颖廉运用现代管理学理论，结合实证素材，试图回答社会管理管什么、谁来管、怎么管、用什么管等命题。社会管理不同于行政管理和工商管理，它是党委和政府以及其他社会主体运用法律、法规、政策、道德、价值观等社会规范体系，直接或间接地对社会领域各方面、各环节进行服务、协调、组织、监控的过程和活动。社会管理要注重源头治理、动态管理和应急处置相结合。加强和创新社会管理，要建立以法律为核心的刚性规范体系、以经济为核心的中性规范体系和以道德为核心的柔性规范体系。湖南行政学院伍先禄提出要重视社会管理的伦理基础，表现为三个方面：一是社会管理理念是以人性可塑的人性假设为基础，二是社会管理的过程需要伦理的规范和引导，三是社会管理的目的是以伦理价值为皈依。上海行政学院马西恒提出要建立公域、私域分离之下的政府社会管理架构，对公共领域和私人领域采取不同的介入方式，具有权力行使性质的社会管理向公共层面提升，具有生活和权益保障性质的公共服务向私人生活领域下沉，进一步探索市场经济条件下公共利益和私人利益的协调机制。贵州行政学院陈石认为社会管理创新贯穿了以人为本的实质，落实了优化整合的思路，体现了社会建设的重心，依托了民主治理的机制，实行了互补融合的方式，反映中国特色民主政治及公共行政的主要特征及基本要求，具有深刻丰富的理性内涵。南京行政学院陈华从社会政策的视角研究了城市化进程中的社会管理问题，认为目前我国城市化进程存在诸多矛盾和问题，其中关键因素在于社会政策的偏差和缺失，具体体现为：社会政策的碎片化加深了城市流动人口的身份认同危机，社会政策的权宜性和应对性特征使其发展滞后于城市化的现实需求，社会政策运作过程的不完善引发公共性的缺失。因此，应当改善社会政策，优化城市化进程中的社会管理，主要包括：以公平公正的价值追求弥补社会政策的碎片化裂痕，提升社会政策的公共性；以制度机制的创新促使社会政策趋于合理；以公民社会的发展提升社会政策的有效性。

在本主题的研讨中，与会学者达成了几点共识：一是城市化进程是一个非常复杂的过程，不同地区在城市化过程中面临的问题具有很大的差异性，涉及众多因素，因此，城市化进程的社会管理需要具体问题具体分析，立足当地实际，分类分地区进行探讨。二是城市化进程中的社会管理同时又有其共性的内容，在社会管理的理念，社会管理的伦理，社会管理与法治国家、依法行政的关系等基础领域，应具有共同遵守的规律。三是社会管理的创新是一个循序渐进的过程，有其本身固有的规律，不能搞“大跃进”式的、不切合当下实际的创新。

目录

社会管理理论前沿

社会融合与公共服务

体制创新与基层社会管理

城市化背景下的农村社会管理

社会管理理论前沿

城市化进程中的社会管理

国家行政学院　李志明*　龚维斌**

内容提要：当前，快速推进的城市化进程给城市和农村的社会管理管理带来了诸如能力过载、矛盾增多、外来人口融入困难等新问题和新挑战。面对这些问题和挑战，各个地方结合本地实际，探索了许多新做法、积累了不少好经验。但是，这些地方实践在思想观念、管理方式、管理环节以及农村社会管理创新方面还存在着不少问题和不足，与错综复杂的社会管理形势相比也存在许多不适应之处。下一步，推进社会管理创新，要从深化体制机制改革、以社会建设促社会管理、做实动态协调机制、创新社会管理方式方法、夯实农村社会管理基础等方面着手。

关键词：城市化　问题与挑战　社会管理创新

一、城市化给社会管理提出了新课题、新挑战

城市化进程是人口向城市集中、乡村地域向城市地域转化、城市生活方式和城市文明不断向农村传播扩散的历史过程，是人类社会经济发展的必然趋势和重要驱动力。改革开放以来，随着经济持续快速发展，中国城市化发展也取得很大进步。2010 年中国城市数

---

* 李志明，国家行政学院社会和文化教研部讲师。

** 龚维斌，国家行政学院社会和文化教研部主任、教授。

量由1978年的193个增加到657个，超过100万人口的城市由29个增加到125个，城市群逐步形成。

当前中国正处在城市化加速推进的历史阶段，经济社会各个方面都深受城市化进程的影响。城市化进程既给城市社会管理带来了诸多新课题、新挑战，也使得农村社会管理面临着许多新情况、新问题。具体而言，在这个过程中，城市社会管理遇到的新问题和新挑战表现在以下几个方面：

一是城市社会管理对象快速扩大，原有的社会管理功能难以承载。2011年城市化率由1978年的17.9%上升到51.3%，城市常住人口总量历史性地超过农村常住人口，这标志着中国城乡经济社会结构发生重大变化。随着城市人口急剧增多，越来越多的“单位人”、“个体人”、“农村人”、“虚拟人”、“境外人”变成“社会人”，城市社会管理对象总量迅速扩大，原有的社会管理功能难以承载和适应。例如，在沿海地区的一些经济发达镇常住人口每个镇动辄数十万，比内地一个县域人口都多。庞大的人口数量为基层政府综合事务、民政事务、人口计生、综治维稳、信访、文明创建和社会保障等工作带来巨大负担。在急剧扩大的社会管理对象及其产生的社会管理及公共服务需求面前，城市各级政府的社会管理和公共服务职能显然面临能力和资源瓶颈。与此同时，作为各类社会管理对象居住和生活地域空间的社区也面临着社会管理能力不足、资源不够的问题，作为社会管理重要主体的社会组织参与社会管理的机制不畅、能力不足，目前也难担大任。

二是社会矛盾与利益冲突多发，导致城市社会管理难题增多。随着经济发展以及城市用地规模的扩大，工业用地、城市用地需求急剧增加，城市的地理边界不断向农村地区扩展和延伸，一方面，大量农村土地被征用，宅基地被“置换”，农民被“城市化”而却得不到合适的经济补偿以及生活和就业安置，导致大量牵涉到经济利益的社会矛盾与冲突产生。另一方面，城市老旧城区也面临着改造和升级，会涉及到房屋拆迁等与群众切身利益密切相关的问题，引发了诸多突发性群体事件。此外，城市居民围绕着房产买卖、国企改制、企业破产、水库移民、环境污染、劳资关系、劳动争议、医疗纠纷、民族纠纷、宗教纠纷、涉法涉诉、损害赔偿、食品药品安全、利益分配、消费者权益保护、知识产权保护，妇女、儿童、老年人、残疾人、进城务工人员的权益保障，以及入学、就业、看病、社保、治安等方面的矛盾纠纷也多发频发，群体性事件数量一直居高不下。

三是传统城市社会管理方式和手段难实施、难奏效。随着城市化进程和经济社会快速发展，人们的思想观念和生活方式日益多样化，利益诉求也随着发生重大变化，尤其是对社会管理的要求已不再仅仅停留于社会治安、应急处理、协调关系、化解矛盾、规范秩序、风险控制、强化监督、遵纪守法等社会稳定层面，而是广泛涉及扩大参与、完善服务、改善民生、保障权益、净化环境、食品安全、公平正义、诉讼顺畅、政府勤政、干部廉洁等促进社会公正、社会平等、社会和谐为目的的社会管理。同时，城市居民差异化的利益诉求也在城市地理空间范围内发生激烈碰撞和交锋，由此导致了各种各类矛盾纠纷。面对着公众新的社会管理需求和越来越复杂的社会问题，传统的控制、强制等方式和手段都已难以实施并奏效，这是目前城市社会管理面临的另一个新课题。

四是城市外来人口享受的公共服务少、融入城市难。城市吸引着数以亿计的农村人口以及其他人员进城务工经商，但是，由于户籍制度、教育、就业以及社会保障等方面的体制性障碍，使得他们在就业、医疗、住房、子女上学等方面享受的公共服务待遇与本地居民存在明显差异。2011 年，我国按常住人口计算的城镇化率已达 51.3%，而按户籍人口计算的城镇化率仅为 35%左右，即全国有 2.1 亿人以上是城乡两栖的“半城镇化”人口。这部分人口虽然进得了城，但是却享受不到城市同等的公共服务，融入不了所在城市，无法成为真正意义上的城市居民。

同一时期，在城市化、工业化大潮的推动下，大量农村剩余劳动力向城市转移，不少农村家庭出现空巢化，造成了数以千万计的留守儿童、留守妇女和留守老人，他们的学习、生活和精神慰藉等，已成为当前农村社会管理和服务面临的突出问题。同时，返乡外出务工人员也面临着由于城乡社会保障制度分割造成的权益接续困难等现实问题，严重影响了社会公平公正。

二、各地应对社会管理新挑战的做法和经验

当前，我国既处于发展的重要战略机遇期，又处于社会矛盾凸显期，城市化进程中的社会管理领域存在的问题还不少。针对当前社会管理中的突出问题，党和国家为形成和发展适应中国国情的社会管理制度进行了长期探索和实践，取得了重大成绩，积累了宝贵经验。特别是党的十六大以来，中央从时代发展和战略高度，更加重视社会管理问题，作出了一系列重要决策和部署。2004 年党的十六届四中全会明确提出，“加强社会建设和管理，推进社会管理体制创新”。2007 年党的十七大报告强调要“完善社会管理”，健全社会管理格局，健全基层社会管理体制，最大限度激发社会创造活力，最大限度增加和谐因素，最大限度减少不和谐因素。2010 年党的十七届五中全会进一步作出“加强和创新社会管理”的战略部署。2011 年 2 月，中央举办了省部级主要领导干部社会管理及其创新专题研讨班，胡锦涛等中央领导同志作了重要讲话，深刻阐述了加强和创新社会管理的重要性和紧迫性，并明确提出了重要任务和要求。2011 年 3 月温家宝总理在十一届全国人大四次会议上作的《政府工作报告》，对加强和创新社会管理作出了明确部署。在《国民经济和社会发展第十二个五年规划纲要》中，专门用第九篇分五章全面部署了今后五年“标本兼治，加强和创新社会管理”的重大任务。2011

年5月，中央政治局召开会议，专门研究加强和创新社会管理问题；2011年7月，中共中央、国务院印发《关于加强和创新社会管理的意见》。2012年11月8日，胡锦涛在党的十八大政治报告中，更是旗帜鲜明地作出“在改善民生和创新管理中加强社会建设”的部署，并提出“围绕构建中国特色社会主义管理体系，加快形成党委领导、政府负责、社会协同、公众参与、法治保障的社会管理体制，加快形成政府主导、覆盖城乡、可持续的基本公共服务体系，加快形成政社分开、权责明确、依法自治的现代社会组织体制，加快形成源头治理、动态管理、应急处置相结合的社会管理机制”。

在中央的战略部署指导下，近年来，各地在应对城市化进程中的社会管理新挑战、推进社会管理创新方面探索了许多新做法，积累了不少好经验。

(一)积极探索党委领导、政府负责、社会协同、公众参与、法治保障的社会管理体制

2009年初，黑龙江省大庆市在全国地级市中第一个建立了统筹全市社会工作的专门机构——市委社会工作委员会，由一名市委常委兼任书记，并确定25家单位为市委社工委成员单位，明确职责分工、任务目标，共同研究制定社会管理政策规划、解决突出问题。全市各县区都建立了党委统一领导、社工委牵头抓总、成员单位相互配合、中直企业各负其责、社会组织广泛参与的社会工作领导体制和工作协调运行体系。贵州省贵阳市于2011年5月成立了层次高、权威性强的市委群众工作委员会，代表市委统筹领导全市涉及社会管理的群众工作，市委专职副书记兼任群工委书记，55个市直部门作为成员单位。同时，还对信访局的职能进行调整和优化，加挂市群众工作中心的牌子，市委专职副书记兼任市群工中心主任，市直28个职能部门均在中心设置窗口，直接受理群众来访、调处社会矛盾。此外，贵阳还由市委统战部牵头，推动民营企业家、民主党派、宗教团体负责人及社会组织成立了贵阳市和谐促进会，团结动员社会各界人士切实承担社会责任，通过一事一策、一人一策的办法，参与化解社会矛盾，帮扶困难群众。内蒙古鄂尔多斯市探索企地共建模式，积极统筹协调地方、企业和群众利益关系，让企业承担更多的社会责任，就近就地与所在地基层党组织结对共建，包括组织共建、经济共建、人才共建、公益事业共建、文化共建等，互帮互助，化解村企、居企矛盾。“村企、居企共建”模式的推行促进了农村发展和农民增收、农村公益事业建设、生态建设与企地、企民和谐发展。

(二)完善人民调解、行政调解、司法调解联动的工作体系，畅通和规范群众诉求表达、利益协调、权益保障渠道

随着社会的转型和各种利益格局的调整，社会矛盾进入易发、多发、高发期，凸现利益主体多、关联因素复杂、处理难度大等特点，信访渠道和传统的人民调解方式已难以应对社会矛盾纠纷解决的需求。对此，江苏省常州市及时更新理念，在整合和拓展大排查、大信访、大调解工作基础上，启动多元矛盾纠纷解决机制，通过综合运用多元的主体、多元的手段、多种的途径和专业化的调处方法来应对社会矛盾多元、多发的大趋势。河北省石家庄市裕华区在拆迁工作中“坚持政府主导，取信于民；坚持民利至上，让利于民；坚持改制助推，致富于民；坚持拆建对接，造福于民；坚持依法拆迁，服务于民”，“五个坚持”构成了裕华区和谐拆迁中创新社会管理的核心内容。通过创新社会管理成功破解了拆迁的难题并获得宝贵的经验：准确定位政府主导，有效地提升了政府的公信力；合理分配拆迁利益，成功地突破拆迁的瓶颈；拆迁配套机制体制改革，真正地夯实了村集体经济发展的基础；有效地实现拆建对接，很好地促进了地域经济的跨越式发展；严格公正依法拆迁，有力地保障了拆迁的和谐有序。

(三)完善和创新流动人口和特殊人群管理服务

浙江省宁波市建立多元主体的管理体系，将流动人口和特殊人群管理服务纳入新型社区管理和服务体制。以“强化城乡社区自治和服务功能，健全新型社区管理和服务体制”为目标，深化社区自治体制创新，通过大力推进区域化党建，建立以基层党建统筹为核心、自治组织为主体、政府部门派驻力量为依托、社会组织和物业管理机构为补充的多元主体管理体系，形成政府依法行政和社区自我管理、流动人口和特殊人群广泛参与相结合的治理机制。其中，慈溪市以社会融合为目标，通过建设“和谐促进会”，发挥社会组织在基层社会管理中的作用，寓服务于管理之中，并且广泛吸收外来人口参加社会管理，从而大大增进了新老市民之间的利益协调和认同建构，促进了社会协同管理和自主管理。河南省新郑市结合自身实际，在流动人口服务管理方面，实行从“户籍管理”到“行迹管理”，探索“以证管人、以房管人、以业管人、以校管人”模式，建立了覆盖辖区所有人员的动态管理体系。贵州省贵阳市则赋予了计生部门对流动人口的综合服务和管理职能，不仅管理流动人口的计划生育，而且牵头抓好其他社会事务服务和管理，进一步解决流动人口在就业、就医、居住、子女就学等方面的实际困难，推进流动人口基本公共服务均等化。同时，还通过创办公益性企业，重点解决劳教服刑期满人员、吸毒康复人员等特殊人群的就业问题，帮助他们回归社会。

（四）探索建立政府主导、覆盖城乡、可持续的基本公共服务体系

鉴于户籍制度是造成外来人口无法平等享受城市福利和公共服务的主要障碍，2010 年 11 月成都市委市政府出台了《关于全域成都城乡统一户籍实现居民自由迁徙的意见》，提出彻底破除城乡居民身份差异，推进户籍、居住一元化管理，充分保障城乡居民平等享受各项基本公共服务和参与社会管理的权利。在工作中，成都采取统一基本制度、改革管理体制、重塑供给机制、优化资源配置等手段，实现统一户籍背景下城乡居民享有平等的教育、住房、社会保障

等基本公共服务和社会福利。特别是,成都市还为村级公共服务和社会管理建立专项经费保障机制,根据经济社会发展水平制定了对村级公共服务和社会管理投入的最低标准,并要求各级政府对村级公共服务和社会管理投入的增长幅度必须高于同期财政经常性收入的增长幅度。重庆市在户籍制度改革上实行"三分",即分阶段推进、分群体实施、分区域布局;推行"三三五"配套政策,即三年过渡、三项保留(保留林地使用权、计划生育政策、农村各项补贴)和五项纳入(农村居民转户后将在就业、社保、住房、教育、医疗五大保障上与城镇居民享有同等待遇)。在社会保障体系上,推进城乡基本公共服务均衡化,本着"低保障、广覆盖"原则,启动农村基本养老保险试点和城乡居民合作医疗保险制度试点,城乡居民医疗保险实现无缝对接。在农民增收上,探索"六金"增收模式拓宽非农收入渠道,即青苗和构附作物补偿金、土地流转租金、房屋租金、就业薪金、集体土地股金、养老医疗保险金。自实施城乡统筹改革以来,该区农村居民人均纯收入增长速度连续四年超过城市居民人均可支配收入增长幅度,城乡收入差距明显缩小。

此外,各地也十分重视农村留守儿童、老人、妇女的管理和服务问题,并采取了一些措施和办法,例如为了保证留守儿童上学,加大了寄宿制学校建设力度。

三、各地应对措施的不足与不适应之处

从各地应对城市化进程中社会管理新课题、新挑战的各种措施和做法来看,我们发现,当中还是存在着不少问题和不足,与错综复杂的社会管理形势相比也存在许多不适应之处。具体而言,主要包括:

(一)思想观念上“重经济建设、轻社会管理”还未得到根本扭转

改革开放以来,受传统经济发展模式以及不恰当政绩观的影响,各地在发展过程中往往更加重视经济建设,而对社会管理则较为忽视,造成经济建设“一手硬”、社会管理“一手软”,经济和社会发展长期不协调、不平衡、不同步的问题。近年来,党中央国务院作出了一系列创新社会管理和加强社会建设的重要决策和部署,各地开始重视社会管理和社会建设,也探索建立了一系列好机制,形成了许多好做法。但是,从总体上来看,各地在发展经济时都是各显神通,有很多独到的经验,在应对与城市化快速推进相伴随出现的种种社会管理问题时却存在考虑不周、准备不足、办法不多的问题,采取的措施多是临时性、应急性的,缺乏前瞻性、系统性和持续性。

(二)管理方式上“重管制控制、轻协商协调”,管理手段上“重行政手段、轻法律道德”还具有较强的历史惯性

以往,我们在进行社会管理时主要依靠行政手段,采取管、控、压、罚等强制性社会管理方式,重管理、轻服务,重“刚性”措施、轻“柔性”方法。由于惯性思维和习惯做法的影响,更多地会使用管制控制的方式,而较少地运用群众路线的方式、民主的方式、服务的方式,较少通过平等地对话、沟通、协商、协调等办法来解决社会问题,化解社会矛盾。与此同时,在具体管理手段的选择时,也显得手段单一,更多地使用行政手段,而较少地运用法律规范、经济调节、道德约束、心理疏导、舆论引导等手段,也不擅长发挥我们党的政治优势,去规范社会行为、调节利益关系、减少社会问题。

(三)管理环节上“重事后处置、轻源头治理”的弊病仍然遗害匪浅

由于在思想观念上存在重视经济建设、忽视社会建设的误区,就不可避免地导致各地缺乏对社会问题和社会矛盾的通盘考虑、预先研判,忽视民生和制度建设。为了加快当地经济发展,各地往往会选择回避社会问题、押后处置乃至一味压制社会矛盾,导致社会隐患得不到预先清除、社会问题得不到及时解决、社会矛盾得不到很好化解,致使小事拖大、大事拖炸,始终无法摆脱事后应对和救急的被动局面。各地在管理环节上的弊病,使得社会管理关口后置,很多本可以避免、得到及时化解的社会问题、社会矛盾和社会冲突得以积累、激化、蔓延、转化、升级,政府将主要的精力和大量的资源用于“救火”和“应急”,却还是仅仅能够治标,无法解决根本问题。

(四)在农村社会管理创新方面还缺乏有效机制

目前,各地社会管理创新主要侧重于城市地区,而鲜有进行农村地区社会管理探索。这固然与当前社会管理中的重点和难点问题主要集中于城市地区有关,但是,城市化进程中的社会管理不能简单等同于城市社会管理,农村地区的社会管理问题也确实不容忽视。当前,由于城市化、工业化进程的推进,农村青壮年劳动力大量进城务工经商,不仅使得留守农村的“三八”、“六一”、“九九”等人群的物质和精神需求无可寄托,还致使农村社会管理开展和公共产品提供的主体和依靠力量大量流失,容易导致农村社会管理主体面临“空心化”的问题。同时,随着经济发展以及城市用地规模的扩大,城市的地理边界不断向农村地区扩展和延伸,原来无人问津的农村土地价值大大提高,由此带来的经济利益向农村地区的渗入也使得农村社会的利益分配格局日趋复杂,对农村社会管理的需求日益上升。当前各地对农村社会管理的忽视以及农村社会管理创新机制的缺乏将会给社会管理未来工作大局带来巨大压力和隐患。

(五)各地社会管理创新还面临着许多制度障碍亟待破解

从总体上来看,各地社会管理创新实践,都是在现有全国性体制、制度和机制框架下进行的地方工作机制、工作方法创新,范围和深度都有限。下一步深入开展社会管理创新不可避免地要触及体制，尤其是城乡二元体制的障碍，具体要涉及到土地管理制度、人口管理制度、财政税收体制、社会保障制度以及行政管理体制等相关制度的改革与调整。当然，这些制度障碍都不是地方层面能够解决的问题，需要中央从宏观层面进行顶层设计。

四、进一步推进社会管理创新的基本思路和重点任务

在新形势下，进一步加强和创新社会管理，必须以中国特色社会主义理论体系为指导，立足于社会主义初级阶段基本国情，按照科学发展观以及党的十八大报告中关于构建中国特色社会主义社会管理体系的要求，在深化体制机制改革、有效破除社会管理创新的制度障碍的基础上，以社会建设推进社会管理，促进关口前移、源头治理；坚持统筹兼顾、协商协调，促进社会动态平衡；创新社会管理方式方法，实现依法管理、综合施策。

（一）深化体制机制改革，有效破除社会管理创新的制度障碍

进一步推进社会管理创新，必须大胆探索，破除城乡二元体制的障碍。一是深化土地管理制度改革。在坚持最严格的耕地保护制度和集约节约用地制度的基础上，按照“管住总量、严控增量、盘活存量”的原则，推进土地管理制度的改革，促进土地资源节约使用和优化配置，既要适应城市化发展需要，又要保障城乡居民权益和保护耕地资源，从源头上减少因农村土地征用、城市房屋拆迁而引发的各类矛盾。二是统筹推进人口管理制度改革。通过人口管理制度改革，创新和完善人口服务和管理制度，促进人口有序流动、合理分布和社会融合。特别是要按照“公平公正、分类推进、统筹规划、稳妥有序”的原则，积极稳妥地推进户籍制度改革，建立城乡统一的户口登记管理制度，积极探索流动人口管理新办法，逐步剥离附着在户籍上的福利和待遇，实现公共教育、劳动就业、社会保障等

公共服务覆盖人群由户籍人口向常住人口转变，促进流动人口更好地融入当地城市。三是深化财政税收体制改革。调整财政支出结构，将更多资金投向公共服务和社会建设领域，逐步实现人均公共财政支出大体相等。按照常住人口规模安排财政转移支付，通过完善税制、增加直接税形成地方税收随人口增长的机制，建立激励吸纳外来人口、扩大就业的长效机制。四是加快社会保障制度改革。要坚持全覆盖、保基本、多层次、可持续方针，以增强公平性、适应流动性、保证可持续性为重点，全面建成覆盖城乡居民的社会保障体系。在此基础上，建立健全社会保险关系跨统筹地区的转移接续机制，促进城乡基本养老保险制度、基本医疗保险制度以及最低生活保障制度之间相互整合衔接，尽可能减少农民工等流动人口群体在更换就业地以及城乡间流动时的社会保障权益损失。五是深化行政管理体制改革。通过行政管理体制改革，提高社会管理能力，加快形成设置科学、布局合理、功能完善、集约高效的行政管理体制。要科学设置管理机构和人员编制，提高政府履行公共服务和社会管理的能力。推动基层政府职能归位、服务职能下移，创新社区管理和社会组织管理体制。完善社会领域决策、执行和监督机制，推动决策民主化，涉及规划、环境、住房、社会保障、交通收费等与人民群众生产生活密切相关的重大决策，必须按规定履行听证程序。健全应急管理和治安防控体系，增强公共安全和社会治安保障能力，不断提高城市管理特别是社会管理水平。

（二）以社会建设推进社会管理，促进关口前移、源头治理

关口前移、源头治理，是社会管理治本之举，就是要及时发现矛盾问题，弄清原因、变化规律，不断增强工作的前瞻性、主动性、有效性，从源头上主动解决问题、减少矛盾，最大限度地实现社会矛盾不积累、不激化。加强源头治理，从根本上讲，是要在党的领导下，全面推进经济建设、政治建设、文化建设、社会建设、生态文明建设“五

位一体”伟大工程，既要在改善民生和创新管理中加强社会建设，也应把社会管理纳入社会建设之中，以社会建设推进社会管理。当前和今后一段时期，应该着力做好以下工作：一是加快教育改革发展，大力促进教育公平，努力办好人民满意的教育。必须坚持把教育放在优先发展的战略位置，保障公民依法享有受教育的权利，全面发展教育事业。具体而言，则是要合理配置教育资源，重点向农村、边远、贫困、民族地区倾斜，支持特殊教育，提高家庭经济困难学生资助水平，积极推动进城务工人员子女平等接受教育，让每个孩子都能成为有用之才。二是实施就业优先战略，推动实现更高质量的就业。做好以高校毕业生为重点的青年就业工作和农村转移劳动力、城镇困难人员、退役军人就业工作。加强职业技能培训，提升劳动者就业创业能力，增强就业稳定性。健全人力资源市场，完善就业服务体系，增强失业保险对促进就业的作用。健全劳动标准体系和劳动关系协调机制，加强劳动保障监察和争议调解仲裁，构建和谐劳动关系。三是合理调整收入分配关系，千方百计增加居民收入。必须深化收入分配制度改革，努力实现居民收入增长和经济发展同步、劳动报酬增长和劳动生产率提高同步，提高居民收入在国民收入分配中的比重，提高劳动报酬在初次分配中的比重。完善劳动、资本、技术、管理等要素按贡献参与分配的初次分配机制，加快健全以税收、社会保障、转移支付为主要手段的再分配调节机制。四是统筹推进城乡社会保障体系建设。社会保障是保障人民生活、调节社会分配的一项基本制度。在新的形势下，必须加快完善社会保障体系建设，稳步提高保障水平。具体而言，重点应当加快完善社会保险制度，改革和完善企业和机关事业单位社会保险制度，整合城乡居民基本养老保险和基本医疗保险制度；完善社会救助体系，健全社会福利制度，支持发展慈善事业，做好优抚安置工作；建立市场配置和政府保障相结合的住房制度，加强保障性住房建设和管理，满足困难家庭基本需求。五是完善基本医疗卫生制度，提高人民健康水平。要坚持为人民健康服务的方向,坚持预防为主、以农村为重点、中西医并重,按照保基本、强基层、建机制要求,重点推进医疗保障、医疗服务、公共卫生、药品供应、监管体制综合改革,完善国民健康政策,为群众提供安全有效方便价廉的公共卫生和基本医疗服务。

(三)坚持统筹兼顾、协商协调,促进社会动态平衡

抓好源头治理可以尽可能地减少社会问题,但不可能解决所有问题,仍然会有大量社会问题和社会矛盾存在,旧的矛盾和问题解决了,又会出现新的矛盾和问题。为此必须构建动态调节和化解机制,以使社会矛盾和问题不断得到及时化解和向好的方面转化,尽最大可能做到不积累、不激化、不蔓延、不升级、不向坏的方面转化。统筹兼顾、协商协调,就是要正确反映和协调各个方面、各个层次、各个阶段的利益诉求,既要“左顾右盼”,又要“瞻前顾后”,注重运用民主的方式、群众路线的方式、说服教育的方式,通过平等沟通、协商、协调、引导等办法进行社会管理,使社会管理能够体现维护公平正义的“刚性”、协调各方利益的“柔性”、应对新情况新问题的“弹性”,促进社会动态平衡,保障国家长治久安。具体而言,我们应当按照党的十八大报告要求,正确处理人民内部矛盾,建立健全党和政府主导的维护群众权益机制,完善信访制度,完善人民调解、行政调解、司法调解联动的工作体系,畅通和规范群众诉求表达、利益协调、权益保障渠道。一要建立和完善方式多样、规范有序、畅通高效的诉求表达机制,让群众话有处说、冤有处诉、问题有处反映,教育引导诉求方依法有序理性表达诉求。二要建立和完善矛盾纠纷滚动排查和预警机制,加强对重点地区、重点工程、特殊群体、敏感时期的监控和排查,建立矛盾纠纷情报信息预警机制。三要构建和完善人民调解、行政调解、司法调解相互衔接的社会矛盾大调解工作机制,形成社会管理合力,及时有效地把矛盾化解在基层,实现案

结、事了、人和。四要建立和完善社会治安防控体系，维护社会秩序，保障社会健康运行。

（四）创新社会管理方式方法，实现依法管理、综合施策

进一步推进社会管理创新，必须摒弃陈旧的不合时宜的社会管理理念，创新社会管理方式方法，确立依法管理、综合施策的新思路。依法管理、综合施策，就是要按照属地管理和谁主管谁负责、谁审批谁负责、谁经营谁负责的要求，依法调整社会关系、规范社会行为、查处违法犯罪活动，综合运用法律规范、经济调节、行政管理、道德约束、心理疏导、舆论引导等手段进行社会管理。坚持依法开展社会管理，就是要切实加快社会管理领域的立法工作，使各项社会管理工作有法可依、有法必依，做好法治保障；就是要依法行政、公正司法，真正依法调整社会关系、规范社会行为、查处违法犯罪活动，维护群众合法权益，维护社会和谐稳定。在加强法制保障，实现依法管理的同时，还要多管齐下，综合运用多种手段。一要完善政策体系，不断完善有关经济政策、社会政策，弥补社会政策领域的空白，更好地调节和保护各方面的利益。二要借助道德力量，把法治与德治结合起来，发挥道德力量的示范和引导作用，着力解决社会转型时期道德示范问题，努力塑造新型伦理道德。三要发挥政治优势，积极探索新形势下加强思想政治工作、动员组织群众参与社会管理的新途径新办法，真正把相信群众、依靠群众和加强教育引导融入到社会管理中。四要依靠科技支撑，顺应社会信息化的新形势，把广泛运用现代信息技术作为加强和创新社会管理的有效手段，提升社会管理信息化水平。五要善于舆论引导，利用新媒体等平台宣传党的路线、方针和政策，了解社情民意，理顺社会情绪。

（五）着重创新农村社会管理机制，促进城乡社会协调发展

创新农村社会管理机制，解决好留守儿童、老人、妇女的生活照料、情感慰藉、精神发展等问题,能够巩固社会稳定的基础、有力促进城市化进程和城乡社会协调发展。具体而言,一方面,要进一步完善农民工的待遇和生活状况,落实保障农民工权益的各项政策,包括落实以全日制公立学校为主体的子女上学政策,以使更多农民工有条件带家属子女外出就业;同时加快推进户籍制度改革,让有条件的农民工在城市落户。另一方面,各级政府要加大公共投入,完善农村基层社会管理服务体系,改善管理服务设施和条件,推动各类农村社会管理组织的健康发展,使留守儿童、老人、妇女的物质和精神生活得到更好保障。

对党的十八大社会建设和社会体制改革战略部署的几点理解

深圳行政学院　傅小随*

内容提要：党的十八大报告对社会建设和社会体制改革提出了新的重大部署，是对十六届三中全会以来关于构建和谐社会和活力社会一系列思想和精神的延续和深化。要深刻理解十八大报告的这一重大部署，必须清醒认识新时期我国社会建设和社会体制改革面临的各种新环境条件，并以整体思维将十八大报告各部分联系起来予以整体把握。

关键词：十八大报告　社会建设　社会体制改革　战略部署

一、十八大关于社会建设和社会体制改革的主要精神

党的十八大对社会建设和社会体制改革的理论阐述和战略部署是对十六届三中全会以来中央关于构建和谐社会和活力社会一系列思想和精神的延续和深化。从十六届三中全会着重关注社会领域问题开始，到十六届六中全会提出要加强社会建设和进行社会领域改革，再到十七大明确提出推进社会体制改革，加强以改善民生为重点的社会建设，表明我们对社会建设和社会体制改革在意义和目标任务上不断取得新的认识。党的十八大报告对社会建设和

---

* 傅小随，深圳市行政学院公共管理教研部主任、教授。

社会体制改革的阐述逻辑更清晰,思路更明确,措施体系更完善。“必须加快推进社会体制改革”的强烈要求充分表明了完成这一重大使命的现实紧迫性。

其一,报告关于社会建设与社会体制改革突出的两个贯穿性、统领性的内容是改善民生与管理创新。报告明确提高人民物质文化生活水平,是改革开放和社会主义现代化建设的根本目的。民生是目的而不是手段。这一重要阐述对于纠正轻视民生幸福的政绩观是一付清醒剂。同时,我们也要正视在这个转折性时期民生问题也是社会矛盾的焦点领域,所以社会建设必须以改善民生为起点和重点。

同时,报告要求在社会建设和社会管理领域必须进行体制机制创新。其理论要点是要始终坚持正确处理人民内部矛盾,不能以任何借口和工作措施激化矛盾,以滥用强制性手段等方式错误地将人民内部矛盾转化为敌我矛盾。其实践要领则是要建立健全党和政府主导的维护群众权益机制,畅通和规范群众诉求表达、利益协调、权益保障渠道,建立健全重大决策社会稳定风险评估机制。在这些领域,各地区各部门可以根据具体实际探索有效的体制模式和工作机制,维护社会的平稳和谐。

其二,报告较十七大和十七届五中全会更加坚定地提出必须加快推进社会体制改革。这提醒我们现行社会体制存在着的各种复杂问题确实对和谐社会的构建有着很大的阻碍作用。我们可以把社会体制理解为社会本体及其功能、社会权力、社会结构、社会与国家和市场的关系以及社会运行机制诸要素在特定历史时期形成的一种复杂体系。社会体制是一种客观存在,也是一种能够产生积极或消极作用的能动性因素。它包括了社会管理体制、社会事业体制等具体内容,但范围和内涵比这两个概念要大得多、深得多。它们是其某一方面的一些既成制度安排,或者是其中一个大的工作领域。就是说,我们对社会体制的理解,应当放在与政治体制、经济体制和文化体制并列的位置上，是五位一体中的重要组成部分之一。

必须加快推进社会体制改革，原因之一是我们需要它为社会建设和社会管理创新提供强大动力，正如经济体制改革是经济建设和经济发展的强大动力一样。对于这一点，广东省委省政府 2011 年颁发的《关于加快推进社会体制改革建设服务型政府的实施意见》1＋7 配套文件里就给予了清楚说明。社会建设与社会管理创新的实践过程中会遇到许多现实阻碍因素，需要通过改革尽快扭转。首先是观念问题，最主要的是不能全面正确理解中央的精神，不敢大胆培育社会力量的成长，不能正确理解新形势下政府与社会的关系。其次是现有法律法规的问题。一些现有法律法规颁行于多年前的计划经济体制时期，指导思想和具体条文中已经有许多不适合当前社会建设与社会管理创新的新形势，甚至有很大的消极作用。它们构成了现有体制的重要内容，需要尽快加以修改。再次，现有政府管理制度、方式方法和习惯中也存在许多需要改变的东西。只有按照构建和谐社会的要求改变这些东西，才能实现社会建设的目标。

必须加快推进社会体制改革，原因之二是过时的社会体制对经济发展和发展方式转变也具有极大制约作用。在缺乏活力的社会体制条件下，创新资源供给不足、发展动力不足并且缺乏持续性。首先是社会的空间还很窄小，包括科技创新、管理创新在内的各种经济发展要素都没有足够施展的空间，反而被限制在很小的范围之内。来自民间的、社会的发展动力才是无限广大的。社会和民间作用受到现有社会体制的束缚，将十分不利于经济持续稳定增长和发展方式转变。

必须加快推进社会体制改革，原因之三是过时的社会体制非常不利于改善民生和社会事业发展。我国现行社会事业模式脱胎于计划经济时期，改革开放三十多年来并没有随着经济体制改革进行大的调整，基本框架仍然保持原样，已经远远不能适应当今的国际国内形势对社会事业发展的更高要求。目前我国的社会福利事业和社会慈善事业等的水平还很低，教育、科学、卫生等社会事业发展水平也不高，与发达国家和地区相比显得比较落后，甚至和许多发展中国家相比也是落后的。改善民生和加强社会建设，需要极大地改善公共服务，快速推进基本公共服务均等化，提高社会事业的发展水准，满足广大人民群众日益增长的物质文化生活需求。但是现体制却主要依赖纵向模式、计划经济体制方式，对社会参与限制过多，把大量民间的力量挡在事业发展的道路外面，从而形成一种巨大反差局面。一方面，人民生活急需要广覆盖、高质量的公共服务和社会事业，同时来自民间社会的参与意愿和参与力量都非常强大；但另一方面，现行社会体制却仍然在多数领域拒绝这些参与，不给他们提供制度和法律空间，使需求和供给两者之间无法有效对接。只有通过社会体制改革，解决这样的问题，社会建设和社会管理创新才能通向更加广阔的新天地。例如，所谓"民办非企业"的名称就显示出国家对社会事业发展的独占性和对民间发展社会事业的歧视观念。我们完全可以正面使用例如"民办社会事业"、"民营公共服务"这样的概念，以从符号上彻底扭转我们对社会领域的固有偏见。

其三，报告明确部署了社会建设和社会体制改革的5+1项基本任务，其中教育、就业、社会保障、人民健康和基本公共服务体系是改善民生，最后一项是社会管理创新。六项任务是中央对社会建设和社会体制改革的总体布局。

二、新时期我国社会建设和社会体制改革面临的新环境

正确理解十八大报告关于社会建设和社会体制改革的有关阐述，需要清醒认识新时期我国社会建设和社会体制改革面临的新环境条件。十八大报告的工作部署，就是出于对新环境条件的全面把握。概括地说，这种新环境条件可以归纳为如下几个主要方面。

其一，经济快速转型发展对社会建设和社会体制改革提出日益强烈要求。

加快转变经济发展方式是今后相当长一个历史时期我国经济发展的基础任务，其内涵为三个转变，即从主要依靠投资、出口拉动向依靠消费、投资、出口协调拉动转变，从主要依靠第二产业带动向依靠三次产业协同带动转变，从主要依靠增加物质资源消耗向主要依靠科技进步、劳动者素质提高和管理创新转变。这里讲的“管理创新”也包括了社会管理创新。这表明，经济发展方式转变既是经济发展的一场深刻革命，也对社会管理及相关的体制改革提出了更高的要求。如果不能及时实现这个转变，社会建设总是落在经济建设后面，民生幸福就不能成为工作的根本目的，社会自身就不能积极参与到经济发展和社会进步的更宽广领域之中，社会矛盾就长期处于多发易发状态，并且很难有效处理。反之，只有及时实现这种转变，我们才能够走出“转型陷阱”，夺取全面建设小康社会的新胜利。

其二，社会发育对社会建设和社会体制改革提出迫切要求。

改革开放以来，随着市场的重新出现和市场经济体制的逐步确立，经济结构中非公有制的部分从无到有、从少到多，商业社会恢复并发展起来。由于它们在一定程度上相对独立于国家权力机构，并且按照市场机制和自身的发展规律运行，从而给社会领域的形成创造了条件。民间社会是商品经济与生俱来的伙伴，也是它的一个重要结果。

在这种形势下，必须及时转变政府职能，对政府主导的相应社会体制进行改革，将社会的力量纳入社会建设和社会管理的主体范围，特别是政府社会管理的创新能力提升和社会管理的方式方法也要进行深入改革。只有这样，我们的社会建设才能适应变化了的形势，社会管理才能适应社会转型时期的新需求。

其三，民生问题对社会建设和社会体制改革形成巨大推力。

在经济体制改革和经济建设飞速发展的同时，社会事业发展和社会事业体制部分相对落后得多。这套体制在我国迈向工业化、现代化、城市化和信息化的巨变过程中，已经越来越显示出其严重的不适应性，造成大量社会矛盾。当前社会矛盾特别是群体性事件中绝大多数是民生问题所引起。某种程度上说，解决社会问题的钥匙就是解决民生问题。近年来国家推出的一系列社会管理举措多数都源于需要处理由民生问题引起的社会问题。

其四，政治体制改革与社会建设和社会体制改革日益形成互动局面。

在网络时代，简便易行、高速廉价的传播工具方便了更多人利用它来参与到社会进程之中，彰显自身的存在和价值，实现自身的权利和利益诉求，监督政府的行为。从政治体制和社会体制的角度来说，广大人民群众参与国家管理，行使民主选举、民主决策、民主管理、民主监督的权利渠道不畅，其知情权、参与权、表达权、监督权没有得到很好的尊重和保障。这些问题很多都是由于一些地方政府部门思想僵化、观念落后造成的，是封闭式运作的体制机制造成的，更是由于人民群众的民主权利得不到落实所引起的。化解尖锐的社会矛盾，既需要从民生问题入手，也需要从政治权利入手。民众有了监督公权力的通畅渠道，许多问题就可以在第一时间被发现并及时化解，就不会长期酝酿成复杂社会矛盾。所以，社会问题需要通过政治体制改革和社会体制改革合力加以解决。

三、新时期我国社会建设和社会体制改革的主要内容

党的十八大报告对社会建设和社会体制改革的阐述与报告其他部分是一个整体。全面理解报告关于社会建设的思想和工作内容，还需要着眼全篇，将各部分相互联系起来予以整体把握。其中，关联度最高的内容至少包括如下几个方面。

其一是在我国的整体发展中已经形成的社会建设和社会体制改革的客观趋势。这个趋势包括以下几个要点：

公平正义日益成为公众对社会建设和社会体制改革的核心诉求。如果说经济体制改革着力解决发展的效率问题，改革开放之初我们的主要诉求就是以高效率缓解经济匮乏局面的话，那么在我国已然进入中等收入国家行列之时，公平正义已经逐渐成为关注的焦点，社会体制改革和社会建设就是要着力解决公平正义问题。包括收入分配不公在内的各种问题是社会建设需要攻克的一大难关；权利觉醒、政府法治是社会建设和社会体制改革需要认真面对的重大课题。随着法制观念日益深入人心，公民权利意识不断增强。无论企业还是少数政府部门侵害公民权利的行为都越来越难以得到社会容忍，特别需要通过法治手段严格加以规范，否则就会成为社会矛盾的源头；公众参与、社会协同、法制保障是社会建设和社会体制改革的主要路径。党的十八大将社会管理体制描述为由五项内容组成的一个体系。党委领导、政府负责是体制内核，社会协同和公众参与则是体制中需要强化的重要新内容，也是社会管理的创新点或着力点，在这里有着创新的最广阔空间，它也是各项社会管理创新尝试的主要路径；公共治理是社会建设和社会体制改革的基本方向。20 世纪 90 年代中期以来，世界银行、联合国和经济合作与发展组织等当今世界最主要的国际组织分别向全球推出了治理概念，以为各国特别是发展中国家提供走向善治的途径。政府应当深刻理解自身公共治理性质的一面，并在实践中充分借鉴和吸收公共治理的思维方式和工作路径，在解决各种经济发展和社会问题时，学会综合运用法律、政策、经济、行政等手段和教育、协商、疏导等办法，并通过大力支持和规范发展社会组织的运作，引导其参与社会管理和公共服务，将其培育成政府的良好合作伙伴，以此畅通和规范群众诉求表达、利益协调、权益保障的渠道。

其二是关于社会建设、社会体制改革与经济建设和经济体制改

革等五大领域的建设和改革共同追求的主要目标。它们包括以下几个要点:

以收入分配制度改革为突破口促进社会公平。收入分配制度改革既关乎民生幸福,又是社会公平正义问题上关注度特别高的一大内容,所以,收入分配制度改革应该加快进行;以改善民生为重要内容增进人民福祉;以服务型政府建设推动形成新型政社关系。社会体制改革的关键在于处理政府与社会的关系。而两者中作为矛盾主要方面的是政府。社会建设和社会体制改革必须解决政府与社会关系不合理的问题。政府在经济和社会领域职能过宽过细,相对而言社会发育水平不高,功能弱小,两者关系不平衡,不利于经济社会的稳定和协调发展。新型政府与社会的关系要求政府在社会事务领域简政放权,转变职能并将部分职能向社会组织等社会实体转移,让出空间,保障社会公众的参与和发挥重要作用。新型政社关系是一种政府与社会相互协作、共同治理的关系,而不是简单的管理与被管理关系;要以本体成长和基层自治等为载体落实人民主体地位。社会本体就是公众及其自我组织形成的各种社会团体。我们要落实宪法和法律赋予公民的完整权利,保障基层群众和社会组织的自治权利,这是将人民主体地位落到实处的重要形式。当前,要大力培育社会组织,促进其快速发展并积极参与到社会建设与社会管理的过程中来。要多维度发展社会组织,多角度发掘其积极作用。同时,要加快社会领域法制建设的步伐,及时修改不利于社会建设和社会管理创新、限制社会组织发展和参与社会事务的法律法规,以法律形式为其健康发展提供保障。

其三,在这两个全面把握的基础之上,我们就能够更准确理解社会建设和社会体制改革的几个主要内容。

一是要加快形成党委领导、政府负责、社会协同、公众参与、法治保障的社会管理体制。党的十八大将原有的社会管理格局表述正式调整定性为“社会管理体制”,是对社会管理问题的深化阐述,并且增加法制保障内容，使之更加完整全面。

二是要加快形成政府主导、覆盖城乡、可持续的基本公共服务体系。完善的基本公共服务体系是改善民生的重要保障和基本内容。各地应该根据具体情况，以明确的标准和科学合理的评测体系，加大财政投入，保障其尽快形成并造福广大人民群众。就深圳而言，基本公共服务体系还存在与经济发展不相称的方面，需要大力予以促进。深圳是一个完全的城市化地区，基本公共服务均等化任务不同于全国，着重解决的不是城乡均等和一般意义上的地区均等，而是原关内外的均等化，更主要的是城市纵向的阶层或人群间的均等化，特别是外来人口与户籍人口之间享受的基本公共服务的均等化，非常需要尽快完善这方面的制度体系和具体策略。深圳还需要一个年均增幅高于GDP增幅的基本公共服务标准体系。这是促进实现基本公共服务均等化的重要前提。尽早推出这样的标准体系，深圳的基本公共服务均等化任务就可以尽早完成。

三是要加快形成政社分开、权责明确、依法自治的现代社会组织体制。与现代企业制度、现代政府制度等一样，党的十八大正式提出并明确表述的现代社会组织体制也是社会建设和社会体制改革的一项新的目标，它规划了一项十分清晰的工作内容，其核心是政社分开和自治的精神，这是社会组织发挥社会管理主体功能的前提。社会组织不是政府权力的末梢，不能将其视作政府部门的下级单位，政府不能对其行使指挥命令权。政社分开就是要保证社会组织的独立地位。只有具有独立地位，社会组织才能够依法自治，追求并实现自身的目的。当然，社会组织也完全可以并需要与政府合作，形成互动关系。

四是要加快形成源头治理、动态管理、应急处置相结合的社会管理机制。针对社会问题进行有效处置的社会管理机制已经在实践中广泛推行。各地应当按照党的十八大的明确要求对其进行进一步的完善并保障其健康运行。其中,源头治理是最关键的一环。各政府部门都是社会管理的源头,其决策和管理行为都会带来一定的社会后果,需要在一开始就科学预估,以防止不良后果的大量出现。在这种情况下,专门的社会管理部门就会减轻压力,需要应急处置的事件也就大大减少,社会和谐程度才能真正提高。这正是十八大规范性地提出这一社会管理机制的意义所在。当前各地社会管理工作中源头治理是最薄弱的一环,根本原因是业务性的政府部门不能够从社会管理的角度进行决策,只从自身业务角度出台各种政策措施,而对其中隐藏的社会风险没有引起足够重视,因此导致大量复杂社会矛盾纠纷的产生,给社会管理的下游造成艰巨管理难题。这种局面必须尽快加以改变。

如何理解社会管理

——基于已有文献的回顾与评析

重庆行政学院　金华宝*

内容提要:“社会管理”一词是一个具有社会主义特色的概念,我国学者对它的使用是从前苏联借用过来的。近几年,随着中央政府对社会管理问题的重视,学术界也做出了积极回应,形成了一股研究热潮,产生了一批研究成果,在社会管理的内涵、分类、特征、主客体、目标等方面达成了一些共识,但也存在不少问题和分歧。鉴于此,下一步关于社会管理的研究,应在继续坚持多学科、跨学科研究的基础上,必须重视研究共识点的知识合成,以进一步厘清社会管理的研究边界,构建并完善中国特色社会主义社会管理体系。

关键词:社会　社会管理　评析

早在上世纪 80 年代初期,我国学者对社会管理就进行了一些相关研究,不过当时没有引起决策部门的重视。1998 年国家正式提出要加强社会管理的研究。本世纪初以来,国家对社会管理愈发重视。2004 年党的十六届四中全会提出“加强社会建设和管理,推进社会管理体制创新”;十六届六中全会明确要求“整合社会管理资源,提高社会管理水平”;十七大重点强调“完善社会管理,促进社会公平正义”;2011 年初中央再次强调要“扎扎实实提高社会管理科学

* 金华宝,管理学博士,重庆行政学院副编审。

化水平,建设中国特色社会主义社会管理体系”。与决策部门对社会管理实践的高调推动相呼应,学术界对社会管理相关理论的研究热情也日益高涨,围绕着社会管理的内涵、特征、主体、内容、目标等问题展开了广泛深入的探讨。在如此众多的研究成果中,存在着一些明显的分歧与争论。因此,对已有的成果进行一些梳理和归纳,以厘清对这一问题的认识,就显得非常有必要。

一、文献回顾

(一)社会管理的内涵

尽管很多人在很多场合都在提“社会管理”,学术界对社会管理理论与实践的研究也有了海量成果,但到底什么是社会管理,目前还未形成统一的认识。[①] 虽如此,但还是达成了一个基本的共识,即社会管理有广义和狭义之别。

郑杭生认为广义的社会管理指的是对整个社会的管理,也即对包括政治子系统、经济子系统、思想文化子系统、社会生活子系统在内的整个社会大系统的管理。[②] 李程伟指出,广义的社会管理是指政府及非政府公共组织对包括政治的、经济的、文化的、社会的等各类社会公共事务所实施的管理活动,与公共管理是同等范畴的概念。[③] 包括政治管理、经济管理、文化管理、社会生活管理等。[④]

郑杭生认为狭义的社会管理,则着重指与政治、经济、思想文化

---

① 乔耀章:《对中国特色社会主义社会管理问题的新认识——再论政府社会管理中的政府、社会、公民三者关系》,《湖北行政学院学报》2012 年第 2 期。

② 郑杭生:《社会学视野中的社会建设与社会管理》,《中国人民大学学报》2006 年第 2 期。

③ 李程伟:《社会管理体制创新:公共管理学视角的解读》,《中国行政管理》2005 年第 5 期。

④ 郝立忠:《科学发展观视野下的当代中国社会管理研究》,安徽大学出版社 2009 年版,第 7 页。

各子系统并列的社会子系统的管理，也即对社会生活的管理。[①] 李程伟指出，狭义的社会管理一般与政治管理、经济管理相对，指的是对社会公共事务中除了政治统治事务和经济管理事务之外的那部分事务的管理与治理，涉及的范围一般指社会政策所作用的领域。[②] 主要包括对计划生育、人口流动、教育、医疗卫生、劳动就业、社会保障、社会组织、社会稳定等方面的管理。[③] 这样的管理是对公民社会领域的社会组织、社会事务、社会活动进行规范、协调等的管理过程，是对政府领域的行政管理和市场领域的工商管理"不管"和"管不到"的一种补充。[④]

社会管理的广义和狭义认识一方面是基于对社会的广义和狭义理解，另一方面是基于对社会管理主客体的广义和狭义理解。

前者的主要观点是：广义的社会与"自然"相对，与民族国家范围相一致，指的是国家、政党、企业、军队等政治、经济、社会、文化各个领域的一切活动，包括政治子系统、经济子系统、思想文化子系统和社会生活子系统。狭义的社会与"个人或家庭"相对，[⑤]区别于政治、经济、文化等活动，与政治、经济、思想文化各子系统相并列的社会生活子系统。对狭义的社会，社会学常常用"社会生活"或"社会生活子系统"来表示。[⑥] 根据对"社会"一词的广义与狭义认识，郑杭生进一步指出，社会管理的广义和狭义理解是建立在政治领域、经

---

① 郑杭生：《社会学视野中的社会建设与社会管理》，《中国人民大学学报》2006 年第 2 期。

② 李程伟：《社会管理体制创新：公共管理学视角的解读》，《中国行政管理》2005 年第 5 期。

③ 郝立忠：《科学发展观视野下的当代中国社会管理研究》，安徽大学出版社，2009 年版，第 8 页。

④ 周红云：《理解社会管理与社会管理体制：一个角度和框架》，《中共天津市委党校学报》2009 年第 3 期。

⑤ 郝立忠：《科学发展观视野下的当代中国社会管理研究》，安徽大学出版社 2009 年版，第 6 页。

⑥ 郑杭生：《社会学视野中的社会建设与社会管理》，《中国人民大学学报》2006 年第 2 期。

济领域、公共领域或第一部门(国家或政府或政府组织)、第二部门(市场或营利组织)、第三部门(社会组织)的划分基础上的。社会三大部门是现代社会的三个实体性组织,是社会构成的硬件,文化则是社会构成的软件,社会三大部门的构成状况、运作逻辑及其相互关系既为广义社会管理也为狭义社会管理提供了一个结构性的总体框架。①

后者的主要观点是:社会管理从主体上看,其广义是指所有社会组织,包括政党、国家、群众团体、各种经济文化组织的管理活动;其狭义是指非政党、非国家的管理活动,即群众团体、经济文化组织等社会机关的管理活动。社会管理从客体上看,其广义是指对整个社会生活和社会发展进程的管理;其狭义是指除了政治、经济、文化生活以外的社会生活的管理,诸如对家庭、妇女、青少年等活动领域的管理。②

尽管社会管理在理解上有狭义和广义之分,但是这种区分只具有相对的意义,并不是绝对的,事实上,两者是不能截然分开的。广义的社会管理需要依靠政治、经济、文化等各个子系统的建设和管理来支撑,其中必然包括狭义上的社会管理内容。同样地,狭义的社会管理如果离开了整个社会的建设和管理作为自己的大环境,没有其他各子系统的配合,也很难孤立地建设成为和谐的子系统,很难进行有效的管理。所以,我们既可以广义地使用社会管理,也可以狭义地加以使用。③

(二)社会管理的类型

依据不同的分类标准,可以将社会管理划分为不同的类型,主

---

① 郑杭生:《社会学视野中的社会建设与社会管理》,《中国人民大学学报》2006 年第 2 期。

② 施九青:《社会管理体制中的党政关系》,山东大学出版社 1987 年版,第 29 页。

③ 郑杭生:《社会学视野中的社会建设与社会管理》,《中国人民大学学报》2006 年第 2 期。

要有以下两类。

第一类,依据管理主体的不同,划分为政府社会管理与社会自主管理。李培林指出,现代社会管理既是政府向社会提供公共服务并依法对有关社会事务进行规范和调节的过程,也是社会自我服务并且依据法律和道德进行自我规范和调节的过程。这两个过程相辅相成、缺一不可,更不能相互替代。[①] 风笑天等则将这一过程称为社会行政管理与社会自治管理。前者指国家政权机关依据法律和政策,运用各种手段,对社会组织、个人、社会活动进行指导与调控;后者指社会组织、群众团体根据社区公约、组织章程、活动计划,对一定范围或方面的社会生活、社会活动和社会关系进行指导、约束和协调。两方面的管理,以前者为主,二者相互配合。[②]

第二类,依据管理客体的不同,划分为广义社会管理与狭义社会管理(前文已经详述)。

(三)社会管理的特征

关于社会管理的特征,可以归纳为以下几点。

一是人为性。承认人是社会系统的主要组成部分和第一对象,社会管理归根结底是对人的管理。[③] 周振国、田翠琴认为,从中央多次强调社会管理到明确"党委领导、政府负责、社会协同、公众参与"的社会管理格局,再到突出"社会管理是对人的管理和服务",凸显出"以人为本"在中国特色社会主义社会管理中的核心理念地位。[④]

二是目的性。任何管理都离不开目标,目标决定于系统的性

① 李培林:《创新社会管理是我国改革的新任务》,《人民日报》2011年2月18日。

② 风笑天,张小山,周清平:《社会管理学概论》,华中理工大学出版社1999年版,第9页。

③ 风笑天,张小山,周清平:《社会管理学概论》,华中理工大学出版社1999年版,第8页。

④ 周振国,田翠琴:《以人为本:中国特色社会主义社会管理的核心理念》,《毛泽东思想研究》2011年第5期。

质,体现着系统发展的方向。因此,社会管理目标在整个社会管理活动中具有十分重要的作用,它决定着社会管理的内容,从而决定着社会管理所采取的手段与方法。[①] 社会管理是一项目的性极强的活动,是对人们的集体施加的有目的、有意识的影响。[②]

三是复杂性。社会管理涉及到社会活动、社会生活的各个方面、各个领域,也涉及到社会各类子系统之间错综复杂的关系。[③] 在社会主义社会管理体制中管理者和被管理者呈现出新型的对立统一关系,主要表现在:广大人民群众既是社会的管理者,也是被管理者,而且由于主客观条件的制约,人民群众参加社会管理的深度和广度受到很大限制,管理者和被管理者作为职业的分工还没有消失。[④]

四是整体性。社会管理强调遵循系统原则,把社会看作由各个部分相互联系、相互作用而组成的有机整体,看作一个多层次、多结构、多序列的完整的网络体系,认为部分的失调会影响社会系统的正常运行。[⑤] 因此,社会主义社会应该建立由中央、地方、基层单位、个人构成的纵向上的四位一体以及由政党、国家、群众团体、经济文化组织构成的横向上的四位一体的权力主体合理分工、密切协作的立体网络式结构的社会管理体制。[⑥]

五是阶级性。在任何社会形态下,社会总是通过一定的程序和方法,挑选出符合统治阶级利益需要的最优秀的人才来管理社会。社会主义社会也不例外,集中了社会人才精华的无产阶级政党无疑

---

① 施九青:《社会管理体制中的党政关系》,山东大学出版社1987年版,第11页。

②③ 风笑天,张小山,周清平:《社会管理学概论》,华中理工大学出版社1999年版,第8页。

④ 李培林:《创新社会管理是我国改革的新任务》,《人民日报》2011年2月18日,第80页。

⑤ 风笑天,张小山,周清平:《社会管理学概论》,华中理工大学出版社1999年版,第8页。

⑥ 李培林:《创新社会管理是我国改革的新任务》,《人民日报》2011年2月18日,第82页。

负有对社会管理的重要的领导职能。[①] 也因此，社会管理一定会反映管理主体所处社会的阶级内容，反映管理社会主义社会的特点，反映社会生活各领域相互联系的特性。[②]

（四）社会管理的主体

国家或执政党或政府、市场或营利组织、社会组织是构成现代社会的三大实体，也是实施社会管理的三大主体。围绕三者之间的关系，根据政府和社会力量在社会管理中的地位与作用的不同，呈现出五种不同的运作形态。

第一种是政府一元论。政府是社会管理的唯一主体，自上而下地对社会事务进行规范和制约，计划一切事务，管理一切事务，既是掌舵人，又是划桨者。社会成为政府管理社会的客体、是管理的对象，管理是政府与社会的中介、桥梁和纽带。可以说，这种模式的社会管理在我国是至今的传统，已成为一种思维定势、一种行为习惯。[③]

第二种是政府本位论，即政府主导、社会协助的模式。在这种模式中，对社会生活、社会事务和社会关系的规范、协调、服务，以及对公共产品与公共服务的提供，政府都处于主导地位，包括社会组织和社会成员在内的社会力量只处于协同配合的地位。执政党和政府成为对社会发展具有普遍的和决定性影响的管理者，其管理能力同时也表现为其执政能力。[④] 政府的这种主导地位主要表现在两

---

① 李培林：《创新社会管理是我国改革的新任务》，《人民日报》2011 年 02 月 18 日，第 83 页。

② ［苏］A. M. 奥马罗夫：《社会管理——某些理论与实践问题》，浙江人民出版社 1987 年版，第 27 页。

③ 乔耀章：《对中国特色社会主义管理问题的新认识——再论政府社会管理中的政府、社会、公民三者关系》，《湖北行政学院学报》2012 年第 2 期。

④ 郝立忠：《科学发展观视野下的当代中国社会管理研究》，安徽大学出版社 2009 年版，第 6 页。

方面:一是政府在退出那些不该其管理的领域的同时,必须明确在社会主义市场经济条件下政府管理社会的新职能并加以强化,以确立政府在推进社会事业发展中的主导地位;二是在引导社会走向独立自治的过程中,政府应积极主动地创设相应的制度环境,为广大人民实现与维护自身的权利创造政治、经济和文化条件,积极引导、组织和支持公民参政和公民社会的自治,促进社会的公正和进步。①

第三种是社会本位论,即社会主导、政府协助模式。这里所说的“社会”指的是实体社会,主要是社会组织、社会团体、社会公众。在这种模式中,社会为本,社会至上,管理是围绕着社会进行。② 政府的社会管理与强制秩序让位于社会的自我管理与自我秩序,政府在社会管理中的重要性让位于社会,进而社会力量成为社会管理的主角。社会管理的首要原则是社会自治自律原则,外部干预只能是辅助性手段。③

第四种是各方合作论,即政府与公民对社会的合作管理。在这种模式中,社会的三大实体部门作为社会管理的基本主体彼此独立且都得到了充分发展,相互间构成平等的伙伴关系,在管理过程中资源共享、责任共担,彼此间既有分工又有协作,形成三足鼎立格局。郑杭生认为,社会治理与善治应该成为社会管理改革创新的主要方向。这里的治理与善治,其核心之处在于由政府、公民与社会组织共同来治理一个社会,实现政府与公民对公共生活的合作管理。④

第五种是社会一元论。持这种观点的人认为,社会是社会的社

---

① 周红云:《理解社会管理与社会管理体制:一个角度和框架》,《中共天津市委党校学报》2009 年第 3 期。

② 郑杭生:《社会学视野中的社会建设与社会管理》,《中国人民大学学报》2006 年第 2 期。

③ 何增科:《社会管理与社会体制》,中国社会出版社 2008 年版,第 5 页。

④ 郑杭生:《社会学视野中的社会建设与社会管理》,《中国人民大学学报》2006 年第 2 期。

会，而非国家、政党、政府的社会，社会早于国家、政党、政府，国家、政党、政府源于社会，应该服务于社会。[①]《没有政府的治理》一书的作者罗西瑙认为，由于一些中心化与非中心化的动力促成了权力场所的转换，法律和条约因而在一定意义上受到了损害。虽然政府仍然在运作，在许多方面仍然至高无上，但它们的一些权力已经被次国家集团所分享。换言之，政府的一些治理职能正在由非源自政府的行为体所承担。政府即使不被视为根本不存在，实际上也很可能是相当低效的。[②] 因此，社会管理主体的社会一元论所呈现的是一种社会管理社会化的发展态势，是一种未来情景。社会管理社会化是否可能及其程度如何，不仅取决于社会自身的自觉、自主、自管、自理、自治程度，同时还要取决于国家、执政党、政府的自觉性及其程度。[③]

以上五种形态的社会管理模式，彼此对应的是何种社会时态以及相互之间存在何种关系，乔耀章对此做了简要回答。他说，相对说来，“独家管理”渐趋成为过去时，“共同管理”逐步成为现在进行时，“相互管理”以及“社会自理”必将成为将来时。[④] 周红云则进一步指出，“政府本位”让位于“社会本位”并不意味着政府无所作为或者政府完全退出社会管理。相反，要真正做到向“社会本位”的转变与过渡，还需要强化政府的社会管理职能。但这样的强化并不是要求政府加强对社会的控制和管制，而是要转变角色，从原来的监督者、控制者转变成具有公共服务精神的服务型政府。[⑤]

---

① 乔耀章：《对中国特色社会主义社会管理问题的新认识——再论政府社会管理中的政府、社会、公民三者关系》，《湖北行政学院学报》2012 年第 2 期。

② [美]詹姆斯·N. 罗西瑙．张胜军，刘小林等译：《没有政府的治理——世界政治中的秩序与变革》，江西人民出版社 2001 年版，第 4—5 页。

③ 乔耀章，芮国强：《政府创新与政府自觉》，《学术界》2002 年第 4 期。

④ 乔耀章：《对中国特色社会主义社会管理问题的新认识——再论政府社会管理中的政府、社会、公民三者关系》，《湖北行政学院学报》2012 年第 2 期。

⑤ 周红云：《理解社会管理与社会管理体制：一个角度和框架》，《中共天津市委党校学报》2009 年第 3 期。

(五)社会管理的内容

社会管理到底管什么,对于这个问题,政府决策部门和理论界也都做出了一些回答。归纳起来,主要采用两种方法来阐述这一问题。

第一种方法是列举法。通过这种方法,将社会管理涉及的主要内容一一列举出来。比如,胡锦涛在2011年省部级主要领导干部社会管理及其创新专题研讨班开班式上的讲话指出,社会管理的基本任务包括协调社会关系、规范社会行为、解决社会问题、化解社会矛盾、促进社会公正、应对社会风险、保持社会稳定等方面。万军认为,政府社会管理的主要内容包括保障公民权利、协调社会利益、实施社会政策、管理社会组织、维护社会秩序以及解决社会危机等。[①]郝立忠认为,我国政府的社会管理必须将劳资关系的管理作为社会管理的重点,通过司法、政府、企业、工会的共同努力,建立规范、公平、合作的劳资关系,以劳资关系的管理带动对其他社会关系的管理。[②]

第二种方法是归纳概括法。因为社会管理涉及的内容很多,无法一一列举出来,于是就采用归纳的方法对管理对象加以抽象性的概括。比如,郑杭生认为,社会管理的内容大体上是两个方面,即结构性调整与功能性调整。前者要实现的是城乡结构、区域结构、阶层结构、社区结构、产业结构、资源配置结构等方面的协调,亦即社会要素的联系具有较高的有序性、较合理的比例关系与排列方式、较严密的组织构成;后者指的是使社会功能由失调走向协调,即使得社会各系统的活动和作用由相互配合不上甚至相互抵消走向相

---

① 万军:《社会建设与社会管理创新》,国家行政学院出版社2011年版,第52页。

② 郝立忠:《科学发展观视野下的当代中国社会管理研究》,安徽大学出版社2009年版,第52页。

互配合、相互促进。[①]

(六)社会管理的目标

基于对已有文献的把握,笔者将社会管理的目标分为长远目标与当前目标。顾名思义,长远目标着眼于未来,也可称为终极目标或理想目标;当前目标立足于现在,也可称为具体目标或现实目标。回顾已有文献,笔者发现关于社会管理长远目标的研究基本上能达成一定的共识,但关于社会管理当前目标的研究却存在着两种不同的价值取向,一种是着力于维护社会稳定,一种是立足于维护人民群众的权利。两种价值取向的差异反映在社会实践中就是政府维稳与社会公众维权的矛盾冲突,往往使得社会公众维权成为了社会不稳定的最大根源,维稳与维权的冲突和博弈成为当前社会管理创新最大问题。[②]

在长远目标上,比较早的研究定位于"每个社会成员全面而自由的发展"。比如,施九青认为,在社会主义社会管理体制中,社会管理的总目标是一切为了每个社会成员全面而自由的发展。为此,一切社会管理活动都应在条件许可的情况下,积极主动地为每个社会成员的全面发展创造条件,不要有意无意地限制人的发展,不要有意无意地伤害人的个性、挫伤人的积极性、剥夺人的权利、损害人的利益。[③] 党的十六届六中全会提出构建"民主法治、公平正义、诚信友爱、充满活力、安定有序、人与自然和谐相处"的社会主义和谐社会。建设和谐社会成为我国社会建设的重大战略目标。这可以看成是我国对社会主义社会管理长远目标的一次修订与完善。与

---

① 郑杭生:《社会学视野中的社会建设与社会管理》,《中国人民大学学报》2006 年第 2 期。

② 张艳娥:《是"社会本位"还是"党政本位"——对当前创新社会管理诸多理论分歧的思考》,《理论与改革》2012 年第 2 期。

③ 施九青:《社会管理体制中的党政关系》,山东大学出版社 1987 年版,第 81 页。

促进“每个社会成员全面而自由的发展”目标相比,构建“社会主义和谐社会”这个目标更具体也更全面。

在当前目标上,由于价值取向的不同,似乎存在着一定的分歧。一种观点认为,社会管理的目标就是维护社会稳定。在他们看来,稳定是压倒一切的大局,我国社会管理必须首先保证国家与社会基本秩序框架的稳定。比如,周红云认为,社会管理就是为了维护社会秩序,对公民社会领域进行规范、协调等的管理过程。① 马凯指出,维系社会秩序是社会管理的核心内涵;规范社会行为、协调社会关系、促进社会认同、秉持社会公正、解决社会问题、化解社会矛盾、维护社会治安、应对社会风险是由“维系社会秩序”这一核心内涵派生和展开的。②

还有一种观点认为,社会管理的目标是维护人民群众的权利。他们主张在维护社会权利的前提下实现对社会的有效控制,好的社会管理必须首先保证社会各主体在资源和机会上的均等,通过还权于民与社会赋权,以提升社会制衡政府的能力,进而达到社会复合共治。比如,何增科认为,社会管理的目的是为社会成员和社会团体追求各自的私人利益、特殊利益提供平等的机会,同时调节利益冲突,增强公民权利和社会公益。③ 杨雪冬提出,社会管理就是通过发挥多元治理主体的作用,提供、调整和增进社会福利,推动个人发展和社会有序和谐的过程。④ 陈星博认为,社会政策的重要目标在于维护社会成员的基本生活状态,保证社会成员在一个社会当中所

---

① 周红云:《理解社会管理与社会管理体制:一个角度和框架》,《中共天津市委党校学报》2009 年第 3 期。

② 马凯:《在“2011 中欧社会管理论坛”上的致词》,《行政管理改革》2012 年第 1 期。

③ 何增科:《社会管理与社会体制》,中国社会出版社 2008 年版,第 5 页。

④ 杨雪冬:《走向社会权利导向的社会管理体制》,《华中师范大学学报(人文社会科学版)》2010 年第 1 期。

应当具有的生存底线，促进社会整体福利的不断增进。①

（七）社会管理与社会建设的关系

关于社会管理与社会建设二者之间的关系，可以归纳为以下三种观点。

第一种观点，社会管理是社会建设的一项重要内容，二者是一种从属关系，即社会管理从属于社会建设，是社会建设的一个方面。万军认为，社会建设主要包括社会事业和社会管理两大领域。社会事业的重点是满足广大群众最基本的公共服务需求；社会管理的重点在于提高社会运行效率，促进社会公平正义。因此，社会建设和社会管理构成一个相互联系、相互促进的有机整体。社会建设主要是动员社会力量、整合社会资源、发展社会事业、完善社会功能，构建全体人民各尽其能、各得其所而又和谐相处的社会环境。社会管理主要是政府和社会组织为促进社会系统协调运转，对社会系统的组成部分、社会生活的不同领域以及社会发展的各个环节进行组织、协调、服务、监督和控制的过程。② 乔耀章认为，社会和谐是目的，社会建设是途径，社会管理是社会建设的派生任务。③

第二种观点，社会管理是进行社会建设的一个重要手段、一项重要抓手。主要观点是进行社会建设要从根本上强化政府的社会管理职能与公共服务职能，提高政府的社会管理与公共服务的能力。

第三种观点，社会管理既是实行社会建设的一项重要内容，也是一个重要手段。郝立忠认为，社会管理是社会建设的灵魂和助推

---

① 陈星博：《强制与遵从：社会管理的实践与逻辑——以北京市收容遣送工作为个案》，中国计量出版社 2006 年版，第 237 页。

② 万军：《社会建设与社会管理创新》，国家行政学院出版社 2011 年版，第 1—2 页。

③ 乔耀章：《对中国特色社会主义社会管理问题的新认识——再论政府社会管理中的政府、社会、公民三者关系》，《湖北行政学院学报》2012 年第 2 期。

器,要实现社会建设的现代化就必须以社会管理现代化为先导。[①]

二、文献评析

(一)成就与共识

对“社会管理”的研究从上世纪80年代初到最近十年,特别是近几年,我国理论界对这一问题作了较为全面而深入的探讨,提出了许多新的见解,取得了比较丰硕的成果。在中国知网,以题名“社会管理”检索,结果达四万多条;在当当购书网,以题名“社会管理”搜索,也能查到364本相关论著。不同研究领域的专家学者与社会工作者的广泛参与,跨学科、多学科研究方法的采用,对“社会管理”作出了比较全面和深刻的分析。参与研究的不仅有社会学领域的专家学者,还有公共管理学领域、政治学领域、法学领域的专家学者。不仅如此,决策部门中的一些政府官员和相关部门的实际工作者也参与了讨论。学术界借助不同学科的研究方法,从多种层面、多个角度研究了社会管理的内涵、特点、主体、目标等相关问题。虽然由于各自所处的学科领域不同,采用的研究方法以及研究视野都有所差异,因此在研究结果上可能存在一些分歧,但也达成了一些基本共识。比如,在概念界定上,都认为应该做广义和狭义两方面的理解;在管理主体上,主要是政府行政组织、市场营利组织与社会志愿或自治组织;在管理类型上,主要是政府行政管理与社会自我治理;在管理内容上,主要是结构性调整与功能性调整。

(二)问题与分歧

其一,在概念界定上的问题。乔耀章认为,目前对社会管理的

① 郝立忠:《科学发展观视野下的当代中国社会管理研究》,安徽大学出版社2009年版。

界定主要有两个方面的问题值得商榷：其一，几乎所有的界定中恒定的管理主体少不了政府，似乎政府是没有或不受任何管理和制约的，其二，现有的界定大都是从社会学角度认定的，存在一些学科的缺位现象。[①] 笔者并不认同这一说法。关于第一个问题，政府是不是一个恒定主体，目前的回答应该是肯定的，虽然无法断定未来有没有像罗西瑙所说的无政府的社会治理，按照人类社会由低级向高级发展的规律推断未来可能会出现，但至少现在和未来很长一段时间都不会出现。关于第二个问题，目前对社会管理内涵的界定主要集中在社会学、公共管理学、政治学与法学四个学科领域，参与的不算多但也不少。就现在这样的情况下，已经出现了对社会管理内涵与外延的模糊不清以及研究边界的不确定，如果再加上一些其他学科的界定，那样只会导致对社会管理的理解更加模糊不清。概念认识的模糊，导致研究范围的无边界，什么都可以研究，其结果往往是什么都研究不了。

其二，在管理主体与管理目标上的分歧。社会管理的主体以往是单一的政府，未来的发展趋势是包括政府、市场营利组织、社会志愿组织等在内的多元治理主体。对于这样的认识，学术界已经达成共识。但关于社会管理主体的分歧也是很明显的，集中表现在是坚持政府主导下的社会管理还是坚持社会主导下的社会管理，也就是以谁为本位的问题。就是说，我国社会管理实践的主要推进者是谁，是以公民社会为主体的社会组织呢，还是我国党和政府的各级组织，前者需要对我国现有的制度框架进行较大幅度的突破和创新，后者只需在挖掘和发挥已有制度优势的基础上做好党的群众工作，无需大的调整和变化。

由于研究的价值取向的差异，对于社会管理目标的认识也存在

---

① 乔耀章：《对中国特色社会主义社会管理问题的新认识——再论政府社会管理中的政府、社会、公民三者关系》，《湖北行政学院学报》2012 年第 2 期。

两个本位的分歧。一方强调社会管理的目标应该以维护社会稳定为主，另一方则强调社会管理的目标应该以维护人民群众的合法权利为主。从理论上讲，这两个目标是一体的，犹如一枚硬币的两面。但由于近些年坚持经济增长至上，忽视了社会建设和社会公正的维护，由此产生了政府维稳与社会公众维权的矛盾冲突，往往使得社会公众维权成为了社会不稳定的最大根源，维稳与维权的冲突和博弈成为当前社会管理创新最大问题。①

(三)下一步研究的集中点

就像管理大师彼得·德鲁克所说的，“要定义什么是一个社会，正如定义什么是生命一样，是一件无法办到的事情”。但他还说，虽然“无法对社会给出一个规范的定义，但并不能阻止我们从功能的角度来理解社会”。② 同样地，虽然我们对社会及社会管理无法给出一个各方都能接受的准确定义，但我们可以集中研究一些方面，集中解决一些重要的问题。结合中国的实际情况，笔者以为，当下对社会管理的研究需要集中研究以下几个方面的议题。

第一，集中研究狭义的社会管理。社会管理有广义和狭义两方面的理解，从广义上看，社会管理只是其中的一个部分，除此之外还包括政治管理、经济管理和思想文化管理。这样的理解除了导致社会管理研究的无边界，还可能导致以其他三个领域的研究代替社会管理研究的情况，出现以其他三个领域的成就掩盖或稀释社会管理领域存在的问题。因此，下一步关于社会管理的研究应该明确集中在对狭义社会管理的研究。当然，这样的研究不是不考虑其他三个领域，而是要分清主次，要在包括政治、经济、思想文化在内的社会大系统背景下来研究。

第二，集中研究政府主导下的社会管理。社会管理的主体有很

① 张艳娥:《是“社会本位”还是“党政本位”——对当前创新社会管理诸多理论分歧的思考》,《理论与改革》2012 年第 2 期。

② [美]彼得·德鲁克:《社会的管理》,上海财经大学出版社 2003 年版,第 8 页。

多，其中谁是重要主体，应该以谁为主，虽然可以有分歧、有争论，但其实国家已经给出了非常明确的回答，就是要坚持“党委领导、政府负责、社会协同、公众参与”格局下的社会管理。当然，这样的社会管理格局在实践中也存在着一些问题，比如，如何处理社会管理中的党政关系问题、如何处理社会管理中的官本位问题、如何处理社会管理中的党政部门与市场和社会主体的关系问题，等等。这些问题虽然有些在过去的研究中有了一些成果，但随着工业化、市场化、城镇化、信息化、全球化的累积和推进，中国社会的大系统发生了全方位的变革，已经或正在实现从整体社会向多元社会、从统一控制型社会向自主决策型社会、从分割的蜂窝社会向流动的网络社会、从生产的社会向消费的社会、从国家财富的社会向个人财富的社会、从经济不断增长型社会向社会可持续发展型社会、从低风险社会向高风险社会的转变。[①] 在巨大的社会变革过程中，我国的社会结构与利益关系已经发生重大变化，社会结构阶层化和利益关系市场化成为我国社会管理面临的新挑战。[②] 因此，需要在这样的社会大背景下进一步研究政府主导型社会管理急需要解决的问题，以进一步完善我国的社会管理格局。也只有完整准确地认识当今中国社会，才能有加强、创新和完善的中国特色社会主义的社会管理。[③]

第三，集中研究中国特色社会管理的基本范式。在范式学说的创立者托马斯·库恩看来，范式是科学家集团所共同接受的一组假说、理论、准则、方法的总和，是一个共同体成员所共享的信仰、价值、技术等等的集合。因此，从本质上讲，范式是一种理论体系，它回答了“什么应该被研究、什么问题应该被提出、如何对问题进行质疑以及在解释我们获得的答案时该遵循什么样的规则”等等问题。

---

① 杨雪冬：《走向社会权利导向的社会管理体制》，《华中师范大学学报（人文社会科学版）》2010 年第 1 期。

② 李路路：《社会结构阶层化和利益关系市场化——中国社会管理面临的新挑战》，《社会学研究》2012 年第 2 期。

③ 乔耀章：《对中国特色社会主义社会管理问题的新认识——再论政府社会管理中的政府、社会、公民三者关系》，《湖北行政学院学报》2012 年第 2 期。

比照库恩的范式理论，反观我国的社会管理研究，虽然对这一问题的集中研究时间不长，但目前也已经基本达成了一个具有中国特色的社会管理范式，即“政府主导下的多元主体＋维稳与维权的二元目标＋政治、经济、法律等多元手段”。胡锦涛在省部级主要领导干部社会管理及其创新专题研讨班开班式上的讲话要求“提高社会管理科学化水平，完善党委领导、政府负责、社会协同、公众参与的社会管理格局，建设中国特色社会主义社会管理体系”。所有这些都为我国社会管理研究提供了一个明确的方向，下一步需要集中而深入的研究，以构建和完善中国特色社会主义社会管理体系。

参考文献

[1]乔耀章:《对中国特色社会主义社会管理问题的新认识——再论政府社会管理中的政府、社会、公民三者关系》,《湖北行政学院学报》2012 年第 2 期。

[2]郑杭生:《社会学视野中的社会建设与社会管理》,《中国人民大学学报》2006 年第 2 期。

[3]李程伟:《社会管理体制创新:公共管理学视角的解读》,《中国行政管理》2005 年第 5 期。

[4]郝立忠:《科学发展观视野下的当代中国社会管理研究》,安徽大学出版社 2009 年版。

[5]周红云:《理解社会管理与社会管理体制:一个角度和框架》,《中共天津市委党校学报》2009 年第 3 期。

[6]施九青:《社会管理体制中的党政关系》,山东大学出版社 1987 年版。

[7]李培林:《创新社会管理是我国改革的新任务》,《人民日报》2011 年 2 月 18 日。

[8]风笑天,张小山,周清平:《社会管理学概论》,华中理工大学出版社 1999 年版。

[9]周振国,田翠琴:《以人为本:中国特色社会主义社会管理的

核心理念》,《毛泽东思想研究》2011 年第 5 期。

[10][苏]A. M. 奥马罗夫:《社会管理——某些理论与实践问题》,浙江人民出版社 1987 年版。

[11]何增科:《社会管理与社会体制》,中国社会出版社 2008 年版。

[12][美]詹姆斯·N. 罗西瑙. 张胜军,刘小林等译:《没有政府的治理——世界政治中的秩序与变革》,江西人民出版社 2001 年版。

[13]乔耀章,芮国强:《政府创新与政府自觉》,《学术界》2002 年第 4 期。

[14]万军:《社会建设与社会管理创新》,国家行政学院出版社 2011 年版。

[15]张艳娥:《是"社会本位"还是"党政本位"——对当前创新社会管理诸多理论分歧的思考》,《理论与改革》2012 年第 2 期。

[16]马凯:《在"2011 中欧社会管理论坛"上的致词》,《行政管理改革》2012 年第 1 期。

[17]杨雪冬:《走向社会权利导向的社会管理体制》,《华中师范大学学报(人文社会科学版)》2010 年第 1 期。

[18]陈星博:《强制与遵从:社会管理的实践与逻辑——以北京市收容遣送工作为个案》,中国计量出版社 2006 年版。

[19][美]彼得·德鲁克:《社会的管理》,上海财经大学出版社 2003 年版。

[20]李路路:《社会结构阶层化和利益关系市场化——中国社会管理面临的新挑战》,《社会学研究》2012 年第 2 期。

社会管理的伦理基础

湖南行政学院　伍先禄*

内容提要：社会管理的伦理基础表现为三个方面：一是社会管理理念是以人性可塑的人性假设为基础，二是社会管理的过程需要伦理的规范和引导，三是社会管理的目的是以伦理价值为皈依。

关键词：社会管理　伦理　基础　自由

引　言

探讨社会管理的伦理基础就是将社会管理视为人类社会具体领域的一种具体的实践活动，考察这种实践活动需要什么样的伦理价值体系支撑才能有效地运作。社会管理是政府和民间组织运用多种资源和手段，对社会生活、社会事务、社会组织进行规范、协调、服务的过程，其目的是为了满足社会成员生存和发展的基本需求、解决社会问题、提高社会生活质量。① 可见，社会管理活动的要素涉及事实层面，也涉及价值层面。社会管理活动事实层面的要素是指与社会管理实践活动直接有关的那些要素，如社会管理活动中人的要素、资源要素，等等。社会管理的价值层面的要素是指人们以什么样的价值管理社会，也就是社会管理理念中的要素，主要有对社会管理的本质、职能、原则等方面的认识。"一个管理者所面临的几

---

*　伍先禄，湖南行政学院社会和文化教研部主任、教授。

①　何增科：《社会管理与社会体制》，中国社会出版社 2008 年版，第 4 页。

乎所有问题都是有价值基础的：所有的问题和行动都有伦理的和道德的涵义。”[①]伦理价值贯穿于社会管理价值层面的各要素之中，在社会管理的协调活动中发挥着重要的支撑作用，它对社会管理活动的整个过程起着基础性的引导作用。

一、社会管理理念以人性可塑的人性假设为基础

人性假设是指对人的本质特征和共有的行为模式的设定，它反映了人们对人的本质和行为特征的基本认知与判断。管理学上的人性假设主要是指在管理中对于人性问题的一种判定，以及据此判定而提出的相应的管理方针和策略。人性假设是每个管理者、每种管理模式在哲学和文化观念上的最高指导思想和基本出发点。各管理者都以其对人性的假设为依据，用不同的方式来组织、领导、控制和协调人们的行为，从而建构起一定的管理结构和模式。管理学家孔茨认为：“凡主管人员，不论有意还是无意，在他们的头脑里一般都有自己对人的某种假设而形成的关于个人和组织行为的（理论）模式。这些假设和有关理论都影响着他们的管理行为。”[②]由此看来，人性假设构成管理的理论前提。

任何一种管理都以人性假设为出发点。西方的管理制度的设置是基于人性本恶的伦理思想，而中国则主要是基于人性本善的伦理认同。从古罗马到当今西方社会，人性恶假设一直占西方社会主导。奥古斯丁在《忏悔录》中说：“我是谁？我是怎样一个人？什么样的坏事我没做过？即使没有做过，至少说过；即使没有说过，至少想过。”奥古斯丁从思想和行为方面揭示了人类种种恶性。霍布斯、

① ［美］威廉·G. 坎宁安，保拉·A. 科尔代罗著，赵中建主译：《教育管理：基于问题的方法》，江苏教育出版社 2002 年版，第 20－21 页。

② ［美］哈罗德·孔茨、海因茨·韦里克著，郝国华等译：《管理学》（第九版），中国社会科学出版社 1987 年版，第 67 页。

孟德斯鸠以及康德等也从不同角度论证了人的自然属性，即人类情感和欲望构成人性，利益则是欲望和情感的动因，人的一切行为都是为了满足个人欲望和情感，故人从其本性上讲是自私的、是恶的。与西方相反，传统和现代中国在各个领域受到儒家思想影响极大，而在多数儒家代表看来，人性正如孟子所云："人性之善也，犹如水之就下也，人无有不善，水无有不下"(《孟子·告子上》)。虽然也有荀子等人的人性恶的主张，但这不是中国传统文化的主流。

一定的人性假设预制着一定的管理理念，或者说，管理理念建立在一定的人性假设基础之上。无论是主导西方的人性本恶的管理理念还是中国传统的人性本善理念，其实都有一个共同点，那就是，管理可以促进人性的完满。人性本恶理论并不否认道德善之存在，而是基于一种底线伦理假设赋予所有主体以自由权利，以此抗拒、防范其他主体之为恶、为非。而当荀子说"人之性恶，其善者伪也"时，他心中有一个可以通过化性起伪而成为真正的人的人性。

管理不仅是对于人性的适应过程，而且是对人性的塑造过程。这就是人性可塑论。就人性可以塑造这一点来说，中西管理伦理基本上是相通的。

二、社会管理的过程需要伦理的规范和引导

社会管理在本质上是一种特殊的协调活动。协调就是通过计划、组织、指挥、控制等管理职能的运行，对有关资源进行合理配置和有效利用。很显然，"如何有效配置、处理管理客体的问题，是一个涉及价值观和伦理观，尤其是必须经得住道德尺度检验和评判的问题"。[①] 这是因为，对社会资源进行合理配置必然涉及到一些利益

① 龚天平:《管理的人性基础》,《中南财经政法大学学报》2004 年第 3 期，第 69 - 72 页。

相关者的利益，而如何处理好利益关系恰恰是伦理所要回答的，因此，对社会资源进行合理配置，必须有正确的伦理的价值导向、伦理原则才能实现。

社会管理的决策和实施需要伦理的审视。首先，正确的决策必须有伦理分析。诚如弗里德里克(Frederick)和杰弗里(Jeffry)所言："如果管理者能更多地注意他们的价值观、社会准则和伦理规范，并把它们运用于决策，就能够改善决策……各种伦理分析根据能帮助管理者作出更好的决策，更清晰地向利益相关者解释其行为的理由"。[①] 社会管理决策只有符合社会的进步，人自身自由发展、自我完善，兼顾利益相关者利益时，其可行性才具有坚实的基础，否则就失去了自身应该具有的社会价值，失去了存在意义与理由。其次，社会管理政策或法规的实施也不可避免地受到主体的伦理价值观的影响，同时也必然"受到社会所确立的总的价值观的支配。任何一个社会管理主体总致力于使管理活动适应更广阔的社会各领域所要求的期望范围，以获得正当、合理的评价"。[②] 在实施管理过程中，采取什么方式、方法实施，运用何种措施、标准检查，依靠什么原则、规范总结，无不受到相应伦理价值观念的影响与制约。

另外，社会管理活动本身受制于伦理的牵引与规范。这主要是因为伦理本身具有认识和评价的功能。社会管理活动并非置身于"世外桃源"，而是始终处于一定的社会文化和伦理背景之中。人们总是从一种具体的社会文化和伦理背景出发，对管理者行为的价值合理性与道德合理性作出裁定，从而将其区分为善的或恶的、有利的或有害的、正义的或非正义的、合理的或不合理等，通过对管理行为的伦理赞许或谴责来干扰管理活动，使管理活动符合评价主体的伦理道德取向或伦理期待，等等。

---

① Frederiek B. Bird & Jeffry Grands. Good Management: Business Ethics in Action[M]. Scarborough, Ontario: Prentice-Hall Canada Inc., 1991。

② 安文铸：《现代教育管理学导论》，北京师范大学出版社 1995 年版，第 56 页。

三、社会管理的目标是以伦理价值为皈依

社会管理的基本目标有五个方面:一是公众的社会服务需求得到基本满足,弱势群体的基本权益得到保障。二是利益分配合理,社会的公平和效率能得到合理兼顾,社会冲突与对抗能得到及时、有效的预防和消弭。三是社会整合机制健全,社会资源的整体效用得到充分发挥。四是社会结构合理,社会关系融洽。五是人与自然和谐共生。这五个方面可以概括为:现阶段,我国社会管理的基本目标是:促进社会发展,提升民生福祉,构建和谐社会。①

具体而言,这一基本目标体现了以下几个方面的伦理价值:

一是以人为本,以人为目的的伦理价值。社会管理是对人的管理,是为人服务的事业。因此,社会管理必须以提升民生福祉为基本目标。偏离这个方向的社会管理就没有伦理价值可言。提升民生福祉就是把人当作目的而不是手段。"人是目的"是伦理学的一个重要命题,体现了一种普遍的伦理价值。从古至今有很多哲学家、思想家都在自觉或不自觉地探索、研究人的问题。

对"人是目的"这一伦理学命题进行系统阐述的是德国哲学家康德。在他看来,要想使伦理学成为科学,人们就必须找到普遍必然性的法则,这就是自为的、绝对的、客观的、必然的所谓"绝对命令"。康德认为,绝对命令只有一个:"要只按照你同时认为也能成为普遍规律的准则去行动。"②一个最终目的就是这样一个目的,它的成为可能是不需要任何其他目的作为条件的。这个最终的目的就是人。康德通过繁复的论证最后引出了人是目的的命题。他这样表述这一原则:"你的行动,要把你自己人身中的人性,和其他人

---

① 全国干部培训教材编审指导委员会:《社会服务与管理》,人民出版社 2011 年版,第 4 页。

② 康德著,苗力田译:《道德形而上学原理》,上海人民出版社 2005 年版,第 39 页。

身中的人性，在任何时候都同样看作是目的，永远不能只看作是手段。”①

“人是目的”不仅包含着对人格独立性的尊重，而且也意味着必须为每一个人的自由发挥创造条件，让每个人都能过一种自主、充实和完满的生活。撇开康德的抽象人性论，“人是目的”的伦理思想是深刻的，也是合理的。这一思想已经蕴含着马克思后来阐发的人的全面发展和自我实现思想的萌芽。马克思在“人是目的”的基础上，不断进行着改进、吸收、整合、创新，提出了“人的自由全面发展”的理念。马克思认为，人是有生命的个体存在，他并不是历史的工具，恰恰相反，历史不过是人追求和实现自己目的的过程。这个目的总的说来，就是人的自由而全面发展。这也是我们加强社会管理的终极目标。

如何实现社会管理的终极目标呢？这是创新社会管理必须思考的问题。管理主体在创新社会管理的方式方法时需要牢固树立“人是目的”的管理理念，并在工作实际中践行这一理念，重视改善人民物质文化生活条件。因为“没有良好的物质文化生活条件，人民的经济、政治和文化权益就难以得到保障，更难以促进人的全面发展。因此，在管理中贯彻创新的以人为本的思想，必须把促进人的全面发展与改善人民的物质文化生活有机地结合起来”。②

二是公平正义的伦理价值。和谐社会最根本的一点是实现社会公正。政府等社会管理主体不是代表某个利益集团或某个利益阶层的需要，而是代表所有公民的利益需要。社会转型时期，利益分化问题是必然的。面对着这些挑战，党与政府如何提高执政能力，解决这些社会问题，决定着党与政府执政地位的巩固。正如罗尔斯所说：“正义是社会制度的首要价值，正像真理是思想体系的首

① 康德著，苗力田译：《道德形而上学原理》，上海人民出版社 2005 年版，第 48 页。

② 孟一凡：《 以人为本与执政为民》，《湖湘论坛》2005 年第 2 期，第 19 页。

要价值一样。一种理论,无论它多么精致和简洁,只要它不真实,就必须加以拒绝或修正;同样,某些法律和制度,不管它们是如何有效率和条理,只要它们不正义,就必须加以改造或废除。"[①]可见,公正是社会管理者必须遵循的主要伦理价值。

坚守社会公正原则是实现社会秩序和谐的基本前提。当前,在我国的社会管理实践中尤其要注意公平对效率的优先性。这是由我国当前的社会实际所决定的。公平优先于效率也符合罗尔斯的正义理论。罗尔斯在其伦理学著作《正义论》中提出了两个正义原则,即:平等自由原则和机会公平与差异原则。他认为正义原则以一种词典式次序优先于效率原则。为了实现社会公平,"应该平等地分配各种基本权利和义务,同时尽量平等地分配社会合作所产生的利益和负担,坚持各种职务和地位平等地向所有人开放,只允许那种能给最少受惠者带来补偿利益的不平等分配,任何人或团体除非以一种有利于最少受惠者的方式谋利,否则就不能获得一种比他人更好的生活"。[②] 具体而言,为了体现正义的优先性,政府等管理主体应当加强社会主义市场经济与政治文明建设,优化公共政策,保证社会各个利益群体都得到平等的对待,满足所有社会成员合理的物质利益要求。我们必须通过完善按劳分配为主体、多种分配方式并存的分配制度,完善社会保障制度,防止收入差距过分扩大,从而把效率与公平统一到社会主义和谐社会之中,这本身就是制度文明的重要体现。[③]

三是敬重自然的生态伦理价值。将人、社会和自然视为相互作用的有机复合生态系统,关注生态,在推动经济社会发展的同时,保护好自然界这一人类赖以生存的物质基础,使社会走上生产发展、

---

① [美]约翰·罗尔斯:《正义论》,中国社会科学出版社 2003 年版,第 3 页。

② [美]约翰·罗尔斯:《正义论》,中国社会科学出版社 2003 年版,第 8-9 页。

③ 蔡振亚:《论和谐社会语境中补偿正义对分配公平的校正》,《湖湘论坛》2007 年第 6 期,第 97 页。

社会富裕、生态良好的文明发展之路，实现人与自然的和谐与共生。我们必须从保护生态环境就是保护生产力就是保护中华民族根本利益、破坏生态环境就是破坏生产力就是破坏中华民族根本利益的高度出发，充分认识环境保护的重大意义，进而牢固树立生态意识、环保意识。另一方面，在新的时代条件下，保护生产力、发展生产力应该有新的思考、新的举措。发展经济、发展生产力不仅要依靠科技进步，不仅要依靠劳动者生产积极性和劳动技能的提高，而且要依靠对生态环境价值的充分认识和对生态环境的有效保护。①

树立敬重自然的生态伦理观也是科学发展观的根本要求。科学发展观的核心就是以人为本。以人为本就是要为人的生活创造良好的生存环境。“以人为本”和“敬重自然”是一致的。因为“以人为本”不仅体现了管理的价值导向，而且“彻底实现了从过去用物作为经济社会是否发展的标准向用人作为标准来评价经济社会发展的转变”。②只有当人与环境能够和谐共存时，我们社会管理的伦理价值才能真正得以体现。

结　语

社会管理是为了什么？《社会服务和管理》一书给出的表述很有代表性：社会管理的目的在于通过推动社会的发展，提升民生福祉，实现社会治理。具体来说，就是为了满足社会成员需求，解决社会问题，保障社会公平，促进社会均衡发展，推动社会进步，为国家政治发展和经济增长提供稳定的社会秩序和基础。社会管理的终极价值和最终目的是改善人们生活质量与提高社会福利，增加社会

① 刘镇江：《江泽民生态伦理思想探析》，《湖湘论坛》2002 年第 5 期，第 7 - 8 页。
② 覃正爱：《论以人为本是一个评价标准》，《理论视野》2012 年第 3 期，第 20 页。

绝大多数人的最大幸福。[①] 这种对社会管理目的的认识充分体现了伦理思想在社会管理中的基础性地位。

参考文献

[1]何增科:《社会管理与社会体制》,中国社会出版社 2008 年版。

[2][美]威廉·G. 坎宁安,保拉·A. 科尔代罗著,赵中建主译:《教育管理:基于问题的方法》,江苏教育出版社 2002 年版。

[3][美]哈罗德·孔茨、海因茨·韦里克著,郝国华等译:《管理学》(第九版)中国社会科学出版社 1987 年版。

[4]龚天平:《管理的人性基础》,《中南财经政法大学学报》2004 年第 3 期。

[5]Frederiek B. Bird & Jeffry Grands. Good Management: Business Ethics in Action[M]. Scarborough, Ontario: Prentice-Hall Canada Inc. ,1991.

[6]安文铸:《现代教育管理学导论》,北京师范大学出版社 1995 年版。

[7]全国干部培训教材编审指导委员会:《社会服务与管理》,人民出版社 2011 年版。

[8]康德著,苗力田译:《道德形而上学原理》,上海人民出版社 2005 年版。

[9]孟一凡:《 以人为本与执政为民》,《湖湘论坛》2005 年第 2 期,第 19 页。

[10][美]约翰·罗尔斯:《正义论》,中国社会科学出版社 2003 年版。

---

① 全国干部培训教材编审指导委员会:《社会服务与管理》,人民出版社 2011 年版,第 13 页。

[11]蔡振亚:《论和谐社会语境中补偿正义对分配公平的校正》,《湖湘论坛》2007 年第 6 期。

[12]刘镇江:《江泽民生态伦理思想探析》,《湖湘论坛》2002 年第 5 期。

[13]覃正爱:《论以人为本是一个评价标准》,《理论视野》2012 年第 3 期,第 20 页。

社会管理的方法和流程*

国家行政学院　胡颖廉**

内容提要：加强和创新社会管理愈来愈受到理论界和实务界关注。既有讨论集中在社会管理的背景、意义、原则等"宏大叙事"，涉及微观层面的具体操作较少，因而对实践缺乏指导意义。本文运用现代管理学理论，结合实证素材，试图回答社会管理管什么、谁来管、怎么管、用什么管等命题。具体包括社会管理区别于其他管理类型的基本要素，社会管理格局的阐释与重构，社会管理阶段论以及社会管理的三大规范体系。在此基础上，提出领域的"剩余法则"、主体的"渐进法则"、方式的"三段法则"和手段的"适用法则"等实用方法和流程。

关键词：社会管理　管理学　方法论　学科范式

管理是协调人与人、人与物、物与物之间的矛盾，通过协调来创造和谐而有效率的组织运行体系和内外环境的活动。作为管理的一种类型，社会管理首先要遵循管理学的基本原则；作为一项新兴事务，社会管理又有其独特性。一般而言，管理的基本要素包括理念、主体、手段和客体，与成熟的工商管理、行政管理相比，社会管理的基本要素尚未固化，其理论范式也略显初级，缺乏基本的方法论，

---

* 项目基金：中国行政体制改革研究会"加强和创新社会管理研究"重大课题第二期项目。

** 胡颖廉，国家行政学院社会和文化教研部副教授。

因而缺乏对实践的指导意义。在加强和创新社会管理的大背景下，一些地方出现社会管理“标签化”趋势，将原来开展的各项工作冠以社会管理之名，实则无新意可言。也有地方存在社会管理“内卷化”倾向，即越是强调社会管理，社会问题越是增多，出现社会停滞发展的局面。① 个别地方政府则出现社会管理“行政化”苗头，打着社会管理的旗号对各类社会事务大包大揽，将一些本属于社会自我调节的事务纳入行政管理范畴，挤占了社会组织的空间，抑制了社会发展的活力。

应当承认，出现这些问题的原因有多方面，说到底是对社会管理“管什么”、“谁来管”、“怎么管”以及“用什么管”等基本问题认识不到位，导致实际工作无章可循。科学发展的前提之一是学科发展，因此我们有必要根据管理学的基础理论，从方法论高度厘清社会管理的各项要素，进而提出若干实用法则。

一、管什么：社会管理与工商管理、行政管理的分殊性

社会管理不同于政府公权力逻辑和商品经济机制，具有独特性。一般而言，工商管理（business management）关注营利性组织生产经营活动规律以及企业管理的理论、方法与技术。其以提高经济效率为目标，综合运用现代经济学、金融会计、组织行为学等理论，系统探讨企业在资源禀赋约束下如何实现利润最大化。由于企业以实现效率最大化为目标，企业之间通过平等的契约关系在市场上相互竞合，经济激励是工商管理领域发挥基础性作用的机制。②

行政管理（public administration）通常关注政府运作过程中的宏观政策和微观操作问题，其核心目标是形式公平，通过纵向的科

① 蔡辉明：《警惕社会管理中的“内卷化”现象》，《学习时报》2011 年 8 月 22 日。

② 赵纯均：《加入 WTO 对我国工商管理教育的挑战》，《中国高等教育》2001 年第 23 期，第 26 页。

层关系行使公权力，各类政府机构在决策、执行和监督过程中相互协作。在政策工具的选择上，以法律、行政等强制手段为主，教化和激励手段为辅。①

与上述两类管理不同，社会管理(social governance)是党委和政府以及其他社会主体运用法律、法规、政策、道德、价值观等社会规范体系，直接或间接地对社会领域各方面、各环节进行服务、协调、组织、监控的过程和活动。② 在西方社会学理论看来，现代人类社会系统内部存在国家、市场和社会三大子系统，其具有不同的运作机理。其中，政治权力对社会领域的干预称为社会事务管理，对市场领域的干预称为经济事务管理。社会组织和成员介入国家和市场领域分别称为政治参与和公民自治。市场经济对国家和政府的影响可称为政策游说，对社会领域的干预则称为市场扩张。③ 在中国的语境下，社会管理不仅包括政府管理社会的内容，还包括社会自我调节，是介于国家与市场的中间地带。当前社会管理的根本目标是实现社会秩序和活力，其行为主体除政府之外，还包括各类社会组织、民众和企事业单位，呈现管理者与管理对象高度统一的多元网络状治理，我们将三类管理的基本要素归纳如表1所示。

表1 三类管理的基本要素比较

要素 类型	目 标	特 征	主 体	对 象	政策工具
工商管理	效率	平等关系	企业	契约、市场	经济激励
行政管理	形式公平	纵向关系	政府	权力、科层	教化和强制
社会管理	秩序和活力	中间地带	各类社会主体	社会	多元治理

资料来源：胡颖廉，《社会管理学科初探》，《中共福建省委党校学报》，2012 第 4 期，第 37-43 页。

① 陈振明，薛澜：《中国公共管理理论研究的重点理论和主题》，《中国社会科学》2007 年第 3 期，第 140 页。

② 魏礼群：《社会建设与社会管理》，人民出版社 2011 年版，第 316 页。

③ 李培林：《国外社会管理研究》，载 魏礼群主编：《新形势下加强和创新社会管理研究》，国家行政学院出版社 2011 年版，第 220－221 页。

二、谁来管:社会管理格局的阐释和重构

赫伯特·西蒙指出,世界上不存在最优的管理,只有令人满意的管理。一项管理任务能否取得令人满意的绩效,关键在于有没有合适的管理主体。我国社会管理工作格局是"党委领导、政府负责、社会协同、公众参与",这一表述点出了社会管理主体的类型,但没有明确具体的职责。那么,究竟应该如何选择社会管理主体呢?

近现代以降,人类对管理主体的认识经历了三阶段变迁。第一阶段是第二次世界大战后,受凯恩斯主义和福利国家思潮的影响,公共行政理论占据了主流,政府在社会政策等一系列事务中占据主导地位。第二阶段是上世纪 80 年代后,新自由主义在欧美国家甚嚣尘上,以借鉴企业管理经验为特征的新公共管理理论大行其道。美国学者盖布勒和奥斯本提出,政府的职能是掌舵(steering),而不是划桨(rowing),即许多政府职责可以通过合同外包出去,应当用企业精神改革公共部门。第三阶段是 21 世纪初,新公共服务理论兴起,该理论的代表人物登哈特在《新公共服务》一书中提出,政府的职责是服务(service),而不是掌舵,政府要尽量满足公民个性化的需求,而不是替民做主。诚然,我们不能用西方学理简单套用中国实际,但其对我们理解社会管理格局具有启发意义。

(一)党委领导,主责是"掌舵"

党委的职责是"抓大",而不应当被具体的事务所困,在保持相对超脱性(autonomy)的同时做好社会管理的顶层设计,包括价值理念、战略规划和制度建设。当前,党委领导主要表现为政法委领导,这种做法符合历史和国情,且具有一定优势。然而根据结构功能主义的观点,政法委管控社会秩序的功能定位决定了其组织结构与社会管理的内在要求并不一致,突出表现为民政、社保、卫生、信访等

与民众切身利益相关的政府部门无法被纳入政法系统。近年来，各地积极创新体制，探索出多种组织形式，例如中央将社会治安综合治理委员会更名为社会管理综合治理委员会，北京、南京等城市成立社会工作委员会，以海南为代表的群众工作部模式也受到广泛关注。广东等地的政法委书记兼任社会工作委员会主任职务，通过联席会议的形式，承担起协调社区建设、培育发展社会组织、壮大社会工作者队伍等职责。

必须承认，党委有强大的政治优势和组织优势，具有其他主体无法比拟的社会动员能力和统筹协调资源。当前，许多民生工作由地方政府负总责。这样的制度安排就要求各级党委把领导社会管理工作放在更加突出的位置，像经常分析经济形势那样，经常分析社会形势，科学制定社会管理政策措施，支持同级政府履行社会管理职能，从而提高引领社会、组织社会、管理社会、服务社会的能力。尤其是要提出符合本地实际的社会管理时间表和任务书，根据地区发展阶段和特点找准侧重点，如劳动力输出地区要做好农村留守人口的管理和服务，发达地区应侧重公民的自我管理和服务，经济正在起飞的地区则需关注征地拆迁、企业改制等群众利益矛盾突出的领域。

(二)政府负责，主导做“服务”

在公民需求日益多元化的今天，政府要努力“做细”。按照转变职能、理顺关系、优化结构、提高效能的要求，健全政府职责体系，强化社会管理职能，努力建设服务型政府，提供更多更好的公共服务。特别是当社会管理和公共服务职责尚未整合的前提下，要通过法规和“三定方案”科学界定各级政府、各部门的职责任务，确保形成运转协调的合力。

管理学理论认为，目标一致、激励相容和信息对称是影响管理绩效的三大因素，其分别回答了“想不想管”、“能不能管”、“会不会管”的问题。在全能主义国家的制度惯性下，政府习惯于将触角延伸到社会的各个角落，但由于能力和信息的约束，往往出现职能“错位”和“越位”。市场机制是人类社会已知的配置资源的最佳方式，通常比政府直接干预更为有效。政府有责任提供社会管理和公共服务，并不是所有工作亲力亲为。许多外部性不强的管理和服务种类完全可以交由市场完成，政府着重做好监督管理，这样才能达到“有作为但不越位、有边界又不缺位”的理想状态。考虑到当前各级地方政府将主要精力投入到经济建设中，不妨在公益性社会事业与经营性社会产业相结合的领域寻找突破口。例如上海、广州等地通过市、区两级财政出资采购服务的方式，将社区文化、家政服务、心理疏导等外包给有资质的社会组织，既可以提高工作效率，又达到了培育发展社会组织的目的。①

（三）社会协同，主动来“划桨”

社会协同的重点是“共治”，发挥好工青妇等群众组织、基层群众性自治组织、社会组织、企事业单位的协同作用，形成党委政府与社会力量互联、互补、互动的社会管理和公共服务网络。西方马克思主义的组织现实主义流派认为，理想的“国家—社会”关系应当是强国家与强社会并存。② 因此，社会建设要建设社会，提升其活力；但社会管理不能异化为管理社会，否则会走上政府“管、卡、压”的老路。帕特南通过对南北意大利经济社会水平的对比分析，认为社会资本发达程度是影响地区发展绩效的主要原因，因为紧密的社会网络有助于人们形成良好的社会心态，进而促进人与人互信，降低交易成本。与政府相比，社会组织和企事业单位恰恰具有社会资本的

---

① 丁元竹：《当前我国社会管理创新的主要领域和基本做法》，《马克思主义与现实》2011年第5期，第158页。

② Peter Evans, Dietrich Rueschemeyer and Theda Skocpol. *Bringing the State Back In* [M], New York: Cambridge University Press, 1985, pp. 1-2.

优势,其可以通过自身的广阔网络深入民众日常生活,了解公民原子化的个体诉求,掌握离散分布的信息。

居委会等基层群众性自治组织集自治功能、服务功能于一体,同时协助基层政府从事一些与群众利益相关的行政工作,这是我国的特色。今后,要着力强化其社会管理和公共服务职责,并充分发挥"平安协会"、"老娘舅调解会"等新型社会组织的积极作用,由社会自己来决定"划桨"的力度、频度乃至协同度。

(四)公众参与,主要是"自治"

公众要"律己",即动员组织群众依法理性有序参与社会管理和公共服务,实现自我管理、自我服务、自我发展。社会管理是对全社会的管理,也是全社会共同参与的管理。社会管理说到底是对人的管理和服务,因此有必要调动每个公民的积极性,强调"共同体"意识,以共同利益和共同价值提升公民的凝聚力和归宿感。

如上文所述,社会管理的目标包括秩序和活力两方面,一个良性运行的社会,通常具有自我调解和修复功能。我国历来有人民群众广泛参与社会管理的传统,实践中创造的群防群治模式、人民调解模式等都是群众参与社会管理的好经验。例如在"非典"时期,疫情之所以没有向广大农村蔓延,一个重要原因是千千万万农民自发把守在村头巷尾,阻止任何可能的病毒携带者进入。我们要认真总结在党委和政府的领导下群众参与社会管理的成功经验,努力形成社会管理人人参与、和谐社会人人共享的良好局面。

三、怎么管:社会管理的阶段论

当前我国社会管理包含七项基本任务:协调社会关系、规范社会行为、解决社会问题、化解社会矛盾、促进社会公正、应对社会风险、保持社会稳定。根据一般逻辑顺序,我们可以将上述任务分为三个层面:基础任务是对社会关系和社会行为的管理,这是社会管理的对象;直接任务是解决社会问题、化解社会矛盾和应对社会风险,即社会管理的内容;终极任务是维护社会公正和稳定,这也是评价社会管理工作绩效的尺度。[①] 人们在实践中主要面对社会管理的直接任务,一个不容回避的命题是:社会管理究竟该怎么管?

(一)源头治理阶段重在制度的刚性

这一阶段的重点是用刚性的制度保障私权益和约束公权力,目的是减少社会问题出现。

从根本上说,源头治理要求我们在发展过程中解决好民生、民主和民心问题。波兰尼指出,市场越来越无法被描述为一项自治的制度,无法被描述为让竞争着的原子在其中运转。自发的市场竞争必然导致垄断和社会差别,无法体现社会正义的法律和道德约束,进而发展为社会矛盾乃至社会分裂,最终市场机制将被消失在市场自身制造的社会矛盾之中。[②] 因此,有效的市场与健康的社会理应是共生的,国家必须赋予公民以社会权,这是保持经济繁荣的前提。过去,政府偏重GDP,出现经济社会发展“一条腿长、一条腿短”的问题。当前各地都在推进以保障和改善民生为重点的社会建设,但也出现了投入厚此薄彼、政策缺乏稳定性等不良倾向。因此,有必要把民生建设纳入法制化轨道,建立长效机制,一方面避免出现“民生荒地”,另一方面防止搞成“民生政绩工程”。在资源有限的情况下,尤其要开动脑筋,针对民众最基本、最迫切的利益需求拿出管用的招。例如一些地区在征地过程中出现失地农民,这些人失去了稳定

---

① 龚维斌:《社会管理及其创新中的十大关系》,《行政管理改革》2011年第5期,第60页。

② 卡尔·波兰尼著,冯钢,刘阳译:《大转型:我们时代的政治与经济起源》,浙江人民出版社2007年版,第3页。

的收入来源,还可能挥霍一次性获得的征地补偿金。作为对策,不妨将安置房和现金折算成面积较小的两套住房补偿给农民,一套自住一套出租,这样既保障其获得稳定的经营性收入,又能避免过度性消费。

约束公权力重在建立保障决策公平正义的程序。美国政治学家亨廷顿通过对不同国家的比较研究认为,现代性和贫困都孕育着稳定,现代化过程却滋生动乱。[①] 一些国家和地区之所以不稳定,并不是因为贫穷,而是想致富但方法不当。这一结论具有重要启示意义。改革开放以来,地方政府的发展积极性被空前激发,但由于决策程序失当,经常陷入"好心办坏事"的尴尬境地。近年来我国典型社会安全事件的根源主要是经济发展过程中的群体性利益冲突,相比之下贫困地区的社会秩序反而稳定。我们必须认识到,民众的利益诉求已不再是有和无的问题,而是多与少的差异。因此,对事关群众切身利益的重大决策,既要"瞻前顾后"又要"左顾右盼",充分考虑可能出现的社会风险、环境影响、矛盾纠纷及各类不稳定因素,提高决策的前瞻性。[②] 最理想的决策方式是罗尔斯所说的"无知之幕",把所有人放到一块幕布后面,每个人都不知道自己走出幕布后的角色,这样大家就会尽可能讨论出一个公平的政策,因为没有人知道不公平政策的受害者将是谁。换言之,善待别人就是善待可能的自己。

(二)动态协调阶段强调措施的灵活性

抓好源头治理可以在很大程度上减少社会问题,但无法解决所有问题。动态协调阶段强调通过灵活的措施了解民意和落实工作,目的是避免社会矛盾累积。

---

① 塞缪尔·P. 亨廷顿:《变化社会中的政治秩序》,上海世纪出版集团 2008 年版,第 31 页。

② 马凯:《努力加强和创新社会管理》,《求是》2010 年第 20 期,第 8 页。

一要构建利益诉求表达和矛盾纠纷排查机制，及时发现问题。社会矛盾不是一朝一夕形成的，而是从民意、忧虑到怨气再到怒火的累积过程。当前，基层社会尤其是农村社区存在“民意传递不上来，管理服务落实不下去”的困境，群众与干部之间出现信息和信任“断层”，导致社会矛盾触点多、燃点低、关联性强，一旦爆发则很难收拾。因此要积极创新工作机制，拓宽诉求表达渠道。如北京首创社区“网格化”管理，通过精细化手段将矛盾纠纷排查责任落实到人，该做法已在全国推广。海南在全省设立乡镇检察室，将法律监督的触角延伸到农村，使公权力嵌入基层社会网络。贵阳打破传统街道办和居委会分级治理模式，用新型社区代替街道办，解决大量社会管理公共服务工作中居委会“有心无力”、而街道办事处“有力无心”的矛盾。[①] 许多地方开展“领导接访、干部下访”活动，政府主动出击了解民意。此外，还要用好信访制度，用群众工作统揽信访工作，把来访群众当家人，把群众来信当家书，把群众反映的问题当家事，引导群众依法有序理性表达诉求。

二是在及时发现问题的基础上，应通过预警和调解机制化解矛盾，从而使社会处于动态平衡状态。管理学中有一个著名的“二八定律”，即系统中20%的部分往往导致80%的问题，因此有必要把有限的管理资源投入到问题集中的环节和领域。根据这一原理，各级政府要准确界定所在地区社会管理中的热点和难点问题，加强对重点地段、重点工程、特殊群体、敏感时期的监控和排查，建立矛盾纠纷情报信息预警机制。与此同时，要构建和完善人民调解、行政调解、司法调解相互衔接的大调解工作机制，最大限度地激发社会创造活力，最大限度地增加和谐因素和减少不和谐因素，最大限度地化消极因素为积极因素，尤其要发挥民

---

① 杜飞进，廖文根，张洋：《活力和谐 喜人画卷——深入推进社会管理创新工作纪实》，《人民日报》2012年7月17日。

间能人、乡规民约、说服教育等柔性手段的作用。例如江苏省南通市崇川区邀请宗教人士担当矛盾调解员,用佛教教义定纷止争,不啻为一种有益的尝试。

(三)应急处置阶段突出工作的前瞻性

社会矛盾积累到一定程度会引发危机事件,因此在社会管理的“末端”,我们要用应急处置的理念实现重心下移和主体外移,目的是防范社会风险集中爆发。

与传统社会相比,我们正处在一个更为复杂、更具风险且充满了不确定性的世界。加之我国工业化、城镇化高速推进,即便抓好源头治理和动态协调,仍然会发生一些突发事件,应急处置任务十分艰巨。因此,果断处置社会冲突与社会对抗是社会管理的题中之义。城乡基层人口密集、致灾因子多,是风险聚集的脆弱地带,当前我国一些地区存在“城区郊区两重天”、“问题食品专供农村”等现象,带来不容忽视的安全隐患。可考虑通过体制机制创新将管理重心下移,实现政府社会管理和服务职能下沉。经济发达地区已先行先试,如浙江省在乡镇试点设立公共安全监督管理所,整合基层公安、司法、城管、工商等职能,并实现上级委托执法,取得了一定成效。

同样关键的是主体外移。社会管理的特征是管理主体与对象高度统一,社会公众既是被管理者又是管理者。可以说,社会管理主责在政府,主体是民众,必须调动全社会的积极性实现“共治共享”。事实证明,不论是自然灾害、事故灾难抑或社会安全事件,民众自我保护和救助意识比任何因素都来得重要。要加强应急知识和相关法规的全民宣传教育,将公共安全纳入国民教育体系。利用各种新闻媒体介绍普及应急知识,提高各级干部对突发事件的应对处置能力,提高全社会防灾救灾和应对危机的能力。表 2 归纳了社会管理三阶段的主要内容。

表 2 社会管理分阶段内容

内容 阶段	目 的	载 体	重 点	方 式
源头治理	减少社会问题出现	刚性的制度	保障私权益和约束公权力	科学投入,民主决策
动态协调	避免社会矛盾累积	灵活的措施	了解民意和落实工作	利益诉求表达和矛盾纠纷排查机制,预警和调解机制
应急处置	防范社会风险集中爆发	前瞻的工作	重心下移和主体外移	建立基层公共安全管理机构,构建全民公共安全教育体系

资料来源:作者整理。

四、用什么管:社会管理三大规范体系

社会规范体系是通过制定法律和道德规范等确定共同行为准则,从而指导和约束人们行为、维护社会秩序的基本手段。根据方式的不同,人类管理活动中的规范体系大体分为说教、利导和强制三类。例如,古代统治者将自己神化,向社会宣扬“君权神授”的理念,以此来愚昧民众,便是说教。商鞅在变法中立木取信,目的是通过巨大的经济激励向民众提供可信承诺,谓之利导。东西方许多王朝推崇“重典治乱”,用严刑峻法来震慑社会失范行为,则属于强制。应当说,各种社会规范体系都有其合理性,区别在于不同情景下的适用性。在加强和创新社会管理的语境下,我们需要综合运用“刚柔相济”的规范体系。

(一)大棒要硬:以法律为核心的刚性规范体系

社会管理最终表现为一种行为和过程。根据博弈论的“囚徒困境”理论,在一个对他人行为没有稳定预期的社会系统中,个体最优

的行为选择便是不合作，从而带来社会整体效益的损失，[①]长此以往便会陷入“人人害我、我害人人”的恶性循环。法治秩序是一种较为稳定的社会秩序，政治国家与公民社会能够在法制框架下各司其职、各行其是。人类在长期实践中认识到，法律或许不是最好的制度，但绝不是最糟的制度。建立刚性社会规范体系的目的就是传递稳定的预期，即所有人都要“按规则出牌”。从这个意义上说，经济活动也好，社会管理也罢，都离不开强有力的法律保障。

刚性规范体系具体包括法律、行政法规和部门及地方规章。尽管中国特色的社会主义法律体系基本宣告形成，但我国经济立法多、社会类法律法规少的不均衡情况比较严重。现阶段，要切实加快社会管理领域的立法工作，依靠法律来规范个人、组织的行为，协调社会关系，监督和保护公共权力，保护公民合法权益，防止公共权力对公民权利的侵犯。尤其应当在社会组织、新兴媒体、劳资关系、城市管理、征地拆迁和群众上访等矛盾集中的环节和领域加快立法进度。中央在做好顶层设计的基础上，还应当积极鼓励地方结合实际创新，从而为将来完善法制提供可能的路径。例如，我国法律规定社会组织必须有业务主管单位审批方可在民政部门登记，但许多政府部门对社会组织持谨慎态度。据学者估算，现实中存在三百万个因找不到业务主管单位而没有登记的草根社会组织，隐藏着巨大的社会风险。2011 年 11 月广东出台《进一步培育发展和规范管理社会组织的方案》，规定从 2012 年 7 月 1 日起，除特别规定、特殊领域外，将社会组织的业务主管单位改为业务指导单位，社会组织直接向民政部门申请成立，无须业务主管单位前置审批后再向登记管理机关申请登记，不啻为一种创新。[②]

---

① 艾里克·拉斯缪森著，姚洋等译：《博弈与信息：博弈论概论》，北京大学出版社 2003 年版，第 13 页。

② 孙柏瑛：《基层政府社会管理中的适应性变革》，《中国行政管理》2012 年第 5 期，第 37 页。

(二)萝卜要甜:以经济为核心的中性规范体系

法律一旦制定就落后于时代,而且修订法律是一个漫长的过程,变革社会中的许多问题无法用既定的规则加以解决。在这样的情势下,经济和科技手段以多样性和灵活性弥补了其缺憾。经济和科技本身是价值无涉的,例如物联网技术既可以是社会治安综合治理的技防手段,也可能成为高技术犯罪的工具,属于中性规范体系。

经济手段是在社会管理中把物质奖励与行为引动结合起来,调动人们参与社会管理工作的积极性。与法律和行政手段相比,经济手段具有独特优势。首先是"自发的秩序性"。前苏联不论用多么复杂的计量模型和大型计算机来制定供需计划,都不及市场机制自发调节来得精确和有张力。社会管理说到底是对人的管理和服务,个体的管理和服务需求是千差万别且离散分布的,我们在社会管理中同样要运用市场机制来了解民众差异化的需求。其次是"内生的公平性"。由于纵向的行政权力通常比平等的民事契约更容易诱发矛盾或激发冲突,因此两者在管理的成本收益上差距较大。例如,食品药品安全和安全生产都是当前社会管理的重点工作,过去监管部门通常用行政手段来管控生产经营者,效果并不理想。一些地方通过向全社会公布违法企业"黑名单",引导公众消费行为,从而使企业产生自律的压力,自觉提升内部管理质量。还有一些部门建立健全举报制度,用高额的奖金吸引"内部人"提供安全隐患线索。这些举措的共同特征是用经济手段激励个体遵守社会规范,可谓事半功倍。

(三)自律要灵:以道德为核心的柔性规范体系

柔性管理规范一般包括道德宣教、行政指导等手段。社会管理绩效的好坏与否,体现在千千万万民众的日常自觉行为中。综观当前引发社会矛盾的诸多行为,少数是故意,有些是恶习,更多是无知。法律是道德的底线,当“法无禁止即自由”已成为现代国家的基本法理时,我们不可能指望通过法律规范所有社会行为。因此,让社会管理的主体和对象都认识到自律的重要性,显得尤为紧迫,特别是要发挥道德在规范社会行为、维护社会秩序中的持久性的基础作用。要善于运用道德的软力量,把法治与德治结合起来,发挥道德力量的示范和引导作用。要重视解决社会转型期道德失范问题,充分借鉴吸收人类优秀道德传统,大力弘扬时代新风,努力塑造新型伦理道德。

舆论引导同样是社会管理的重要方式。要坚持正确舆论导向,提高舆论引导能力。当前,为了满足转型社会中普遍存在的浮躁和焦虑心理,媒体在新闻报道中往往带有偏见,从而引起不必要的误解和恐慌。不妨换一种思路,大力宣扬真善美的内容,譬如宣传“油条哥”刘洪安的行为,便是用事实教育食品生产经营者,诚信经营才是名利双收的根本;宣传“最美高帅富”周江疆舍身救人的事迹,能够在一定程度上扭转人们对“富二代”的偏见,甚至缓解不同阶层之间的对立情绪。

五、理论小结

在管理学理论和实证案例的基础上,本文分析了社会管理的领域、主体、方式和手段等要素的特征(见图 1),分别回答了社会管理管什么、谁来管、怎么管、用什么管等命题。归纳而言,有如下方法论启示。

首先是管理领域的“剩余法则”。从不同管理类型所对应的英文词汇可以看出,工商管理侧重平等的协商,行政管理侧重垂直的管控,社会管理侧重多方参与式治理。从某种意义上说,社会管理是国家干预和市场调节的剩余部分,即当我们不能完全用政府公权力或者商品经济机制协调事务时,就应当纳入社会管理的范畴。在

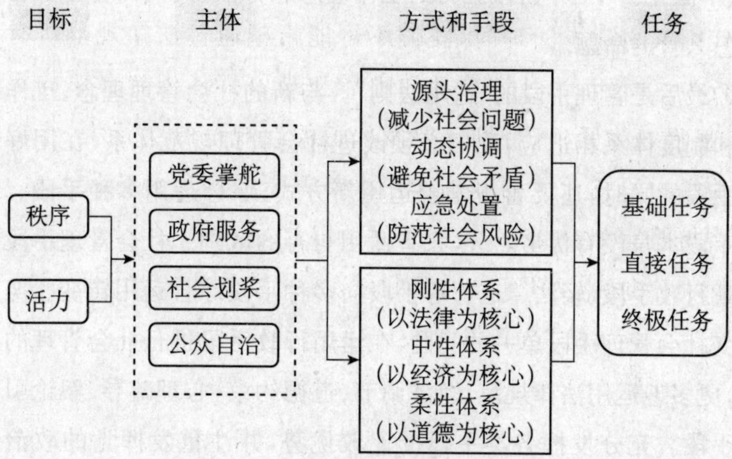

图 1　社会管理流程图

资料来源：作者整理。

实际工作中，我们尤其要重视社会管理工作关怀的现实性、价值的自主性、内容的多元性以及领域的社会性。

其次是管理主体的“渐进法则”。“一枝独秀不是春”，须“一花引得万花开”。社会管理不可能由一个主体管好，其必须是多元的，更是渐次递进的。我们在选择社会管理主体时，一定要坚持社会自治和市场优先原则，党委掌好舵，政府提供好服务。能够由市场机制调节的，就一定不引入政府直接干预，公众则作为自我管理和服务的首选主体。唯有如此，才能发挥每个主体的比较优势，达到满意的管理绩效。

再次是管理方式的“三段法则”。社会管理的三类直接任务决定了其管理方式的分阶段性。源头治理要保障私权益和约束公权力，用刚性的制度减少社会问题；动态协调旨在了解民意和落实工作，用灵活的措施化解社会矛盾；而应急处置主要通过重心下移和主体外移防范社会风险。特别要积极构建源头治理、动态协调、应急处置相互衔接、相互支撑的新机制，最大限度地使社会矛盾不积累、不激化。[1] 三个阶段独特的工作理念和方法,共同回答了社会管理怎么管的命题。

最后是管理手段的“适用法则”。与新的社会管理理念、工作格局和制度体系相适应,我们必须改进社会管理规范体系,在用好传统手段的同时,还要善于学会运用新方式,综合运用多种手段。政策手段本身没有优劣之分,只有适用与否的区别。社会管理手段要从重行政手段、轻法律道德等手段向多种手段综合运用转变。努力改变社会管理手段单一的问题,在运用行政手段进行社会管理的同时,更多地运用法律规范、经济调节、道德约束、心理疏导、舆论引导等手段。充分发挥各类手段的比较优势,并注重发挥党的政治优势,从而达到规范社会行为、减少社会问题、调节利益关系、化解社会矛盾的目的。

① 周永康:《加强和创新社会管理　建立健全中国特色社会主义社会管理体系》,《求是》2011年第9期,第7页。

城市社会管理体制及其变革

——以社会管理组织创新为视角

国家行政学院　龚维斌*

内容提要：城市化过程中，人口结构、空间结构、社区类型和环境、社会需求结构的变化，对传统的城市社会管理体制提出了新的要求，原有的社会管理体制机制已经难以适应形势的变化和要求，迫切需要建立健全新型的城市管理体制。虽经多次改革调整，现有中国城市社会管理体制已经面临诸多困境，一是仍然习惯于行政管控，服务与管理没有很好结合；二是外来人口尚未真正纳入城市社会管理体制内，社会融入和社会融合存在困难；三是缺乏顶层设计，党政机构职能和机构设置不够科学合理；四是社会组织发育滞后，不能适应城市社会发展需要；五是社区建设面临诸多困难，社区居民社区认同度不高，社区自治程度低；六是城市社会管理法律法规和相关制度建设滞后，造成不同社会群体在城市空间资源占有和使用上新的不平等。

关键词：城市社会管理　体制变革　困境

一、中国城市化快速推进对社会管理体制提出新要求

2011年，中国城市化率历史性地突破50%大关，标志着中国社

* 龚维斌，国家行政学院社会和文化教研部主任、教授。

会结构发生了深刻而本质的变化，由传统的农村社会转变为城市社会。截至2010年底，中国城市数量由1978年的193个增加到657个，超过100万人口的城市由29个增加到125个，800万以上人口的城市达到30个，超过1 000万人口的城市达到13个，城市群逐步形成。

中国城市化的快速发展，一方面是城市人口自然增长的结果，另一方面是大量农村人口进城带来的结果。如果按照户籍人口计算，中国的城市化率仅为36%左右，即全国有2.1亿多人是城乡两栖的“半城市化”人口。这部分人口虽然进得了城，但是却享受不到城市同等的公共服务，融入不了所在城市，无法成为真正意义上的城市居民。本地人和外地人交往交流较少，存在着二元结构，他们生活在同一个城市，心理和社会联系上却是分离的。

中国城市化快速推进的另一个重要力量和表现是城市边界不断扩大，大量农村地区转变为城市区域，大量农民失去土地，住上楼房，成为城市居民。有的成为城中村居民，住在城里，没有土地，却仍然保持农民身份，主要依靠卖地所得、出租房屋、从事第二三产业维持生计。一些城中村转为居民委员会，有些仍然保留着农村行政村的建制。即使是转为居民委员会，但是大多数上楼农民对新建社区的认同感较差，经济上联系较多，心理更为认同的还是原来的村级组织。社区中存在着本地城乡二元人口结构，社会融合存在困难。

城市本身由于单位制解体，旧城改造，新建小区大量涌现，职住分离现象越来越普遍，人户分离现象越来越多。城市社区类型越来越多样，有新建小区、老旧社区、城中村社区，有高档社区、普通商品房小区、回迁安置小区；有传统单位大院、外来人口聚居区、少数民族聚居区、外国人聚居区等等。有些社区人口构成单一，同质性强，有些城市人员构成复杂；高档社区，各方面条件较好，资源丰富，自治愿望和能力较强；而传统老旧社区资源匮乏，居住生活条件较差，有的甚至破败不堪，居民自治愿望和能力较差。

随着时间的推移和城市自身的发展，特别是随着信息化的发展、青年一代的成长，人们对生活质量的要求越来越高，对于城市公共服务的要求越来越高。

城市化过程中人口结构、空间结构、社区类型和环境、社会需求结构的变化，对传统的城市社会管理体制提出了新的要求，原有的社会管理体制机制已经难以适应形势的变化和要求，迫切需要建立健全新型的城市社会管理体制。

二、中国城市社会管理体制及其变革

城市社会管理体制是指提供基本公共服务，协调社会关系，解决社会问题，化解社会矛盾，应对社会风险，促进社会和谐稳定的组织机构设置、制度安排及其相互关系。城市社会管理组织机构一般包括党的组织、政府组织、社区自治组织、人民团体、企事业单位、社会组织等。城市社会管理体制包括城市政府行政管理体制、单位管理体制、社区管理体制、社会组织参与社会管理体制等多个方面、多个层次的社会管理体制。

中国城市分为直辖市、副省级城市、省会城市、地级市、县级市等多个行政层级；从地域看，有沿海发达地区的城市，也有中西部地区的城市。不同行政级别、不同地域的城市在人口规模、资源获取能力、经济发达程度上有较大差异，城市内部的社会管理要求也存在差别。从政府管理的角度看，虽然各个城市社会管理面临的任务各有不同，但是，城市政府架构主要是两种类型，一种是设区的市，另一种是不设区的市。设区的市，通常是三级政府、四级管理，即市、区、街道办事处（政府派出机构）和居民委员会。通常情况下，无论人口规模大小，县级市不设区，县级市辖若干镇，通常城关镇人口最多、经济最发达、社会事务最复杂，镇下面再设居民委员会，是两级政府、三级管理。

在计划经济时期,中国大部分城市人口工作和生活在各种单位里,单位是社会管理的主体,是社会管理的主要载体,少数没有单位的城市居民被纳入街道办事处和居民委员会这种社会管理体制中。那时,中国城市基层社会管理体制主要是单位制加街居制,以单位制为主导。在单位制和街居制下,居民来自同一个单位和居委会,同质性强、熟悉程度高、单位和街居掌握着居民工作和生活的绝大部分资源,对成员的控制能力强,居民对单位和街居的认同度高、依赖性大,同一单位和居委会的人们互动性较强。以三级政府或二级政府为主导、以单位为主体、以街居为补充的城市社会管理体制适应了当时计划经济的特点和要求。

上个世纪 80 年代以来,中国政府体制已经进行了六次改革,在此过程中城市政府公共服务和社会管理的职能和机构设置得到了一定程度的加强。但是,从整体上看,中国城市政府社会管理体制一直处于多头分散、分割的状态,缺乏统筹协调机构。政府民生事业和社会服务事项由民政、劳动、卫生、教育、住房、文化等多个部门负责,基层社会管理服务则主要由民政部门负责,而社会矛盾化解、社会治安维护分别由公安、司法、信访等部门负责。一些政府行政机构的领导权又被分割在党委不同的部门。

随着经济体制改革的深入推进,户口制度、住房制度、就业制度、人事档案制度等一系列市场化改革措施的推出,单位制解体,人们在职业、居住地的选择上具有更大自主权,职住分离、人户分离成为常态,社会流动越来越多,城市人口结构急剧变化,社会阶层关系越来越复杂,利益关系协调难度越来越大,公共物品和公共服务需要新的组织和机构来提供,传统的单位制已经无力承担变化了的城市社会管理重任。上个世纪 90 年代以来,街道居委会逐渐成为城市基层社会管理体制的重要力量,传统的单位制走向了街居制。

政府行政管理和公共服务通过街居体制向城市居民递送。但是街居体制在掌握资源，提供服务、协调利益关系、解决社会问题、化解社会矛盾方面，已经无法和单位制的社会管理服务能力和效率相比。因为，此时城市居民的构成和要求已经日益复杂化和差别化，依靠行政手段和单一力量已经难以满足社会服务管理的需要。另外，在计划经济向市场经济转型的过程中，政府经济管理服务的功能大大增强，但是政府社会管理和公共服务职能相对较为滞后，公共财政用于社会事业和公共服务的投入不足，政府社会管理和公共服务机构设置较少且分散，获取和整合资源的能力不足。如何正确处理政府、市场与社会的关系，如何正确处理政府不同部门之间、不同层级政府之间的关系，如何增强基层社会管理服务机构获取资源、提供服务的能力，已经成为一个亟待破解的难题。因此，迫切需要改革政府社会管理体制，改革基层社会管理体制，改革传统街居体制，建立专门的综合性社会建设管理机构和组织体系，建立新型社区管理服务体制，建立多元多样的社会管理体制。

三、近年来中国城市社会管理体制的新探索

（一）设立负责城市社会建设和管理的专门机构

进入21世纪以后，中国城市社会建设和社会管理逐步得到重视和加强，2007年以后进入城市社会建设和社会管理的新阶段。2004年，党的十六届四中全会提出要加强社会建设和管理。2006年，党的十六届六中全会提出构建社会主义和谐社会，要求“完善社会管理，保持社会安定有序”，指出“必须创新社会管理体制，整合社会管理资源，提高社会管理水平，健全党委领导、政府负责、社会协同、公众参与的社会管理格局，在服务中实施管理，在管理中体现服务”。2007年，党的十七大明确提出要加快以改善民生为重点的社会建设，要完善社会管理。党的十七大之后，报经中央有关部门批

准,北京市成立了市委社会工委、市社会办,随后又成立了以市委书记为组长、市长为第一副组长的社会建设工作领导小组,办公室设在市委社会工委、市社会办。各区、县也相应成立了工作部门和协调机构。社会工委、社会办具体负责全市社会建设政策研究、规划制定和统筹协调工作,负责综合协调社区建设、社会组织建设、社工队伍建设、志愿者工作,协调推进社会公共服务工作,负责社会领域党建工作。近年来,上海市成立了社会工作党委,各区县也成立了相应的机构。2009年,大庆市委成立社会工作委员会,由市委一名领导任书记,下设七个科室,负责对全市社会建设进行总体规划、宏观指导、统筹协调、督促检查。各县区也相应成立了组织机构。2011年,大庆市将市委社会工作委员会与社会管理综合治理委员会合署办公,下属43个成员单位。2011年,广东省成立了社会工作委员会,南京市成立了社会建设工作委员会。2011年8月,中央政法委所辖的综合治理委员会更名为社会管理综合治理委员会,负责领导和统筹全国社会管理工作。地方各级政法委开始负责领导社会管理工作。2012年,广东省原兼任社会工作委员会书记的省委副书记同时兼任政法委书记,统一领导广东社会建设和社会管理工作。①

(二)改革和调整区街关系

一些城市探索区政府直管社区居委会,以减少管理层级,推进管理扁平化。具体来说就是撤销街道办事处,由区政府直接管理社区居委会。例如,贵阳市小河区、湖北省黄石市铁山区、安徽省铜陵市铜管山区等开展了这方面的探索。现在,贵阳市、铜陵市、大庆市全部撤销街道办事处,吉林省辽源市在主城区也全部撤销了街道办事处。也有一些城市选择一个区的一个街道开展区政府直管居委

---

① 第三届“加强社会建设,创新社会管理”年会大会交流材料,大庆市,2012年9月20日。

会改革试点，如北京市石景山区鲁谷社区、南京市白下区淮海路街道、青岛市北区浮山后社区、上海浦东新区潍坊街道等。这些改革取得了一定的积极效果。

另有一些沿海发达地区镇街根据外来人口多、常住人口多的实际，探索如何进一步加强镇街管理，改革基层政府机构设置，强化社会管理服务和管理职能。

（三）改革和理顺街居关系

在区街体制改革之外，各地都在积极探索如何进一步理顺街居关系，设立社区工作站，减少镇街对居民自治组织的行政干预，减轻居委会的行政负担，强化居民自治。各地社区工作站的性质和设置方式不尽相同，主要有“一站多居模式”、“合署办公模式”、“接受委托任务模式”等几种形式。各地普遍在社区建立综合便民服务大厅。

一些地方以行政为主导改革街道社会管理体制，整合基层管理和服务资源。例如，广州市以“业务归并、人员整合、服务前移、管理落地”为主线，对街道机构、人员、职能、业务以及服务设施进行整合，并在具体实践中进一步形成了“大民生”、“大综治”、“大城管”的治理格局。广州市在社区建立“三中心、一队伍”，即行政服务中心、家政服务中心、信访维稳中心，以及综合执法队伍。

（四）建立多元化的城市基层社会管理体制

一是培育民间组织，发挥它们联系广泛和服务便捷高效的优势。北京、上海、深圳、广州等地改进社会组织培育和管理模式，探索建立枢纽型社会管理培育模式，建立社会组织培育孵化基地，利用政府购买公共服务促进社会组织发展。江苏南通市崇川区开展“百团大建”，大力培育社区社团。二是搭建平台，为驻区单位和组织提供参与管理和服务的平台。一些地方建立社区居民议事制度，由社区居委会主任、居委会专职社工带领，以社区片长、楼长、层长为骨干，成立“居民议事厅”，对社区事务进行协商协调。三是建立商务楼宇工作站，加强商务楼宇党建工作，加强非公有制企业党建和工会工作。开展这些工作的目的在于加强和改进商务楼宇和非公有制企业的社会管理。四是探索运用网格化管理方法，细化管理单元，再造管理服务流程，实现责任到人，减少管理层次和环节，达到及时发现问题、迅速做出回应的目的。五是改革警务体制，推动警力下沉，充实基层治安力量，强化社区服务和治安维护。六是建立健全社会矛盾调处化解机制，在社区设立专门的调解室，推动人民调解、司法调解、行政调解“三调联动”。不少城市社区还建立物业纠纷调解、环境污染纠纷调解、医患矛盾纠纷调解、房屋拆迁纠纷调解等专门的调解力量。

（五）探索多样化的城市社会管理体制

探索城乡结合部地区社会管理新体制。上海浦东建立“镇管社区”新模式。浦东是一个特大型的新城区，“大区、大镇、大街道”的特点十分突出。目前，实际管辖面积超过1400平方公里，常住人口517.5万人，下辖街镇37个，其中最大的镇辖区面积达到139.73平方公里，常住人口32.74万人。镇域内城市人口与农村人口、本地人口与外地人口、居委会与村委会相混杂。长期以管理农村为主的传统镇的管理体制已不适应镇域内大量城市化社区发展的形势要求。浦东新区围绕如何应对快速城市化进程给社区管理和发展带来的挑战，提出“镇管社区”的概念，并在实践中不断探索和完善，取得了初步成效。“镇管社区”是指在保持镇建制和镇行政区划基本不变的前提下，以党的领导为核心，以社区共治为方向，以基层自治为基础，形成社会管理服务有效下沉、社区自治共治逐步发育的一种社区管理模式。[①]

探索外来人口管理新模式。一些城市外来人口多,有的远远超过本地人口数量。例如,福建省晋江市本地人口106万人,而外来人口高峰时期达到110万人,其中,经济发达的陈埭镇外来人口最多。陈埭镇地处晋江市东北部,镇域面积38.4平方公里,辖25个村(社区),2012年有各类企业近2 000家,90%以上是鞋业关联企业,年产旅游运动鞋近7亿双,享有"中国鞋都"美誉,综合经济实力连续多年蝉联福建省"五十强乡镇"榜首。2012年,全镇户籍人口7.8万人,流动人口高峰期达到32万多人。晋江市设立专门的流动人口服务管理办公室,各个乡镇街道也设立相应的机构,综合协调和统筹流动人口管理服务事项,协助解决流动人口生产生活困难,维护流动人口正当合法权益。流动人口服务管理办公室主要与相关政府部门建立联系,与相关企业建立联系,掌握流动人口基本信息,强化流动人口管理服务。[②]

四、中国城市社会管理体制创新中的困境

一是仍然习惯于行政管控,服务与管理没有有机结合,还是管控多服务少。尽管以人为本的理念、寓管理于服务之中的理念越来越被多数城市管理者所接受,但是,还有不少地方借社会管理创新之名,行社会管控之实,不是着眼于维护城镇居民的合理合法权益,不是着眼于保障和改善民生,而是把主要精力放在增加警力、增加技术装备上;不是着眼于通过深入基层、深入群众及时了解民情民意,畅通诉求表达渠道,缓解群众不满情绪,从源头上化解社会矛

① 第三届"加强社会建设,创新社会管理"年会大会交流材料,大庆市,2012年9月20日。

② 龚维斌:《以人为本的社会管理:晋江模式的新内涵》,《中国县域发展:晋江经验》,社会科学出版社2012年版。

盾,而是采取围追堵截的方式进行事后控制;不是着眼于从制度上和根本上解决问题和矛盾,深入分析和查找产生问题的根源,而是就事论事,采取"花钱买平安"的方法,不讲原则、不讲法治,信奉"摆平就是水平,搞定就是稳定,没事就是本事"的哲学,把问题后延。

二是外来人口尚未真正纳入城市社会管理体制内,社会融入和社会融合存在困难,社会和谐风险增大,本地人与外地人冲突增多。改革开放以前,中国实行严格的城乡分治、一国两策制度,城乡居民之间难以流动,社会为典型的二元结构。改革开放以来,随着城市大门的打开和户籍制度的松动,数以亿计的农村人口进入城镇工作和生活,推动了中国城镇化的快速发展。但是,2 亿多进城的农村人口中绝大多数人由于户口仍然在农村,仍然不能平等地享受本地城镇户口人口在就业、住房、社会保障、看病、子女教育以及社会参与等方面的权益。城镇外来人口仍然工作和生活在一个自我封闭的社会里,在城镇内部形成一个新的二元社会结构。在沿海发达地区和一些大城市,外来人口尤其是文化程度较高的青年一代越来越多,平等意识、社会融入意识越来越强,特别是一些外来人口数量上相对本地原有居民占绝对优势的地方,本地人与外来人的和谐相处的问题越来越突出,需要国家从人口服务和管理制度上进行深层次的改革,促进外来人口的市民化。

三是缺乏顶层设计,党政机构职能和机构设置不够科学合理。中国现有城市社会管理体制带有很强的计划经济时期的特点,主要还是城市化程度较低时期的管理办法,不少地方还是以管理农村的方式管理城市。需要认真研究和建立为城市所有人口提供基本公共服务和管理的组织体系和制度体系,适应城市人口快速增长和社会组织形式变化的新要求,适应脱离传统"单位"的社会人越来越多、农转居人口越来越多、外来流入人口越来越多的新形势;要认真研究和正确处理政社关系及政府管理和居民自治、多方共治的关系,处理好党政关系、政府内部机构的关系;要认真研究现行依靠政法委系统来统筹城乡社会管理的体制的科学性和有效性。

四是社会组织发育滞后,不能适应城市社会发展需要。党的十六大以来,社会组织得到了一定的发展,2012 年底全国各类社会组织达到 49 万多个,在提供公共服务、解决就业、维护群众正当权益等方面发挥了积极作用。但是,现有社会组织数量、规模与 13 亿多人口大国的需求是极不相称的。社会组织发展速度慢,一些社会组织发育不良,内部治理结构不完善,管理和服务能力差;有些社会组织定位不清,成为"二政府",自我发展能力弱,严重依赖于政府的财政支持;还有一些社会组织偏离宗旨,搞创收谋利。造成这种状况的原因是多方面的,既有认识问题,也有政策法律和体制问题,还有从业人员的素质能力问题。从根本来说,是一些领导同志对于社会组织的作用认识不足,甚至心存疑虑,不愿意让社会组织充分发展,对社会组织发展设置障碍。面对日益多元化的利益格局,党和政府不可能包打天下包揽一切社会服务管理事务,需要通过社会组织提供公共服务和社会管理。社会组织发育滞后,在城市社会管理中表现得更为突出,带来的后果更为严重,政府承担了很多管不了、管不好、不该管的社会事务和责任,一些急需提供的社会管理和服务项目又存在空白点和盲区,城市居民多样化、差异化的社会需求难以得到有效满足。因此,大力发展社会组织是城市化和现代化发展的大势所趋,刻不容缓。除需要对少数几种特殊类型的社会组织加强监管之外,对于经济类、公益慈善类、社区性社会组织,应该放宽准入条件,完善相关法律,加大政府支持力度,促进和规范社会组织快速健康发展。社会管理,既要"管理社会,也要社会管理",需要包括由社会组织在内的多元主体进行自我管理。

五是社区建设面临诸多困难,社区居民社区认同度不高,社区自治程度低。2012 年底,中国居民委员会达到 9.1 万个,与 2003 年全国城镇居民委员会7.7万个相比数量增加较多。大中城市中还有大量的城中村社区,从组织形态上看它们仍然属于村民委员会,还有其他多种类型的城市社区。由于城市内部不同类型社区拥有的资源禀赋和社区居民成份差异较大,社区难以用一种统一的模式去治理。而且长期以来,在计划经济时期形成的城市管理模式习惯于把社区居委会当作"单位制"解体以后新的社会控制的单位,把社区居委会当作政府街道办事处的"腿"和"手",承担大量的行政事务。当社区居民成份复杂时,社区居民内部的交往和交流就显得尤其重要,他们需要在职场之外建设一个友好和谐方便舒适的生活家园。实现这样的社区建设发展目标,就要充分挖掘和利用社区资源,特别是驻区单位、社区居民参与社区服务和管理的热情和力量。要创新社区体制,通过政府购买服务、培育和调动社区志愿服务、整合社区资源等方式为社区发展提供多方面的资源;创新社区发展方式,为社区居民搭建交流交往的平台,开展丰富多彩的文体活动和互助帮扶活动,让社区居民熟悉起来,在互相交流和相互帮助中建立和增强社区意识,使社区从居住共同体走向生活共同体和意义共同体。

六是城市社会管理法律法规和相关制度建设滞后,造成不同社会群体在城市空间资源占有和使用上新的不平等。城市是一个高度复杂的生产生活体,是人类有意选择和市场驱动的结果。城市化既是城市人口不断增加和城市社会复杂性不断增加的过程,也是城市地理空间和城市资源不断扩大的过程。在城市众多资源形态中,空间资源居于重要地位,影响着其他资源和机会的占有。因此,公平合理地配置城市空间资源,就成为一项重要的社会管理工作。要对城市空间布局进行合理规划设计,充分考虑人与资源、机会公平合理地结合,从交通、住房、公共设施、社会福利的可得性及可及性等方面充分考虑不同群体的基本需求及其满足基本需求的能力,尤其要重视弱势群体的基本需求,防止强势群体过度占有城市空间资源，侵占普通群众特别是弱势群体的空间资源。现在很多城市特别是特大型城市，在城市规划方面，对于不同社会群体在空间资源占有和使用权利的公平性考虑不够，使得城市空间变化造成不同社会阶层在资源和机会占有上不平等和不公平，产生不同阶层和群体之间的社会差距，造成新的社会问题和社会矛盾。

国家—社会关系视域下舆论引导与社会管理的相关性探析

四川行政学院　肖尧中*

内容提要：在历史而具体的国家—社会关系格局中，国家通过意识形态和信息之手勾勒舆论场域边界、框定舆论运行方向和型构舆论引导支点；在优势互补、良性互动的国家—社会关系格局中，理想的舆论引导，其实是国家立足阶段性的国家—社会关系，从社会管理的全域视角，通过政治（法律）、文化、媒体等多种要素的结构性调适而实现的舆论在质、量及运行之方向归宿上的有限多元。

关键词：国家—社会关系　意识形态　舆论引导　社会管理

现代以来，个人权利之于制度设计的重要性日益凸显，于是公域和私域的边界在人们生产、生活的多个层面渐渐清晰。在此背景下，以连接个人私人自主空间与国家政治活动空间为己任的狭义的社会逐渐壮大，并以独立于国家和市场的姿态崛起。社会一经崛起，以权力在政府与社会之间应该如何分配为核心的国家—社会关系①问题就成为政治学、社会学、法学乃至整个社会科学理论界绕不过去的重要议题。回顾霍布斯、洛克、卢梭、黑格尔等西方先哲对国

---

* 肖尧中，四川行政学院副教授。

① 国家是一种复杂的社会现象，对其概念的界定，不同的思想家看法各不相同。在当代西方政治学界，较为通行的对国家定义是由德国马克斯·韦伯给定的"国家是在某一特定的领土范围内能够宣称合法地垄断强制力的人类团体"。立足讨论所需，本文侧重于行使公共权力的国家（也即一般意义上的政府）和以个人权利为基础的社会的合作互动，因此将国家定义为在特定的领土范围内，凭借公共权力统治、管理和服务社会的各种组织、规则和制度的总称。在此基础上，本文将国社关系的实质视为公权与私权之间的张力。其具体表现可包括社会制衡国家、社会对抗国家、社会与国家共生共强、社会参与国家、社会与国家合作互补等五种模式。

家—社会关系的相关论述，我们发现，无论是洛克式的“社会先于或外于国家”的理论，还是黑格尔式的“国家高于或先于社会”的架构，抑或米德加尔对国社进行强弱相较的描述，也都是在二元分殊、矛盾对立的基础上审视国家—社会关系。诚然，国社之间由于角色、功能、规则等多重差异而有明显的区隔乃至冲突，但在更大范围内，国与社也都是颇具整体性的人类生产生活活动的领域性展开，所以二者在分殊和对立的同时，还有明显的互补和互动。而且，由于国、社的大小、强弱无一不是历史延续和现实实践的综合结果，所以国家—社会关系的对立或互补都有具体性、动态性甚至建构性。这也就是说，国家不同，社会不同，国家—社会关系也就自然不同；同一国家，社会发展阶段不同，国家—社会关系也会不同，国家—社会关系只有在具体国家之具体的发展阶段才具有一定稳定性。这种相对稳定的国家—社会关系一经确立，就会对各自范畴内的结构性要素产生复杂而多样的影响。活跃于作为现代市民社会诞生标志之一的公共领域的公共舆论，本身就是国与社在大众传媒这一历史性的公意形成平台上相冲突、互补乃至耦合的产物。所以，其生成、运行和功能实现，无一不受国家—社会关系的影响。当前中国，为日益深入的市场经济所唤起的权利意识正在日益蓬勃。因应于此，中国特色的国家—社会关系也正在社会管理这一宏大主题的架构下步入前所未有的重构期。置身此中的公共舆论，其场域边界的勾勒、运行方向的框定乃至引导支点的型构，也都受制于现实的国家—社会关系并对其调整和建构产生不可忽视的反作用。

一、国家—社会关系勾勒舆论场域边界

界定舆论，亦如接受学视域中解读哈姆雷特：一千个研究者就有一千种对舆论的理解和诠释。这也正如陈力丹所说：“观察舆论的角度不同，关于舆论的定义有时差距较大——政治学和历史学的

定义着重点在于舆论对于决策的影响方面，心理学注重公众意见表达的心理过程，社会学注重舆论的社会化产生过程，社会心理学则从知觉、感触舆论来界定舆论。”[①]我们的立足点是国家—社会关系，所以我们也就侧重于从舆论生成和运行的场域或空间来理解舆论。

沿着这个路径，舆论与个人言论的区别和联系也就可以表述为：舆论是个人以“公众”身份在公共领域对公共事务或公共议题公开发表的言论。这也就是说，舆论其实是个人从个人自主空间进入社会公共空间的言论标志。在此，个人不再是单纯的个体意义上的“私”，而是具备一定群体性的、公约数一般的“私”——这也就是相对于个体之“私”的“公”。也正是在这个意义上，我们才可以说，从生成与运行的角度看，舆论从一开始就一定是社会的。

舆论一旦形成，就会自主化为公民社会理论视域中的公共领域(公共舆论场)并在社会这个大空间中担当相应的结构功能——代表社会与国家和市场进行对话(如图1所示)。也正是这样的功能，使舆论在运行上“溢出”社会，充当感知彼此、协调各方的中介和缓冲带。

不过，必须强调的是，舆论之于国家—社会关系的意义远不是图1之作为一种空间样态那么简单。在笔者看来，这种不简单，集中表现于舆论之作为信息与观念的社会化合物之中。

从形态的维度看，作为一种趋向性的公共意见，舆论首先是一种信息。只不过，它不是一般的“客观、中立”地以传递事物间的差异性为表征的信息，而是内具某种趋同性且内蕴着某种“公共”价值观和情绪的信息。这也就意味着，“解构”舆论，我们也就不难发现，信息是其“用”，价值观是其“体”。而且由于价值观乃是信息在其发生学意义上就无法完全归零的基座，所以对舆论而言，这“体”与“用”的互生互构也就成为其社会运行过程中的常态。这也就启示我们，欲进一步探析国家—社会关系之维中舆论，就必须沿信息和

---

① 陈力丹:《舆论学:舆论导向研究》,中国广播电视出版社1999年版,第10页。

价值观之维再跨一步。

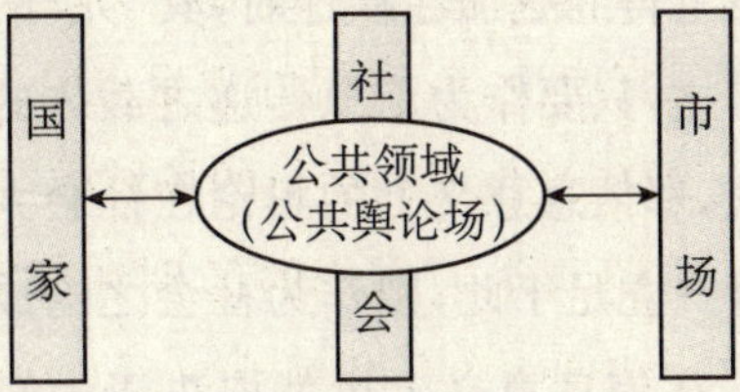

图 1① 公共领域（公共舆论场）结构功能图

首先，信息论告诉我们，信息的本质之一乃是事物之可传递的差异性。这也就是说，没有差异就没有信息，不可传递也不产生信息；差异越大，信息的量就越大，差异越多，信息的质就越丰。而且，不管是从“噪音”的意义说，还是从“媒介即信息”的角度上说，传递本身也都在产生差异，所以传递的渠道、速度、广度、深度等效率性要素也都会影响信息的质和量。进而言之，我们可以说，在影响传递效率的结构性要素能得到适时解放的前提下，世界的差异化越丰富，信息也就越多元；信息越多元，世界的差异化呈现也就越容易和越可能。此种信息运行样态一旦架构到与其有着互生互构之体用关系的价值观之维，则价值观之多元化也就成为信息在开放系统中不断衍生和演化的内在必然。从舆论生成和运行的角度看，这也就意味着，只要信息多元，舆论多元就不可避免；只要影响信息传递效率的结构性要素得到改善，舆论多元也不可避免。所以，任何一个开放社会，在历史与逻辑相一致的意义上，其舆论之“元”的不断增

---

① 德国社会学家卢曼认为，现代社会是一种功能分化的社会，这样的社会，首先要清晰地划分出行政权力的界限，也就是什么是属于国家和政府领域的基本任务；其次是明确划分出什么是市场，也即经济领域的界限，在这个界限内经济系统自身的运行机制和运行逻辑主导着经济活动；再次是清晰划分出社会的界限，能够明确在什么样的领域内国家不能用公共权力介入和干涉该领域的活动，同时也明确规定市场原则不能随意介入这一领域的活动。（参见[美] 乔纳森·特纳著，邱泽奇等译．社会学理论的结构，华夏出版社 2001：74—80）所以，社会（公民自主组织主导的公共领域）的界限，既与国家（政府主导的政治领域）有关，也与市场（企业主导的经济领域）有关。

加乃是社会自身发展和演进的必然。而当这个"必然"遭遇信息和信息传递在质和量上得到叠加性跃迁时,其"元"的增速也就难免出现井喷之势。换言之,只要作为信息传递之载体的媒体在传播科技的作用下升级换代,那信息意义上的舆论在社会大空间中的场域状态也就自然不一样。立足于此,则作为社会之构成部分的公共舆论场与国家之间关系在信息意义上也就取决于为媒体在国家—社会关系中的结构性位秩。

其次,由于舆论之"体"是价值观,而价值观背后是作为其生成土壤的国家政治意识形态,所以,对舆论之"元"的生成起决定作用的其实是国家政治意识形态。而曼海姆对意识形态的研究告诉我们,任何国家的政治意识形态,本质上都是掌握国家政权的统治阶级有意识地加以"塑造"的产物。这也意味着,作为舆论之身的信息存在和活动于社会,但作为舆论之魂的价值观却握在国家之手。而这,也正是国家—社会关系之于舆论之生成、运行乃至引导的实质所在。如果我们把这一实质叠加到媒体在国家—社会关系中的结构性位秩并将其对应到当前中国的媒体现状,我们就可以大致勾勒出如图 2 所示的舆论场域的分布。

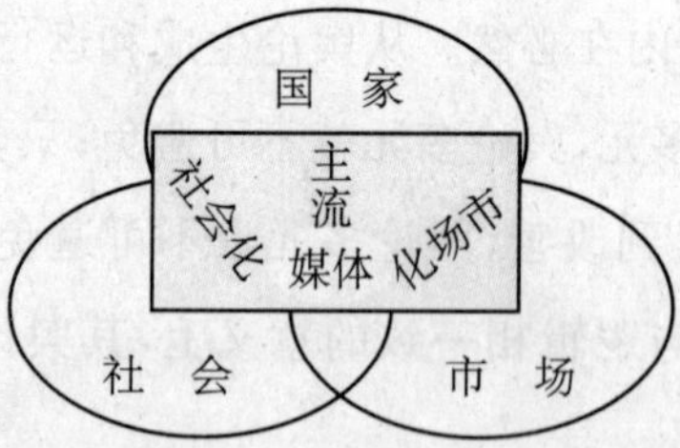

图 2 以媒体为展开平台的公共舆论场

在图 2 中,以媒体为展开平台的公共舆论场被当做一个整体架构于国家、社会和市场三者之间。而构成这一整体的,则是运行于社会的社会化媒体、社会与国家之间的主流媒体以及社会和市场之间的市场化媒体。在此必须强调的是,当前中国,由于国家—社会关系的总体特征依然是国强社弱和国主社从，所以社会与市场的关系也因此主要取决于社会与国家的关系。换言之，当前中国的国家—社会关系，既勾勒甚至界定了舆论在社会和国家之间的边界，也勾勒乃至界定了其在社会和市场之间的边界。

当前中国，媒介产业化的深入发展使传统意义上的大众传媒分化为国家(政治)化媒体和市场化媒体。虽然由于党管媒体的强大根基不可动摇进而市场化媒体之存在的合法性紧握于国家之手，但市场规律本身的不可抗逆性也使得市场化媒体在信息和观念选择上都有不同于国家(政治)化媒体的逻辑和偏好。在这一逻辑和偏好的支撑下，市场化媒体得以形成自己的舆论场。另一方面，拜以网络为核心的新媒体技术之所赐，Web2.0 支撑下的社会化媒体日新月异，个体得以历史性地拥有属于自己的私人化媒体。这些以所有人对所有人进行传播为特征的媒体，构织起一个层次不一、规模不一但在整体上却日渐强大的公共舆论场。如此一来，国家—社会关系主导下的三大舆论场以其不同的生成方式、不同的话语表征、不同的运行逻辑在各自的媒介载体上尽情地演绎和演化着自己和对方，不懈地改造和改变着自己和对方。

二、国家—社会关系框定舆论运行方向

在社会这个大空间，舆论不仅是信息和观念在社会层面上的化合，在其运行的动态意义上，它还是一种无形的力量。不过，相对于集体行动、社会运动和革命这种外显性社会力量，舆论所具有的力，在很大程度上还只是一种潜在的抑或预备式的，也即物理学意义上的势能。因为舆论在本质上的“意义”存在，决定了它并非显在的社会行动，而是随时可能转化为现实社会行动的、以社会为存在空间的势能。这种势能，在表现形态上是流动不羁的“意见”，在转化趋势上是试图强化、修正、篡改抑或颠覆某些现有价值观的内蕴性压

力。其"力"的大小,主要取决于舆论所秉持的价值观与国家、社会、市场相关领域之已有价值观之间的结构性张力。这也就是说,作为社会势能的舆论,其势能的大小在很大程度上取决于其内蕴之价值观的异质性,而其异质性的强弱又主要取决于国家—社会关系。本着这一认识,则所有值得并需要"引导"的舆论,其实也都是流播于公共领域的、表现为社会势能的异质性。而舆论的运行过程,实际上就是这一势能在公共领域内实现和完成合规律与合目的的转化。

把控这一转化,就必须厘清其内在构成以洞悉框定舆论之运行方向的国家—社会关系。

我们释舆论之为"社会势能",要因在于舆论内蕴着表征为价值观的"力"。在相应条件的催衍下,这个力既可转化为集体行动、社会运动甚至是革命,也可以通过量变到质变的累积导致社会主流意识形态发生结构性变迁。这也就意味着,如何使舆论这一社会势能在社会运行中完成国家—社会关系的良性调适从而实现国家和社会之进步和发展所需要的方向性转化,就成为框定舆论运行方向的核心。

而舆论的运行方向之所以可以框定,关键就在于构成舆论的信息和意识形态背后站的都是强于社会并主导着社会的国家——国家通过政治、文化等综合手段型塑和调适意识形态,通过媒体把控意识形态的信息化转化和信息的结构性输入,从而实现对舆论运行的框定。如果我们在此基础上加入舆论作为社会势能而可能引起的集体行动、社会运动和革命,那处于国家—社会关系中的舆论之"体"与"用"的构成、转化和运行就可以表示为图 3。

如图 3 所示,国家—社会关系对舆论运行方向的框定大致包括三类情形:如国家在意识形态和信息输入两方面的掌控力都足够强大,则舆论运行的方向甚至结果也都完全可控。在此情形下,即便社会弱得几乎可以忽略,舆论转化为类似集体行动、社会运动等社会动能的可能性也都很小,此其一。

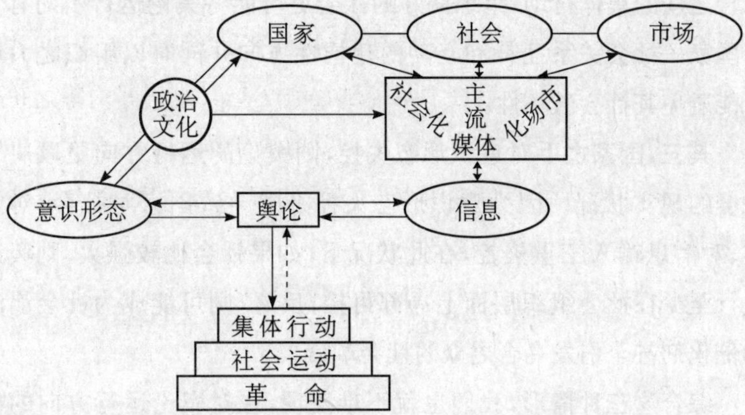

图 3　国家社会关系中舆论的“体”和“用”

其二,国家在牢牢掌控意识形态的同时,以直接、间接等多种方式和社会、市场一起掌握通过媒体的信息输入,于是舆论运行之于国家乃是局部可控。在此情形下,舆论运行方向有两种可能:在国家—社会关系格局中,如果社会这一方的组织程度低,社会个体大多处于原子化状态,则舆论就可能向集体行动的方向运行,因为舆论对人的社会行动的触发与人的组织程度紧密相关。当落脚到个人的社会组织力量很弱时,个人情感往往会主宰舆论触发下的行动抉择。社会心理学对乌合之众的研究是这种可能的理论注脚;而中国当前的大多数群体性事件,则是这种可能的现实印证。

另一种可能是,如果社会发育较好,组织程度较高,则舆论向社会运动方向运行的可能性也相对较大。因为个人一旦在社会中被较好地组织起来,舆论对其社会行为的触发就将优先表现为特定社会组织的组织策略。而任何组织的组织策略都难免受制于特定的组织理性,所以舆论在此也就自然超越了个人情感而被纳入了理性的轨道;而且,由于这道理性之轨往往是在社会组织层面上运行的,所以其方向也就只能是组织化的谈判、示威、抗议等社会运动。舆论运行至此,其之于国家—社会关系的建构性也就远远大于其破坏性。也正是基于此,我们才认为,在对舆论运行方向的框定上,较之乌合之众的集体行动,组织良好的社会更可能将舆论运行引向有利于国家—社会关系互补和互动的建构性方向并同时以组织之力尽可能避免其社会破坏性。

其三,国家之手对意识形态失控,则舆论的运行方向更取决于社会的现实状况。因为意识形态失控必然导致国家对社会、对媒体、对信息输入三重失控,在此状况下,如果社会比较强大,则舆论运行至少在社会组织层面上局部可控;反之,则可能成为社会崩溃的催化剂甚至引发乌合之众的社会革命。

综合这三种情形,我们也就不难发现,在对舆论运行方向的框定上,我们既需重视国家对社会、对媒体、对信息输入的掌控力,更需重视社会的组织化及其与国家之间的互动和互补。简言之,在国家意识形态能在国家—社会关系中有一个合适的结构性地位,而媒体在总体上又处于优势互补、良性互动的国家—社会关系之中,则舆论运行方向的框定就既不会出现国家失灵,也不会出现社会失灵。这也就意味着,从舆论运行的角度看舆论引导,实质上就是从生成、运行、衍变、演化等多维度、多层次实现信息与价值观在社会公共领域向有利于增益社会进步的方向动态而有序地互生互构。而这其实也应当是我们所强调的"舆论引导必须合规律"之"规律"的关键。而且,由于合规律的内在脉动,必须与合目的的方向性旨归形成共振,人的社会行动才是正当而合理的。所以,当舆论作为社会势能所蕴含的"力"成为舆论引导的焦点,我们就必须直面对此"力"的性质认知和方向把握。

三、国家—社会关系型构舆论引导支点

马克思主义基本原理告诉我们,合规律合目的是人之广义社会实践活动的基本规则,舆论引导自然也不例外。图 3 告诉我们,在合规律和合目的之双重视域下,舆论引导的可欲与不可欲似乎可包

括以下几种情形。

其一，在国家—社会关系格局中，国家处于绝对优势地位。在此情形下，国家型塑主流意识形态的能力和通过媒体掌控信息输入的能力都强。如此，则舆论的质、量及运行方向也就在很大程度上被握于国家之手。从国家—社会关系的角度看，此情形中的舆论也就完全服务于和服从于统治阶级的统治意旨。这样的舆论，是最不需要“引导”的舆论；这样的舆论“引导”，是最理想的引导（掌控）。因为这样的舆论，作为一个整体的自身是高度同质的；在此同质的条件下，其社会势能几近归零，进而其所能向集体行动、社会运动和革命转化的力量也就几乎为零。不过，耗散论告诉我们，高度同质其实也就意味着活力的丧失。所以，在开放社会，舆论不仅自身不能和不可能一律，而且其内蕴价值观相对于国家意识形态也不能和不可能一律——虽然舆论的同质化程度至少在主流价值的社会认同上直接关乎社会团结和和谐，但若同质化程度过高，则舆论在观念转化中也就很容易带来社会各阶层价值观的整齐划一，而社会则会因此而渐势丧失活力甚至走向崩溃；若同质化程度过低，则容易引发社会冲突甚至将社会引向断裂。所以，即便国家因其在国家—社会关系中的绝对主导而在舆论引导上绝对可欲，也不能因此而一味追求舆论一律。因为一律的舆论，既不利于国家，也不利于社会，更不利于良好的国家—社会关系的建构。

其二，在国家—社会关系格局中，国家虽然强大，但社会也有一定力量，所以国家型塑意识形态的能力强而通过媒体掌控（尤其是直接掌控）信息输入的能力相对较弱。在此情形下，强有力的国家意识形态往往会内化为一种自觉意识融入社会信息的生成和输入过程，从而保证舆论在异质之维上的有限性。这些在生成意义上就被限定了的异质舆论，在其社会运行过程中，如遭遇的引导之力最终根源于强有力的制度基座，则其内蕴的社会势能要么是被强有力的国家意识形态消解；要么就是进入社会大空间，进而被另一个社会制度基座消化;如遭遇的引导之力并无制度根基或制度基座相对薄弱,则其内蕴的社会势能如果是被强大的国家意识形态消解,那其消解过程中也不免会对国家意识形态产生难以意料的侵蚀;如果是转化为集体行动和社会运动,其转化的速度和强度也会因制度基座的乏力而显得更难预测。

其三,在国家—社会关系格局中,国家型塑意识形态的能力弱而掌控信息输入的能力强。此种情形决定了国家能在一定程度上掌控信息的量并在这被控的量中最大化自己主张的意识形态。但是,由于自身型塑意识形态能力不足以驾驭意识形态的信息化转化,所以其主张的意识形态即便是在因被控而显得有限的信息流中也难免被淡化、异化、淹没甚至是篡改。也就是说,由于缺乏"体"的有力保障,此种情形下的舆论较之前一情形而言其实更容易异质。而且,这种异质会因国家意识形态缺乏强有力的抵御和修正而更具侵蚀力。在时间的作用下,这种侵蚀力迟早会转化为国家对信息掌控的消解力——失却国家意识形态的信息转化力,国家对信息的掌控也就成为仅仅是对其量的监管。在这种状况下,异质舆论在质这个层面上的"异"也就足可达到国家意识形态不可消化的程度。而一旦异到这种程度,舆论转化为集体行动和社会运动的可能性也就大大提高。更进一步,如果这种可能性被镶嵌在制度基座乏力和社会组织化程度也不高的社会,那就意味着舆论引导在很大程度上已经不可欲。

其四,在国家—社会关系格局中,国家型塑主流意识形态的能力和掌控信息输入的能力都弱。此种情形,如果置于制度基座有力的社会,则国家对舆论的引导因异质舆论之社会运行的局部可控而部分可欲;如果置于制度基座乏力、组织化程度不高的社会,则国家对舆论的引导会因异质舆论的不可控而不可欲或完全不可欲。

以上几种情形似乎是在启示我们,如果我们以国家为本位,以国家—社会关系为参照来审视舆论引导,那国家如何从国家—社会关系中找到恰当的支点就成为问题的关键。对此，立足“舆论乃信息和观念的社会化合”，我们认为，从国家本位上看，国家从国家—社会关系的角度“撬动”舆论的宏观支点主要是国家意识形态、法治旨归的制度基座和富于活力的组织化社会。

首先，由于观念乃舆论之本，而国家意识形态乃观念之本，所以国家只要握紧意识形态之绳，则飘于社会之空的舆论风筝也就始终可引可控。如此一来，舆论引导在此节点中的问题，其实也就是国家如何把握意识形态这一支点的问题。而现实告诉我们，在此地球都已成为一个村落的当下，意识形态的相对多元俨然已是任何一个开放社会的常态。这也就意味着，上述问题实际上可以转化为：国家如何调整主流意识形态以实现国家—社会关系格局中价值观意义上的共识与多元的平衡？当前中国，国家主流意识形态在国家—社会关系中的调整正处于前所未有的震荡期。在此特定的转型时期，旧的以一元化为导向的意识形态平衡被打破而新的共识构建尚在途中，所以作为社会舆论生产和传播之重要主体的媒体人，对调整中的国家主流意识形态缺乏足够认同。这在舆论引导上的集中表现，就是主流媒体在许多重大突发性事件上缺乏甚至可以说是基本丧失了对主流舆论的定义能力和建构能力。换言之，就是国家在舆论引导中没能守住意识形态这个作为本之源的支点。

其次，由于舆论之用在信息，而信息之源在媒体和使用媒体的人，所以如何从信息发布之维规范人的媒体使用行为，也就成为国家在国家—社会关系格局中实现舆论引导的又一个关键点。当今之世，媒介多元化既是无可回避的现实，更是挡不住的历史潮流。谨守于此，则信息源的多元化也就应当成为国家信息管理的基本出发点。然多元化其实也就意味着碎片化——碎片化的媒体格局带来碎片化的信息，进而形成碎片化的舆论；碎片化的舆论遭遇碎片化的舆论引导，结果往往是加剧舆论的多重碎片化；所以，越是碎片化的舆论，越是需要科学、系统、统筹的舆论引导。这也就是说，媒介越是多元化,对媒介使用主体的规范就越需系统性地上升到国家层面。已有的规范实践告诉我们,在国家—社会关系之维中,规范媒介使用者信息发布行为的制度基座越是以法治为旨归,行为者就会因违规成本的硬性而越显自觉和小心;也正是这自觉和小心,现实地实现了言论尺度的源头控制。当前中国,也正是这些必要的自觉和小心在舆论引导之重要主体们身上制度性地缺乏,才有“体制质疑”在许多重大突发事件之舆论引导过程中此伏彼起。显然,如果这些质疑总是有机会叠加在碎片化的舆论引导上,则其产生的共振和累积效应势必会加深社会和对国家主流意识形态的质疑。

再次,由于社会大空间的组织化程度事关舆论作为社会势能的转化方向和结果,所以在国家—社会关系格局中培育好社会组织这片舆论运行的土壤,至少在舆论引导的有效性足以长期化和可持续化的意义上,就应成为国家持续而深入地调整国家—社会关系的大战略。这是因为,组织化的社会既是国家打捞潜在舆论,收集、整理碎片舆论以实现舆论预警的快捷大网,是引导舆论实现合目的的社会转化的终端性载体,同时也是分解舆论能量的不二通道。舆论作为社会势能的物理学隐喻启示我们,能量的分解其实也是一种转化。这也就是说,在国家—社会关系格局中站在国家立场系统设计针对舆论这一社会势能的分解策略,这本身就是很好的引导。而多元而又富于活力的社会组织,就正是舆论能量的有效分解器。

有识于此,我们认为,国家—社会关系对国家本位上的舆论引导支点的型构,实际上既包括对作为软支点的意识形态型构、对作为硬支点的法治旨归的制度基座型构,也包括对作为巧支点的社会组织的型构,更包括对这三者互补、互动、互构的关系的型构。只有从国家—社会关系之良性发展的大局中架构好了这些“型构”,我们才可以说,从国家—社会关系的理想之境来看,理想的舆论引导,其实是国家立足恰当的国家—社会关系,通过政治(法律)、文化、媒体等多种要素的结构性调适而实现的舆论在质、量及运行之方向归宿上的有限多元。因为只有舆论的有限多元，才能使国家—社会关系总是处于动态的建构环境之中；也只有建构性的国家—社会关系，才能使社会既有适度的团结，也有适度的活力。而能为这团结和活力注入不竭之动力的，则是强有力的社会制度基座和适度的社会组织化和自治化。毕竟，我们所谓的舆论引导，在其合目的性上，既包括如何在社会范围内促成、化解或避免集体行动、社会运动乃至革命，也包括在国家层面上实现国民对国家主流意识形态持续且具生产性的认同。

参考文献

[1]陈力丹：《舆论学：舆论导向研究》，中国广播电视出版社1999年版。

[2][美]乔纳森·特纳著，邱泽奇等译：《社会学理论的结构》，华夏出版社2001年版。

构建以民为本的社会政策体系
夯实社会和谐基础

——新加坡经验借鉴与启示

国家行政学院　程　萍*

内容提要：如何在一个多元种族、多种语言和多种宗教信仰并存的国家实现民族和谐与社会稳定发展？新加坡执政党和政府构建和实施全面、适度、以民为本的社会福利和保障政策体系，鼓励发展自愿福利团体和社会企业，用心谋划促进民族和睦等方面的政策制度，为我国社会政策的制定与完善提供了可资借鉴的经验。

关键词：新加坡　公共服务　政策体系　借鉴与启示

作为新兴的发达国家，新加坡是全球最富裕的国家之一，并以稳定的政局、廉洁高效的政府、完善的社会福利和保障体系著称于世，新加坡经验成为国际范围内理论研究与后发国家学习借鉴的重要内容。笔者于2012年8月26日至9月8日赴新加坡学习，收获颇丰。

一、构建和谐社会的理念与政策体系

新加坡是一个多元种族、多种语言和多种宗教信仰并存的国

* 程萍，国家行政学院社会和文化教研部研究员。

家，规定有华语、英语、马来语和泰米尔语四种官方语言。如何在这样一个国家实现民族和谐与社会稳定发展？执政党和政府的理念与法律政策体系始终围绕这一现实进行构建与完善。

（一）全面、适度、以民为本的社会福利和保障政策体系，为社会和谐稳定打下坚实基础

新加坡的社会福利和保障政策立足“以民为本”理念，遵循四个重要原则：一是不推行永久性和无限制的福利制度；二是人们不可以把申请社会援助看作理所当然，但政府应确保不会有人被社会遗弃；三是政策的主要作用是协助人们自力更生；四是家庭是重要的支撑网络。新加坡的组屋、公积金、医疗保障、扶贫济困、民族宗教平等等制度，使这些原则得以充分体现。

1. 居者有其屋，保证所有老百姓买得起的住房制度——组屋制度。组屋是新加坡实行的公共住房形式，由建屋发展局建造，向公民和永久居民出售。“建造民众负担得起的住房”是建屋发展局一直未变的使命。建屋发展局从上世纪 60 年代起开始大规模建造组屋，目前共建造 99.9 万套（其中 5 万套为租赁形式），84%～86%的常住人口居住在组屋。组屋制度使得新加坡成为全球唯一几乎达到百分之百拥屋率的国家。建屋局通过翻新、改造、整体重建等措施，为旧组屋区注入了活力，在全面提升居民居住品质的同时，保持了老街坊们多年建立起来的深厚凝聚力。

2. 由公积金制度，医疗保障、养老助残和济贫扶困等制度构成的完整社会福利和保障体系。新加坡的社会保障制度有四个原则：一是惠及全民；二是侧重低收入人群；三是鼓励自谋生路，防止产生懒汉；四是规定细密，防止滥用。在此基础上建立的社会福利和保障制度，较好地发挥了应有的功能和作用。

(1)公积金制度。新加坡的社会福利和保障主要是通过公积金制度体现的，包括退休、住房和医疗保健三大部分，自 1955 年开始实施，面向所有的公共和私人部门雇员，单位为每位雇员建立户头，缴纳比率为雇员20%、雇主16%。公积金账户一分为三，包括普通户头、保健户头和特别户头。

表1 新加坡公积金户头及用途一览表

<table>
<tr><th></th><th>类 别</th><th>用 途</th><th>规 定</th></tr>
<tr><td rowspan="7">个人公积金户头</td><td rowspan="3">普通户头</td><td>买产业</td><td rowspan="3">专款专用，需保留的最低存款为13.9万元</td></tr>
<tr><td>教育</td></tr>
<tr><td>投资</td></tr>
<tr><td rowspan="2">保健户头</td><td>住院/手术</td><td rowspan="2">退休—死亡的医药补，专款专用，需保留的最低存款为3.85万元</td></tr>
<tr><td>慢性病门诊</td></tr>
<tr><td rowspan="2">特别户头</td><td>养老</td><td rowspan="2">专款专用</td></tr>
<tr><td>投资</td></tr>
</table>

资料来源：授课讲义。

公积金管理和使用的相关规定包括：A. 各户头的钱必须专款专用，不能混用；B. 非规定用途或规定用途外多余的钱要到55岁才可提取；C. 全部免税；D. 可以作为遗产继承，不缴纳遗产税；E. 利息每三个月计算一次，略高于银行的平均利息，约为2.5%～4%。

新加坡人均寿命为82岁，人口老龄化成为突出的社会问题，政府为鼓励老人积极工作，自足自身解决养老问题，于2011年5月废除了养老金制度，全面实行公积金制度。同时，为使老年人老有所养，政府将从2013年起实施"公积金入息计划"，公积金缴存人从65岁起至终生，可领取公积金每月入息，确保老年人终身有稳定收入。

新加坡的公积金制度有五个特点：一是减少国家对社会福利的负担，把社会福利转移由雇主和雇员本身承担；二是缴交率可根据经济发展状况进行调整，对宏观经济发展起到一定的调控作用；三是比养老金制度灵活，有利于人才的自由流动，鼓励积极工作；四是可进行政府投资，由公积金局交由新加坡政府投资公司进行投资运作，该公司是国有企业，由财政部领导，具有一流的金融专家，投资于低风险行业，可赢利5%～6%；五是万一公积金运营失误出现亏损，可申请动用政府储备金予以补充。

(2)医疗保障制度。新加坡公民的医疗除公积金保障外，还有四个渠道予以解决：一是健保双全计划，二是医疗保健基金，三是乐龄健保计划，四是乐龄护理基金。通过构筑多层次的医疗保障体系，目前新加坡已经基本实现人人享有医疗保障的目标。

健保双全计划。这是政府为公积金会员设立的一种可供选择的大病医疗保险，以帮助支付投保人因患重病住院或治疗所需的医疗费用，保费直接从个人公积金账户中扣缴(详见表2)，必须住在B2以下等级病房(病房分为四个等级：A、B1、B2、C)的病人才可使用。支付数额与比例详见表3。公积金局选择符合资质要求的保险公司具体受理和承办健保双全计划所对应的医疗保险业务，约有98%的公积金会员购买了健保双全计划所提供的医疗保险。

表2　健保双全计划保费标准

下一个生日年龄	每年保费(新元)*	下一个生日年龄	每年保费(新元)
0～30	33	71～73	390
31～40	54	74～75	462
41～50	114	76～78	524
51～60	225	79～80	615
61～65	332	81～83	1 087
66～70	372	84～85	1 123

资料来源：授课讲义。

*1新元=4.9084元(人民币)

表3　健保双全计划案例

项　目	医药费(新元)	可索偿额(新元)
住院费	14 298.00	14 298.00
手术费	728.00	728.00
总计	15 026.00	15 026.00
减：自付		150 0.00(自付)
减去自付额后的可索偿额		13 526.00
减：共同保险		1 603.00(共同保险自付)
健保双全计划支付		11 928.00(79.3%)
保健储蓄/或现金		3 103.00(20.7%)(从公积金中扣除)
胰腺和胆囊手术、住B2病房、54天(包括特别护理病房住2天)		

资料来源：授课讲义。

表4 健保双全计划可索取的赔偿额顶限

索偿项目	索偿额(新元)
终生索偿限额	200 000
每年索偿限额	50 000
每天住院费	450
每天特别护理病房	900
外科手术	150～1 100
外科移植	7 000

资料来源:授课讲义。

医疗保健基金。这是新加坡政府于1993年由财政拨款4亿新元建立的信托基金,目前已达24亿新元,目标为30亿新元。主要是帮助那些动用公积金保健储蓄和健保双全后仍无法支付医药费的新加坡公民,只有住C级和B2级病房的病人才可以申请,且申请者的家庭月收入需低于1 500新元(含个人公积金部分)。目前约有5%的B2级和C级病房病人提出申请,如获批转,C级病房病人可报销全部医药费,B2级病房病人可报销60%。

乐龄保健计划。乐龄健保计划是2002年8月由新加坡卫生部制定并推行的特殊医疗保险,是一项为年长的公积金会员设立的严重残疾保险计划,为那些需要长期照顾的年长者提供基本的医疗服务等终身保障。公积金会员可以动用保健账户支付参加该计划的保险费,从40岁开始自动受保,缴费到65岁。如果发生严重残疾,可以获得每月400新元的生活费,最长期限为6年。这项保险设立三种保险费项目可供投保人选择,一是"定期保费计划",二是"10年保费计划",三是"单期保费计划"。

乐龄护理基金。新加坡政府在2000年拨出5亿新元设立了该基金,用其利息支付乐龄人士医疗保健所需费用,这笔钱主要是用于补贴养老院(详见表5)。到2010年,该基金已累积25亿新元。

表5　养老院费用津贴制度

家庭人均月收入(新元)	补贴比例(%)
低于 360	75
361～550	70
551～750	60
751～950	50
951～1 150	40
1 151～1 300	30
1 301～1 350	20
1 351～1 400	10

资料来源:授课讲义。

(3)济贫助困制度。新加坡的济贫助困制度主要有公共援助金、就业入息补助计划、培训津贴计划、社区关怀基金等。政府通过各种积极的保障政策帮助穷人,激励他们自力更生走出困境,自谋生路,这也是新加坡没有乞丐的原因之一。

公共援助金。申请公共援助金必须同时符合三个条件:A. 丧失劳动能力,B. 银行无存款,C. 无依无靠。援助标准:1 人家庭,400 新元/月;2 人家庭,700 新元/月;3 人家庭,880 新元/月;4 人家庭,1050 新元/月。有孩子的家庭,每名孩子可获得 150 新元/月的援助,也可获得学费补助。新加坡的最低工资标准为 700～800 新元/月,显然,该援助低于最低工资标准。目前约有 3 000 人领取了公共援助金。

培训津贴计划。新加坡没有失业救济金,待业和低技能的新加坡人可通过培训津贴计划接受新技能培训,获得 90%的课程学费津贴,并获得每小时 4 新元的生活费补贴。通过培训,使待业人员获得再就业所需的知识和技能。

社区关怀基金。政府于 2005 年拨出 5 亿新元设立了该基金,2011 年财政预算再拨入 5 亿新元,目标为 15 亿新元。该基金主要是为因为突发事件而导致贫困的低收入家庭和个人提供短期帮助,使他们渡过难关,自食其力。

(二)鼓励发展自愿福利团体和社会企业,形成组织、参与和资助基层社区管理与服务的群众基础

新加坡政府对非政府组织的建立和发展持谨慎态度,但比较支持自愿性福利团体的发展,最近十年积极推动社会企业发展,促使它们承担社会服务,取得一定成效。自愿性福利团体和社会企业在帮助弱势群体、发展社会服务中扮演了重要角色。

1. 社会团体是承接政府社会服务的重要载体。所有社团必须按照《社团法》在社团注册局(ROS)注册,实行自我管理,必须遵守新加坡宪法和现行法律的规定,有 2 名董事、2 名成员和合格的公司秘书,其中一名董事和秘书必须常住新加坡。希望担当董事的外国人必须取得就业准许证或家属准许证。慈善团体可完全免税。目前,新加坡每万人所拥有的非营利组织近 20 个,这些非营利组织成为新加坡政府服务社会的"抓手"。新加坡政府官员几乎都在民间非营利组织担任职务,带头为社区公益事业贡献力量,但又不代表官方干预社区事务。

在政府资助的基础上,各类民间组织均建立了稳定的资金募集和筹措机制,在社会各个领域开展志愿服务与慈善活动,募集和设立社区关怀基金,推动贫困人士、残障人士福利等社区项目,形成了组织、参与和资助各种社区活动项目的群众基础。

如成立于 1991 年 7 月的飞跃服务中心,作为自愿福利团体,和政府部门紧密合作,推出各种社会服务项目和计划,共有 17 个中心,约 180 名员工、400 余名义工,为日益增加的社会需求提供专业化的服务。他们的服务项目分为三类:一是承接政府外包,如家庭服务中心;二是免费的社区服务,如为租住在廉租组屋的贫困老人提供的乐龄服务;三是收费项目,如培训课程,一些收费的小学生托管项目等。

表6　飞跃服务中心服务项目和计划

下设机构	服务范围与内容
家庭服务中心(4家)	在特定的社区为家庭提供资源和协助
邻里服务中心(1家)	推广义务工作,鼓励居民参加邻里建设
乐龄中心(1家)	鼓励退休人士保持身心健康,促进社交
乐龄活动中心(2家)	提供乐龄人士活动平台
学生托管中心(2家)	照顾7~12岁孩子(放学后)
Project 180 青少年活动中心(1家)	问题青少年的辅导与培训
家庭资源中心(樟宜监狱)(1家)	修复家庭关系
特殊幼儿教育与发展中心(1家)	0~6岁缺陷儿童的学习支援
领养资源中心(1家)	为领养家庭提供服务
家庭教育中心(1家)	提供孩子、情侣、家长的培训课程
AHD专业培训学院(1家)	针对需求开办各种培训课程
Youth Go!	夜间引导不良青少年

资料来源:授课讲义。

近年来,新加坡政府着力建设家庭服务中心,为社区居民开展服务。新加坡的家庭服务中心由政府规划,议员申请,统一招标,自愿福利团体承办,目前全国共有37个。政府根据各慈善团体的服务能力、宗教特点等决定中标社团,并每年进行评估,五年连续不达标的,将由政府组织重新招标。家庭服务中心的经费来源50%来自政府,25%来自国家福利理事会提供的公益金,25%由机构自己筹款。如飞跃服务中心承接政府委托,已建立了4家家庭服务中心。

2. 社会企业成为青年创业、服务社会的重要选择。社会企业是最近四五年来在我国社会学和社会服务领域出现频率渐高的词汇,我国一些政府管理部门和管理者还比较生疏。社会企业与一般企业最大的区别在于其目的是解决社会问题,而不是纯粹为了营利,所得利润有限制地用于分红,而不是追求利润最大化。社会企业从事的是公益性事业,与社团最大的区别,一是通过市场机制调动社会力量,提供社会服务;二是其经费来源不同,社团的经费来源主要是承接政府委托项目和社会捐款,社会企业经费来源至少半数是来自交易。

在新加坡,社会企业概念的引入和实践是最近十几年的事,也是比较新鲜的事物。新加坡政府非常重视发展社会企业,时任社会、青年及体育部长维文曾在 2009 年邀请标新局主席杨烈国出任社会企业委员会主席,由他领导推动社会企业发展工作。成立社会企业协会和社会企业发展中心(培训社会企业从业者)都是来自该委员会的建议。社会企业协会旨在推广社会企业和社会企业精神,为会员提供商业咨询,为社会企业提供交流平台。现任社会、青年及体育部部长哈莉玛透露,政府于 2003 年设立了社区关怀企业基金计划,先后提供 1 000 万新元资金,为 80 余家社会企业提供种子基金,帮助他们创业。这个基金计划也在大中学校宣传社会企业精神。如今,社会企业逐渐成为很多青年创业所选择的新的发展方向。目前约有 170 余家社会企业,其中 90 家是独立的或者附属于自愿福利团体,80 家是合作社。

(三)建立和完善促进民族和睦的法律保障,用心谋划政策制度,促进民族团结和融合

为了确保不同种族、不同宗教信仰相互融合,避免可能出现的裂痕或冲突,新加坡政府通过缜密配套的法律、法规及政策规定,从法律和制度保障上预防可能危害社会和谐的潜在挑战。

在族群方面,新加坡的法律制度力图使每一个族群都有维持自身文化和传统的空间。政府还通过政策鼓励他们在不同领域加大彼此的共同体验。首先,新加坡政府在制定政策和法律时,回避使用“少数族群”概念,而使用“多元种族”提法,在词语上避免主观歧视。其次,在法律和政策原则上,遵循各族群一律平等,没有针对某一族群的特殊条款或照顾性条款。第三,在具体法律及政策规定上,保障各族群之间的和谐相处。如在规划社区人口时,政府明确规定提倡各族群混居，于1989年颁布了组屋区种族比例政策，避免形成种族聚居区，让居民有机会在日常生活中与其他族群的人接触。第四，加强不同民族青少年间的交往和理解，促使他们了解不同民族的文化。新加坡中小学经常组织学生到不同民族的同学家访问、住宿，了解不同民族的风俗和生活习惯。

在宗教方面，新加坡政府于1989年发布《维护宗教和谐白皮书》，确保公民在享有宗教信仰自由和表达文化习俗自由的同时，必须表现得理智，不得侵犯他人的自由和空间，不得干预宗教以外的世俗事务。在宗教场所布局上，将政府主导纳入城市规划管理。新规划社区预留宗教场所用地，由各宗教团体协商、竞标取得用地，自筹资金建设。在宗教人士管理上，限制本国宗教教职人员规模，严格控制外国宗教人士入境传教。在讲经释经方面，要求对社会价值观有正面影响。在宗教事务管理方面，政府将宗教管理纳入社会管理范畴，实行各宗教自律制度，成立具有法人资格的全国各宗教理事会机构，负责协调处理各宗教的内部事务。在教育方面，小学高年级开始，每学期要组织学生到不同的宗教场所学习宗教知识，感受不同的宗教文化。

二、新加坡经验的启示与思考

作为国家，新加坡具有独特性，但其做法和经验仍然具有借鉴意义，笔者得到许多有益的启示，也引发了思考。

（一）具有强烈的忧患意识，秉持“以民为本”理念，保持执政党和政府与群众的密切联系，把执政基础深深扎根在基层

在新加坡，议员一般都是市政理事会主席或常任理事、社区基金会主席，也是人民协会的顾问，必须定期访问选区，听取民意，把握民生，争取选民支持。议员接访制度就是其中很有代表性的制度

之一。该制度规定,每位国会议员(包括内阁成员)必须每周安排一个晚上接待本选区民众,直接倾听民众意见,深入了解选民诉求,解决民众生活中遇到的实际困难和问题。大到经济纠纷,小到婚姻、家庭困难,民众都会在这里提出来,寻求国会议员的帮助。

在新加坡,社区里没有党和政府的领导,只有党和政府的服务,没有党和政府的宣传,只有党和政府的行动。面对新的国际背景和国内反对党的挑战与竞争,人民行动党充满危机感,更加重视对基层、对人民的服务,这是新加坡人民行动党"为人民服务"的内在动力,也是人民行动党能够战胜其他党长期执政的根本所在。

(二)政府非常重视社区基层组织建设,网络严密、职能具体、分工明确

内阁设有社会发展、青年及体育部,负责全国社区发展政策的研究制定。人民协会是社青部下属的法定机构,也是社区基层组织的主管机构,由政府总理担任主席,主要负责组织、领导和协调全国的社区事务。在全国87个选区(支部)建立了5个社区发展理事会,负责管辖区内的行政管理,开展社会援助和社会保障服务。建立了16个市镇理事会,负责组屋区的物业管理工作。每个选区(支部)都有公民咨询委员会,负责社区改进计划、人民与政府间的意见反馈、指导基层社团。每个公民咨询委员会都有若干个民众俱乐部管理委员会与其附属委员会和社区民防协调委员会、社区体育俱乐部、人民行动党社区基金等。民众俱乐部管理委员会与其附属委员会负责组织举办社区内文化、教育、娱乐、体育、社交等各种有益的活动,下设老龄、青年、妇女、少年、马来、印度等六个专业执行委员会;居民委员会和邻里委员会主要承担社区内治安、环卫(专业工作由服务公司完成)管理工作,负责促进社区内居民邻里关系、种族和谐及居民凝聚;民防协调委员会负责社区内治安状况和群防群治等事宜;种族委员会负责协调各个不同种族的关系,处理各种组织间的矛盾,使各个种族融洽相处。社区基层组织成为党和政府密切联系群众的纽带。

(三)面对多民族聚居、多元文化并存的社会现实,细节成就了新加坡

细节就是结构精细、运作精准。在新加坡,住:国民尽享其好处的组屋制度;行:四通八达、换乘方便的交通体系;食:无处不在的食阁;医:公私兼顾的治疗体系……精细的社会制度和保障体系贯穿国民日常生活与政权运转体制的各个角落。新加坡非常注重细节的社会规划、设计和运作,充分体现在兼顾不同种族的感受和实际使用效果上,大到参政执政,小到生活习俗,都尽量照顾和平衡不同种族参与度的比率和结构。政府决策和制定相关法规、执行相关政令时,都要注重不同种族的意见和要求,最大限度地兼顾每个种族的独特文化和风俗,注重他们的感受和体验。凡对民族融合、社会稳定、种族和谐有着积极意义的规划、政策和做法,都被尽量细化。

(四)志愿服务精神深入人心,蔚然成风,引导社会主流价值观

志愿服务是新加坡人崇尚的社会精神和价值追求,从国会议员到普通民众,都把为社会提供志愿服务作为个人承担社会义务和社会价值实现的途径之一。在选区基层支部、家庭服务中心等机构提供服务的,很多是人民行动党党员、议员和普通义工,他们不拿工资和补助,有些工作甚至需要付出大量时间和精力。市政理事会、居民委员会、邻里委员会以及社区其他服务组织中也基本没有全职人员,都是义工在帮忙。这样的义工,全国少说也有 25 000 人。

建立志愿者激励机制,提升志愿者服务绩效,促进志愿者为主体的人力资源开发,已经成为新加坡的重要国策之一。政府在每年国庆日,根据服务时间、绩效的不同授予志愿者不同等级的勋章,最高级别的可得到总统亲自颁发的公共服务勋章和公共服务星条勋

章。新加坡公民十分珍视这种荣誉,它成为志愿者社会地位的象征和个人价值获得社会承认和尊重的重要标志。

(五)把家庭作为社会治理基础,十分重视家庭的支撑作用

新加坡提出的五大共同价值观为:“国家至上,社会为先;家庭为根,社会为本;社会关怀,尊重个人;协商共识,避免冲突;种族和谐,宗教宽容”。在社会福利和保障体系中,家庭被作为个人解决困难的重要支撑,形成“个人→家庭→社区”的支撑体系。在社区,家庭服务中心等自愿福利社团为家庭提供各类支持性帮助,特别是对弱势群体的扶助。同时,针对新加坡家庭出现的新问题,受政府委托成立的新加坡全国家庭委员会提出,从家庭价值观建设、树立正确的婚姻观念、鼓励政府和企业帮助雇员平衡工作和家庭关系、帮助年轻家庭解决看顾老人问题、指导家长如何与年轻孩子沟通等五个方面加强家庭关系的建设,积极开展家庭咨询活动,采取预防性和治疗性措施,帮助社区居民解决生活中、心理上的各种困难和困惑,使每一个人都能感受到家庭的温暖和社会的扶助,保持良好心态,快乐地学习、工作和生活。

城市化进程中的社会管理研究：社会政策的视角

南京行政学院　陈　华*

内容提要：我国城市化进程存在诸多矛盾和问题，其中关键因素在于社会政策的偏差和缺失，具体体现为：社会政策的碎片化加深了城市流动人口的身份认同危机；社会政策的权宜性和应对性特征，使其发展滞后于城市化的现实需求；社会政策运作过程的不完善引发公共性的缺失。因此，应当改善社会政策，优化城市化进程中的社会管理，主要包括：以公平公正的价值追求弥补社会政策的碎片化裂痕，提升社会政策的公共性；以制度机制的创新促使社会政策趋于合理；以公民社会的发展提升社会政策的有效性。

关键词：社会管理　社会政策　城市化　认同　公共性

一、问题的提出

根据英国社会学家、社会政策研究大师蒂特马斯的定义，社会政策是一种以社会问题为取向的、以解决问题为手段，目的在于改善公民福利、引导社会变迁的积极的制度设置。[①] 国内学者对社会政策的阐释主要有以下两个视角：一个是规则的视角，认为社会政策是一系列政策文本的综合，包括有关社会福利的方针、法律法规、

---

* 陈华，法学博士，南京行政学院公共管理教研部副教授。

① 理查德·蒂特马斯：《社会政策十讲》，吉版图书有限公司 2011 年版。

条例、细则等，一般可分为三个层次，一是原则性的宪法规范，二是有关社会福利的具体的法律法规，三是专注于某一具体的福利领域的法律、法规和政策。[①] 另一个是行为的视角，认为社会政策是旨在实现全民社会福利的各种行政或法律行为的总和。这种视角将社会政策视作改善社会福利的行动过程，其中包含了社会问题政策化、政策制定、政策实施和政策监督等的一整套行为。无论是规则视角还是行为视角，都日益关注社会政策在社会管理中不可或缺的作用。

社会政策作为社会管理的重要工具，其作用主要体现为：通过公共资源的合理配置，平衡利益，解决社会问题和风险，化解社会危机，成为社会的减震机制，维护社会的和谐与秩序。从实践看，社会政策正是起源于一些早期现代化国家社会管理创新的尝试。一些早期现代化国家在工业社会初期面临社会矛盾增多、冲突和危机不断、社会稳定和秩序受到严重冲击，而依靠传统的国家专政工具和教化手段已经无法解决上升时期的资本主义引发的劳资对立矛盾。在此背景下，包括德国在内的一些国家创新性地采取了制定社会政策、提供社会保障服务的社会管理新方式。有效的社会政策使社会利益分配逐渐趋于公平，提高了社会公正度，从而为社会的稳定和秩序提供了一张有效的安全网。可以说，社会危机之所以得到有效化解，社会政策功不可没。

而长期以来，在我国整体的公共政策格局中，社会政策被边缘化，成为经济政策的从属和依附，处于可有可无甚至被忽略的地位。近年来，在加强和创新社会管理的背景下，作为社会管理的一项重要工具，社会政策逐渐彰显出其独立地位和价值。特别是在当前我国城市化进程中，各种社会矛盾日渐积累，使得社会政策也成为城市化研究理论和实践层面关注的焦点。问题在于：我国城市化进程

---

① 徐道稳：《社会政策的思维视角》，《社会科学研究》2005 年第 3 期。

中涌现出来的诸多问题与社会政策之间存在什么样的关联?如何通过社会政策体系和过程的改善来治理城市化进程中的矛盾和问题?

二、我国城市化进程中社会政策存在的主要问题

我国的城市化过程涉及两个基本问题,一是土地资源问题,二是人口资源问题。从更广泛的视角看,这两大基本问题又可以延伸为以下具体问题:流动人口的居住问题、就业问题、子女教育问题、社会融合问题等等。引发这些问题的因素方方面面,其中社会政策的偏差和缺失是关键因素。城市化过程中的社会政策偏差具体体现为以下几方面。

(一)社会政策的碎片化和偏差化加深了城市流动人口的身份认同危机

尽管近几十年来社会政策在数量上发展较快,相关领域的政策也基本形成,社会政策逐渐趋于体系化,但是,从总体上看,仍然是一种存在明显差异性和碎片化的系统。其典型体现是,以户籍制度为区隔,城乡分割的原则和城乡两套截然不同的社会政策格局并未得到根本上的改变。与城市社会政策相比,农村社会政策明显表现为种类少、覆盖面窄、投入力度小、水准低。[①] 或者说,对于城市居民和农民来说,在教育、卫生医疗、社会保障这些公共产品的提供途径、数量、质量等方面都存在较大差别。可见,我国的社会政策仍然是社会身份取向的,注重城市身份而边缘化农村身份。这种社会身份取向的社会政策在城市化过程中的直观体现就是:农民工由于户籍条件的刚性约束,无法享受市民拥有的基本公共服务。在同一时空下,权利的不平等容易引发不公平感,从而加剧城市流动人口的

① 赵慧珠:《中国农村社会政策的演进及问题》,《东岳论丛》2007年第1期。

"身份认同"危机。所谓"身份认同"(identity),主要是指行动者在社会"场域"中被塑造成的、以自我为轴心展开和运转的对自我身份的认同过程。这个认同过程包括两个方面,一方面是个体对自我的认同,即对自己在时空中的一致性以及与他人的差异性的感知;另一方面是个体对所属群体、所处场域的社会认同,即对他人与自己的相似性和差异性的感知。当前,这种相同时空条件下政策差异导致的流动人口心理上身份感丧失的认同危机程度日渐加深,形成社会的疏离与隔阂,严重影响社会稳定。正如有学者指出,"社会政策本来是为了解决矛盾的,不小心却制造出了不少矛盾。"①

(二)社会政策的权宜性和应对性特征,使其发展滞后于城市化的现实需求

现有社会政策制定的基础仍然是把流动人口当成一种过渡性的群体,认为他们在所在城市是暂时性的,最终还是要流动和回归的,而不是永久性定居下来的。换句话说,在官方的政策语境里,作为政策对象的流动人口,只是城市的匆匆过客,而不是准备长期定居下来的城市新移民。正如国外学者所分析的,流动人口就是"那些由于没有获得官方批准而被官方界定为'临时性变更居住地'的人"②。在此基础上制定出来的政策措施必然具有权宜性和应对性特点,从而引发种种问题。尽管政策把流动人口界定为临时性变更居住地的人,但社会现实已经发生变化,事实性移民正在出现,"从'暂住'到'常住'或'居住'的转变,显示出他们从'流动'到'迁移'的移民意愿,彰显了农民工的'城市化'、'市民化'步伐和进程"③。忽视或无视这种现实存在的城市移民现象,使得制定出来的社会政策与现实存在偏差,政策滞后于现实需求,导致流动人口在就业、教

① 景天魁:《引致和谐的社会政策》,《探索与争鸣》2008 年第 10 期。

② [美]苏黛瑞:《在中国城市中争取公民权》,浙江人民出版社 2009 年版,第 15 期。

③ 王春光:《新生代农民工城市融入进程及问题的社会学分析》,《青年探索》2010 年第 3 期。

育、住房等方面都面临政策的功能性缺位。正如王春光的研究中指出的,农民工的就业没有保障,现有政策并没有将农民工在城市找不到工作作为“失业”来对待,因此没有为他们提供相应的失业和再就业政策和待遇;住房没有保障,城市没有为农民工提供与城镇居民同等的住房安全保障权利,不但城市廉租房、经济适用房政策没有覆盖到农民工,而且在城市拆迁政策方面没有考虑到农民工居住的稳定利益问题,农民工实际上是在城市拆迁和重建中最容易受到驱赶和不重视的群体。而一些调整后的社会政策并没有产生如决策者所预料的那么好的效果,即使一些推进公平化的社会政策也并没有得到真正的落实,造成农民工实际能享受到的机会和权利存在着政策文本规定与实践之间的严重错位:不少规定停留在文本上,根本无法执行,与此同时,还催生出不少规避行为和做法,抵消了社会政策的效力。例如,农民工子女在流入地接受义务教育的政策实施、新修改的《劳动合同法》执行情况等,都与政策初衷有一定差异。①

(三)社会政策运作过程的不完善引发公共性的缺失

一是社会问题意识普遍不强,往往社会问题发展到相当严重的程度之后才能引起有关部门关注,而且由于社会政策涉及到的公共部门较多,权责不明确,制定和实施的效率普遍低下,往往要经历很长的政策真空期才能出台。社会政策明显滞后于社会问题,缺乏积极的预见性和前瞻性,不能有效地未雨绸缪,使得社会矛盾的源头日益蔓延扩大,埋下了社会冲突的隐患。以社会救助为例,现有的社会政策往往是等贫困现象发生了以后才给予补助,而没有采取主动干预的手段,导致贫困家庭和群体长期处于生活水平很低的状

---

① 王春光:《新生代农民工城市融入进程及问题的社会学分析》,《青年探索》2010年第3期。

况,其状况不仅无法得到有效改善,甚至不断恶化。

二是社会政策制定过程中由于“沉默的声音”而导致利益代表性不足。由于缺乏本地户口,外来人口参与当地公共事务的权利受到限制,其后果是,外来人口的利益诉求缺少表达的渠道,利益诉求无法纳入公共政策议程,更无法在具体的政策安排中得以体现。由此,外来人口的许多问题尽管已经显性化,也逐渐受到社会各界的关注,却由于“沉默的声音”而使得各种问题处于被有意无意漠视和无视的状态。这种逻辑链条可以归结为:身份上的差别导致了这种政治上的差别,政治上的差别强化了基本公共服务的差别,基本公共服务的差别则导致了阶层结构的固化,催生出“社会阶层固定化,职业世袭化”的现象。因此,社会政策层面的改革不仅要在基本公共服务的提供方面寻求突破,更重要的是要在制度机制层面提供一个让外来人口参与当地公共事务、参与社会管理的制度通道。

三、改善社会政策,优化城市化中的社会管理

(一)以公平公正的价值追求弥补社会政策的碎片化裂痕,提升社会政策的公共性

首先,应当强调社会政策的公平、公正的价值追求。社会政策是公共政策的一种,但与其他公共政策相比,社会政策最大的特点之一是其直接作用于社会成员的实际利益,与家庭、社区、组织和阶层关系等方面关系密切,并对社会发展有着直接影响。因此,公平、公正的价值理念已经成为社会政策的伦理精髓。

事实上,瓦格纳在最初对社会政策的界定中就强调了公平公正,“社会政策是运用立法和行政的手段,以争取公平为目的,清除

分配过程中的各种弊害的国家政策”[①]。可见,社会政策概念从其诞生之日起,就与社会资源分配、社会公正有着密不可分的关系。从一定意义上讲,公正与社会政策是一枚硬币的正反面。现代意义上的公正是在自由、平等、社会合作等理论依据的基础之上,强调“给每个人他所应得”。对于一个社会来说,公正具有重大的意义。“正义是社会制度的首要价值,正像真理是思想体系的首要价值一样”(约翰·罗尔斯)。公正作为社会制度的首要价值,不可能自然而然地实现,需要通过一定的载体体现出来,其中,在社会层面的载体就是社会政策。从这个意义上说,社会政策是公正在社会领域的具体化,公正的社会功能在很大程度上是通过各种各样的社会政策实现的。因此,在社会政策体系建设中,不能离开公正这个核心价值。

其次,社会政策应当逐渐弱化社会身份色彩,转向更具公平内涵的公民身份。如前所述,目前我国的社会政策是基于社会身份和市民身份而制定的,而不是更具公平公正涵义的“公民身份”。所谓公民身份,主要由公民的要素、政治的要素和社会的要素三者组成。“公民的要素由个人自由所必需的权利组成:包括人身自由,言论、思想和信仰自由,拥有财产和订立有效契约的权利以及司法权利……政治的要素,我指的是公民作为政治权力实体的成员或这个实体的选举者,参与行使政治权力的权利……社会的要素,我指的是从某种程度的经济福利与安全到充分享有社会遗产并依据社会通行标准享受文明生活的权利等一系列权利。”[②]三大要素分别代表了公民权利、政治权利和社会权利,它们总称为公民身份。公民身份的要义是:凡是一个国家的公民,均能平等地享受该国赋予的各种权利,而不是有选择地赋予特定的社会成员和阶层。

---

① 曾繁正等编译:《西方国家法律制度社会政策及立法》,红旗出版社1998年版,第165页。

② 陈鹏:《公民权社会学的先声——读T.H.马歇尔〈公民权与社会阶段〉》,《社会学研究》2008年第4期,第227-241页。

(二)以制度机制的创新促使社会政策趋于合理

如前所述,社会政策的偏差和不足,一方面是由于理念的欠缺,另一方面是资源和能力的有限性约束。因此,应当通过制度和机制层面的创新来弥补政策的偏差,主要体现为提供平台和空间,促使多方主体参与到社会服务和福利的提供中。现代社会问题的日趋复杂化,政府资源和能力的有限,使得公共事务的政府“不可治理性”也越来越多。单靠政府这个唯一的力量来解决所有的问题是不现实的,应当寻求不同主体共同治理的路径。由于不同主体在社会福利提供上呈现出其各自特有的优势,可以功能互补。而事实上,福利提供主体的多元化已经成为不可阻挡的国际潮流。罗斯1986年率先提出福利三角范式,他认为社会福利来源于三个部门,分别是家庭、市场和国家。约翰逊则将社会福利的提供者分为四个部分,即国家部门、商业部门、志愿部门、非正规部门。[①] 而在城市化进程中,由于人口向城市迅速、大量汇集,使得在短时间内,公共服务的需求不仅在数量上明显增加,而且需求的种类也多种多样,更是需要吸纳不同社会资源,推动多种主体充分发挥其优势提供多样化的公共服务,以满足层次和种类各异的服务需求。

(三)以公民社会的发展提升社会政策的有效性

社会政策的基石是公民参与,“任何社会政策都是涉及广大民众的,特别是社会的弱势群体,社会政策应是以保护他们的起码利益为目的”。[②] 而目前,社会政策对象的低度参与却成为普遍现象,这既不利于社会政策的合理化,也使得社会融合陷入困境。“既然社会政策是为民众或社会弱势群体的,那么没有他们的参与何以成为社会政策?”[③]

---

① 彭华民:《福利三角:一个社会政策分析的范式》,《社会学研究》2006年第4期。

②③ 莫泰基:《公民参与:社会政策的基石》,(香港),中华书局1995年版。

此外,政策的内涵就是对公共资源和价值的权威性分配,而政策的制定和执行,就是各种社会力量讨价还价的过程。因此,公共资源如何分配、分配是否合理,归根到底取决于多方力量的博弈,取决于各方实力的对比。社会政策也是如此。以社会政策的执行为例,一项政策能够得以顺利推行,很大程度上取决于政策对象与政策执行者之间的博弈。如果两者之间实力地位悬殊,很难使政策真正落到实处。比如劳动就业政策,目前不论在《劳动合同法》规定的三方谈判机制中,还是在与政府的谈判上,农民工都是非常弱势的,是几乎可以不被重视的对象,因此,尽管国家出台了这样那样的社会政策,但是,农民工并没有强大的组织力量和有效手段去坚持和维护这些政策给予他们的权益,从而使得政策止于文本。而任何原子化的个人在复杂的政策过程面前都是渺小的,其声音很难进入决策体系,只有组织起来的群体才有机会介入和影响决策。

因此,要发展公民社会,并构建更加开放的社会政策体系和过程,拓宽社会成员参与公共事务治理的空间,让外来人口有参与社会管理和服务的机会,有表达其权利和利益的渠道。只有构筑多元参与的治理模式,才能满足多元社会的要求,并促进个人有效融入公共生活,提高城市社会凝聚程度,避免社会认同危机。

“三改一化”:天津市城乡一体化进程中的社会管理创新

——以天津市津南区为例

天津行政学院　王晓霞*　崔华彬**

内容提要:在城乡统筹发展过程中,天津市从探索宅基地换房起步,经过前期的“三区联动”发展,进一步概括出“三改一化”的新型城镇化模式,目的在于通过创新社会管理,系统地解决三农问题,真正实现城乡一体化。“三改一化”即指农村集体经济改股份制经济、农改非、村改居,促进城乡一体化。“三改一化”这一探索模式可以逐步消除城市化进程中的体制性障碍。天津津南区在实施“三改一化”模式过程中取得了重要进展,但也暴露出一些问题,文章对此进行了分析与探讨。作为一项系统工程,“三改一化”为推进大城市郊区城乡一体化发展提供了可借鉴的模式。

关键词:“三改一化”　城乡一体化　社会管理创新

党的十八大报告明确指出,“解决好农业农村农民问题是全党

---

* 王晓霞,天津行政学院公共管理教研部主任、教授。

** 崔华彬,中共天津市津南区区委组织部干部。

工作重中之重,城乡发展一体化是解决'三农'问题的根本途径。"①为推进城乡一体化进程,经过几年对统筹城乡发展道路的不断探索,在"三区联动"基础上,天津市于2011年初决定在部分示范小城镇启动"三改一化"试点工作(7月正式开始实施),即农村集体经济改股份制经济、农改非、村改居,促进城乡一体化。按照此种模式,"十二五"期间,天津将建设新型农村社区45个。"三改一化"是天津经过不断探索得出的具有特色的城镇化道路的一种新模式,目的在于通过创新社会管理,系统地解决三农问题,真正实现城乡一体化。本文以天津市津南区为例,对"三改一化"这一新的城镇化进程中出现的社会管理模式进行分析与探讨。津南区行政辖区总面积为387.84平方公里,是天津中心城市的重要组成部分,是中心城区和滨海新区的重要扩展区,区辖葛沽镇是滨海新区的组成部分。2012年,津南区挑选条件较为成熟的咸水沽、葛沽等7个镇的25个村开展"三改一化"工作。在"三改一化"试点过程中,津南区取得了重要进展与成绩,也暴露出一些问题。

一、"三改一化"新型城镇化模式及其提出的重要意义

在城乡统筹发展过程中,天津市从探索宅基地换房起步,经过前期的"三区联动"发展,进一步概括出"三改一化"的新型城镇化模式。"三区联动"是指农民居住社区、示范工业园区、农业产业园区三区共同建设与发展。而在具体发展过程中,如何实现"三区联动",彻底解决农民的经济、身份、权益、社会保障与生活方式等一系列问题,需要创新一种新的模式。"三改一化"正是在天津城镇化发展的实践中提出的一种新模式。具体而言,就是将村集体经济组织

① 胡锦涛:《坚定不移沿着中国特色社会主义道路前进,为全面建成小康社会而奋斗——中国共产党第十八次全国代表大会报告》,人民日报2012年11月9日。

改为股份制公司，采取资产变股权、村民变股东的方法，实施股份制改造；将农民改为居民，村民的农业户口改为非农业户口，与城市居民享受同等的待遇；将农村改为社区，撤销农村村委会，建立社区居委会，完善配套的社区管理和服务体系。“三改一化”作为一项系统工程，为推进大城市郊区城乡一体化发展提供了可借鉴的模式。

(一)农村集体经济改股份制经济

随着土地整合完成，村集体资产成为新型农民的命根子，其改革成功与否直接影响农民的利益与生存状况。因此，农村集体经济组织股份制改革是“三改一化”的首要环节。村集体资产改革包括所有的经营性资产(含村集体企业中的集体资产)、非经营性资产和资源性资产。在村集体资产处置问题上，津南区目前有三种模式：一是已经开始的股份制形式。土地整合后，村集体资产的表现形态由以土地为主转变为以土地征用补偿形成的货币资产和房屋不动产为主。集体资产经营管理开始向股份合作制管理方式过渡，按照股份合作制的原则进行运行和管理(咸水沽镇探索试行此模式)。二是由镇政府统一管理的模式。对土地整合村的所有集体土地，全部集中流转到镇政府，由镇政府统一进行经营管理，对村属不动产给予适当补偿，动产拍卖。各村净资产由村民均分，集体经济组织职能消除(葛沽镇探索试行此模式)。三是成立过渡型集体经济组织或由原两委班子管理集体资产。农民完成还迁后，原村民与村集体间的依赖关系在一段时期内还继续存在，这就需要在社区组织统一领导下，成立一个过渡型集体经济组织，按照相关规定，进行集体经营、民主管理(双港镇、八里台镇、小站镇探索试行此模式)。村集体经济改股份制经济是逐步建立适应市场经济发展要求，归属明晰、权责明确、运行有序、管理规范、群众受益的集体资产管理体制和运行机制，目的是促进集体经济发展和群众持续增收。根据津南区目前存在的两种情况，一是对村集体经营性净资产存量数额较大、且经营效益较好、具有一定发展潜力的集体经济组织,按《公司法》要求进行股份制改造。将集体净资产存量全部量化到每个成员,组建有限责任公司或股份有限公司,形成独立的市场经济主体和法人实体。二是对村集体无净资产或资不抵债的,组成资产清算小组对资产进行彻底清算,清理债权债务,并注销原村集体经济组织。

(二)"农改非"

户籍改革是"三改一化"承上启下的关键环节,是真正消除城乡二元结构、实现公共服务均等化的必由之路。在户籍制度尚未实现一体化的情况下,农民转为城镇居民,政策是瓶颈因素。"三改一化"放宽了城镇居民落户条件,实行以居住地划分城镇户口和农村户口的户籍登记制度。"农改非"的具体条件是:凡是在政府批准的"三改一化"试点小城镇有合法固定的住所,有稳定的职业或生活来源,并已完成村集体经济改革的,在尊重农民意愿的前提下,本着自愿原则,可申请办理。农民转变为市民后,在保持原有村民待遇四年不变的同时,还能在就业、医疗、社会保障等各个方面享受与市民同等待遇(如在公司,农业户口只能上三险;"农转非"后,可以给上五险;"农转非"后跟城市医保待遇一样,等等)。"农改非"后,农民可以得到真正的实惠。

(三)村改居

"撤村建居"是在村集体经济组织改革和所在村村民户籍"农改非"后,依照法定程序撤销村民委员会,依据人口规模合理设置,按照《中华人民共和国居民委员会法》组建社区居民委员会,并相应建立社区党组织和群众社团组织。津南区规定,具备以下条件的可以进行"村改居":村民已迁入城镇社区居住,村集体经济组织改制工作已完成,村居民户籍90%以上已转为非农业户籍,经村民会议讨论通过。通过撤销村民委员会的村,由镇政府提出建立居民委员会的意见,报区政府批准,然后报市民政局备案。[①]"村改居"后的组织结构为:镇党委、政府—镇社区管理服务中心—社区党总支、社区居委会。

"三改一化"的根本目的是为了富民惠民,为农民谋福祉。在农村城镇化进程中,撤村建居或并村建居、农民变为城镇居民、村集体经济改制、农民享受城镇居民的社会保障体系与公共服务等是一种必然趋势。而村民迁入新的居住社区,生活方式、生活习惯甚至思维方式会出现与以往居住条件、生活环境不适应现象,直接影响到了"安居"的质量,这就对社会管理提出了新挑战。"三改一化"这一新的探索模式可以逐步消除城市化进程中的体制性障碍,促进资源要素合理流动,是消除城乡二元结构,加快形成城乡一体化发展新格局,把村民彻底从土地上解放出来,让群众过上安居乐业有保障的生活,维护社会和谐稳定的重要举措。随着土地整合、村庄消失、农民还迁等工作逐步完成,集体资产管理、社区服务、村民安置与身份转变等一系列问题,需要通过创新社会管理,加以妥善处理与解决,实现真正意义上的城市化。改革创新只有从经济上保障农民的物质利益,政治上尊重农民的民主权利,才会得到农民的拥护和支持。农民户籍实现"农转非"后,不仅是身份改变,更是打破了传统的户籍二元结构,让农民真正享受到市民的待遇,让农民获得应有的社会地位和社会尊重,享受市民享有的公共服务,甚至可以使农民感受到享有超过市民更多待遇的荣耀。试点工作表明,"三改一化"使农民从中得到了实惠。农民变股东后,长期利益得到有效保障;农民变市民后,形成了农民和市民待遇的叠加;通过"村改居",进一步完善了社区公共服务。而推进公共服务均等化是实现社会

---

① 津南区发改委:《津南区村委会改居委会的指导意见》2012-7-18. http://www.tjjn.gov.cn/zone/html/2012/7/2012718144529381.html,2012.11.01.

公平和城乡共同发展的重要途径。[1]

二、“三改一化”模式运作的基本前提

“三改一化”模式的实施,需要一系列完善的政策、制度与措施的保障。为推进“三改一化”,2011 年初,天津出台了《天津市“三改一化”试点小城镇农村集体经济组织股份制改革实施办法(试行)》等相关指导性文件,提出要按照“坚持条件、尊重意愿、试点先行、有序推进”的原则,积极稳妥推进各项工作,确保更多农民从中受益。在新型社区建设、管理、服务中,要体现“四个确保”基本原则:确保农村社会稳定和经济可持续发展;集体资产处置中要确保社区公共管理和必要公共建设的开支,为社区的发展留足资金;确保居民得到长期实惠,使广大居民共享改革发展成果;确保基层政权建设得到巩固,执政能力得到提高。

在城镇化进程中,涉及城乡二元结构等诸多瓶颈问题,有许多是政策性问题,因此,必须在政策上予以解决。为推进“三改一化”,天津制定了相关政策。

第一,对现享受农村计划生育政策的示范小城镇村民,转为非农户籍后,原奖励扶助政策不变,并给予四年的计划生育政策过渡期。在过渡期内,仍享受农村计划生育政策。

第二,“农改非”人员在医疗保险、养老保险、入学、就业、参军安置、社会救助等方面,与城市居民享有同等待遇。农村低保人员和特困家庭享受城市救助标准,所增加的救助费用按现行财政体制由市和区按比例承担。

第三,社区居委会建立劳动保障工作站,配备专职工作人员为

---

① 夏锋:《从三维视角分析农村公共服务现状与问题》,《统计研究》2008 年第 4 期。

"农改非"人员提供职业培训、劳动就业信息服务,并按有关规定对参加职业培训人员给予培训费补贴。为"农改非"人员创造更多就业岗位。农村集体经济股份制改革后,要求新的经济实体优先安排"农改非"人员就业。小城镇的物业管理、清洁、绿化、公共设施管理等岗位,要求优先面对本镇"农改非"人员,特别是要为就业困难人员提供公益性岗位。

第四,居民委员会建立后,明确居民委员会的任务,健全组织机构,落实成员待遇、办公地点,创建文明祥和的生活社区。

三、"三改一化"模式运作过程中应该注意的问题与解决途径

(一)部分经济发达区域或地理位置优越的农民"三改一化"积极性不高现象

由于与农村千丝万缕的联系,尤其是利益关系,一些农民不愿转为城镇居民;还有一些已转为城镇户口或非农的人员要求转回农民身份;一些大学生按政策应转非,也以种种理由不办理转非手续。"三改一化"工作得到村民认可的前提是村民能够切实得到好处,这样村民才会提出申请进行改革。现在的农民在城镇化与既往改革中得到了不少实惠,一些村民能得到两套甚至更多楼房,改善了自身与下一代的居住条件,与周边居民需倾囊购买商品房相比具有更多优势,加之在就业、入学、医疗等方面差距不是很明显,在计生方面还有一定"优势",所以部分村民的积极性不高。如果让有资产的村集体成员能看到资产保值增值,得到实实在在的好处,就可以通过利益驱动促使村民主动提出申请农改非。还有一些人担心股改后公司面临更多上税问题,会影响自己的收益,股改积极性不高。针对此种担忧,天津东丽区政府对改制后的集体经济组织给予上缴

增值税、营业税、企业所得税留成部分80%的奖励,[①]极大调动了农民进行“三改一化”的积极性。

(二)集体资产的处置易产生矛盾

“三改一化”的核心是集体经济改股份制,涉及到每个村民的切身利益。村集体资产处置是农村新型社区的社会管理乃至撤村建居的焦点和难点。有的镇农民意愿不一致,难以形成统一意见。有的主张通过股份制改造使集体资产保值增值;集体资产较多的村,有的村民主张吃干分净,抓住“最后机会”获取个人利益;有的主张留一部分用于社区发展、建设、管理。集体资产的处置往往与干群关系紧密相连,在意见不一情况下,一旦处理不好会影响社区的发展与稳定。另外,对村集体无净资产或资不抵债的处置不当,也易产生矛盾。对资产进行清算后依法注销原村集体经济组织的,相关问题由镇政府逐步解决,而对“负资产”的弥补会带来村集体之间的不平等。公平合理地处置掉“负资产”,并得到村民的认同,才能够确保“三改一化”工作正常进行和社会稳定。

(三)“三改一化”涉及农村基层组织体制机制的改革,步骤过快会影响社会稳定

从纯农村社区,到既有现代城市社区特点又有传统农村习惯的农村新型社区,再发展为城市社区,是城市化进程中必然经历的过程,但这却是一个渐进的过程。撤村建居、并村建居工作是一个较长的过程,需要平稳过渡、循序渐进。在“三改一化”中,原有基层组织的架构与运行方式将发生根本性变化,其中“农村新社区”的存在将是不可逾越的,并且会持续一段时间。在实践中,“三改一化”进程中所形成的社区常常被称为“农村新社区”或“新型社区”,专指由

① 天津政务网:《“三改一化”相关政策解释》,2011-12-1,http://www.022net.com/2011/12-1/504066113351399.html。

传统农村向城镇集中后,以原有农民为主体,已失去农村形态且正在"村改居"方向发展中的社会生活共同体。目前所形成的新型社区构成复杂。以津南区为例,在土地整合中形成的社区,有的是单村组建(由一个行政村直接组建一个社区),有的是数村合并(由几个行政村组建成一个社区),有的是分散组建(几个行政村土地整合后混居,重新成立一个新社区,即所谓的插花组建)。尽管有的社区在硬件设施上已与城市社区接轨,但在社区组织结构、资产形式、管理模式及人们的思想观念、生活方式等方面,仍保留农村的特征,且有着各自不同的组织成员构成。津南区各镇都在探索适合本镇的管理模式和方法,初步形成了一个公认的管理方式,即开始阶段由村两委和物业公司共同管理,然后逐渐弱化村委会职能,强化社区管理职能,最终完全实现城市社区化管理模式。在"村改居"过程中,作为正在向城市社区发展中的"农村新社区"具有特殊的社会形态与特点:一是居住环境城市化,农民居住在坐落有序、配套设施完善、环境宜人的环境中;二是管理居务化,随着"村改居",社区管理的职能开始向设施建设、环境卫生、社区服务、治安调解、市场管理等日常居务工作转变;三是职业、身份多元化,大批失土农民变成了"新市民",职业也向二、三产业转移。因此不能单纯地照搬城市社区治理模式,要循序渐进推进"三改一化"。如何管理好这种既有现代城市社区的特点,又有传统农村习惯的社区,为基层组织建设和社区管理带来新的课题。此外,由于新社区居民大多来自同一村或附近村庄,社区居民之间、居民与社区组织之间的认同感强,且与新社区组织、干部之间经济利益关系密切,对社区事务高度关注,在管理方式上更要依赖于民主自治、民主监督来管理社区事务。

(四)村干部的去向影响"三改一化"的推进

村干部应该是推进"三改一化"工作的重要依靠力量,需要现任村干部的努力与配合。由于新型社区将成立居委会等组织,原村集体经济组织注销,转变为公司化运作,农村原有管理模式也发生改变,这对村干部的素质和能力提出了更高的要求,也对原村两委班子人员造成冲击,使不少人处于"失业"状态,因此一些人对"三改一化"有抵触情绪。如何安排村干部的去向,将会影响"三改一化"各项工作的推动。因此,村干部的安排要合理过渡。对一部分年富力强的,可经一定程序进入新组建的公司工作;一部分素质好、思路新、有城市社区管理能力的人员,可安排到镇或居委会工作;鼓励一部分人自主创业。同时,通过加大培训,提高原村干部的素质和管理能力,为农村社区与城市社区接轨提供人才支持和智力保障。东丽区提出,在继续保证原村两委会干部待遇不变的基础上,根据"三区联动"的需要、街域人才需求及个人特长,采取聘请到社区、工业园区、农业产业园区任职等途径,推动村干部合理有序流动,确保村干部无后顾之忧。

(五)农民素质的提升成为能否成为新型居民的重要因素

由农民变居民,由分散住平房到集中住楼房,涉及思想观念、生活习俗、行为方式等多方面的转变。与城市社区相比,"农村新社区"的居民绝大部分由农民转变而来,其思想观念、行为方式仍保持农民本色,与作为城市居民所具备的素质要求还有不适应或差距。很多人缺乏走进现代市民社会的主动性和进取精神,活动和交往的封闭性仍然较大,缺少健康向上的文化生活。[①] 有的农民还不习惯楼房的居住条件,在楼房中居住却仍然保留农村的生活方式,与公共道德要求有差距。甚至有少数农民因城镇化一夜暴富,染上了赌博恶习。另外,新社区的管理主体仍受原有农村管理体制的束缚,村两委班子依然是社区建设和管理的主要组成部分,其素质如何也直接影响着新型社区的管理水平与效果。因此,要努力提高新型居

---

① 路小昆:《关注城市化进程中的"新市民"群体》,《学习时报》2005年9月21日。

民的素质,通过多种途径加强培训,使失土农民尽快成为适应城市化和工作化发展要求的高素质劳动者;通过大规模培训,引导村民树立与城市化要求相适应的理念,积极培育新型居民,增加对城市居民的认同感。“对农民市民化以后的新市民群体的角色进行再造,将是未来各级城市政府面临的主要任务。”[①]但需要注意的是,农民意识与行为习惯的转变是一个长期的过程,违背规律,步骤过快,会影响农村的社会稳定与发展。

(六)村民代表大会表决是否进行“农转非”尚需进行广泛宣传

根据户改的硬性规定,各村应该以户为单位自愿申请转非,必须有95%户同意,否则,该村不予批准。有的镇提出,村民代表素质参差不齐,走正规的民主程序难以通过。这确实是一个现实问题。农民被征地和动迁之后,身份转变了,但是由于难以获得相应的市民权利,从而造成市民化过程难以顺利完成。[②] 但“三改一化”的实践表明,当遇到此种困难时,街村干部就需要下大力气宣传“户改”意义与政策,对群众关注的农转非后的计生、养老、入学、参军、社会保障等方面问题讲解清楚。农民有时只看到农村户口在上学、就业方面与市民不一样,没有意识到市民身份的更多好处,而宣传到位,就能够取得群众的理解与支持。实践表明,经过政策宣传后,一般会赢得群众的支持。统计结果显示,津南区试点五个村的同意率为97.2%。因此,只有加大宣传力度,加深农民对“三改一化”意义和政策的认识和理解,才能更好地推进“三改一化”。

此外,还有一些问题需要在推进“三改一化”进程中进行探索。如相关文件只是原则性提出了要求,指导性和操作性不强。在具体

---

① 文军:《农民的“终结”与新市民群体的角色“再造”——以上海郊区农民市民化为例》,《社会科学研究》2009年第2期。

② 桂家友:《消除城乡二元结构:浦东模式转型分析》,河南大学学报(社会科学版)2011年第1期。

操作过程中会遇到各种情况,处理起来非常复杂,如:农转非人员的界定、计划内生育和超计划生育的区别对待、人户分离两头均未享受待遇的人员资格认定等等。特别是,部分村民还不能接受计划生育政策给四年的过渡期,符合政策的农民多数都想生育二胎。此外,对已转非的人员可以按照城镇户口管理模式进行;但对不转非的村民又将采取何种模式进行管理?转非后的户籍管理也提出了新问题,如服务处所及职业如何界定、登记?户口迁移模式及身份证换发等费用由谁出?等等。因此,涉及一些实践中的具体操作问题,应该在制定具体实施意见时给予充分的考虑,或给予政策执行范围的灵活度。再如,有的还迁区的配套公共设施的产权还未明确,给未来公共设施管理造成困难。因此,对撤村建居后的新型社区,区镇财政应给予必要支持,对市政基础设施,如道路、路灯、环卫、绿化、供电供水等方面的建设和管理,纳入区镇政府统一管理范围。

城市化进程中的社会利益矛盾复杂性研究

内蒙古行政学院　郭文祥*

内容提要：利益机制失衡是导致我国城市化进程中社会利益矛盾的根本原因，社会系统的结构、组分、功能、网络和演化等方面的复杂性，决定了社会利益关系具有复杂性，其中因果复杂性尤为突出。社会生活中存在利益博弈行为，是社会系统复杂性的基本特征，也是造成社会利益机制失衡的重要原因。利益矛盾中的社会两难问题、不公平问题等都能从利益博弈法则中得到说明。复杂性科学提供的非线性思维、整体思维、关系思维、过程思维，也都是我们认识和解决社会利益矛盾的复杂性思维。

关键词：城市化　复杂性　利益　系统　博弈

城市化是我国社会转型的重要内容。在我国的城市化进程中出现了大量的社会利益矛盾，这些矛盾基本分为两大类型，一类是利益纠纷型矛盾，包括建设征占纠纷、重组改制纠纷、历史遗留问题、待遇对比纠纷、劳资关系冲突、权益受侵冲突、经济纠纷等。这一类矛盾本身直接就是冲突，是社会利益矛盾的直接形式。另一类社会利益矛盾是利益机制失衡型矛盾，包括就业差距、行业差距、城乡差距、地区差距、政策失误、社保缺陷、结构性矛盾、市场竞争不公、腐败问题等，这一类矛盾本身不具冲突的性质，但都是严重的社

* 郭文祥，内蒙古行政学院社会管理与文化教研部主任、教授。

会问题，都是导致社会冲突的直接原因，并可能随时引发社会冲突，是隐性的社会利益矛盾形式。可见，利益机制失衡型矛盾是利益纠纷型矛盾的深层原因或潜在诱因，是更为根本、更重要的方面，也是更为复杂的方面，对这一类矛盾予以独特的关注，并用复杂性理论对其展开深入的分析认识，既是必要的，又是很有意义的。

一、社会系统复杂性与利益关系复杂性

（一）对社会利益矛盾复杂性的总体把握

现阶段存在的影响社会和谐的各种社会矛盾和问题错综复杂，往往是经济发展不平衡引发的问题与社会发展相对滞后带来的问题交织在一起，社会转型与城市化进程中利益结构调整产生的问题与体制机制不完善造成的问题交织在一起，历史遗留、积累的问题与新产生的问题交织在一起，官僚主义、工作方法不当造成的问题和敌对势力的渗透破坏引发的问题交织在一起。

（二）社会系统复杂性造成的利益关系复杂性

社会利益矛盾本身不是系统，但利益矛盾具有复杂性，这种复杂性来自利益关系的复杂性。利益关系是系统，并且是复杂系统，这一系统的复杂性是由社会系统的复杂性造成的、决定的。社会系统的复杂性需要从结构复杂性、组分复杂性、功能复杂性、网络复杂性和演化复杂性来展示说明。

1. 结构复杂性

结构复杂性分为静态结构复杂性和动态结构复杂性。

静态结构复杂性。静态结构复杂性包括组织复杂性和层次复杂性，在社会领域主要表现为分形结构与混沌结构。不同的社会组织或社会阶层按其不同的社会功能和劳动价值，执行不同的利益分

配标准,发生不平等利益关系。分形结构是社会系统实行等级制的适应形式,社会利益分配的基础机制是等级制的。这就决定了不均等和不均衡是社会利益分配机制的本来面目,政府的宏观调控和市场监管以及利益再分配机制等,都是补充制衡因素。因此利益均衡的本质是均衡与不均衡的辩证统一。

动态结构复杂性。系统的结构总是处在复杂的动态演变之中。我国社会结构的动态演变及其复杂性,主要体现在改革开放以来社会结构已经发生了一场巨大变革,包括政治体制、经济体制和文化体制等方面的重大改革。其中,尤以建立健全社会主义市场经济体制和大规模的经济结构调整为核心的经济体制改革,已经导致城市化社会利益结构重组和社会阶层结构的深刻变化,这是一个非常复杂的问题。同时,复杂性还表现在我国现阶段的政治、经济、文化三大系统的组合结构,既有协调的方面,又存在不协调的问题。

2. 组分复杂性

组分复杂性是指系统的构成成分的复杂性。考察系统的组分复杂性,需要从量的方面考察系统构成成分的数量规模,还要从质的方面考察构成成分多种多样的类别。从社会系统来看,我国社会成员的数量规模和社会阶层的数量规模都具有十分突出的复杂性特征,从而导致我国社会建设和利益分配也是相当复杂的过程。

3. 功能复杂性

复杂系统具有复杂的功能。一般来说,复杂有机系统都是自组织系统,其功能是以自组织形式发挥的。但社会有机系统的功能更具复杂性,主要在于社会系统的功能发挥从整体上看是自组织的,从具体部分上看又是由人来操作的,是他组织的。所以社会功能的复杂性可以分为操作和规则两个方面来考察,即操作复杂性和规则复杂性。由于社会功能是社会利益分配的重要依据,社会利益分配中的许多复杂问题可以由社会功能的复杂性得到说明。

4. 网络复杂性

系统内部的联系都具有网络特征。网络分为规则网络、随机网络和无标度网络，规则网络可以看作是简单网络，随机网络和无标度网络是不同复杂程度的复杂网络，它们具有网络复杂性。在随机网络中，连接是随机设置的，大部分节点的连接数目会大致相同，即节点的分布方式有一个特征性的“平均数”。在无标度网络中，少数的节点往往拥有大量的连接。“无标度”是指网络缺乏一个特征度值（或平均度值），即节点度值的波动范围相当大，呈幂律分布。

网络式社会关系存在一个平衡与不平衡的问题。平衡是由网络的“小世界”特性刻画的，小世界网络引申出社会学上的“六度分离”，人人都可以通过这一社会特性拉关系办事情。不平衡是通过网络的权重特性（点强偏好和边权偏好）和网络马太效应（网络增长性和随机择优连接性）来刻画的。网络关系的不平衡科学地解释了社会利益关系的原始不平等。

5. 演化复杂性

复杂系统的演化必然具有复杂性。原因在于：复杂系统的演化具有自组织性，例如市场经济体制就是自组织运行的，它有自己的法则和规律，它的演化既能产生出对社会有益的东西，又能产生出对社会有害的东西，是双刃剑，搞得政府必须用浑身解数来调控它、监管它，政府与市场双方闹得不可开交。自组织运行具有临界性，自组织运动总是发生在临近混沌的边缘，极易脱离有序而走向混沌，正如市场经济极易将市场和竞争法则发挥到极度饱和状态，使贫富分化登峰造极。系统演化还遵循路径依赖法则，社会阶层就是由此被锁定的（锁定效应）。此外，复杂系统演化还有“涌现”、“适切景观”、对初值的敏感依赖（蝴蝶效应）等特性。

(三)利益机制失衡的因果复杂性

1. 下向因果

高层次的整体对低层次过程会施加一种约束、选择、调节和控制等下向因果作用,从而使部分服从于整体功能和目标。同时,高层次的过程又受制于和服从于更高层次的规律。如社会矛盾具有某种下向因果性。

2. 上向因果

高层次的所有过程都在一定程度上受制于和服从于低层次的规律。低层次的元素及其相互作用对高层次过程有一种上向因果作用,因而需要用低层次的性质、命题、定律和理论来解释高层次的整体模式。如贫富分化具有某种上向因果性。

3. 因果分析在不同层次和不同维度之间具有互补性

不同层次上的概念之间的关系有时是互斥互补的。由于不同层次理论之间的局部不可通约性,它们往往也是不协调的,但同时又是交叉互补和协同进化的。微观层次上不可识别、不可预测的东西,从宏观层次上看又是可以识别、可以预测的。

贫富分化是社会利益机制失衡的直接后果。当前我国社会贫富分化的状况源于不同层次、不同维度的因果复杂性。

二、利益博弈行为中的复杂性问题

社会生活中存在利益博弈行为,是社会系统复杂性的基本特征。利益博弈的一些特点和规律本身也是造成社会利益机制失衡的重要原因,是利益矛盾复杂性的存在形式。

(一)博弈论的理论前提

博弈论的理论前提是亚当·斯密在《国富论》一书中提出的“经

济人假设”:(1)人都是理性的,且都是有限理性人;(2)人都是自利的;(3)人都是追求利益最大化的。

(二)社会两难问题及其最优对策

1.“囚徒困境”与社会两难问题

“囚徒困境”:博弈者最合算的对策却带来并不合算的结果。

社会两难问题:移居城市博弈、私车拥堵博弈、城市打工博弈、项目投资博弈、竞争博弈、腐败博弈。

2. 社会两难问题实现合作解的三种途径

实现社会两难问题的合作解有三种途径,即自愿协调、外部强制和调整收益。政府的职责就是制定博弈规则,催生社会两难的合作解。

3. 非合作博弈的重复性及其合作问题

在非合作博弈中,博弈的重复性决定博弈者在博弈中应该采取合作的还是不合作的选择。在博弈有限重复的情况下,博弈者选择不合作对自己是有利的,在博弈无限重复的情况下,则选择合作对自己是有利的。

(三)群体博弈中的公平问题

1. 群体博弈中的权力量化形式

权力指数是指投票者充当关键加入者的次数。夏普里值是权力指数与有效联盟总数的比例。权力指数比即夏普里值×100%。

2. 利益联盟博弈的权力结构复杂性

博弈者	票数	权力指数	权力指数比(%)
领导干部	10	16	33.3
企业主	9	16	33.3
精英人士	7	16	33.3
工商业者	3	0	0
工人农民	1	0	0
无业人群	1	0	0

(1)社会利益集团投票表决会产生博弈联盟,联盟的权力分配

结构存在科学合理的解。

(2)各个集团的票力大小是权力基础,但权力大小不等同于票力大小,票力虽大,若大不到一定程度也不行。

(3)一个利益群体的票力太少时,等于无票,会被排除在联盟之外。

3. 联盟博弈中的不公平现象

"海盗分宝石"(案例):五个海盗抢到 100 颗宝石要分赃,分赃规则是五个海盗抽签确定谁先谁后提出分赃方案。每一分赃方案要说出五个海盗各得多少颗宝石。一人提案,然后共同投票表决,提案人也参与投票,赞成票达到半数或半数以上时,该提案通过。从 1 号海盗开始提案和表决,若其提案不能通过,他就被扔进大海喂鱼,然后再由 2 号海盗提案。依此类推。最终分配方案是 1 号海盗提出的分赃方案获得了通过,他分得 98 颗宝石,其他四名海盗共分得 2 颗。这个案例说明:在利益分配博弈中,博弈参与者大家面对同一分配规则,表面看是公平的,但实际上由于规则本身的不公平,导致利益分配结果严重不公平。

三、用复杂性思维看待利益机制问题

复杂性科学为探究复杂系统提供了四种思维方式或认识方法,这就是非线性思维、整体思维、关系思维、过程思维。我们可以尝试用这四种方法来认识社会利益分配机制问题。

(一)非线性思维

线性与非线性本来是数学中用来描述不同数学关系的概念,线性指的就是直线性因果函数联系,非线性就是曲线性因果函数联系。在曲线函数中,自变量的变化引起因变量的变化,但二者的变化幅度不一样,因变量的变化幅度会比自变量大一些或大许多,极小的原因会引起极大的结果。美国气象学家洛伦兹讲的“蝴蝶效应”，即巴西亚马孙的蝴蝶与美国德克萨斯的风暴，还有“钉子缺国家灭”，说的都是非线性联系。所以，非线性思维是相对于线性思维而言的，线性思维可以看作是基于事物简单因果联系的思维类型，非线性思维就是基于事物多种复杂联系的思维类型(非线性联系除了因果，还有概率、曲线、网络、混沌等联系形式)。

对于一个复杂系统，如果要想比较全面地认识其本质状态，就要从多种不同的层次、不同的角度、不同的途径去分析考察系统，而不能满足于一因一果的简单解释。

非线性思维告诉我们，对于社会政策或制度的利益效应，长期效应和短期效应要兼顾，甚至长期效应更重要；直接效应和间接效应要兼顾，有时可能间接效应更重要；正面效应和负面效应要兼顾，有时可能负面效应更重要；时间效应和空间效应要有限定，一项政策的适用面和适用时段需要及时调整；可控效应和不可控效应要区分开，对不可控效应要有后手；效应之间的协调性与冲突性要搞清，调整和补充必不可少。

(二)整体思维

整体思维就是从事物的普遍联系来认识对象，通过研究整体的性质和结构，获得对事物整体的认识。对整体的认识，本身就包含对其各部分的认识，并且是通过对部分的认识来实现的。不认识部分就不能认识整体，不认识整体也不能理解部分。所以整体思维方式并不是要排除分析的方法，相反，只有通过对事物要素的分析，才能对事物整体有宏观把握。另外，许多分形物体的整体与部分具有某种自相似性，部分中亦有整体性，因而我们可以通过其部分来认识其整体。但整体思维反对把部分的认识简单相加来代替整体，也反对用某一终极因素来说明整体，而是要寻求只有整体才拥有的那些新性质。

用整体思维来审视社会利益机制问题，首先要看到我国最宏观的利益体系是由共产党执政、社会主义、国家的完整这三大要素构成的一个严密系统，一损俱损，缺一不可。其次，社会系统整体的协调，要靠经济、政治、文化、社会、生态各子系统全面、协调地发展，这是实现利益均衡的基础。现阶段存在不协调的原因有许多，其中包括政治体制改革缺位，社会要素存在分类乱堆现象，缺乏有机性。市场经济系统是一个有机整体，市场经济体制是按价值规律和供需关系运行的竞争性生产系统和利益分配系统。不健全的市场经济必然导致贫富分化。江泽民在党的十四大报告中说："建立和完善社会主义市场经济体制，是一个长期发展的过程，是一项艰巨复杂的社会系统工程。"此外，复杂整体思维强调多元并举，我国现阶段为实现利益分配机制均衡而进行的多项社会建设，都是整体思维的要求。

（三）关系思维

关系思维坚持事物普遍联系的观点，要求我们用联系的观点去看待事物、看待系统、看待要素，把事物、系统、要素都放在相互联系中去考察，在相互联系中特别要注重它们的相互作用。相互作用包括辩证相互作用（矛盾共时性相互作用）和系统相互作用（要素历时性相互作用）。利益博弈、行业部门的利益竞争合作，已成为当前我国社会系统相互作用的普遍形式。

政府与市场的关系不顺，政府依赖市场对社会行使管理职能，市场监管权被市场化，这是当前需要解决的重要问题。

（四）过程思维

过程思维来源于系统的动态性。动态性是系统的基本特征，任何系统都有动态性，系统通过与环境发生物质、能量和信息的交换而处于不断运动变化之中。系统的动态性有两种情况：一是系统各要素之间的协调决定系统的平衡发展,二是系统各要素之间的相互作用使系统由无序状态转变为有序。

过程是阶段性与连续性的统一。随着下一个社会历史阶段的到来,现阶段的一些问题和困难会自然消失或转型。所有利益问题都只能逐步解决,不能一蹴而就或一成不变。社会系统的利益机制协调优化,需要一个不断反馈校正的过程,利益结构重组、模式调整、试运行、磨合期都是过程性概念。利益政策要有远见性,留出提前量,未雨绸缪,防患于未然。利益调整过程需要有人做出利益让度和利益牺牲。

上述四种思维方法缺一不可,应密切配合,共同发挥作用。

城市应急管理信息化建设的思考

国家行政学院　李　宇*

内容提要：建立与预案相适应的信息化应急平台是政府应对突发事件的基础。目前，我国应急平台建设尽管取得了重大进展，但是依然存在诸多不足，无法充分满足日益严峻的应急管理形势的需求。对此，我们应从标准化建设、加强应急平台与应急预案的紧密性、有效整合应急信息资源、实现与综合平台无缝对接等几个方面着手。

关键词：城市应急管理平台　信息化　应急预案

进入21世纪以来，中国城市化进程明显加快，现阶段已进入到高速城市化的起飞线上。由于城市化进程加快带来的压力，使灾难的影响力加大，面临的威胁多种多样，诸如水灾、火灾、旱灾、地震、台风、爆炸、交通事故、化学品泄漏、动乱与恐怖袭击等灾害的范围越来越广，需要监控和管理的内容也越来越多。为有效提高政府对各类灾害事故的应急能力和处置效率，最大限度地减少各类灾害事故带来的危害和损失，提高城市应急管理信息化水平，遵循可持续发展理论，积极稳妥地推进城市化进程，是目前中国必须面对的一个重大课题。本文重点讨论建立与预案相适应的应急平台，作为应急处置的技术支撑手段，做好应对突发公共事件的思想准备、组织

* 李宇，国家行政学院社会和文化教研部副教授。

准备和技术准备，才能保证应急预案的有效实施，才能在突发事件来临时做到处惊不变、沉着应对，才能最大程度地减少突发公共事件带来的危害。因此，建立完善的应急平台是政府应对突发事件的基础。

一、应急平台建设存在的主要问题

目前，我国现有的应急平台建设尽管在信息上报等方面都取得了重大进展，但依然存在诸多不足，无法充分满足日益严峻的应急管理形势的需求。其主要的问题体现在如下几方面：

（一）应急管理体制、机制与法制对平台体系的基础性支撑作用不够

众所周知，应急平台不仅是应急管理体系中不可或缺的组成部分，也是其重要的基础。它并非独立存在，而是与应急管理体制、机制、法制密不可分，同时也离不开这些相关系统的有效支撑。

然而，目前许多地区应急平台建设却是游离在应急管理体系之外，未能与由体制决定的管理主体和由机制决定的响应程序很好对接，缺乏一个权威管理机构加以统筹。由此带来应急平台应用在应急指挥、协调与行动上的主体不明确、信息沟通机制效率低下等问题。

比如，南宁市社会应急联动中心是个事业单位，在重大突发事件发生时，对政府各个部门、社会各种力量以及军警部门，协调和指挥力度不够，不能够有效、快捷地形成合力。平时，政府各个部门和社会各个方面的应急预案的制定与管理、系统的数据更新等，也需要由政府权威部门来组织完成，应急联动中心承担这样的工作，显然是心有余而力不足。

(二)政府应急平台建设缺乏统一规划和建设标准

2007年,国务院应急办出台了《国家应急平台体系建设指导意见(试行)》,对省级应急平台建设提出了相应的要求,但对地级市却没有明确规定。目前,地方政府和各相关部门的应急平台系统基本上是自行组织建设的,不同子系统构建方案差异很大,缺乏统一规划和技术标准,缺少应急平台的规范体系。这样,不仅使应急信息无法得到有效的统筹整合,也造成部分地区和部门的应急平台建设进展不平衡,致使在地区应急平台建设的过程中,无法整合社会各方面的力量和资源,事故发生时指挥体系不顺畅,不能实现下级与上级平台以及同级平台之间的数据共享,部门之间、条块之间、上下之间的链接出现断层,难以实现应急联动,形不成合力。

(三)信息资源共享机制尚未完全形成,部门之间存在壁垒

信息资源是实施突发公共事件应急联动指挥的核心资源,也是保证应急指挥水平和应急处置效果的关键所在。作为应急平台的核心资源,信息资源的主要来源,除了系统新开发的以外,更重要的应该是靠通过对分布在各相关政府部门的存量信息进行有效整合获得。

但是,由于信息共享机制尚未形成,缺乏制度的保障,所以,信息资源的整合往往得不到相关部门的支持和配合,阻力重重。加之很多地方政府应急信息资源规划制定得不完善,大量的信息基本处于分散状态。信息资源整合标准不统一、数据不兼容,又形成了新的"信息孤岛",信息资源的价值得不到充分体现,与有效实施应急联动指挥的要求相距甚远。

(四)通讯平台缺少自成体系的联动指挥系统,过于依赖公用通信网络

在搜集的23个省(自治区、直辖市)突发公共事件总体应急预

案中，发现有15个省份在其应急预案中规定应急通信由公用通信网络承担，而没有明确专用通信网络的定位。这其中，又有8个省份在应急通信的保障上仅仅是照搬照抄《国家突发公共事件总体应急预案》的相关描述而已，并未站在极端的情况来思考本级应急无线电应用到底该如何做。基于这种认识，相当一部分地方政府应急平台的通信指挥系统还停留在依靠手机、固定电话、传真和网络（包括电子政务内网和外网）的层面上，并未建立抗毁能力强的专用通信网络。约80%县级及以下的基层单位，应急无线通信完全是借助公用通信网络来实施的，即使有部分其他辅助通信手段，如常规对讲机等，也很少构成有效的通信网络。

（五）应急平台建设过程中综合保障难度大

应急平台的综合保障包括系统可靠性、信息报送和数据更新及时性等三个方面。由于一些地区应急平台还处在建设过程中，应急信息报送和数据更新及时性还缺乏制度保障，直接影响应急的监测预警和决策指挥的准确性，导致应急平台只能满足日常职守而无法保障战时指挥调度的需要。另外，在专项平台使用中出现的通讯手段单一、环境适应性差、缺乏相关的专业运维队伍等问题，也使应急平台在应用过程中的综合保障增加了难度。

（六）专项平台和综合平台之间对接存在障碍

由于技术标准不统一、上级业务部门职责不明确，以及条块分割等原因，目前，各地区、部门的应急平台依然资源分散，运作独立，各自为战，专项平台的信息数据不能与当地应急指挥中心对接，互联互通困难，信息共享与业务协同存在壁垒。

首先，各职能部门建立的专项应急平台之间的数据信息不能共享，地区的应急综合平台也不能与专项平台进行有效对接。因此，在一定程度上阻碍了综合平台实现本地区应急信息和资源的总汇集和总调度的设想,平台在突发事件处置中的核心作用无法充分发挥。其次,很多地区专项平台建设优先于综合平台建设。专项平台大都是根据本部门的工作需求和特点设计的,由本部门全权管理,彼此应用的通信、计算机网络、安全支撑等系统的技术标准各不相同。而综合应急平台是按照国家应急平台体系规范而建,以政府应急管理部门作为主体建设和管理的,其建设标准和专项平台无法统一,对接困难,耦合度低。这就导致在应急平台建设初期,只能实现到各专项平台的某个应用终端去调用相关数据和资料的功能。换句话说,政府应急平台仅仅是一个本地区最高权限的信息调度者,并非信息共享的平台。

二、夯实基础,完善我国应急平台建设

目前,我国应急平台建设还属于初级阶段,如何在建设中发展,在发展中建设,建立一个统一指挥、规范有序、科学高效、功能完善的应急平台,是提高政府对公共安全的应急管理能力和处置效率有效的必然要求。

(一)统一规划,加强应急平台的标准化建设

应急平台的标准化并不在于硬件的强求一致,而是在于保证应急联动管理流程方面规范一致:一是遵循已有标准规范。要遵循通信、网络、数据交换等国家标准,规范网络互联、视频会议和图像接入等建设工作,采用国家发布的人口基础信息、社会经济信息、自然资源信息、基础空间地理信息等数据标准规范。二是新建标准规范。逐步建立和完善消息报送、业务流程、实时数据接入、数据库内容与同步更新、预测预警模型规范、术语标识和数据共享等标准化体系,保证与上下级间、部门间至国家应急平台技术体系协调一致。

应急平台标准化建设,应坚持以应急管理流程为主线,强化公

共安全科技的核心内涵作用，以信息技术为手段，充分利用电子政务资源，立足自主创新并加强工程实践，稳步推进技术标准化建设。国家应尽快出台相关技术标准规范和业务标准规范，以保证实现国家应急平台体系的互联互通。实践中，可通过试点示范工程的建设，逐步形成规范标准后再加以推广应用，以保证标准规范更加科学、更加合理、更加符合实际。当前所存在的各自为政和"信息孤岛"现象，除体制原因外，技术标准的缺失也是其中之一。

总之，应急平台建设要立足当前，着眼长远，充分整合现有资源，依托政府系统的电子政务建设，实现多网整合，避免重复建设。当然，平台仅是载体，更为重要的是信息源建设和信息本身的完备性、实施性和标准化，只有这样才能实现多部门之间的协同应对。

从应急管理总体需求出发，打造一个统一规划、标准规范并与应急指挥业务系统相结合的应急平台。在最短时间内发挥指挥系统最大作用，就要依靠各部门的协同，因此，应急平台中的各个系统必须实现统一技术标准，其中包括网络、软件、数据库等建设模式。在系统的纵向和横向建设中，应该统一规划、总体实施，避免"拍脑袋工程"和"形象工程"。各地在统一规划的基础上，也要结合自身实际，制定应急平台体系建设的总体发展规划和建设方案，形成既完整、统一又符合实际的、高效的应急管理信息和指挥调度协调体系。

（二）应急平台应与应急预案紧密结合

应急平台建设的规划应与应急管理体系建设紧密相连，基于我国实际需要，建立统一的应急指挥和管理架构，规范突发事件的指挥协调、信息处置与资源管理工作；构建统一的应急职责框架，明确各方应急职责；明确应急准备建设目标，建立准备能力判定标准；完善应急预案体系支撑，加强应急预案的衔接，促进应急平台体系的进一步完善和持续发展。

应急平台是国家应急预案有效实施并不断完善的重要工具和基本保证，随着应急信息资源整合的深入推进，必将对传统的政府应急职能、应急机构设置、应急业务流程等诸多方面带来根本性的变化，这是一种必然的趋势，是不以人的意志为转移的。

应急平台建设要和应急预案的制定同步展开。首先，从国家层面上，要加强各部门和政府应急管理的需求研究，在现有的基础上进行资源整合、系统集成和能力重组。组织相关部门制定“国家应急平台系统建设中长期规划”和“应急平台系统互通互联标准”，并将其列入国家应急管理体系建设计划。重大突发事件应急处置涉及多个部门联合行动，多种手段并用，任何单一的应急平台系统都是政府综合应急平台的组成部分。因此，有必要将日常管理与应急管理相结合，日常保障方案与应急预案相结合，按照国家对重大事件应对工作的现实目标，明确建设规模、信息采集标准和渠道以及使用方式和程序。其次，从各地方政府层面上，采取分步实施、资源共享、平滑过渡、新老系统兼容的方法，紧密结合应急预案建设，逐步建成实用、可靠的各级突发事件应急平台系统。重大突发事件发生时，利用科技手段来提高应急管理的高效、安全、可靠。

（三）推动应急平台建设，应急信息资源的有效整合，使其在常态下利用率最大化

在新形势下，如何实现我国城市应急信息资源的有效整合，建立起科学、高效的应急信息资源采集、处理、交换、共享、运营和服务机制，使相关政府部门、应急专业机构和人员、各种社会组织和公民个人能够充分共享和参与建设各类应急信息资源，是关系到我国城市应急联动指挥整体能力和水平的大事。各相关政府部门要予以充分重视，采取行之有效的措施予以推进，使应急信息资源的建设状况进入到一个全新的层次。应急信息资源的整合会牵涉到政府各相关部门的既得利益。因此，首先需要各相关政府部门的党政主要领导给予大力支持和积极参与，否则，信息资源的整合势必会流于形式，成为“半拉子工程”；其次要求广大政府公务员真正树立起“执政为民”的思想，认识到应急信息资源整合是提高政府应急管理与服务能力的行动；再次要求政府各相关部门进行系统思考，克服本位主义，从整体利益出发，顾全大局，使城市应急信息资源整合进入一个全新的阶段。

有效整合各类应用和原有数据库的数据资源，注重信息共享，提高存量信息利用率，可以起到事半功倍的作用，也可在一定程度上降低建设成本。重视应急平台数据库的信息资源积累，是应急平台建设的核心，也是其实际价值所在。

要以“平战结合，以平为主”为指导思想，不仅在紧急情况下充分发挥应急平台的作用，提升决策的科学性和高效性；在常态情况下，也要有效发挥其作用，要在满足应急管理各项业务需求的同时，实现对不同风险源的预测预警，最大限度地遏制各类重大、特大公共安全事件的发生，真正做到应急管理工作关口前移。

（四）梳理现有专项平台系统和流程，与综合平台无缝对接

充分发挥市应急办的综合协调功能，不断完善市一级指挥平台建设，有计划、有步骤地建设和整合统一的应急联动管理平台，建立完善指挥通信、应急协同、决策支持等功能为一体的应急平台体系，为专项平台的接入提供必备条件。对专项平台的系统和流程进行一次全面调查和梳理，尽可能将梳理后的结果结合到市级综合平台的建设任务中。

各部门要树立综合应急管理理念，既各司其职，又密切配合。在技术架构上以星形结构代替现有的纵向形结构，以综合平台作为信息汇集点，由各级政府部门应急办管理。对于一些垂直管理部门，可在保证专业应急系统正常运行的基础上，实现相关数据信息与市一级平台的接入和交换，逐步实现各业务部门的专项平台与市级应急平台的无缝对接，做到基础数据信息共享，使市政府应急联

动指挥系统与各专项指挥系统、各地市应急联动指挥系统能做到互联互通、协同联动,提高应急平台的使用效能。通过发挥枢纽作用,保证紧急状态下快速反应、及时处置。制定专项平台与综合平台有效对接标准规范,各层级政府应急平台之间互联互通建设标准。通过地方综合应急平台建设,切实提高快速反应、协调联动能力。

社会融合与公共服务

流动人口污名化与公共服务

浙江行政学院　董敬畏*

内容提要：随着中国城市化进程的不断加快，流动人口已经成为城市建设的主力。然而，基于制度设置的原因，城乡分离的格局一时无法打破，现实生活中依然存在各种对于流动人口的污名化现象。文章认为要切实推进流动人口的城市融合，必须加快完善对流动人口的公共服务，以公共服务促融合，以公共服务消污名。

关键词：城市化　污名化　流动人口　公共服务

一、问题的提出及研究回顾

21世纪上半叶，我国社会一个最为突出的特征，就是城市化的加速推进。流动人口作为具有中国特色的工业化、城市化、现代化道路的必然产物，不仅规模日益扩大，而且具有新特点。当前的流动人口群体正发生着由亦工亦农向全职非农转变，由城乡流动向融入城市转变，由谋求生存向追求平等转变。在这些转变过程中，城市融入问题日益突出，学界对此关注甚多，研究也较为深入。然而对于流动人口的公共服务问题，学界甚少着墨。从统筹城乡发展的角度考察，完善对流动人口的公共服务是统筹城乡发展的关键，并且它事关中国未来发展方向，由此这一问题具有特殊的学术和实践

---

* 董敬畏，社会学博士，浙江行政学院社会学文化学教研部、浙江省社会科学重点研究基地“科学发展观与浙江发展研究中心”副教授。

意涵。

浏览国内外学界对于流动人口的城市化和城市融入研究，基本是从现代化理论和结构主义理论出发形成四种研究视角：(1)现代性视角。持此视角的学者从传统—现代、乡土—城市和所属群体—参照群体的二分模式出发，认为流动人口以具备现代性特征的城市和市民为参照群体，不断改变自我、调整自我，最终获得城市代表的现代性的过程(李培林，1996；周晓虹，1998；王春光，2001；韩长赋，2010)。(2)流动人口—城市互动视角。持此视角的学者认为流动人口与城市居民、参照群体之间的冲击与回应是当前城市的社会样态。流动人口的融入是一种再社会化过程，流动人口要想真正融入城市，必须从经济层面、社会层面和文化与心理层面再社会化(田凯，1995；朱力，2002；文军，2004；郑杭生，2005)。(3)城市化视角。持此视角的学者们依据发展经济学家阿瑟·刘易斯的"二元经济结构模型"、哈里斯-托达罗的收入预期理论以及"成本—效益理论"或"推拉理论"，认为收入水平的差距促使劳动力不断从农村向城市迁移，直到农村剩余劳动力全部被吸收为止。流动人口问题因社会经济转型而产生，也将随着转型期的结束而消失(李强，2004)。(4)社会资本视角。持此视角的学者认为流动人口的社会网络是他们融入城市的社会资本，也是流动人口生存和发展的社会支持系统，它影响流动人口融入城市生活的过程(渠敬东，2001；李汉林，2003；刘林平，2001；王毅杰、童星，2004)。

上述四种研究视角都只是单纯从流动人口群体自身具备的要素出发，研究他们如何以自身具有的条件和资本积极融入城市，却很少考虑到现行制度对于流动人口的壁垒功能及流动人口遭遇的污名化社会氛围。这些制度壁垒与污名化的氛围如何影响流动人口，如何在现行制度下消弭这种壁垒和污名化的社会氛围，这些是文章要讨论的问题。在笔者看来，现行制度下，只有加强和完善对于流动人口的公共服务，才能有效消弭当前制度壁垒及其带来的污名化氛围。

从 2007 年开始，随着新生代流动人口融入时遇到的公共服务问题的日益暴露，学者们开始关注新生代流动人口融入时的公共服务问题。此时，学者们关注到了体制性壁垒是新生代流动人口融入的主要障碍，无论是他们的就学、家庭教育、群体交往、社会参与等方面都面临尴尬，社会性原因比如结构性障碍、公共服务缺失等因素阻止了新生代流动人口的城市融入，并引起了他们的反社会化的行为。在中央提出统筹城乡发展背景下，学界和各地方政府开始了新一轮的探索。然而这一探索却又遇到了长期的城乡分割制度设置带来的对于流动人口的污名化。

二、污名化与流动人口

（一）"污名化"概念的提出

"污名化"(stigma)概念最早由美国社会学家欧文·戈夫曼提出。戈夫曼通过对污名一词的词根溯源，发现污名是希腊人用这一语汇"指代身体记号，而做这些记号是为了暴露携带人的道德地位有点不寻常和不光彩……换言之，此人有污点，仪式上受到玷污，应避免与之接触，尤其是公共场合"。[①]戈夫曼对这一语汇加以转化，使之应用到社会学的经验分析中来，用以指代日常生活中一种"社会身份受损"类型的人，这一类人在社会其他人眼中丧失了其社会信誉和社会价值，并因此遭受到排斥性社会回应的过程。

"污名化"用在社会类型划分过程中有两种类型，首先是生理上的污名，其次是身份的污名。生理上的污名比如因为个体的身体残疾而由其他群体强加的一些污名。而身份的污名则是一种贴标签

① 欧文·戈夫曼著，宋立宏译，《污名——受损身份管理札记》，商务印书馆 2009 年版，第 1 页。

式的歧视和排斥。无论是生理的污名还是身份的污名,作为被污名者来说,都会在和别人的互动过程中遭遇困境,受到歧视或者区别对待,使得被污名者个体或者群体出现个体身份和社会身份的距离和差异。从个体身份来说,他是一个正常人,而从社会身份来说,他是一个越轨或者被污名者。而社会身份的被污名,经常会逼迫被污名者个体或者群体出现情绪上的持续焦虑、压抑甚至是反社会的行为倾向。“污名化”主要包括被污名者、污名强加者、污名化过程三个因素。在当前中国,社会强势群体经常会把一些污名的语汇用在社会弱势群体身上,以贴标签的方式界定某类群体,比如“钉子户”、“农民工”、“网络暴民”等有污名意味的贴标签式的语汇,而以农民工为主体的流动人口被社会主流媒体和强势群体污名化则已经成为当前司空见惯的现象。而这种污名化的过程及现象主要源于流动人口与城市人口在各方面的差异。

(二)流动人口与城市人口的差异

根据互动百科对于流动人口的定义:“流动人口(recurrent po-pulation),是指离开户籍所在地的县、市或者市辖区,以工作、生活为目的异地居住的成年育龄人员。国外一般称为人口流动。流动与迁移是两种相似但又有区别的现象,流动人口与迁移人口虽然都进行空间的位移,但迁移是在永久变更居住地意向指导下的一种活动。”根据这一定义,我们可以发现,流动人口与城市人口的差异存在于以下几方面。

1. 制度设置区别对待

流动人口离开户籍所在地,前往一个地方寻求更好的发展机会或者谋求更好的生活。然而因为制度设定的原因,在诸多方面都与城市居民存在差异。附着在户籍方面的一些福利,是户籍人口能够享受到而流动人口享受不到的,比如现行的入托、入学、就业、医保、社保等都是与户籍联系在一起的。各个地区的经济发展水平差异、户籍附带的福利内容差异导致户籍制度改革难以有实质性突破，只能缓慢推进。然而户籍制度改革的缓慢推进，又难以适应市场经济的实际需求，由此产生出各种各样的问题。

2. 工作机会区别对待

流动人口进入城市，本来是试图寻求更好的发展机会或者更好的生活，然而他们进入城市之后，发现制度设置了很高的门槛和壁垒，使得他们根本无法凭借自己的个人能力和素养跨进城市的大门。在这些门槛和壁垒的阻碍之下，在工作方面他们只能从事城市人口不愿意从事的一些苦、险、累、重的工作，工作时间最长，获得报酬最低，而且这些工作没有任何的社会保障，甚至工作之后工钱拿不拿得到都成为问题。根据统计，全国流动人口工资被拖欠达到1000多亿元，其中建筑企业拖欠工资的比例为72.2%，仅有6%的农民工能按月领取工资，因此讨薪农民工辛酸故事的报道屡见不鲜。

3. 社会保障区别对待

对流动人口来说，没有基本的社会保障，他们不可能在城市里安心、稳定地工作。实现流动人口的城市融合，没有社会保障就不容易做到。据统计，我国流动人口群体中没有接受过技术培训的占76.4%，再加上劳动时间长、安全条件差，导致农民工伤病较多。目前流动人口养老、失业、医疗、工伤、女职工生育保险的参保率，分别为33.7%、10.3%、21.6%、31.8%和5.5%；而流动人口的企业补充保险、职工互助合作保险、商业保险的参保率更低，分别为2.9%、3.1%和5.6%。流动人口一旦出事，很难得到应有的补偿，生活往往陷入困境。

4. 子女求学区别对待

根据国家人口计生委发布的《中国流动人口发展报告2012》的统计，2011年，全国流动人口已达2.3亿，占全国人口的17%。这些流动人口的子女大概是3 000万。3 000万中部分随着父母进城，其余还留在农村。无论是随父母进城的子女还是留守儿童，在上学、生活居住、文化需求等方面都存在诸多困难。长期以来，流动人口子女在城市入学的问题一直未得到很好的解决。城市公办中小学一般不接收农民工子女上学，而一些适合普通农民工子女上学、收费低廉的民办简易学校，在一些地方却得不到承认，有的被强行关闭。

除此之外，流动人口在其他诸多方面还与城市人口存在各种差异，这些差异导致流动人口在城市中被边缘化和被污名状态。尽管制度与政策在不断缓慢调整，然而政策的碎步化调整与流动人口融入城市的渴望存在差距，整个社会已经形成对于流动人口的污名化氛围，使得农民工的城市融入之路特别不平坦。

(三)流动人口、污名化氛围与问题群体

在我国当前快速城市化进程中，流动人口在许多方面都受到了污名化对待，比如我们经常会习惯性地把流动人口与高犯罪率、低素质联系起来，从而使得流动人口受到城市社会的整体排斥。这种排斥的极端反应经常可以见诸日常生活，甚至报刊媒体。2012 年 7 月 3 日，新华网就报道了一例："7 月 1 日，山东省济南市 45 路公交车上，一男青年因嫌上车的农民工身上有味儿，要赶农民工下车，被驾驶员和其他乘客严词拒绝，事后竟扬言要投诉驾驶员。"①

新华网评并且添加了一段评论：" 抛开情理的因素，也不论农民工到底为城市发展、进步做了多少贡献，我们是否应该给农民工更多的理解与尊重？答案是显而易见的。仅从法律上来说，公交车毕竟是公共场所，不是某个人的私家车，农民工与其他乘客一样，有权

① 《赶农民工下公交车的青年是自打耳光》，新华网：http://news.xinhuanet.com/comments/2012-07/03/c_112345845.htm。

利乘坐公交车。因为脏、身上有味等原因，当农民工给其他乘客带来影响和不便时，完全可以提醒，但谁也没有权利赶其下车。就此而言，将农民工行李踢下车，动作粗陋、出言不逊的这位男青年，显然是悖情、逆理且不尊重法律赋予人的平等权的，其赶农民工下车之举，完全就是自打耳光。正如媒体所评价的那样：农民工身上有'异味'，洗洗就没了，但一个人思想观念上'有味'，同样是需要好好洗洗干净的。"①

媒体评论员口中的"思想观念上有味"，指的就是农民工群体的被污名化，及因为这种污名化带来的被排斥，而这种被排斥则成为流动人口融入城市生活的主要障碍。新华网和公交车上的其他乘客只是单纯从这个被赶下车的农民工作为公民的权利角度出发，认为他有乘车的权利；然而从这个农民工角度考察，正因为他是农民工，具有这个社会身份，因此才会被赶下车。究其根源，上述流动人口经常受到不平等对待和被排斥的现象一方面源于个体身份和社会身份的实际距离，另外一方面则源于流动群体与城市群体的差异。正是这种差异，导致城市化过程中，城市群体、强势群体和主流媒体口径一致地把流动群体定义为问题群体，进而使得前者形成有关流动人口的刻板印象。

更为严重的是，当前社会中把流动人口与高犯罪率联系在一起的刻板印象已经形成。尽管无论社会学、政治学、犯罪学等学科的研究都已经表明，流动人口与高犯罪率并没有直接必然的因果关联，然而城市中的人们一遇到类似问题，首先归因就是流动人口。②

---

① 《赶农民工下公交车的青年是自打耳光》，新华网：http://news.xinhuanet.com/comments/2012-07/03/c_112345845.htm。

② 游动人口的犯罪率需要分为两个层面考察，一是从年龄结构角度比较，流动人口中年轻人口比重较大，人口年龄结构又与犯罪几率相接相关，由此计算的流动人口犯罪率肯定高于户籍人口，但不能由此推论流动人口是高犯罪群体。二是从流动人口与户籍人口的冲突角度考察，新生代流动人口对于歧视的忍受程度较低，容易与户籍人口发生冲突。然而，这只是他们的正常合理要求，需要制度予以解决，并非犯罪。

而把超生的罪名归于流动人口也是屡见不鲜,最为人们记忆深刻的是一个名为《超生游击队》的小品。官方通过各种方式,加强了城市人口对于流动人口的超生群体的刻板印象。然而今天,大量流动人口的流动只是单纯为了寻求更好的发展机会或者更好的生活,少生优生的概念已经深入人心。根据西方的人口学理论研究,流动人口的流动对于生育的影响是负面的,而非正面的。人口流动是降低生育率而非提高生育率的,我国当前流动人口的生育率也符合国际规律。[①] 在这一方面,流动人口并非如人们想象的那样,是违反政策和法律的。然而因为人们已经养成归因于流动人口的习惯,即使知道事实并非如此,也会有意或无意地忽略或漠然处之。

三、加强公共服务,消弭污名化

针对流动人口被污名化的问题,国家在进入 21 世纪之后也做出了巨大的努力,试图消除流动人口遭遇的困境。国家相继出台了一系列的政策措施,不断改革城乡分割的二元户籍制度,清理各种针对流动人口的歧视性政策,降低流动人口外出就业的门槛,为流动人口外出就业创造公平的环境。不仅政府在努力改变这种流动人口公共服务缺失、被社会污名化的氛围,学界也在不断努力。

学者们针对流动人口在城市遇到的问题与困境,提出基本公共服务均等化的目标,即政府的公共服务必须面向全体社会成员,按照均等化原则,无差别地、一视同仁地提供给全体社会成员,消除以往存在于国有与非国有部门之间、城市与农村、城市居民和农民工之间的差别待遇。学者们认为,现行体制下的农民工城市融入需要在社区层面多做努力。

① 陈卫、吴丽丽．中国人口迁移与生育关系研究,人口研究,2006(1);郭志刚．家庭代际关系的人口社会学研究,教育部人文社会科学重点研究基地 2004 年度重大项目立项课题报告,2008.

在学界的呼吁下，民政部于2012年1月4日出台《关于促进农民工融入城市社区的意见》（以下简称《意见》），从国家层面描绘了农民工参与社区生活的“路线图”。

民政部的《意见》基本按照学者们设计的思路，以社区基本公共服务均等化为目标，将劳动就业、公共卫生、住房保障、社会保障等社区服务项目逐步向农民工覆盖。民政部的《意见》具体包括五个方面内容：一是构建以社区为载体的农民工服务管理平台。以农民工需求为导向，整合延伸到社区的人口、就业、社保、教育、卫生等社会管理职能和服务资源，将农民工服务管理纳入其中。二是落实政策，扎实做好农民工社区就业服务工作。鼓励社区兴办商业性便民利民服务网点，吸引农民工就近就便在社区灵活就业。三是切实保障农民工参与社区自治的权利。在本社区有合法固定住所、居住满一年以上、符合城市居民委员会组织法选民资格条件的农民工由本人提出申请，经社区选举委员会同意，可以参加本社区居民委员会的选举。四是健全覆盖农民工的劳动就业、公共卫生、住房保障社区服务和管理体系。五是发展丰富多彩的社区文化生活，加快农民工对城市生活理念和生活方式的适应和融入。

然而政策的出台不代表现实问题的解决。在长期的二元结构下，作为城市的他者，以新生代农民工为主体的流动人口的融入面临的是“异/己关系”的矛盾与冲突，“异”既包括社会结构性方面的壁垒，比如制度设置，也包括一些非结构性障碍，比如污名化的社会氛围。融入既是以新生代农民工为主体的流动人口的最终目标，同时也是城乡统筹发展的最终目标，即政府、城市居民、流动人口三方最终互相“变异为己”。在这个过程中，笔者认为需要通过加强和完善对于流动人口的公共服务，从而消弭整个社会对于流动人口的污名化，进而推动流动人口的城市融合。具体可以按照以下思路推进对流动人口的公共服务体系建设。

一是完善农民工公共服务体系不是单纯地解决农民工生存和

发展的问题,也不单是扩大公共服务体系的覆盖范围,而是要通过基本公共服务均等化的制度改革,从制度层面保障农民工平等享受公共服务的权利,促进农民工的城市融入。

二是建立以政府为主导的公共服务多元供给格局,重塑现行的公共服务分类框架,协调各供给主体间的关系。在流动人口基本公共服务严重不足的状况下,尤应强调公共服务供给中的政府责任,不能把这一责任推给市场。只有在流动人口公共服务体系基本建立的状况下,政府关注的重心才应转向基于供给效率的市场化改革、公民参与等领域。

三是各项公共服务的逐步推进和完善。受各种因素限制,流动人口公共服务体系建设不可能全面推进,必须是对流动人口生存和发展中的制约难题与客观需求进行优先排序并采取分步推进策略,在步骤上有先有后,在标准上由低到高,在内容上有主有次,首先重点推进关系流动人口生存底线的保障性公共服务,再逐步扩大到发展性公共服务。

四是推进流动人口公共服务体系建设需要具备多方面的条件,诸如健全的制度安排、足够的资源投入、多元的参与主体以及有效的运行机制,但服务提供的效果最终取决于服务提供中运行机制的效能。在根本制度健全、资源投入比较充分的情况下,如何设计有效的运行机制就成为一个关键,甚至可以说,“执行力”与“制度力”具有同等重要的地位。

五是根据流动人口群体的特殊性,应注重研究完善以均等化为导向的财政转移支付制度以及相关制度的方法、结构、内容和具体项目。为达成这一目标,需要从发展与改革的结合上来规划,从财力与制度的结合上来操作,从政府与市场的结合上来运作。

只有通过建立健全完善的流动人口公共服务体系,才能使流动人口渴望融入城市、享受城市文明、和城市人一样“体面地活着”的愿望得以真正实现,才能消除城市对于流动人口的“经济接纳、社会拒入"的污名化氛围，才能真正推动政府、城市居民、流动人口三方"化异为己"的相互转变，进而形成共生共融、和谐包容的新型社会主义城市。

参考文献

[1]迟福林等:《加快推进基本公共服务均等化》,《经济研究参考》2008 年第 3 期。

[2]陈海威:《中国基本公共服务体系研究》,《科学社会主义》2007 年第 3 期。

[3]李培林:《流动民工的社会网络和社会地位》,《社会学研究》1996 年第 4 期。

[4]李汉林:《关系强度与虚拟社区——农民工研究的一种视角》,李培林主编:《农民工——中国进城农民工的经济社会分析》,社会科学文献出版社 2003 年版,第 96－115 页。

[5]刘传江,徐建玲等:《中国农民工市民化进程研究》,人民出版社 2008 年版。

(6)朱力:《论农民工阶层的城市适应》,《江海学刊》2002 年第 6 期。

(7)文军:《从分治到融合》,《学术研究》2004 年第 7 期。

(8)韩长赋:《中国农民工的发展与终结究》,中国人民大学出版社 2007 年版。

(9)郑杭生:《农民市民化·当代中国社会学的重要研究主题》,《甘肃社会科学》2005 年第 4 期。

(10)周晓虹:《流动与城市体验对中国农民现代性的影响——北京"浙江村"与温州一个农村社区的考察》,《社会学研究》1998 年第 5 期。

(11)王春光:《新生代农村流动人口的社会认同与城乡融合的关系》,《社会学研究》2001 年第 3 期。

(12)李强:《城市外来人口两大社会群体的差别及其管理对策》,《学海》2004 年第 2 期。

(13)刘林平:《外来人群体中的关系运用》,《中国社会科学》2001 年第 5 期。

(14)王毅杰、童星:《流动农民社会支持网探析》,《社会学研究》2004 年第 2 期。

新公共服务理念下的流动人口管理服务

广州行政学院　黄旭东*

内容提要：新公共服务理论将服务融入社会管理，重视公民社会与公民身份，主张政府与社区、公民之间的对话沟通与合作共治。这一理论精髓对我国流动人口管理服务体制也有积极的意义。流动人口是城市社会管理的重点与难点所在，现行的城乡二元户籍制度造成了流动人口的半城市化，使其难以融入城市，给城市社会管理带来了很大的挑战。而地方政府为推动新型城市化发展，推出了居住证、积分入户等政策，并在行政管理体制的改革方面做了探索。而以新公共服务理念来总结和反思这些实践，应重新审视政府的角色定位和行为方式，进而推进流动人口的管理服务体制机制的创新。

关键词：新公共服务理念　流动人口　管理服务

21世纪以来，在我国波澜壮阔的城市化进程中，城市人口规模和增速异常迅猛。根据中国社科院发布的《2012城市竞争力蓝皮书》，中国的城市化率已达50%。越来越多的农村人口和中小城镇人口进入城市务工经商，也开启了当代中国一次规模空前的人口迁移流动潮流。国家人口计生委发布的《中国流动人口发展报告2012》指出，2011年我国流动人口总量已接近2.3亿，占全国总人口

---

* 黄旭东，法学博士，广州行政学院马克思主义研究室讲师。

的17%。流动人口是中国城市化的微观主体,大量人口向行政级别高的中心城市聚集,需要我们认真思考流动人口的社会融合问题。特别是胡锦涛总书记在十八大报告中首次提出建设服务型执政党,多次强调服务理念,我们更应将公共服务理念作为完善和创新流动人口管理服务的切入点。

一、将服务融入社会管理的新公共服务理论

20世纪末,新公共管理在实践中遭遇了尴尬,许多学者开始质疑其理论的有效性,其中新公共服务理论的代表人物罗伯特·B.丹哈特与他的夫人珍妮特·V.丹哈特就批判新公共管理理论只注重向政府引进企业管理的技术,却在管理理念上缺乏对政治参与、公平正义等民主和宪政价值的关注。他们认为,在民主社会里,对民主价值观的关注应该是极为重要的。效率和生产力等价值观固然不应丧失,但应当被置于民主、社区和公共利益这一更广泛的框架体系之中。也就是说,在这个框架中,其他有价值的技术和价值观(比如传统公共行政或新公共管理的核心思想)都可能粉墨登场,但是,未来的公共服务将以公民对话协商和公共利益为基础,并与后两者充分结合。

基于这些,丹哈特夫妇将新公共服务概括为以下七个方面:(1)服务而非掌舵。公务员越来越重要的作用就在于帮助公民表达和实现他们的共同利益,而非试图在新的方向上控制或驾驭社会。(2)公共利益是目标而非副产品。公共行政官员必须致力于建立集体的、共享的公共利益观念,这个目标不是要在个人选择的驱使下找到快速解决问题的方案,而是要创造共享利益和共同责任。(3)战略地思考,民主地行动。符合公共需要的政策和计划,通过集体努力和协作的过程,能够最有效地、最负责任地得到贯彻执行。(4)服务于公民而不是顾客。公共利益源于对共同价值准则的对话协

商，而不是个体自我利益的简单相加。因此，公务员不仅要回应顾客的需求，而且更要关注建设政府与公民之间、公民与公民之间的信任与合作关系。(5)责任并不是单一的。公务员不应当仅仅关注市场，他们也应该关注宪法和法令，关注社会价值观、政治行为准则、职业标准和公民利益。(6)重视人而不只是生产率。公共组织及其所参与的网络，如果能在尊重所有人的基础上通过合作和共同领导的过程来运作，它们最终就更有可能获得成功。(7)超越企业家身份，重视公民权和公共服务。与企业家式的管理者视公共资金为己所有的行事方式相比，如果公务员和公民都致力于为社会做出有意义的贡献，那么公共利益就会得到更好的实现。①

总之，"新公共服务理论"超越了传统公共行政的政治学理论基础，主张以民主理论建构后现代社会，推崇公共服务精神，重视公民社会与公民身份，重视政府与社区、公民之间的对话沟通与合作共治。新公共服务理论是对当今西方国家政府改革实践的反思和修正，但其中的施政理念对我国当前正在推进的"服务型政府"也有积极的借鉴作用。

二、流动人口"半城市化"对社会管理的挑战

"半城市化"是相对于"城市化"而言的，是一种不彻底的城市化状态，这种不彻底不仅仅表现在地区景观和空间结构方面，还广泛存在于城市化过程中的社会经济领域。这也是世界各国在工业化、城市化过程中的普遍现象。有观点认为城市化的本义是农村人口转移到城市，从事产业活动，并在城市定居和工作。在此意义上，城市化其实是关于人的概念，是人的生活方式的转变，这是城市化的

① [美]罗伯特·B. 丹哈特、珍妮特·V. 丹哈特著，刘俊生译:《新公共服务:服务而非掌舵》,《中国行政管理》,2002 年第 10 期。

关键所在。[①]

广州是流动人口集聚的大城市之一,在推进新型城市化发展中,也面临着流动人口未能融入城市的难题。根据《广东统计年鉴》的数据,自2000年以来,广州的城市化率就一直在80%以上,2010年达83.78%。而在人口密度方面,广州市7 434.4平方公里的土地上目前集聚的人口超过1 600万,其中有817万户籍人口、780万有登记流动人口、超过200万未登记异地务工人员,[②]流动人口基本与城市户籍人口数量持平。甚至在广州的一些村镇,本地人口与外来人口倒挂,如新塘镇外来人口与本地人口比是2∶1(50万∶22万);大敦村这一比例更是高达11∶1(8万∶7000),即外来人口超过本地户籍人口10倍以上。流动人员的大量拥入对广州的基础设施和社会管理带来了严峻考验。

一是社会融入与身份壁垒的矛盾。由于公共服务的享用对象很大程度上仅限于常住人口,大量非本地户籍人口游离于公共服务之外。2010年广州市非户籍人口中,参加基本养老保险、基本医疗保险、失业保险、工伤保险和生育保险的分别只有149.46万人、167.46万人、158.15万人、231.19万人和103.43万人,尽管比2009年数量有所增加,但覆盖面仍极为有限。可见,在城乡二元户籍壁垒作用下,外来务工人员难以融入城市社会,不仅使流动人口陷入半城市化的僵局,而且使其产生了相对被剥夺感,部分人员甚至走上犯罪道路。

二是社会融入与管理权力缺位的矛盾。目前城郊结合部的城中村社区已经变成了一个典型的都市流动人口聚居区,在社区里聚居了数倍于本地居民的外来流动人口。特别是近年来,随着一部分

---

① 樊纲,武良成主编:《城市化:一系列公共政策的集合》,中国经济出版社2009年版,第20页。

② 曾妮:《雷雨.广州实际人口超过1600万》,南方日报2012年4月9日,A02版.

富裕的原住民的搬出，本地居民和外来流动人口的数量差距更是呈一种扩大化的趋势。但是，社区自治与管理权力的享有范围仍只局限于占社区人口少数的本地人，本地户籍人口可以通过社区居委会(或村民委员会)实现社区居民(村民)的自我管理和自我服务，而占村、社区实有人口绝大多数的流动人口却不能享有相应的自治与管理权力。城中村社区的自治与管理权力长期以来向外来人口屏蔽，使社区的管理产生了异化。

三是社会融入与归属感漂移的矛盾。由于流动人口的就业层次和经济收入较低，居住条件边缘化。他们难以通过与城市居民的社会交往、人际互动培养起城市文明所需要的现代思维和意识，导致他们缺乏对所在城市的归属感。同时，由于本地人与外来流动人口之间的隔阂，使外来务工人员在城市社区中的交往活动受到了极大的局限，大多数人的社会交往圈子通常只能局限于外来务工人员群体之内，形成了“城市里的村庄”与“城市中的老乡”这一特殊的居住场所与社交圈子，难以与城市居民进行全面的社会互动。有学者就此指出：农民工与城市主流社会、主流文化相疏离，成为客观上的“城市中的村民”。而“村民”心态使农民工对城市无法产生归属感和“主人翁”意识，只有自卑的“陌生人”的感觉。[①]

四是社会融入与随迁子女教育供给不足的矛盾。我国的户籍管理制度将户口与少年儿童的教育福利绑定在一起，只有具有本地户籍的适龄儿童方可享受户籍所在地的义务教育。在这种管理体制下，农民工子女如跟随父母进入城市，既无法享受由户籍所在地所提供的教育经费，又无资格享受由流入地政府财政负担的教育经费。因此这种义务教育福利与户籍绑定的管理体制就造成农民工子女教育的边缘化。对于农民工随迁子女来说，教育是他们

---

① 朱力：《转型期中国社会问题与化解》，中国社会科学出版社 2012 年版，第 120 页。

在大城市里生活时最难迈的一道坎,最近媒体的报道就反映了“新广州人”的子女就学难、就学贵也是当前普遍存在的问题。①

三、当前政府推进流动人口管理服务的举措

流动人口进入城市以后,在城市的容器中不断替换着不同的流动人口,既有新移民的不断拥入,也不断有流动人口离开城市和返回农村,这其中,也有部分人口渐渐沉淀下来。当这部分人口在城市居留的时间越长,他们就越倾向于长期居留和永久居留,政府部门应根据其居留的时间逐步为流动人口提供日益增加的福利,使其能够逐步地进入城市、融入城市。所以,有学者提出须“适应流动人口逐步沉淀的特点,根据流动人口在城市生活的时间逐步提供适当的社会福利,这样不至于给城市公共财政突然带来明显的压力,并能最终引导流动人口的市民化和融入城市”。② 而广东近年来在流动人口管理服务方面所做的努力与这种设想不谋而合。

(一)推行居住证制度

2010 年 1 月 1 日,《广东省流动人口服务管理条例》开始实施,“居住证”全面取代了“暂住证”。而此前相当长的一段时间,暂住证还被外界诟病为有些部门“敛财的工具”,数以千万计的外来工要缴纳数百元的暂住证的各项收费,即便是在广州,2001 年办理暂住证,另缴交治安联防等费用也需 158 元。③ 居住证则突出了“居住”的概念,强化了“服务”的理念,实现了证件名称与管理对象特征的一致性。居住证制度实施后,办理居住证的流动人口将享受到就业、教

① 阮剑华:《水泥工父母地盘开工 年幼子女锁在工地》,《新快报》,2012 年 10 月 17 日,A05 版.

② 任远:《城市流动人口的居留模式与社会融合》,上海三联书店 2012 年版,第 5 页。

③ 邱永芬等:《〈广东省流动人口服务管理条例〉元旦开始实施》,南方都市报,2009 年 12 月 30 日。

育、医疗、社保等服务功能,同时又将享受到工商登记、房屋产权转让、金融信贷等社会功能,为流动人口在广州居住、就业、参与社会活动等方面提供与当地人相同的待遇和趋同化服务。但是,享受这些功能就必须提供真实完整的人口信息,这又将提高流动人口被管理的主动性。目前广东省率先在全国推出以居住证制度为核心的“一证通”制度,全省已发放居住证 2 900 多万张,基本实现了流动人口居住证全覆盖,从总体上构建起了“以证管人、以屋管人、以业管人”的流动人口服务管理新格局。

(二)推行“积分入户”政策

“积分制”管理是根据地方政府的人才需求和财政承受能力,综合考虑流动人口的情况进行积分登记,累积达到一定积分额度才可申请享受相应档次的公共服务。2010 年 6 月,广东省政府正式出台《关于开展农民工积分制入户城镇工作的指导意见(试行)》。2010 年 10 月,广州作为试点城市之一,通过了《广州市农民工及非本市十城区居民户口的城镇户籍人员积分制入户办法》,并公布了实施细则。根据细则,广州的农民工积满 85 分便可提出入户申请。“积分制”管理具有鲜明的导向性。流动人口为实现享受基本公共服务或入户的目的,必须达到规定的分数。在这种利益导向机制的作用下,流动人口必然会对照积分指标及分值,有针对性地提高自身整体素质(如学历、技能),为社会做出更多贡献(如投资纳税、志愿服务、慈善捐赠)。同时,在负分指标的约束下,促使流动人口不断提高遵纪守法、诚实守信的观念和意识,有效减少流动人口的违法犯罪行为。这项重要的制度创新在让农民工共享改革发展成果、促进和谐社会建设、优化城乡人口结构、加快广东城镇化进程的各项工作中发挥了很好的作用。学者也认为:“积分制”管理通过利益导向机制的正确引导,使流动人口实现从“被动接受管理”到“主动接受管理"的转变。[①]

(三)实施事权改革,"一队三中心"覆盖所有街道

2011年7月初,中共中央、国务院下发《关于加强和创新社会管理的意见》,各省市纷纷出台相应的贯彻措施。作为城市基层社会管理创新的一次有益尝试,"铜陵撤销街道办模式"引起了全国的关注。而广州与之相反,在2011年7月广州市委九届十一次全会通过的《关于全面推进街道、社区服务管理改革创新的意见》、《关于加强和创新镇村社会管理服务的意见》以及《关于街道、社区服务管理体制改革创新的实施办法》等一系列文件中,决定在不改变街道现有机构编制、领导人数和人员身份的情况下,将职能部门事权下放至街道、社区,建立街道政务服务中心、综治信访维稳中心、家庭综合服务中心和街道综合执法队("一队三中心")。新机构的组建,将原有的多头管理机构重新整合,在街道建立统一的政务服务中心,此前的城市管理、社会事务、人口和计划生育、流动人员和出租屋管理、劳动和社会保障等公共服务事务全部囊括在服务中心的范畴,由中心统一受理回复,不再设立其他相同性质的服务中心。家庭综合服务中心也设有专门的流动人口服务区,例如"偶到"服务区就专门为一些流动务工人员提供短期服务。从实际效果看,"一队三中心"实现了职能部门专业执法与街道办事处属地管理的良性互动和有效衔接,实现社会管理与行政事务办理、培育社会组织与实施政府购买服务的有机结合。[②]

(四)加强统筹规划,推进流动人口管理体制的创新

广州市作为国家中心城市,流动人口达800多万。加强来穗人员的服务和管理,是推进新型城市化发展的重要因素和全新课题。

---

① 郑梓桢:《广东"积分制"破除户籍坚冰》,《决策》,2010年第2期。

② 陈剑玲、李海峰:《"一队伍三中心":广州市荔湾区街道管理体制改革新探索》,《探求》,2011年第4期。

据2012年11月3日《广州日报》的消息，广州在全国副省级省会城市率先成立外来人员服务管理局，这是推进体制机制创新、加强社会建设的重大举措。作为政府的工作部门，来穗人员服务管理局将统筹全市来穗人员服务管理和出租屋管理，研究制定来穗人员服务管理的政策、规定和标准，界定来穗人员享受积分入户、子女入学，以及计划生育管理、出租房屋登记、受理咨询投诉等服务管理工作，以优质高效的服务管理为来穗人员营造宜居宜业的良好环境。

四、以新公共服务理念进一步推进流动人口管理服务

"新公共服务理论"所倡导的"人本、责任、服务、公民权"等核心内涵要求把一种公民感带入到政府本身的工作中去，以伦理责任和关系为中心，强调政府与社区、民众在公共生活中的合作管理。这种理念有助于我们重新审视政府的角色定位和行为方式，积极转变传统人口管理模式，不断优化人口服务管理体制。

（一）强化"服务推动管理"的公共服务精神

根据新公共服务理论，"政府行政应该建立在公共利益的观念之上，建立在公共行政人员为公民服务并确实全心全意为他们服务之上"。[①] 对于一个开放社会中的执政党而言，"为人民服务"不再是一句政治口号，而是需要体现在可感的执政行为中。以往不少人往往把因人口流动中少数人的行为对社会产生的负效应而产生的一些社会问题的发生归咎于人口流动，从而在观念上排斥和歧视流动人口，在意识上或行为中偏重于对流动人口的管制。对流动人口采取政府主导下的防范式管理，就决定了流动人口管理部门在管理中重防范和管理，轻服务和保障，这又导致了城市流动人口被进一步

---

① ［美］罗伯特·B. 丹哈特著，扶松茂、丁力译：《公共组织理论》，中国人民大学出版社2011年版，第155页。

边缘化,学者形容为“中国现阶段的社会福利,基本上不存在‘国民待遇’,而仅存在‘区民待遇’”。[①] 所以,重管制轻服务的思想严重背离了新公共服务理念,要转变以往把流动人员作为纯治安管理对象的观念,应该把流动人员作为“社区人”,实行综合管理服务。

(二)政府、社区与市民的共同治理

从流动人口自身看,他们常常是以地缘、血缘关系聚居或从事某些相同职业,以获得自我保护和自我发展。目前,为数众多的流动人口已经“流而不动”,变为事实上的城市常住人口,他们生活、工作在城市,已经深深参与到城市的经济活动和社会生活之中,成为城市社会事实上的纳税人。就此而言,每一位流动人口首先是一个公民,理应享有作为公民应享有的一切权利,但流动人口在城市并没有选举权和被选举权等政治权利。[②] 有学者也指出各地在加快以改善民生为重点的社会建设中,“只讲民生,不讲民主”,所以社会矛盾屡屡发生。[③] 对此,一些地方尝试在流动人员中挑选威信高、素质好的人员担任自管员,并组建流动人口的党支部、团支部、计生协会、妇女协会、法律维权站、培训站等,较好地实现了流动人口自我管理、自我服务。这些做法的共同特点是“以外管外”。其实,自治管理形式的出现,不仅能有效配合政府职能部门的管理,更重要的是能利用组织资源,在切实保障流动人口权益的同时,有助于我国基层民主化进程的推进。笔者认为,在加强党的基层组织建设的同时,应扎实开展村民自治、居民自治,让流动人口参与到基层的民主选举、民主决策、民主管理、民主监督中。可发动出租屋主、用工单位、中介机构、民间组织、社会团体、公益机构等社会力量参与流动

① 陈友华:《中国人口与发展:问题与反思》,中国社会科学出版社 2012 年版,第 264 页。

② 梁桂全:《广州新型城市化发展战略研究》,广州出版社 2012 年版,第 147 页。

③ 龚维斌:《当前社会管理中的六个误区》,《学习时报》,2012 年 10 月 15 日。

人员的管理服务，还可在地方政府的指导下，有意聘请流动人员中素质比较高者，加入“一队三中心”参与社区治理，引导自我管理，提升管理服务的效能，以加强流动人员的服务和管理。

（三）推进实有人口管理服务的一体化

政府应把促进流动人口的社会融合作为流动人口管理的基本目标，在城市户籍制度改革方面，要实施更为积极的流动人口入户政策，要继续坚持积分入户制度改革的持续性。在正式积分入户之前，根据流动人口务工年限的增长和素质的发展享受逐步升级的市民待遇。这种方法既能依托于居住证的梯度累进，使流动人口获得公共服务的机会，又能使流动人口在市民化的渐进过程中做好融入城市的准备，为其提供一个融入城市需要的预期。不过，仅靠零星的制度调整远远不够，必须上升到社会管理服务的综合改革层次，把流动人口管理和服务纳入到当地经济社会发展总体规划之中。社会保障、公安、教育等部门要制定积分制入户、农民工子女义务教育实施细则，尽快抓好落实；城乡建设、国土房管、规划等部门要研究制定流动人员积分制住房保障制度，逐步将高素质流动人口纳入公共租赁房、经济适用房等保障范围。通过建立健全社会公共服务体系，促使流动人口平等地融入城市，成为“新市民”。

（四）推进流动人口管理服务的社会化

积极培育和发展社区服务类社会组织，健全政府购买服务机制，壮大社会工作者队伍。推进社会组织与社区之间的交流与合作，提高社会组织在社区流动人口服务管理中的参与度。坚持培养与激励并重，培养社会工作专业学生的公益精神和业务能力，物质激励与精神激励相结合，留住社工人才。在流动人口子女教育问题上，也要加大管理服务的社会化力度，呼吁政府部门多鼓励半公益幼儿园项目，给予优惠政策，吸引赞助，同时，放开社会公益组织，形成良好互动合作。尽管现阶段广州市通过公办学校挖潜和民办教育发展已基本解决了流动儿童"有书读"的问题,但仍有相当部分学生无法享受到国家法律规定的免费义务教育,因此,下阶段应在人口转移与合理流动的基础上加大投入,一方面努力增加公办学校学位,另一方面考虑向民办学校购买学位,逐步提高流动儿童在公办学校就读的比例,使流动儿童真正享受到政策规定的"同城待遇"。

(五)对流动人口开展市民化教育的专项活动

要加强对外来务工人员的教育培训和沟通交流,引导他们依法理性表达利益诉求、维护合法权益和克服各种困难,更好适应城市文明及生活方式。社区、企业等要加强对"新广州人"的人文关怀,积极举办外来工喜闻乐见的各种文体活动,丰富他们的精神文化生活,提升他们的归属感和认同感。不仅要教授关于城市生活的常识,如不能随地吐痰、不能并行坐电梯,要遵守城市交通规则而不得随意穿越马路翻栏杆,还包括"新广州人"基本的职业技能培训,从而逐渐提高流动人口本身的素质,促进他们对城市的认同和与城市主流的融合。同时,还要通过加强舆论宣传,引导城市居民消除歧视,建立包容心态,让更多的城市居民理解和认同流动人口转变为市民后的社会地位和享有的权益。

人口有序管理的国际经验与中国实践

——基于流动人口服务管理的视角

北京行政学院　尹德挺*

内容提要：本文探讨了发达国家在人口登记管理、信息管理、流动人口调控及社会融合政策等方面的成功经验及植入我国的四大体制障碍——人口信息整合环节断裂，地方财权事权环节断裂，鼓励就业环节断裂，举家迁移环节断裂。基于人口有序管理良性循环的理论框架，本文论述了发达国家人口有序管理经验对我国流动人口服务管理的启示，即建立“双核心”人口管理信息系统；建立人口有序管理协作机制，突出“成本杠杠”作用；建立居住证制度，实现流动人口渐进式福利供给；改革分税制和转移支付制，实现公共福利均衡供给；建立以“城市功能定位”为导向的公共资源合理配置机制，促进人口与产业有机结合；建立以家庭团聚为重要维度的社会融合机制，体现对“事实移民”的人性关怀。

关键词：人口有序管理　国际经验　流动人口服务管理

随着改革开放的推进和经济体制的转型，我国以户籍制度为基础的二元社会管理体制逐步弱化，而产业变动、城市化进程及国民经济增长空前加速，人口流动呈现高度活跃态势。目前，我国流动人口服务管理工作开始围绕人口的基本信息、资格审查以及相关公

* 尹德挺，北京行政学院社会学教研部副主任、副教授。

共服务三方面展开工作，但流动人口这一管理客体仍表现出组织弱、就业差、融合低、管理难等问题，而政府部门这一管理主体也体现出主体不清、效率不高、信息不明、队伍不足等问题。“他山之石，可以攻玉”。本文试图探讨发达国家在人口证件登记、信息管理、流动人口调控及社会融合等方面的有序管理经验，以期为我国加强流动人口服务管理工作提供借鉴。本文拟解决三个问题：

第一，发达国家实现人口有序管理的理念、基础和手段分别是什么？

第二，基于国际经验，界定何为“人口有序管理”？发达国家人口有序管理经验植入我国存在哪些制度障碍？

第三，在人口有序管理良性循环的理论框架指导下，未来我国加强流动人口服务管理工作的政策思路涉及哪些方面？

一、“人口之鉴”：发达国家人口有序管理经验

针对人口有序管理，主要发达国家是在确保公民自由迁移权的前提下，综合运用行政、法律、税收、规划、市场、福利、信息等各种手段，吸引居民主动接受管理，合理引导人口流量和流向，从而有效调控区域间的人口流动，保障区域内的社会融合。

(一)以生命事件和生活事件信息系统为双核支撑，构建人口服务管理的工作平台

建立以生命事件和生活事件为双核心的人口信息系统是实现人口有序管理的重要手段，也是掌握人口迁移流动信息的重要途径。例如，在美国，人口微观信息的日常统计主要来源于两大系统的制度支持：生命登记制度(Vital Registration System)和社会安全号制度(Social Security Card)，这两套系统分工明确，各有侧重。生命登记制度侧重于记录人口生命事件的微观信息，即出生、死亡、婚

姻、领养、胎儿死亡、流产、父母基本情况、父母与子女的社会关系等，[①]但较少涉及国内人口迁移和流动信息。在美国，包括出生、死亡以及绝大部分的结婚信息等生命事件记录，主要由各州人口统计局保存，而各州主要通过公共卫生统计和信息系统协会（the Association for Public Health Statistics and Information Systems）来完成联邦政府所要求的生命登记工作；[②]其他生命事件记录，诸如契约、抵押、姓名变更、离婚以及部分州不集中统计的结婚记录等信息，主要由所在郡的法院书记员保存。[③] 生命登记制度除了提供个体微观信息外，还能够与人口普查数据结合，为人口有序管理提供翔实的宏观数据资料，即郡及郡以上人口估计的基数来源于人口普查，更新数据的信息基于生命登记资料等各种行政记录。不过，详尽而完备的生命事项登记需要耗费大量人力、物力，而且美国出生、死亡等事项的登记也未做到100%完善。

另一方面，社会安全号制度侧重于记录公民身份及日常生活的微观信息，是政府管理常住人口的重要手段，它记载着包括迁移、居住、纳税、驾照、补助金额等在内的多维信息，它是申请入学、贷款、信用卡、银行开户等重要事件的凭证，由美国社会保障局针对个人发行并由其负责管理，居民终身使用。申请社会安全号（Social Security Number，简称SSN），需要提供父母的SSN，最后由生命登记办公室分配一个SSN。由于美国不实行迁移登记制度，因此，人口迁移和流动的微观信息主要来自于社会安全号系统，各个地区、行业、部门都可以通过存储社会安全号信息的电脑系统查询个人纳税和医疗登记情况，实现了对迁移流动人口进行有效的信息追踪和服

---

① John R. Weeks. Population: An Introduction to concepts and Issues [M]. California: Wadsworth Publishing Company, 1999.

② James A. Weed. Vital Statistics in the United States: Preparing for the Next Century, Population Index 61(4). Winter 1995.

③ 同上。

务管理，其中，对于65岁以下的纳税人及其家属，商务部人口普查局从财政部联邦税务局的个人税收记录单上获取其当前住址，再通过社会安全号反查当事人上一年度的住址，以此判断公民在这一年度内是否发生了国内迁移；而65岁及以上人口的迁移率则是通过老年人的医疗登记单来推算。[①] 可见在美国，人口迁移流动信息与个人纳税记录、福利享有紧密相连。

日本采用以户籍簿与住民票为双核心的人口管理体制，其中，户籍簿以家庭为单位，采取"依人编制"(记载个人的重要身份事项)和"家庭卡片"(记载个人与其他家庭成员间的社会关系)相结合的方式，记录出生、死亡、婚姻及遗产继承等信息，起到登记身份和公证的作用，类似于中国的"户籍卡"；而住民票以个人为单位，依据公民的居住地发行，是公民确认日常住址、迁移、纳税、选举、接受义务教育乃至领取健康和年金保险、米谷配给等的根本依据，[②]具有人口统计功能，类似于中国的"暂住证"或"居住证"。从管理系统上来讲，住民基本台账系统负责住民票的管理，它由税务系统、国民健康保险系统和选举系统以及住民服务系统组成，这一管理平台将个人迁移流动信息与个人纳税义务、福利权利整合于一体，为实现人口有序管理提供了有力保障。

(二)以"福利引导、责权统一"为动力，建立流动人口主动登记的工作机制

首先，发达国家的福利供给是以履行公民义务为前置条件的。以美国为例，美国基本公共服务供给原则是义务和权利的对等，不管是流动人口还是本地居民，依法纳税是享受各种公共福利的前提条件。以美国教育为例，教育经费由三级政府投入组成，大体上联

① 胡英：《从美国社区调查看美国人口统计方法制度的改革》，《市场与人口分析》2004年第4期。

② 王新华译：《日本户籍法》，中国人民公安大学出版社2003年版。

邦政府占 4%、州政府占 88%、地方政府占 8%；[①]从经费来源看，联邦政府主体税种是个人所得税，州政府主体税种是消费税，而地方政府和学区主体税种则是财产税。美国联邦政府通过建立地方学区征收财产税的分税制，来确保本学区义务教育的经费支出。在美国公立学校中，从学前班到 12 年级，学生按照家庭住址就近免费上学。公立学校完全按照居住地划分，不管是租房或买房，学校看的不是房产证，而是家庭近期的电话账单或水电账单，[②]以证明其居住信息的真实性，并结合社会安全号中本学区的纳税记录（如财产税等），为地方学区居民提供免费的义务教育服务。此外，为增强地方政府提供公共服务的能力，联邦政府对州和地方政府建立了比较全面的财政转移支付制度，[③]以解决各地区间的财政不均衡，实现基本公共服务的均等化。

其次，个人利益和公共福利又与证件登记、人口信息管理相关联，这是发达国家成功实施人口有序管理的有效手段。在美国，社会安全号已经成为了国民"身份证"，[④]是个人享有公共福利的重要证明。在没有户口和个人档案制度的美国，它已成为一种有效的社会管理工具：[⑤]第一，社会安全号码与领取工资紧密相连。通常，雇主要向国税局报告给予受薪者的全部收入，而在税务领域，社会安全号码则是唯一的个人识别号码，是纳税记录的重要载体。第二，社会安全号码与个人信用消费紧密相连，记录着个人信用消费的全过程。如果一个人的记录良好，信用度高，还可以在许多方面得到

---

① 重庆市教委德育考察团：《美国义务教育考察报告》. http://www.bjaoxiao.com/html/2009-04/278_1.html，2008-12-23.

② 《美国义务教育连课本费都不收》，《基础教育》2006 年第 8 期。

③ 高如封：《农村义务教育财政体制比较：美国模式与日本模式》，《教育研究》2003 年第 5 期，第 64 页。

④ Kouri，Jim. Social Security Cards：De Facto National Identification[J]，*American Chronicle*. March 9，2005，ht tp://www.americanchronicle.com/articles/viewArticle.asp?articleID=3911.

⑤ 薄晓光：《美国的社会保障制度》，《中外企业文化》2004 年第 6 期。

优惠,例如教育、贷款等。反之,有关部门将出面予以法律制裁等。第三,社会安全号与政府提供公共福利和社会救助紧密相连。例如,在医疗方面,只要向有关机构提供儿童的社会安全号码以及父母的有效收入证明,有些州就能向儿童提供免费的医疗保险;在教育方面,社会安全号中具有本学区纳税记录的居民能够享受免费的义务教育,但跨学区及学区内的非居民则不能享受优惠;在高等教育阶段,要根据社会安全号所提供的居住地点和居住时间等信息,综合判定州内的居民能否享受本州的教育优惠。因此,美国居民会向政府部门主动提供人口的真实居住信息,以确保享受各项优惠政策。由于社会安全号既承载着个人税收、福利、信用等信息,也承载着人口迁移流动的信息,因此,通过"福利引导、责权统一"的原则,引导流动人口主动接受管理成为可能。

在日本,住民票是反映人口迁移和流动的重要依据。日本法律明确指出,住民登录制度只是与户籍相关,而不等同于户籍。日本国民在哪里居住和工作由自己选择,办理完迁入手续后就享受迁入地的所有福利,并按照当地的相关政策和数额交纳保险和税金等,即在日本,保险、纳税以及福利都与现住地的地址相关。但是,公民在迁出之前先要到当地政府办理住民票迁出证明,注明迁出原因和计划前往地址,迁入新址后十四天内到新住地政府办理迁入登记。随着"电子政府"计划的实施,日本新近出台了《住民基本情况网络登记制度》,公民凭借个人登录号就可以在网上方便地完成迁移登记,政府也可以根据电子记录掌握公民的行踪。[①] 迁移人口如果逾期尚未办理迁入登记,那么会影响到个人的国民健康保险和驾照,不过,在法律上一般不会承担什么责任。总的来说,在日本,迁入居民主动办理住民票的原动力包括两个方面:一个是与住民票捆绑在

---

① 接栋正:《发达国家人口管理办法对我国的启示与思考》,《人口与经济 2008》年第4期。

一起的政府福利，另一个是住民票不变更会给迁入者个人的医疗保险和车辆驾驶等带来的重要影响。因此，日本国民愿意将个人的迁移流动行为通知迁入地政府，从而享有迁入地的公共福利，为实现人口有序管理提供了便利。

（三）以法律、税收等手段作为成本杠杆，实现人口准入及分类管理

在美国，公民自由迁徙同样必须符合一些准入条件。例如，美国公民从一个州到另一州的迁移虽然在地理意义上是自由的，但完全进入迁入地社会权利体系是有条件的。最为常见的限制条件是：(1)特定的居住期限。例如，有些州规定居住不满一年的大学生需要支付较高的高等教育学费。(2)在迁入州内具有固定居所。(3)真诚居住的要求，即现在实际居住，且打算无限期地居住下去。一旦被确认为某州的真诚居住者，即可享受本州居民待遇。不过，“真诚居住”的判定比较困难，可以通过客观物质因素等来识别，例如，孩子是否与父母或者其他法定监护人一起居住在学区内等。[①]

此外，美国还通过社会安全号的不同类型实现对人口的分类管理，提高就业门槛。从社会安全卡片的种类来讲，社会保障局针对不同人群提供不同类型的社会安全号卡片，并通过不同卡片的种类来限制就业机会和就业行为：最普遍的卡片发给美国公民和永久居民（绿卡持有者），注明了持卡人的姓名和号码，此卡拥有者就业相对自由；注明“Not Valid For Employment”的卡片发给在美国有合法身份但不能在美国合法工作的外国人，它无法用于就业所需的证明；注明“Valid For Work Only With Dhs Authorization”的卡片发给有美国国土安全部工作许可在美国可以临时短期工作的外国人。

一些发达国家还通过税收和法律的手段来限制人口的流入或

---

① 曹淑江，张辉：《美国流动和迁徙人口的教育法律与政策及其对中国的启示》，《外国教育研究》2007 年第 1 期。

过度聚集。例如,法国巴黎在市区比郊区征收更多的建筑用地税;巴黎还曾经规定流动人口要获得居住权必须先缴纳十年赋税;韩国首尔通过对大型建筑物的建筑商征收"人口过密税",来缓解中心城区人口压力;[①]美国纽约州出台了《1901年出租房屋法案》,该法律针对纽约市制定了比先前法案更为严格的强制条款,包括对电灯、卫生、通风设备和使用期的要求,还对新住房及其维修标准以及对建造不合格房屋进行了定罪;[②]英国也运用法律规定了最低的人均居住面积,政府只需要通过控制房屋建筑总面积就能达到控制人口规模的目的。

(四)以城市总体规划及市场机制为导向,缓解城市中心区人口压力

在城市总体规划方面,发达国家主要做了多项工作促进人口在区域间的合理流动和有序分布:第一,建设大都市圈,统筹规划城市人口。例如,美国在以芝加哥为中心的480公里范围内建立了芝加哥都市圈,集中了全国近20%的人口。第二,加强城市功能分区的规划。例如,法国巴黎在郊区建设了汽车、航空、基础化学、制药等一系列新的工业区,在近郊建设了相对发达的金融、保险、商业性服务业和运输业等,有效缓解了城市中心区的人口压力。第三,建设新城和卫星城,疏导城市中心区人口。例如,英国在20世纪70年代中期先后建立了33个新城,其中11个分散在伦敦外围129公里周长范围内。第四,加强城市基础设施建设,引导城市中心区教育、医疗、生活保障资源和基础设施向城市发展新区转移,吸引大量人口迁移。

此外,国外大城市十分重视利用市场的力量,往往通过建立健全积极的市场导向机制来调控人口。第一,以产业结构升级、产业

---

①② 翟振武,杨凡:《世界城市人口调控的政策措施及启示》,"北京社会建设论坛(2010)",中国人民大学,2010年。

布局调整为导向，优化人口分布和结构。例如，英国分别于 1945 年、1947 年制定了工业重新安置法和城市农村计划法，对愿意搬迁的工厂给予鼓励和资金补助，并且发给职工雇佣奖励金、职业训练补助费作为奖励。第二，调动个人、企业、行业协会等各类市场主体投入城市建设，加速城市建设和人口空间重塑的步伐。第三，完善劳动力市场管理制度，提供丰富的就业信息。例如，美国劳动力统计局每月对非农业公共和私人部门企业的总工作量、招聘职位数、已雇佣数、辞职数、失业人数解雇人数和其他一些市场招聘职位与劳动力供给状况进行调查，通过劳动力市场信息的官方供给，实现人口在区域间的理性流动。

（五）以家庭团聚为重要维度构建移民整合指数，保障区域内的社会融合

在社会融合方面，欧盟移民社会融合政策的核心原则就是反对歧视，要求成员国给予移民国民待遇，实现全面彻底的社会融合政策。欧盟成员国的人口在欧盟区域内享有比较全面的权利，包括自由流动和自由居住权、平等就业权、受教育权、社会保障权、政治权、家庭团聚权。为了实现全面彻底的移民融合政策，欧盟还采取了有效的融合政策管理和协调机制，通过开放式协调方案来确保政策目标的实现，其中最重要的一项举措就是开发一套欧盟成员国共用的测量指标来监控社会融合进程。欧盟于 2004 年提出了“欧洲公民资格和融合指数”，该指数包含劳动力市场融合、长期居住、家庭团聚、入籍和反歧视五个方面共 99 个指标，其中，“家庭团聚”是人性关怀的重要体现。2007 年，该指数进一步被修改为“移民整合指数”，不仅将“政治参与”纳入了移民整合指数，并将移民整合指标增加到 142 个政策指标，而且政策考察范围扩大到欧盟的 25 个成员国。移民整合指数的构建既能反映出一个国家的移民融合程度，也有利于成员国之间的比较和监督。因此，在一系列理性管理和人性关怀政策的综合影响下，欧盟各国迁移流动人口的社会融合度不断提高,人口有序流动格局平稳推进。

二、"人口之序":人口有序管理良性循环的理论框架

基于以上成功的国际经验,本文认为人口有序管理应包括以下几个方面:在管理目标上,做到"人口总量平稳适度,人口流动自由有序,人口结构不断优化,人口分布均衡合理";在管理理念上,做到"人口管理与经济发展、社会福利、城市定位、区域规划及人性关怀相统筹";在管理内容上,做到"人口信息动态登记,资格审查严格到位,相关公共服务有序供给";在管理手段上,做到"以服务促管理,以管理保服务";在管理主体上,做到"责任明,效率高";在管理客体上,做到"有序流,融合好";在管理效果上,做到"底数清,情况明"。

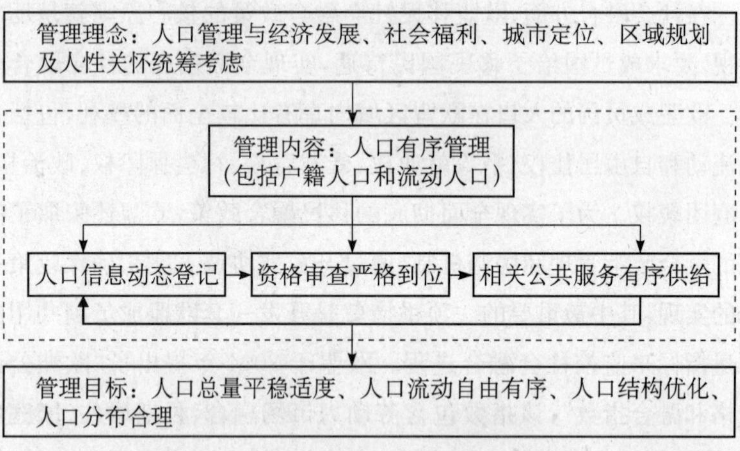

图1　人口有序管理良性循环的理论框架

按照此思路,我们能构建出人口有序管理良性循环的理论框架和思路:人口信息真实且动态更新,取得人口信息后进行严格的资格审查,然后根据审查过的相关资质,有条件地有序供给相关公共服务,而公共服务供给又进一步引导人口主动登记,最终实现人口总量、人口流动、人口结构与分布不断优化的管理目标。

三、"人口之困":人口有序管理经验植入我国的体制障碍

然而,目前我国人口有序管理的基本理念仍是把人口作为一个经济发展和社会稳定的单一要素来进行单向控制,而非系统调控,再加上客观国情国力和政治经济体制约束性条件的存在,以致我国流动人口管理体制并未严格按照人口要素有利于经济社会发展、有利于人民福祉的标准来构建。概括起来,发达国家人口有序管理经验植入我国,存在以下几大体制障碍:

(一)人口信息整合环节存在断裂,人口信息归口管理主体有待明确

目前,由于部门利益的阻力,长期以来我国人口,特别是流动人口信息不清,人口基础信息仍处于"散、乱、旧"的状态。从管理主体来看,尽管党委的政法部门在地方上是流动人口服务管理的牵头协调部门,但由于其工作重心在治安管理上,对诸多公共服务的统筹协调处于缺位状态,而政府序列的有关部门又难以找到一个改善流动人口公共服务的枢纽平台,因此,发达国家"双核心"的人口信息管理系统植入中国,首先需要明确的是人口信息系统主管部门的归属问题,特别是类似于美国"社会安全号"的生活事件信息系统权限归属。

(二)地方财权事权环节存在断裂,地方政府为流动人口提供相关公共服务的动力不足

国外很多国家采取的是"消费偏好型发展模式",对消费环节征税,例如,美国州和地方政府的主体税种是消费税或财产税,人口增加意味着政府财源的增加,对地方政府提供基本公共服务形成了良好的正向激励。然而,我国采用的是"生产偏好型发展模式",征税以生产环节为主,人口增加对地方政府而言,通常意味着公共服务供给和财政压力增大,地方政府对于流动人口具有一种"本能"的排

斥力，这是我国长期以来“财权向上、事权向下”型制度安排的必然结果。

(三)鼓励就业环节存在断裂，人口合理分布受阻，地方政府绩效考核体系有待调整

对我国发达地区而言，引进产业时往往从提高区域人均 GDP 等考核指标出发，引入的产业和企业通常属于资本密集型，在区域经济聚集的同时不能形成很好的人口聚集，人口流动不能完全受到市场力量的支配，最终导致人口流动与产业分布不相适应。

(四)举家迁移环节存在断裂，人口自由有序流动受阻，社会福利分配体系有待完善

一方面，由于户籍制度以及非一体化社会保障体系的客观现实，人口自由有序流动受到很大限制；另一方面，劳动力通常以个体而非以家庭的形式迁移，而且即使是举家迁移流动，也很难真正融入迁入地，所以新增劳动力对住房及其他服务的需求往往无法得到有效且充分释放，既不能拉动当地的消费，提升地方政府吸纳流动人口的积极性，又使得流动人口的社会融合受阻，城市归属感缺失。相比之下，欧盟在推进移民的社会融合进程中，既注重个人福利，又注重家庭团聚；既满足个体流动愿望，又调动地方政府吸纳人口的动力，这样，人口有序管理格局更易形成。

四、“人口之策”：未来我国流动人口服务管理的政策思路

由于我国在人口有序管理内容及其目标的各个环节存在一系列的断裂，因此，我国流动人口服务管理工作不可能一蹴而就，未来改革肯定是艰难的、分阶段性的。在人口有序管理良性循环理论框架的指导下，我国流动人口服务管理工作既要注重管理理念，又要注重管理政策；既要注重规模调控，又要注重结构优化；既要注重依法行政，又要注重配套服务；既要注重近期改革，又要注重长远规

划。综合起来考虑，本文认为我国要实现流动人口服务管理的有序规范，必须在人口信息管理、资格审查、公共服务供给三个方面同步改革，形成合力。基于此，本文提出以下几点政策建议。

（一）管理基础：建立两轮驱动的“双核心”人口服务管理信息平台

美国生命登记制度与社会安全号制度的分离、日本户籍簿与住民票的分立都给我们一个重要启示：在我国，可以尝试建立两权分立的两套人口信息系统，其中，一套信息系统反映个人的生命事件信息，与户口相关，体现人口登记的职能；另一套信息系统反映个人的生活事件信息，体现公共福利供给凭证之一的职能，引导人口有序流动。我国未来改革的目标很明确：还原“户口”的人口登记职能，各种公共福利与户口脱钩，通过抓住流动人口的公共福利需求，达到流动人口主动登记的目的。

（二）管理机制：以成本调控为突破口，建立人口管理协作机制

首先，尽早建立以人口有序管理为导向的政策统筹协调机制和会商制度，降低因政策冲突导致区域流动人口过度聚集的政策成本，减少政府对市场的干预行为，还原流动人口正常的就业成本和生活成本。在各项政策法规颁布之前进行审查，对不符合流动人口成本调控思路或其他重大执政目标的政策提出修改和完善意见，交由相关部门进行充分协调，待形成一致意见后再颁布实施。

其次，强化以流动人口服务管理为导向的部门统筹机制，降低因政策设计和执行漏洞导致流动人口成本费用不实的问题。与人口服务管理相关的部门需要全面树立“成本调控”的理念，形成部门合力：在就业成本调控方面，要着力严惩违法用工单位，既强化劳动执法力量，维护流动人口合法的劳动权益，又要重点查处流动人口聚居区内的个体工商户、“六小七黑”等存在事实劳动关系的单位，间接提高特殊区域和特殊行业流动人口从业人员的择业成本；在居

住成本调控方面,各个部门要统筹协作,加快城乡结合部城市化工程建设,严格控制违法建设的新增,加大对违法建筑的依法拆除力度,保证流动人口居住环境安全;积极建立并完善出租房屋综合执法长效机制,尽快出台违法出租的处罚性法律法规,如地下空间及群租房的管理罚则;强化对违规中介机构和个人房东的间接执法,规范房屋租赁行为,如加强对出租房主偷税漏税的监管力度和处罚力度等。

(三)管理手段:建立居住证制度,实现流动人口渐进式福利供给

美国和日本两套人口信息登记系统告诉我们,我国应该将各种公共福利,包括教育、医疗、养老等从户口上剥离下来,并运用居住证的形式,将这些福利分阶段、渐进式地给予流动人口。

我国部分城市进行居住证制度改革时,要特别注意四个问题:第一,要实行居住证的分类管理。针对不同类型的人群发放不同阶段的居住证,以达到渐进式给予公共福利的目的。第二,要重点区分"真诚居住"和"福利旅游"的两类人群。要通过居住时间、纳税记录等多项指标,综合判断流动人口是否仅仅只是为了享受城市较优的公共福利或优惠而迁移流动。第三,凸显居住证的综合管理职能。要将居住、纳税、子女义务教育、医疗保险、驾照、贷款等情况记录于此证,使之成为流动人口必须使用的身份证件,从而达到政府部门掌握人口流动信息的目的。第四,通过居住证建立流动人口的诚信系统。通过居住证的各项记录建立人口信用指标体系,提高违规成本,形成良好的社会导向,如遵纪守法、实行计划生育等。

(四)服务配套:通过分税和转移支付,实现公共福利均衡供给

从美国社会安全号以及日本住民票的管理经验我们可以发现:实现人口合理流迁、有序管理的关键在于地区间公共福利相对无差异供给,而在其背后是以有效的财政税收体制作为支撑。因此,未来财税体制应该着重进行以下两项改革:第一,要深化分税制改革。

在保证中央财政收入增长的情况下，建立地方财政，特别是基层财政税种，类似于美国地方学区的财产税。这样，人口流动能够增加地方政府的财政收入，而不会加重其财政支出的额外负担，从而实现人口自由流动、地方政府良好服务的双赢局面。第二，强化中央转移支付制度，必要时可以建立某项公共服务的专项资金，支持地方财政。通过这项制度，改变国内城乡差异、地区差异的现状，实现公共服务的均衡供给，促进人口有序流动和合理分布，避免人口过度向大城市、特大城市聚集。

（五）空间布局：建立以“城市功能定位”为导向的公共资源合理配置机制

我国要力争提高城市公共资源，特别是土地资源的配置效率，在区域功能定位的指导下，更大程度地发挥土地资源在疏解人口与产业分布方面的重要功能。土地供给和使用应该符合城市空间结构的调整方向，统筹考虑中心城与新城的协调发展，兼顾不同区域的城市发展现状；在产业调整方面，着重淘汰调整低端产业，控制低级次产业吸纳流动人口的规模。逐步建立起产业退出机制和产业准入制度。结合土地市场专项整顿，强化土地资源的集约利用，着重提高农村集体建设用地开发效益，在我国主要特大城市坚决停止审批经济和社会效益低下的市场、仓储、简单加工等低效项目。

（六）管理目标：实现彰显人性关怀的城市社会融合

在人口有序管理的同时，必须树立迁移流动人口社会融合的根本理念。对于“非事实移民”式的流动人口，可以尝试利用市场的手段，引导其在区域之间合理分布，而对于“事实移民”式的流动人口，必须建立社会融合机制，即在一定的财力和监管机制等客观约束下，流动人口能够有机会逐步获得包括政治选举权、平等就业权、家庭团聚权等在内的多项权利，但是这种权利的赋予应该是有条件的、分阶段性的。

参考文献

[1] John R. Weeks. Population: An Introduction to concepts and Issues [M]. California: Wadsworth Publishing Company, 1999.

[2] James A. Weed. Vital Statistics in the United States: Preparing for the Next Century, Population Index 61 (4). Winter 1995.

[3]胡英:《从美国社区调查看美国人口统计方法制度的改革》,《市场与人口分析》2004 年第 4 期。

[4]王新华译:《日本户籍法》,中国人民公安大学出版社 2003 年版

[5]重庆市教委德育考察团:《美国义务教育考察报告》. http://www.bjaoxiao.com/html/2009-04/278_1.html,2008-12-23.

[6]《美国义务教育连课本费都不收》,《基础教育》2006 年第 8 期。

[7]高如封:《农村义务教育财政体制比较:美国模式与日本模式》,《教育研究》2003 年第 5 期。

[8] Kouri, Jim. Social Security Cards: De Facto National Identification[J], *American Chronicle*. March 9, 2005, ht tp://www.americanchronicle.com/articles/viewArticle.asp? articleID=3911.

[9]薄晓光:《美国的社会保障制度》,《中外企业文化》,2004 年第 6 期。

[10]接栋正:《发达国家人口管理办法对我国的启示与思考》,《人口与经济》2008 年第 4 期。

[11]曹淑江,张辉:《美国流动和迁徙人口的教育法律与政策及其对中国的启示》,《外国教育研究》2007 年第 1 期。

[12]翟振武,杨凡:《世界城市人口调控的政策措施及启示》,"北京社会建设论坛(2010)",中国人民大学,2010 年。

新生代农民工社会支持网络的构建

——基于合肥市48位新生代农民工的半结构化访谈数据

安徽行政学院　张　超*

内容提要：新生代农民工社会支持网络的构建直接影响到城市化进程中新生代农民工城市融入的状态，是和谐社会构建的重要基础。本研究在对合肥市48位新生代农民工进行半结构化访谈数据信息分析的基础上得出，现阶段新生代农民工社会支持网网络规模小，网络构成同质化的特征依然明显。除社会环境因素之外，新生代农民工自身因素也导致其现有社会支持网络格局的重要因素。因此，必须从政府部门、社区、社会组织、新生代农民工自身多视角对新生代农民工的社会支持网络加以构建。

关键词：新生代农民工　社会支持网络　构建

一、问题的提出

随着城市化进程的不断深化，大量新生代农民工拥向城市。2010年2月1日，中央一号文件提出，要“着力解决新生代农民工问

---

* 张超，安徽行政学院教授。

题”,这是党的文件中第一次使用“新生代农民工”①这个词,传递出中央对约占农民工总数60%的80后、90后新生代农民工的高度关切。统筹城乡的背景下,新生代农民工社会支持网络的建构必将成为该群体社会融合和市民化进程中的工作重心。

新生代农民工是一个时代色彩非常浓厚的词汇。单就“农民工”而言,本身就是一个集社会身份与职业于一体的特殊存在。一方面,在城市工作,虽然大多处于社会底层但仍然属于城市雇佣工人。另一方面,身份是农民,因为户籍在农村而不能享受与城市居民同等的就业、医疗、社会保障的待遇。“新生代农民工”就更为特殊,这种特殊不单是体现在年龄上,还体现在其成长经历和对未来期许所导致的尴尬的现状上。一方面,他们几乎没有务农经历,大多从进入学校起就日渐脱离了农村的社会生活。他们受教育程度远远高于第一代农民工,对艰苦生活的耐受能力低,不愿意再回到农村。另一方面,作为生活在城市中的农民,虽然他们受城市文化和生活方式的影响,在一定程度上已经被城市文明所同化,但是他们在物质、文化、情感、心理上却并没有真正融入城市生活的“主流”,在城市处于社会的边缘地带,甚至成为被忽略和被歧视的弱势人群。因此,当其自身能力不足以让他们在城市中找到自身定位时,寻求社会支持是他们谋求生存与发展的必然选择。但是,由于长期城乡二元体制的影响,使得新生代农民工的社会支持网络始终处于初级阶段,他们缺乏向上流动的机会和途径,难以实现真正的社会融合。因此,在城市化进程步伐不断加快的今天,深入研究新生代农民工社会支持网络结构的构建,既是关系改革发展稳定全局的迫切任务,也是促进工业文明建设和构建和谐社会的重要基础,

① 新生代农民工的概念自王春光(2001)首次提出之后,国内不同的学者对该群体的界定不同,本文对新生代农民工的界定为:1980年以后出生,户籍在农村的城市雇佣工人。本次选取48个访谈样本为安徽经济管理学院(专科)的毕业生,户籍均在农村,一部分样本入学时户籍就留在农村,另一部分在毕业后将户籍迁回了农村。

必将有利于新生代农民工更快地融入城市生活。

二、新生代农民工社会支持网络的现状

本研究以合肥市48位新生代农民工为研究样本，样本均为安徽经济管理学院（专科）已毕业两年以上的学生，主要从事企业产品销售、保险推销、电话客服、商场营业员、酒店服务员、前台接待员、车间工人等工作。年龄在23岁至25岁之间，其中男性21人，占44%；女性27人，占56%。已婚11人，已有婚约者7人。本研究采取以肖水源社会支持评定量表中的问题作为访谈的结构化问题，在此基础上再进行深层次的自由访谈的方式获取数据信息。由于样本量较小，因此，本研究就所获取的48份数据进行简单的统计分析，而不对其间的因果关系进行结构化分析。

关于社会支持网络的构成，不同的研究者提出的观点并不相同。本研究采用范德普尔的观点，[①]在研究中将新生代农民工的社会支持网络分为实际支持、情感支持、社交支持三个维度，其中实际支持包括家务劳动，患病时帮助、借钱、帮助介绍工作、帮助照看孩子、重要信息的传递等日常事务的帮助。情感支持包括与同事或配偶有矛盾时纾解、精神安慰、重大事项咨询等情感问题的帮助。社交支持包括一同外出、拜访、吃饭、逛街等社交活动陪伴。在此，社会支持网络不仅包含现实社会网络，也包括虚拟社会网络所提供的各种支持，就新生代农民工的社会支持网络规模与关系构成的状况展开访谈。

（一）新生代农民工的社会支持网的网络规模

网络规模是以构成个体社会支持网络成员的数目来衡量。在

---

① Van del Poe. l Delineating Personal Support Network. [J]. SocialForces, 1993 (15): 49-70.

访谈中,不同类型的支持网络的网络规模区间从0至5人,整体网络规模在2至3人之间,换言之,每个人至少可以从2个以上的人那里获得自己所需要的社会支持。具体网络规模分布状况见表1。

表1 新生代农民工社会支持网络的规模及分布状况

维度类型	平均规模(人)	网络规模分布情况(%)					
		0人	1人	2人	3人	4人	5人
实际支持	1.85	0	56.3	26.9	9.6	4.3	2.9
情感支持	1.52	4.2	71.8	18.6	3.2	2.2	0
社交支持	1.14	10.4	56.1	12.9	7.8	7.4	5.4

从数据可以看出,新生代农民工的实际支持网络规模为1.85人,情感支持网络规模为1.52人,社交支持网络规模为1.14人。有近93.3%的新生代农民工可以从1至2人中获得实际支持,近90.4%的新生代农民工可以从1至2人中获得情感支持,69%的新生代农民工可以从1至2人中获得社交支持。较为特殊的有4.2%的人没有人可以提供情感支持,10.4%的人没有人提供社交支持。就访谈过程中的信息可以得知,认为没有人可以提供情感支持的为男性,而认为无人能提供社交支持的6个人中有5个人为女性。在继续追问,究竟是无人愿为自己提供支持,还是无人自己愿意向其提出支持请求时,被访者均认为应该是后者。没有情感支持的男性认为"自己在村里也算跳出农门的名人,父母都很为自己感到骄傲,认为自己的孩子在外面是风光得意,所以向父母诉苦想要寻求安慰是自己不愿意的,丢不起这个面子"。而没有社交支持的女性认为"没有漂亮时尚的衣服"、"大家的经济能力不一样,逛不到一起"、"被别人嘲笑过自己的土气,没有眼光"、"都是同学,自己现在却样样不如别人"是没有社交支持的原因。

(二)新生代农民工社会支持网络的关系构成

社会支持网络的关系构成,主要指调查对象与网络成员的具体关系构成,在本研究中主要设定有亲属关系与非亲属关系,亲戚关系包含父母、兄弟姐妹、配偶或恋人、其他亲属，非亲戚关系包括同事、同学、同乡、朋友包含网友。具体关系构成情况见表2。

表2 新生代农民工社会支持网络关系构成

关系类型	维度类型及所占百分比		
	实际支持	情感支持	社交支持
全部亲属	43.2	44.1	23.1
父母	10.7	2.8	0
兄弟姐妹	15.4	11.2	12.3
配偶或恋人	14.5	27.5	8.8
其他亲属	2.6	2.6	2
全部非亲属	56.8	55.9	76.9
同事	8.4	5.2	3.5
同学	20.6	17.3	30.2
朋友含网友	25.8	30.9	41.1
同乡	2	2.5	2.1

由表2可以看出，新生代农民工社会支持网络的构成中，无论是实际支持网、情感支持网还是社交支持网，非亲属关系所占的比重要远大于亲属关系所占的比重。这说明新生代农民工的社会支持网络已经有别于农民工流动初期阶段以血缘和亲缘为核心的先赋性的社会支持网络，后生性的社会支持网络对新生代农民工的影响不断加大，两者处于相辅相成多元共生的状态。

从实际支持网关系构成中可以看出，全部亲属关系中，兄弟姐妹所占的比重为15.4%，配偶与恋人占14.5%，父母只占10.7%，说明新生代农民工在实际支持方面对父母的依赖性较小。但是在访谈中几乎所有被访者都承认，“在工作后至少有半年的时间，仍然还存在向父母、兄弟姐妹伸手要钱的情况，直到自己的‘圈子’慢慢建立起来才停止，不然简直无法在城市里生活下去”。同时，已经有孩子的被访者还在依靠父母，因为他们无法承担为照看孩子留在家中不工作给经济上带来的负担。在非亲属关系中，同学所占比例为

20.6%,朋友所占比例为25.8%。有别于其他的研究[①②],在本研究中同学所占的比重较高,几乎与朋友所占的比例一致,究其原因主要有两个:一是所调查样本原来就读的学校就在安徽省会合肥,学生生源为安徽本省,因此,毕业后留在合肥工作是大部分学生的当然选择。在同一个城市,同学数量较多,在量上能够为自己提供更多寻求支持的选择。二是所调查的样本工作时间都还不算太长,且工作变动较大,对于新的关系的建立和经营还没有时间和能力去做更多,因而同学关系成为比较重要的关系构成。

从情感支持网关系构成可以看出,全部亲属关系中,配偶与恋人所占的比重为27.5%,兄弟姐妹占11.2%,父母只占2.8%,可以看出对父母的情感依赖所占比重非常小。被访者都认为"父母年纪大了,好多事情都不懂,跟他们讲也讲不清,也不能提供什么真正有用的建议,也就懒得让他们操心了"。配偶与恋人在情感支持网的亲属关系中占了较大的比重,这也从一个侧面解释了被访者的婚姻状况。在访谈中,已婚或已经订有婚约的被访者都是在毕业前半年或刚毕业就订婚或结婚,对方均是即将毕业的学生或已经毕业的同村的学生,结婚和订婚原因都是反正将来都要在城市打工,结婚和订婚后身边还有一个人可以依靠。这种新生的亲缘关系给新生代农民工带来的是与父母、兄弟姐妹不一样的支持。而在非亲属关系中,同学占17.3%,朋友占30.9%,其中网友在其中起到了非常重要的作用,他们认为,在虚拟的世界里,"大家无需伪装,可以很畅快地把自己的烦闷无所顾忌地讲出来"。

从社交支持网关系构成可以看出非亲属关系要远远大于亲属关系所占的比例,其中非亲属关系中朋友所占比例为41.1%,同学

---

① 唐利平,薛亚利:《外来蓝领青年的社会支持网络探析》,《青年问题研究》2010年第6期,第86-92页。

② 周林波:《城乡统筹背景下新生代农民工社会支持网络建构研究——以重庆为例》,西南大学硕士论文,2010年,第22-26页。

所占比例为30.2%，均高于亲属关系在社交支持网关系构成中所占的比例，说明在新生代农民工的社交圈中，朋友和同学是其主要构成群体，而亲属关系处于次要的地位，以亲缘和地缘为特征的早期农民工的社交支持已经逐渐发生了变化，其中网络在其中发挥了一定的作用，有11人承认自己的朋友中有网络聊天所结识的网友，还有的是因为参加团购网、美食网，虽然素不相识，但在集体活动时逐渐成为朋友。

综合表1和表2，可以看出新生代农民工的社会支持网络规模较小，有的社会支持不是不能获得而是不愿获得。在三种支持网中非亲属关系都要大于亲属关系所占的比重，说明对于新生代农民工而言，其主要获得的社会支持来源于非亲属关系。父母对于新生代农民工的实际支持要大于情感和社交支持，而朋友在社交和情感上的支持大于实际支持。社会支持网络构成主要是父母、兄弟姐妹、朋友、同学，具有同质化的特征。

三、影响新生代农民工社会支持网络格局的因素

因样本数量小，所获取数据不能保证归因分析的有效性，所以本研究关于新生代农民工社会支持网络格局影响因素的分析仅仅只是从规范研究的角度展开。在访谈的过程中得知，事实上导致新生代农民工社会支持网络规模较小、网络构成同质化的原因除开社会环境因素之外，还有很大的原因在于新生代农民工自身不能或不愿融入城市生活，获取更多的社会支持。对社会环境因素的研究已经很多，大多集中在城乡二元分割的户籍制度及由户籍制度衍生的其他制度这一阻碍新生代农民工融入城市的制度因素以及城乡居民隔阂这一阻碍新生代农民工市民化的社会因素，在本研究中拟重点讲述影响新生代农民工社会支持网络的个人因素。

(一)发展因素

新生代农民工过去的经历、对农村经验的社会记忆会影响其向地缘、亲缘以外的其他力量寻求支持。新生代农民工虽然没有长期参加农业生产劳动,但他们却在农村生活了十几年,因此,农村重视乡土人情关系的乡土文化模式也对新生代农民工产生了影响。因此,虽然他们也与城市居民有一定程度的接触,但当他们遇到困难时,基于“可靠”的原则,他们寻求帮助的对象仍然是以老乡、朋友为主,而向本市市民、社区和政府寻求帮助的时候极少,他们所重视的关系依然是建立在血缘或地缘基础上的,对乡土文化依然具有一种心理归属感。

(二)自尊程度

在需求层次论中对于尊重的需求划分为两个层次:自尊与他人尊重,其中自尊是他人尊重自己的前提,只有在自己充分认识到自身的重要性的基础上他人才可能给予自己足够的尊重。往往我们容易认为是城市居民、社区、政府部门对他们的歧视导致他们不能获得足够的支持,但在访谈的过程中,发现很多新生代农民工因为自卑、怕人因身份而取人、拉不下面子而不敢去参与企业和社区所组织的各种可能增加其社会资本的活动。

(三)对场域的控制性

在访谈中很多新生代农民工都认为自己在城市中没有根,始终处于漂泊、动荡的状态。由于经济实力不够,他们在城市中没有购房能力,只能租住房屋,单身的往往同同学、同乡和同事合租居住。居无定所使得他们很难和居住社区及居民建立起有效的支持体系,同时,与同学、同乡和同事合租,其社会支持网络仍然处于内向封闭状态,很难对其社会支持网络进行拓展。方言掌握程度也是其中一个影响因素。安徽皖南地区方言较重，在访谈中一个女生就提到正在参加一个诗歌朗诵班，一方面在朗诵班结识一些朋友，增加自己的文化修养，另一方面的原因是因为说话口音太重，别人都不太能听懂自己的话，更不要说交朋友了。同时由于新生代农民工所从事的工作都不太稳定，频繁地变动工作岗位也使得他们很难长期持续地和一个组织或一群同事保持联系。

（四）对社会资源的利用度

人与人的支持是一个相互作用的过程，一个人在支持他人的同时，基于互惠的原则，也为获得他人的支持打下了基础。个体对社会支持的利用存在着差异，有些人虽可获得支持，却拒绝他人的帮助；也有的人因为将来不能对他人提供支持，因而拒绝现时他人为自己提供的支持。在对新生代农民工访谈的过程中，有人就提到过怕“将来还不起情”所以宁可不接受他人的好意。

四、新生代农民工社会支持网络的构建

新生代农民工社会支持网络的构建并非是单纯某一个部门或个人就能够完成的工作，必须多角度共同作用才能构建起健全的新生代农民工的社会支持网络，帮助他们更好地融入城市，共同建设和谐社会。

（一）政府视角

1. 消除制度障碍，加强政策支持

将一切与户籍制度挂钩的社会保障制度松绑，让所有诚实守信辛勤劳动的公民都能享受到相同的教育、医疗、就业、养老的社会保障服务，而不因其出身的身份有所区别。只有在平等的环境下每一个人才有可能真正从内心消除自卑，没有负担地利用各种可用的社会支持。

2. 创造各种机会,提升他们的社会资本

在新生代农民工的社会支持网络中,后生的非乡土性社会关系对于他们迅速地适应城市、找到归属感起着至关重要的作用。而能够提供这种后生非乡土性关系的途径则是工作中的同事、接受再教育中的同学、参加的各种团体组织等等。因而,政府应该大力兴办各种技能培训学校,同时,加强新生代农民工的组织化程度,在可能的条件下帮助新生代农民工融入现有的各种协会,培育和提升农民工的社会资本。

3. 通过多种途径宣传推广政府提供的良好支持

在访谈的过程中就曾经有一个家庭,因为不知道政府部门承接的香港慈善机构资助的免费帮助先天失聪儿童做人工耳蜗项目,孩子错过了语言学习的最佳时期,现在只能用手语和父母沟通。好的制度安排必须要有好的宣传,才能够使真正需要帮助的在城市中社会资本不足的新生代农民工享受到来自政府的温暖。

(二)社区视角

社区是新生代农民工聚居的地方,有共同的文化和共同的利益倾向,也是大量社会资源指向的地方,长期居住在一起的新生代农民工会逐渐产生一种互助意识,也逐渐形成群体认同。因此对于新生代农民工,社区是新生代农民工情感支持最大的载体之一。

社区必须改变观念,完善公共服务,为新生代农民工提供全方位的社会救助,变管理为服务,将新生代农民工纳入社区管理体系之中,切实为新生代农民工解决实际问题。在具体工作中,充分考虑新生代农民工的生存现状,增强救助能力,帮助他们解决人身安全问题、住房难、看病难、办证难等诸多问题。不仅将特殊对象作为自己的工作对象,对于其他的新生代农民工也要加强联系,通过社区的文体活动、社区的公共设施的免费提供来增强他们的主体意识和主人翁意识,促进社区融合。发挥社区居委会的作用,加强新生代农民工与社区居民的交流。开展对社区居民的思想宣传和教育,使他们逐步树立起尊重和平等对待新生代农民工的思想和风尚。

（三）社会组织视角

衡量某一群体社会融合程度的一个基本指标就是他们认同或融入其所在地的社会组织的程度。目前，我国城市社会组织对绝大多数新生代农民工来说处于封闭状态。必须变革组织机制，增加接纳能力，才能为新生代农民工提供政府和社区所不能完全提供的社会支持，在此社会工作的介入显得尤为重要。通过个案工作的方式，增加新生代农民工融入城市的自觉性、主动性，提高法制意识、自强意识和责任意识。通过角色引导的小组工作鼓励新生代农民工学习市民行为，模仿市民角色，接受现代城市的价值理念，逐步建立适应都市生活的现代生存方式。

（四）个体视角

社会支持网络构建的主体是新生代农民工，只有在主体存在意愿且意愿强烈的情况下，社会支持网络才有向外拓展的可能性。因此在融入城市的过程中必须保持健康、积极、向上的心态，在社会支持网络构建的过程中，摒弃弱者心态，变被动接受他人的支持为主动组织外部资源为自己提供帮助。通过心理资本的嵌入使社会资本的积累进程加快是新生代农民工进入城市以后必须迅速转化的态度。

参考文献

[1] Cohen & Thomas A. Wills. Stress ,Social Support, and the Buffering Hypothesis [J] Psychologica Bulletin, 1985, 98: 310-357.

[2] Riley D, Eckerrrode J. Social ties: Subgroup differences incosts and benefits [J]. Journal of personality and Social Psychology, 1986, 51: 770-778.

[3] Veie,l Hans. O F. ,U. Baumann. The Many Meanings of Social

Support, in The Meaning and Measurement of Social Support[M]. edited by H. O. F. Veiel and U. Baumann . New York: Hemisphere Publishing, 1992: 1-7.

[4] Wellman B, Wortley, S. Different strokes from different-folks: Community ties and social support[J]. American Journal of Sociology, 1990, 96: 558-588.

[5]洪小良，尹志刚:《城市贫困家庭的社会支持网研究》，2005年中国社会学年会论文。

[6]贺寨平:《国外社会支持网研究综述》，《国外社会科学》2001年第1期，第76－81页。

[7]李汉林:《关系强度与虚拟社区》，李培林主编:《农民工——中国进城农民工的经济社会分析》，社会科学文献出版社2003年版，第96－115页。

[8]李树茁，任义科，费尔德曼，杨绪松:《中国农民工的整体社会网络特征分析》，《中国人口科学》2006年第3期，第19－29页。

[9]李树茁，杨绪松，悦中山，靳小怡:《农民工社会支持网络的现状及其影响因素研究》，《西安交通大学学报(社会科学版)》2007年第1期，第67－76页。

[10]刘传江，周玲:《社会资本与农民工的城市融合》，《人口研究》2004年第9期，第12－18页。

[11]王春光:《新生代农民工的社会认同与城乡融合的关系》，社会学研究》2001年第3期，第63－76页

[12]王毅杰，童星:《流动农民社会支持网探析》，《社会学研究》2004年第2期，第42－48页。

[13]张文宏，阮丹青:《城乡居民的社会支持网》，《社会学研究》1999年第3期，第12－24页。

试论城市化进程中农民工与公共文化服务体系建设

国家行政学院　霍小娟*

内容提要：我国正处于工业化快速发展阶段，这个阶段也是农村劳动力集中转移时期。农民工作为我国工业化城市化快速发展中涌现出的新型劳动力阶层，既是工业化的主力军，也是城市化的重要推手。但是，由于种种原因，特别是在传统的城乡二元体制和现行户籍制度、就业制度下，公共资源配置的不公平使得农民工成为我国基本公共服务均等化的一个"夹心层"，给新时期城市社会管理带来巨大挑战。本文从农民工的文化困境及权益保障出发，探讨公共文化服务体系建设对促进农民工城市融入的意义与作用，对进一步提高我国城市化水平做一点理论思考。

关键词：城市化　农民工　公共文化服务

我国是有数千年传统的农业大国。改革开放以来，随着工业经济的迅猛发展，大量的农村劳动力资源开始转向城镇，加快了我国城市规模发展速度。那些从农村走出来的打工者，形成新型的劳动力大军，进入各个产业领域，"成为产业工人的重要组成部分"。作为联系农民与工人的特殊阶层，这支大军同时推动了我国经济和社会结构的巨大变革，是"城市化的原动力"。可以说，城市发展离不

---

* 霍小娟，国家行政学院研究生部副研究员。

开这些农民工人。但是,农民工在城市的阶层地位却与其作用大相径庭,甚至出现某种程度的悖论:一方面,城市化离不开农民工;另一方面,农民工的城市融入受到阻碍。这与促进社会公平正义、维护社会和谐稳定、保障人民安居乐业的社会主义和谐社会建设极不相称。

一、城市化与农民工

1867 年西班牙学者塞尔达(A. Serda)首先使用了“城市化”这一概念。在其专著《城市化的基本理论》中,他认为城市化是由工业化引起的人口向城市集聚的过程。我国《城市规划基本术语标准》把城市化定义为:人类生产和生活方式由乡村型向城市型转化的历史过程,表现为乡村人口向城市人口转化以及城市不断发展与完善的过程,又称城镇化、都市化。如此看来,城市化就是由传统落后的乡村社会走向现代先进的城市社会的人类文明进步的历史过程。从这个意义上说,城市化发展的程度不仅能反映一个国家或地区的社会经济发展水平,也能反映区域发展的文化、科技水平。

上个世纪 70 年代后期,即改革开放后,中国进入城市化快速发展时期。30 多年里,中国城市人口比重的年平均提高速度为 3.2%,城市化率从 1978 年的 18%提高到 2011 年的 47%。[①] 国家统计局数据显示,2011 年城镇人口(指居住在城镇范围内的全部常住人口)比重达到 51.27%,城市人口首次超过了农村人口。中国社科院 2011 年 12 月 19 日发布的《社会蓝皮书》同时指出,中国已有近 1/3 的农业户籍者不再务农,转换成非农就业人口,近三成农业户籍人口已居住在城镇。这也就是说,很多按照定义被统计为城市常住

---

① 蔡昉:《城市化与农民工的贡献——后危机时期中国经济增长潜力的思考》,《中国人口科学》2010 年第 1 期,第 6 页。

人口的，是没有改变户口性质的往日农民。这其中就包括了进城打工超过六个月的农民工及其家属。

“农民工”这个称谓自张雨林在1984年首次提出后被大量引用，成为目前使用最为频繁的概念之一。饶有趣味的是，这个群体在称谓上实际经历了时代发展的变化。打工诗人刘虹在一首题为《打工者的名字》诗歌中，描述了这个群体在不同历史阶段、不同社会场域中所被赋予的各种标签：/本名民工/小名打工仔打工妹/学名进城务工者/别名三无人员/曾用名盲流/尊称城市建设者/昵称农民兄弟/俗称乡巴佬/绰号游民/爷名无产阶级同盟军/父名人民民主专政基石之一/临时户口名社会不稳定因素/永久宪法名公民/家族封号主人/时髦称呼弱势群体。从其称谓的变化可以看出这个特殊群体产生的历史背景，即他们出现在中国计划经济向市场经济转变的社会大转型时期，由改革而开端，并随之深入而发展壮大。2004年1月，中共中央、国务院下发《中共中央 国务院关于促进农民增加收入若干政策的意见》，文件称“进城就业的农民工已经成为产业工人的重要组成部分，为城市创造了财富、提供了税收”，这是第一次从政策层面肯定农民工的作用，给农民工以政策定性。2006年，《国务院关于解决农民工问题的若干意见》中，又首次将“农民工”的概念写入了政府具有行政法规作用的文件。称“农民工是我国改革开放和工业化、城镇化进程中涌现的一支新型劳动大军。他们户籍仍在农村，主要从事非农产业，有的在农闲季节外出务工、亦工亦农，流动性强，有的长期在城市就业，已成为产业工人的重要组成部分”，“大量农民进城务工或在乡镇企业就业，对我国现代化建设做出了重大贡献”。从此“农民工”的称谓及其合法权益可以说得到了社会各界的确认，也标志着我国开始解决有关农民工正式产业工人身份待遇问题。

无庸讳言，正是这样一个群体的劳动力迁移，加快了中国的城市化速度。农民工是城市化的推进者，是建设城市、繁荣城市的重要力量。随着市场经济的深入发展，越来越多的农民离开家乡走向城市，这既是农村发展的需要，也是城市发展的需要。

农民工数量 单位：万人

	2008 年	2009 年	2010 年	2011 年
农民工总量	22 542	22 978	24 223	25 278
1. 外出农民工	14 041	14 533	15 335	15 863
(1)住户中外出农民工	11 182	11 567	12 264	12 584
(2)举家外出农民工	2 859	2 966	3 071	3 279
2. 本地农民工	8 501	8 445	8 888	9 415

国家统计局《2011 年我国农民工调查监测报告》(2012-4-27).

城市的主体首先是人，农民工进入城市，为城市的发展提供了廉价的劳动力，站在经济角度上，城市是欢迎人口流入的。但人口的快速进入，也会导致城市资源紧张、生态环境恶化、基础设施不足等等问题，尤其是公共服务对城市人口的承载能力下降。从社会学的角度来说，城市化的发展终究只是一种手段，其根本目的在于通过生产力进步，使人们享受现代城市的一切城市化成果，从而实现生产方式、生活方式、价值观念以及文化教育素质等的转变，换句话说，就是提高生活水平，改善生活质量，促进人的全面发展。但我们看到，目前的城市化更多表现为一种地域规模，或称土地城市化。对于农民工而言，他们虽然进了城，却没有作为权利平等的群体融入城市社区，或者说像市民一样过城市生活；他们参与了城市化建设，却未能获得应有的待遇，分享到城市化的文明成果，而处于一种“半城市化”的状态。

二、农民工的文化困境与公共文化服务

从经济、政治、文化三位一体组成的社会领域看，农民工问题是一个系统性问题。农民工在城市里遭遇到的身份尴尬，更多地与制度文化有关。传统中国，身份和社会地位密切相关，甚至生存资源

都依据身份及身份之间的关系而配置。农民工有着多重身份,其首要身份仍然是农民,工人只是其职业身份,是他们进城务工的谋生手段。首要身份不仅决定了农民工在城市的生存状态,也决定了其复杂的文化心态。尽管党和国家将农民工的政治地位提高到产业工人,并从政策层面维护这个群体的基本权益,使他们在经济利益、政治利益、社会利益和文化利益等方面有了一些改观,但由于文化水平偏低、自我身份意识模糊,大多数农民工甚至无法领会这种政策的身份转变意义,这其中也包括占农民工数量66%的80后、90后农民工。[①] 在城市—乡村的流动和游离中,他们找不到自己的位置,处于边缘化的境地,依然面临着一种窘境:一方面因为长时间离开农村故乡,亦即原来的身份认证地而使一些权利搁置或丧失;另一方面,由于各种障碍,无法获得城市居住地的认同与居民权利。

随着城市化脚步前进的农民工显然面临着一种选择,如果说制度障碍可以随着体制改革而实现较快的逾越,但社会的融入、自身的转变却是一个需要不断学习和适应的过程,不能一蹴而就。第一代农民工"离土不离乡",或者"离乡终返乡",认同的是养育他们的乡村文化,乡村社会仍被视为其归属地。对新一代的农民工来说,[②]乡村已经离他们渐行渐远,虽然融入城市的愿望强烈,但地缘与血缘的纽带仍紧紧将他们缠绕。在针对他们的一项调查中,认为自己是城市人的仅为7.33%,52.18%认为自己的身份仍然是农民。[③] 与上一代相比,新生代农民工的权利意识和权利诉求有所增强,但其权利及其价值认识仍然维持在较低水平。

---

① 王春光:《新生代农民工城市融入进程及问题的社会学分析》,中国社会科学网2010年12月29日发布。

② 1984年农村基本完成土地承包制,目前称那些之后出生的、名下没有土地的农民工为"新生代农民工",其中也包括出生、成长在城市的农民工第二代。

③ 2011年10月,江苏团省委组织19所高校的500余名大学生,采取问卷调查和结构化访谈相结合的方式,对4850名新生代农民工进行了历时半年的调查,这一群体受教育程度远高于上一代,其中55.7%为高中、中专或以上,小学及小学以下只占6.9%。

表 1 2011 年农民工的文化程度构成 单位:%

	全部农民工	本地农民工	外出农民工	30 岁以下青年农民工
不识字或识字很少	1.5	2.1	0.9	0.3
小学	14.4	18.4	10.7	5.9
初中	61.1	59.0	62.9	59.8
高中	13.2	13.9	12.7	14.5
中专	4.5	3.2	5.8	8.6
大专及以上	5.3	3.4	7.0	10.9

国家统计局.2011 年我国农民工调查监测报告(2012-4-27).

受文化水平、知识技能的限制,农民工在城市所从事的职业中,制造业的比重最大,占 36.0%,其次是建筑业占 17.7%,服务业占 12.2%,批发零售业占 10.1%,交通运输仓储和邮政业占 6.6%,住宿餐饮业占 5.3%。国家统计局近几年发布的调查数据显示,农民工从事建筑业的比重在逐年递增,从 2008 年的 13.8%上升到 2011 年的 17.7%,从事制造业的比重则趋于下降。职业的分布与构成对农民工的生活消费观念及水平有直接影响,也致使他们的文化消费更是处于"零"或极低的状态。[①] 本来,文化理应成为农民工融入城市的一个重要切入口,因为他们多数曾经是农民中的精英分子,不甘于固守农村生活而主动走进城市,带着梦想寻找自我价值实现的机会,尤其是新生代农民工,其追求美好生活的精神诉求要更高一些,但现在他们大多还停留在网吧、电视节目和打牌等自娱自乐活动当中,处于文化的困境。

总体来看,农民工由于受教育程度普遍不高、收入偏低、生存压力大以及流入地管理服务的缺失,群体相对于城市居民呈现出这样一些文化行为特点:文化权利意识淡薄、文化消费能力不足、文化交往比较封闭、文化活动及文化生活比较匮乏等。如果要从精神层面

---

① 新华社记者 2005 年 2 月曾进行的一项调查问卷显示,80%的农民工在工作之余主要用来睡觉和聊天,40%的农民工连一本书都没有,60%的人对自己的文化社会状况不满意。

支持农民工群体的城市生活，使这个庞大群体真正适应新的生活环境，较快地与城市融合，文化仍然是一个不可忽视的重要因素。有人说，文化是农民工融入城市的桥梁。那么这条桥梁的搭建便是公共文化。

所谓公共文化，其概念的建构是一个历史过程，包容了不同的形态和内容差异。有一点不容置疑，那就是它与公共领域有着内在的关联，是相对于“私”的一种领域。学界对公共文化特点的认识是一致的，即公共文化的最大特点是注重群体意识和共同价值观念的培养，注重文化与社会的整合。可以说，公共文化是一个社会得以存在并延续的基本要素；古今中外的社会都有公共文化的存在，而不同地域、民族和社会形态的公共文化也必然会以潜移默化的方式对生活在其中的个体或群体产生影响与作用。公共文化所具有的文化性和公共性内涵决定了它的一些基本特征，比如公益性、群体性、共享性、差异性。这些特征无疑是培养农民工公共观念，整合文化价值观念，提升文化素质，打破心理上的城乡壁垒，促进文化多元、社会和谐的一种有效途径。

公共文化在中国语境中的频繁出现，也就是在本世纪初，特别是2003年以来提出的“公共文化服务体系”的建设。比如2004年，国家发改委颁布的《关于2004年经济体制改革的意见》，提出要“建立健全公共文化服务体系”，上海市提出“公共文化服务体系”建设目标及五项原则（公益性、公平性、便利性、多样性、基本性）。随着一些建设实践的不断展开，公共文化有了更多和中国实际结合的新内涵。2006年《国家十一五时期文化改革发展规划纲要》首次将“公共文化服务”纳入进去，提出要实现“普遍均等的公共文化服务”。党的十七届六中全会指出：“加强公共文化服务是实现人民基本文化权益的主要途径。引导企业、社区积极开展面向农民工的公益性文化活动，尽快把农民工纳入城市公共文化服务体系。”

三、城市化中公共文化服务体系的建设

在城市化进程中,公共文化越来越成为城市综合素质发展的建构性力量,而公共文化的自身特质也决定了它必然参与城市发展的全过程,发挥不可替代的作用,简单说就是培育先进的社会价值观,提升文化竞争力;促进经济、政治、社会和文化协调发展,人与自然、与社会、人与人和谐发展。当前我国提出构建公共文化服务体系,既是经济社会对公共文化的需求,也是人民群众自身全面发展对公共文化的需求。可以看出,从很多方面讲,农民工比任何群体阶层都更需要城市提供的公共文化服务。鉴于此,2011 年 9 月,为进一步保障农民工基本文化权益,丰富农民工精神文化生活,文化部、人力资源和社会保障部、中华全国总工会联合下发了《关于进一步加强农民工文化工作的意见》,《意见》称"预计到 2015 年,我国将形成相对完善的'政府主导、企业共建、社会参与'的农民工文化工作机制,建立相对稳定的农民工文化经费保障机制,农民工文化服务将切实纳入公共文化服务体系"。2012 年 5 月文化部发布的《"十二五"时期文化改革发展规划纲要》再一次指出,要将农民工纳入城市公共文化服务范畴,合理配置公共文化资源。这些意见和规划都充分说明加强农民工精神文化建设,改善他们的精神文化生活状况,对促进农民工更好地融入城市的意义。

一般来说,公共文化服务体系应该是一个完整的链条,由许多的环节组成。首先是公共文化服务的物质保障——公共文化设施,包括了历史文化遗址、群艺馆、文化馆、图书馆、博物馆、美术馆、文化广场、公园、文化宫、影剧院等。其次是公共文化服务的传播媒介——公共文化网络体系,包括电子政务系统、文化信息资源共享、数字图书馆、网上培训等。再次是公共文化服务的政策支持——公共文化规制,包括各项政策以及提供政策法规、构建价值观念体系。

然后是公共文化服务的途径——公益文化服务体系，这是一套经过评估，并有了一定建设标准的机制。然后是公共文化的资金保障，包括拨款、贷款、融资、捐资、赞助、基金等，也是公共文化服务的血脉。最后是公共文化的智力支持——人才体系，包括专业的技术人员、业余服务队伍、管理人员等，这是公共文化服务得以全面贯彻的中坚。

城市化进程和公共服务体系的建设应该是吻合的。但不同阶段的城市化，公共服务供给的要求并不一样。当前，我国城市中的公共服务主要是由政府来提供的，这其中也包括了公共文化服务。由于不同社会群体对公共文化的需求会有差异，体现出不同的层次，纳入农民工的城市公共文化服务体系，就必须关注农民工群体的特殊文化需求，以适应新时期的城市化对公共文化服务体系建设提出的新要求新任务。

1. 加强农民工文化需求调研

要研究分析农民工的文化需求特点和文化消费规律，尤其是新生代农民工体现出的新特点、新趋向，尊重并满足他们文化需求的特性。在保障农民工享受城市基本公共文化服务的同时，探索适合农民工的文化活动形式，适当提供有针对性的文化服务。对农民工来说，他们渴望被人关注、发展新型的人际关系，渴望通过各种渠道学习补充新知识新技术，渴望在居住的社区或者公共文化部门接受到各种技能培训和职业信息指导。在这方面，可以开放条件成熟的各中等、高等院校或职业技术学院，比如通过发放教育券或奖励券的形式，让农民工享受到城市的优质教育培训资源。

2. 明确农民工城市住地政府的主体责任

农民工要被视为公共文化服务体系的重要服务对象。城市公共文化服务体系的建设规划、经费保障和资源配置要根据农民工的规模、特点和文化需求进行适度调整，优化配置社区文化设施和服务，切实保障公共文化服务的成效性，使农民工能够享受到与城市居民均等化的公共文化服务。在发挥公益性文化事业单位的骨干作用方面，重点要将农民工文化服务纳入图书馆、文化馆、群艺馆、文化宫等考评考核体系。激励这类文化机构举办有农民工特色的读书会、论坛、文艺演出等，并提高对农民工群体的覆盖程度和服务能力。

3. 引导社会力量以及用工企业加入农民工公共文化服务体系建设

制订相关政策，鼓励、引导和调动各种社会力量参与农民工文化工作，使之成为政府公共文化服务的有益补充。公益组织、各类团体要主动邀请农民工参与市民组织的各种文体活动，让他们更快地融入社区，更好地融入城市。通过税收政策等引导企业将农民工文化生活纳入企业文化建设范畴，提升企业开展农民工文化工作的自觉性。将农民工文化福利引入企业的社会责任，创造条件建设一些适合农民工活动的场所，让农民工不出企业就能开展各类文体活动。青、工、妇等组织要积极扶持农民工，倡导农民工自建各种业余团队，提高农民工文化活动的组织能力。

4. 搭建各种文化交往的平台，以文化方式塑造公共平台，增加社会各界相互了解和支持，促进社会认同感、归属感以及公共精神的成长

许多城市市民愿意参与一些捐赠活动，要提供这方面的便利，激发社会上这种积极良善的意愿。既可以培养居民文化志愿服务的精神，也可以帮助农民工主动适应城市文明，进一步融入城市文化。在提升农民工文化生活质量的同时，也注意提升农民工文化自我服务意识、自主参与精神和自发创造能力。认识农民工文化的独特性与价值可以帮助农民工在主动参与和创造文化成果中实现自我。

总之，城市化中的一个重要指标即人的现代化水平。对农民工的文化关怀，是推进公共文化服务均等化的前提。面对城市化过程

中出现的问题，我们要坚持以人口城市化为主，重视人口文化融入，推动城市化更好地发展。

参考文献

[1]汪辉，陈燕谷主编:《文化与公共性》，三联书店 1998 年版。

[2]于群，李国新主编:《文化蓝皮书：中国公共文化服务发展报告(2012)》，社会科学文献出版社 2012 年版。

[3]李景源，陈威主编:《文化蓝皮书：中国公共文化服务发展报告(2007)》，社会科学文献出版社 2007 年版。

[4]蔡武:《统筹城乡 示范带动 推动城乡基本公共文化服务均等化》，中国文化创意产业网 2011 年 6 月。

[5]蔡昉:《城市化与农民工的贡献——后危机时期中国经济增长潜力的思考》，中国人口科学 2010 年第 1 期。

[6]王春光:《新生代农民工城市融入进程及问题的社会学分析》，中国社会科学网 2010 年 12 月 29 日。

[7]万林艳:《公共文化及其在当代中国的发展》，《中国人民大学学报》，2006 年第 1 期。

美国公共住房可持续发展的教训与借鉴

——以加州伯克利为例

国家行政学院　马秀莲*

内容提要：美国公共住房在其发展过程中，先后出现两个不可持续现象：一是早期时大面积、低质量集中建造公共住房，结果很多变成了贫民窟化；二是后来分散、高质量建造公共住房，但仍然运营不下去。本文以伯克利公共住房为例，深入分析了第二个不可持续现象。其发生固然有制度设计方面的不足（如运营与维修经费不足），但更深层的原因，则在于公共住房不与市场竞争的"残余"地位。而进一步的改革，不是改变公共住房的剩余地位，而是改由公私合作方式来提供租赁性保障房。美国经验对我国的公租房建设及可持续发展有重要借鉴意义。

关键词：保障房　公共住房　美国　剩余福利制度　公私合作

当我国"十二五"期间完成3600万套以公租房为主体的保障房建设的计划正在如火如荼地展开，并且资金投入不断加大、开工率

---

* 马秀莲，国家行政学院社会和文化教研部副教授。资料数据来源包括：(1)对伯克利的实地调研。调研于2012年春节期间进行，采访对象包括市议员、政府住房部门主管、非营利住房组织总裁等。(2)哥伦比亚角公共住房案例研究（主要参阅资料：Roessner 2000. *A Decent Place to Live*：*From Columbia Point to Harbor Point - A Community History*，Harvard University Press）。(3)其他中英文文献（重要的如Vale 2000. *From the Puritans to the Projects*：*Public Housing and Public Neighbor*，Harvard University Press；吉姆·凯梅尼：《从公共住房到社会住房：租赁住房政策的比较研究》，中国建筑工业出版社2010年版。

不断增加之际，笔者在大洋彼岸的美国加州伯克利调研时了解到，伯克利市正打算卖掉它在政策目标上与我们公租房非常接近的公共住房。而且，整个美国的公共住房已经历了很大变迁，主要因为在其发展过程中先后出现了两个不可持续现象：一是低质量集中建造导致的贫民窟化，二是运营补助不足导致的不能持续运转。通常这些问题都是在一二十年以后才开始集中爆发。到 20 世纪 90 年代中期，美国已经停止新的公共住房建造，只对原有的 130 万套公共住房进行维护。这不能不对我们目前的公租房住房建设提出警示。

那么，美国的公共住房为什么会出现这些不可持续问题？我们应如何及早采取措施，防患于未然？本文将围绕伯克利案例，并结合美国公共住房历史进行分析。

一、美国公共住房历史与伯克利案例

（一）美国公共住房历史

美国的公共住房项目设立于 1937 年，其政策目标与我们今天的公租房非常相似。美国主张住房提供以市场为主，但是大萧条期间，贫困和失业使很多人租不起房甚至居住贫民窟，政府不得不进行干预。1937 年住房法设立了公共住房项目，由政府大规模建造公共租赁住房，向“被淹没的中产阶级”提供。公共住房开发费用由联邦承担（地方为此发行债券，本息由联邦支付），同时成立住房管理局对公共住房项目进行管理，公共住房运营成本通过租金支付。这从此开始了美国历史上持续时间最长、历史最悠久的保障房项目。

但是，美国的公共住房在其漫长的发展过程中，先后暴露出了两个不可持续问题，而且这些问题通常都在大约一二十年后才开始充分暴露。

一是公共住房的贫民窟化。熟悉美国公共住房历史的人都会记得,美国最初建造的那些巨大的公共住房项目,如芝加哥的泰勒之家,或波士顿的哥伦比亚角,最后都蜕化成了贫民窟。泰勒之家是全美最大的公共住房项目,包含28幢塔楼、4400户人家;哥伦比亚角是新英格兰六州最大的公共住房项目,27幢塔楼、1500户人家。它建于波士顿南部一个孤岛上,建成之初即有三分之一的住房屋顶或墙壁漏水,而且没有公交、学校、商店等任何配套设施。早期公共住房使人们印象深刻:从形象上来看,公共住房建筑设计低级,带有制度性烙印——或被低人一等的人居住,或这些人天生就低人一等,或他们都靠福利过活,或这些地方到处是犯罪和贩毒。

二是没有钱持续运营。鉴于公共住房的贫民窟化,美国从20世纪70年代开始进行改革,重点提倡分散地点(scatter site)和混合收入(mixed income)建造,以避免贫困集聚。伯克利公共住房就是在此情况下建造的,但是仍未能摆脱二十年后因为经费不足而运营不下去的命运。

(二)伯克利案例

1. 位于旧金山湾区,伯克利是美国房价最贵城市之一

加州的旧金山湾区,经济从20世纪六七十年代开始起飞,变成美国一块集金融中心、硅谷、著名高校等于一身的黄金宝地,房价也因此全美最贵。美国平均房价收入比3—4年,在伯克利这个只有11.3万人口的小城,却要11—12年,伯克利居民只有不到20%的人买得起房。鉴于穷人住房问题的严重,伯克利市于80年代建造了75套公共住房。

2. 高质量、分散建造75套公共住房

75套公共住房分散地点、高质量建造,以尽力避免早期低质量、大规模集中建造所造成的不可持续问题。这些房子均匀分散在全市15个地点,每个地点只有4～6套,与周围的建筑风格一致,与社区完全融为一体。

3. 陷入财务和管理危机

但是，在运转二十多年之后，公共住房项目还是陷入了危机。

首先是财务危机。第一是没钱做巨额维修。这笔维修费用，单硬性成本要 360 万美元，若加上 20%的软性成本，则高达 430 万美元。而 HUD(即美国住房和城市发展部，负责保障性住房的联邦政府部门)每年拨付的维修基金只有 13.1 万美元。如果按这一速度，27.5 年后伯克利才能凑够目前维修所需资金。伯克利这一状况在美国非常具有代表性，全美国的公共住房项目，每个都有几百万美元的维修拖着未做。

第二是运营亏损。公共住房每月平均运营成本 711 美元(只相当于市场房租的三分之一)。但是，由于租户贫困，平均实收租金只有 354 美元，加上 HUD 补助的 253 美元后，仍有 105 美元的缺口。75 套公共住房一年运营净亏损 10.6 万美元(约 15%)。这在美国也是比较普遍的状况，如美国最大的纽约市公共住房项目，一年经费也短缺 15%(约 2.25 亿美元)。

其次是管理危机。长期的经费不足导致伯克利公共住房项目管理不善(如服务缺失、报表数据混乱等)。2005 年，项目被 HUD 列入问题名单之列，并被勒令，如果到 2009 年底未能将项目管理问题理顺，并将维修黑洞与赤字运营问题全部解决好，就关闭项目。

4. 出售给地产亿万富翁

公共住房最后以出售给地产亿万富翁告终。伯克利住房管理局聘请了专业公司进行评估，结论是不可能从联邦或地方获得足够资金解决目前问题，唯一办法是卖掉。伯克利住房管理局最初也希望能卖给当地的非营利组织，但是没有一家机构愿意接手。公共住房最后卖给了两个地产亿万富翁共同拥有的 The Related Companies 旗下的公司。

二、为何不可持续?

(一)运营与维修经费:制度设计不足

伯克利公共住房最后出售的直接导因是运营、维修经费不足。这与从一开始这两项费用的制度设计就存在偏差不无关系。

1. 运营资金:仅仅指望租金是不够的

美国公共住房一开始希望依靠租金运营。根据1937年美国住房法,联邦政府承担公共住房开发费用(不需回收),地方住房管理局负责运营和管理,运营费用由租金支付。公共住房租金只需支付运营成本,因此显著低于市场水平,穷人也住得起。

但是这一模式到了20世纪60年代出现问题:租金已不足以支付运营成本。一方面,运营费用不断上升(因为房子年岁日久维护费用增加,石油危机导致通货膨胀等原因);另一方面,租金收入却不断减少(因为租户已从"被淹没的中产阶级"变成了最穷的人)。为了防止地方住房管理局不断提租以弥补运营费用上涨,国会通过法案,将租金封顶于租户家庭收入的25%(后来提高到30%),运营成本与实收租金之间的差额由联邦补助。

但是这为后来的运营亏损埋下伏笔,因为联邦从来未能足额补助。地方住房管理局依循一个计算公式向HUD申请运营补助,但是HUD并不足额给付,伯克利市最多只能拿到应补额的88%。

2. 大修费用:如果不从一开始足额提取,后果不堪设想

对于大修费用是否应从一开始足额提取,业内人士起初看法不统一。有些人主张现在不提取,这样可以进一步降低穷人租金,到时候(如二十年后),让联邦政府集中大修一次。另外一些人则认为这不现实:重复地给一个项目基本建设津贴,还不如去建设更多的新项目。

事实证明，如果不从一开始足额提取后果有多可怕。事实上，1937 年美国住房法要求地方住房管理局设立设施更新储备基金，但是到了 20 世纪 50 年代，议会又同意将这笔钱挪用来归还之前为建造公共住房所发行的债券。1968 年联邦才设立了第一个大修专项拨款项目，此时，美国最早的公共住房已经修建了有三十年。但是，由于一方面公共住房维修问题日趋严重，另一方面联邦拨款常常不能针对需求足额到位，维修问题已积重难返。1998 年的一项调查显示：联邦如果每年拨款 25 亿美元，把现在的公共住房修缮到标准水平需要五十八年。现在，全美国的公共住房项目每个都有几百万美元的维修拖着未做。

（二）公共住房："残余"地位，及不与市场竞争

但是退一步讲，无论是运营亏损还是巨额维修，如果联邦补贴充足，问题可能都不会发生。那么，联邦政府为什么不足额补贴？

这要归根到美国公共住房的残余（residual）地位上。在美国这个自由主义国家，住房提供主要通过市场解决，但是，对于实在无法通过市场满足的人群，政府不得不提供保障。公共住房于是作为社会安全网的一部分建立，但是要求它"不与私有市场竞争"（这是美国制定 1937 年住房法时就作出的妥协），并且不断地边缘化，打消它与市场竞争的能力。在此过程中，公共住房变成了一个高度管制的、计划性的部门。

这导致了两方面的做法：首先，公共住房从一开始就低质量建造。仅仅设定了收入标准还不够（公共住房租户收入要求远低于能在私人市场上购买住房的最低收入标准），还要求采用偏离主流市场的住宅类型，使之容易辨认出来，甚至还规定了项目最高开发费用。结果，与市场房屋相比，公共住房材料劣质，建造质量差，几乎没有什么装饰和配套设施，且大规模集中建造以降低成本。这导致

了后来的公共住房贫民窟化。

其次,系统性地、故意地资助不足,以致住房管理局没有足够的钱进行维护。例如,里根政府期间 HUD 的预算授权削减了70%多,小布什政府期间又将 HUD 的预算资金削减了至少20%。而且,从 1995 年开始,美国将重心从补贴公共住房运营转向了补助低收入家庭市场租房,这等于迫使公共住房破败下去乃至关闭。

正是这两方面的做法,使美国公共住房不可持续。伯克利刻意避开了第一个问题,但是仍没能避开第二个问题,结果不可持续。

(三)可持续之路:不是进一步官僚化,而是私有化

为了可持续,再次的调整首先不应该是进一步加强管制,因为这只会使公共住房进一步官僚化。现在,不仅外人诟病,连全美国的住房管理局局长们(在一起开会时)都在抱怨:"公共住房管制过多,太过官僚化!"提供高质量的住房服务(所谓"向下负责")和官僚机构的运作逻辑(所谓"向上负责")之间实难协调。结果,住房管理局发现他们"被湮没于数据与报表中——更多的时间被用来收集数据向上汇报,而不是用于实际的公共住房发展"。官僚化加剧了公共住房租户和管理者之间的冷漠,也使得运营成本比湾区的可承担性住房高出至少 20%。

信奉放任自由主义的美国,采用的解决办法是向市场方向更迈进一步:私有化,因为美国宪法保护私有产权。从 20 世纪 90 年代中期开始,美国已经停止新的公共住房建造,只管理和维护余下的大约 130 万套公共住房存量。同时,资助产权私有的保障性住房开发。目前流行的模式是,开发商通过税收补贴方式竞争申请资金,建造产权归己所有的保障房,在一定年限(如十五年)内以可承担的

价格出租给穷人。

但是伯克利迈出了具有“革命意义的一步:发展非营利组织建房。这种住房也归私人(非营利组织)所有,但与开发商建房有本质区别:后者服务期满后,仍然要进入市场;而非营利组织的宗旨是为穷人提供低于市场价格的住房,因此会保持其长期可承担性,并想方设法将成本降下来”。伯克利已经发展出三大非营利住房组织,成为该市保障房提供的中坚力量。现在这一非营利组织建房模式已在湾区占据主导地位,并流行到整个加州,成为美国正在悄悄兴起的社会住房模式(非营利组织建房、住房合作社、土地信托等)的一部分。

三、对我国公租房的启示与借鉴

(一)吸取美国的教训,及早防止两个不可持续现象的出现

1. 高质量地适当分散建造,防止贫民窟化

我们应首先避免美国公共住房低质量、大规模集中建造所造成的贫民窟化问题。因此,公租房应该适当分散地、高质量地建造。这需要做到以下四点:首先,要适当分散地点建造,而不宜于大面积集中。其次,应该选择配套实施较齐全的地点建造,如交通方便、靠近工作地点、购物方便等。第三,最好采取混居方式,将公租房融入收入水平较高的小区,这样低收入者能够借用和享受这些小区的资源。第四是房子要好,房子质量不能低于小区平均水平或者社会平均水平,以保证其可持续。

2. 提供必要的补助,防止后期运营不下去

租赁性保障房有两方面的资金需要:一是建房,二是运营与维护。就算当初获得了一大笔资金将房子建起来了,仍然需要一笔资金源源不断地进来,对房子进行运营与维护,使之可持续。但是我

们目前公租房建设因为主要精力仍集中于如何筹足资金完成保障房建设任务,尚未充分认识到第二笔资金的重要性,对于这笔资金从何而来、具体制度应该如何设计等等,更缺乏充分考虑。

(1)租金恐怕难以自足,还需政府补助。

美国的公共住房只要求租金覆盖运营成本(开发费用已由联邦承担),租金因此显著低于市场水平(在伯克利只相当于市场价格的1/3),但是到后来穷人仍然租不起,需要联邦补贴。

我们目前的公租房实践也存在希望依靠租金自足的倾向。而且希望这一租金不仅覆盖运营成本,还能回收开发费用(包括买地、拆迁、建造等等)。结果公租房租金接近甚至超过市场水平,使有资格家庭承租不起并进一步导致了公租房的空置。

一种理想的状况是,设定合理的租金负担水平(如美国是家庭收入的30%),此租金与公租房良好运营所需最少资金之间的缺口,由政府补足。

(2)将大修费用作为租金不可减免的部分,从一开始足额提取这一点尤其值得我们警示。

当前,我们的保障房建设资金捉襟见肘,将公租房建起来并顺利运营已经不容易,如何可能继续提取一笔费用,休眠在那里二十年后再用?这与美国当年的原因略有不同(它是为了尽可能地将穷人的租金降下来),但是幻想是一样的(即二十年后政府会介入,对这些房子集中救赎),而且结果也可能一样:即维修问题的积重难返,最后变成一个黑洞(而且是在美国后来设置了大修专项拨款的情况下)。

因此,美国的公共住房,甚至整个可承担性住房领域学到的一个深刻教训是:无论你多么想将穷人的租金降下来,必须从一开始足额提取大修费用,并且将之作为租金不可减免的部分加以提取。如果租户收入太低,交不起租金怎么办?政府进行补助。

3. 资金哪里来:中央政府应该承担重要责任

但是,所有的方面都指向一个问题:资金哪里来?这个问题如果不解决,我们的地方政府就会尽量减少保障房中公租房建造比例,甚至折价销售刚刚建成的公租房——这些做法都会减少地方公租房的存量。

在这方面,美国目前已经改革了的情况值得我们进一步研究借鉴(虽然不能照搬)。

首先,在资金来源方面,联邦仍然承担主要责任(与地方至少是三七开)。同时,很多地方成立住房信托基金,汇聚各类保障房资金,以与联邦配套。在伯克利市,地方资金的一个重要来源是土地增值收益(原理是:城市发展、土地价格上涨中有穷人的贡献,但是他们却因此住不起房,因此有必要将一部分土地增值收益拿出来为他们建房)。

其次,在补助方式上以开发补助为主。在运营方面,目前可承担性住房唯一的运营补助是 Section 8(即第 8 款)租房券(由联邦提供)。另一种办法是通过前期大量的拨款以及无息或低息贷款,减少租金中的债务支出,降低运营成本。

(二)警惕残余化倾向

但是,即使技术上和认识上的问题都解决了,现实中仍可能做不到:因为公共住房处于一个残余地位,从一开始就注定了要被边缘化,结果公共住房问题仍然出现。

事实上,我国的保障房也面临这样一种强烈的残余化倾向。

首先,在认识上,保障房从一开始就被置于一种残余的地位加以建构。受放任自由主义的影响,人们普遍认为,住房需求应该主要通过市场满足,只有那些市场满足不了的群体,政府才应该保障。(但是教育不是这样,不是吗?因此教育的问题也比住房要小得多。)

其次,国家一边扩大公租房及其他保障房的建设规模,构建社会安全网,另一边又不断挤压其生存空间,打消它与市场竞争的能力,目的是防止这些房子建成之后冲击房价、影响地价,进而影响到一切与房地产有关的地方政府收入。所以,公租房多选址偏远,质量一般,但是价格却与市场水平接近,从而不具有平抑市场房价的作用。同时,又将增加的供给引向在市场上不具备有效需求的群体,使其不与市场分一杯羹。

其结果是,公租房有可能变成一个像美国公共住房一样的高度计划和管制的部门:建造计划来自于中央而不是地方需求;部门内部缺乏竞争以及可持续发展的内在动力,只能通过管制运营;过了一二十年,房子贫民窟化,或者因为补贴严重不足而运营不下去。我们应及早防止这种趋势。

(三)发展非营利住房,构建“社会市场”部门

从伯克利的经验来看,解决残余化更好的出路,是向社会方向更加迈进一步,实行非营利型的私有化,而且,从原来的政府直接出资和提供(即公共住房),转变为政府出资、非营利组织提供(即非营利组织住房)。这旨在建构一个“社会市场”部门,不是为了市场投资,而是为了实现某种社会目标。在部门内部,非营利组织之间相互竞争;在外部,通过成本型租赁成为市场营利型租赁的参照,并增强社会的力量。这也使伯克利模式与欧洲的社会住房模式更加接近(如瑞典采用主要股份为当地政府所有的住房公司或者住房托拉斯,均为成本运营的非营利组织)。

这给我们以重大启示:

首先,采用住房管理局的方式对公租房进行直接管理和控制,恐怕是最不足取的方式之一,这将导致公租房的官僚化。

其次,将公租房的所有权和控制权交给开发商或者营利机构,这一做法也不足取,因为在这种私有化下,保障房的长期可承担性难有保障。

第三，鉴于中国的国情，在政府的支持下，可以采用以下两种形式拥有和控制保障房：一是国有（控股）住房公司，二是非营利住房组织。它们具有两大特点：

一是独立运营，按照企业化运作，而非行政化运营，并且内部之间竞争。政府应提供必要的资金，并设计相关程序，使竞争能够展开，机构可持续发展。

二是非营利的成本运营，从而为低收入群体提供真正低于市场价格的住房。在公租房发展早期可以给予更多的租金补贴，以把租金降下来。然后，随着时间推移，公租房逐渐偿清了债务，但市场租金不断上升，成本运营的公租房的价格优势会不断显现，这时可以少补贴或者不补贴。

（四）市场之剩余，还是与之竞争？

但是，伯克利模式与欧洲的社会住房模式仍有一个本质区别：即不与市场竞争，只能向穷人出租。在欧洲，社会（租赁）住房与市场租赁房之间相互竞争。其显著的好处是，供给方式多样，提高了效率；而且，成本型租赁与营利型租赁有效竞争，尤其是当房子年岁久了，债务偿清了以后，社会（租赁）住房的运行成本会降低到很低的水平，这时会对市场租赁价格形成有效抑制。

管制（非竞争的），还是竞争的，我国的公租房也当对此进行深入考虑，并在适当的时候作出一个选择。

流动人口的社会接纳与城市融入问题研究*

天津行政学院　王　健**

内容提要：我国已处于城市化水平的加速阶段，在城市化进程中流动人口的城市融入问题已成为当前我国加强与创新社会管理工作中的关键问题，文章从社会接纳的角度分析了城市如何从户籍制度改革、完善流动人口社会保障、健全流动人口城市公共服务体系、丰富流动人口业余文化生活、加快社会组织和社区建设等方面加强城市对流动人口的接纳能力，从而促进流动人口的社会融入。

关键词：城市化　流动人口　城市融入　社会接纳

《2012中国新型城市化报告》数据显示，2011年中国城市化水平已达到51.3%。随着我国工业化、城市化、现代化、国际化的不断加速，城乡之间的差距也愈加明显，大量乡—城流动人口拥向城市寻找发展机遇和生存空间。截至2011年底，全国流动人口总量达到2.29亿人，其中男性约1.15亿人，女性约1.14亿人。[①] 由于流动人口大部分文化素质不高、缺乏劳动技能、和城市居民沟通较少等自身原因，再加上城市中的制度障碍、文化障碍，使他们经常会感

---

* 国家行政学院博士后工作站研究课题："城市外来人口社会融合"研究阶段性成果。

** 王健，天津行政学院公共管理教研部讲师、国家行政学院在站博士后。

① 国家人口和计划生育委员会流动人口服务管理司编：《2012中国流动人口发展报告》，中国人口出版社2012年版。

到不适应城市社会的工作和生活，出现与城市居民价值观不兼容、行为方式不一致的现象，甚至会受到歧视、排斥，如果处理不好还可能产生矛盾和冲突。因此，如何从城市的社会接纳视角促进流动人口的城市融入，使他们享受与城市居民同等的公民权利和社会福利，不仅关系到经济的可持续发展，而且关系到社会的稳定与和谐。

一、社会接纳的含义

国内外对于社会接纳的定义较少。我们认为，社会接纳是一个群体对于不同信仰、不同意识形态、不同生活方式的其他群体或个体的尊重、包容与接受程度。

二、社会接纳与流动人口城市融入的关系

在关于社会接纳的研究中，“多元论”强调“不同种族或社会集团之间享有保持差别的权利”（李明欢，2000），国内也有学者认为我国的流动人口经历了从“制度变迁先于结构变迁，制度建构结构”到“结构变迁先于制度变迁，结构形塑制度”的过程（刘玉照，2004），而这个过程正体现了城市变得更加包容，不断扩展社会接纳的形式和范围，从而促进流动人口融入城市社会。

社会接纳与流动人口社会融入有着相辅相成的关系。一方面，社会接纳程度的提高可以提升流动人口的融入水平。一是政府通过政策与制度的改进、完善各种公共服务，可以营造良好的城市接纳流动人口的环境，维护流动人口的基本权益，这样会减小流动人口与城市居民的距离感。二是社会通过营造“和谐、包容、合作、共赢”的接纳流动人口的文化氛围，提升流动人口的城市归属感和认同感，促进流动人口的社会融入。另一方面，流动人口在城市社会融入速度的加快、融入水平的提升也会推动城市更加开放、更加包

容,以海纳百川的胸襟接纳来自不同地域、不同文化背景的人们为城市的繁荣和发展而不懈奋斗。

三、流动人口城市融入过程中的主要问题

(一)现行的户籍制度成为制约流动人口城市融入的障碍

户籍制度是以户口登记与管理为基础,逐步建立起来的一套社会管理制度,包括人口登记和上报制度、居民户口或身份登记管理制度以及与户口相关的就业、教育、保障和迁徙等方面的社会经济管理制度。(陆益龙,2004)中国户籍制度具有独特之处,就在于它将中国国内公民划分为农业户口和非农业户口(Wu & Tremian,2004),同时根据户口管辖地管理,对异地间户口迁移实行严格的行政控制,并成为了乡—城人口流动的主要障碍因素(Liang,2001)。中国的户籍制度严格地把中国的人口分成了“城里人”和“乡下人”,并分别为两个群体贴上了对应其身份的标签,界定十分明显(Cheng,1991;Zhang,1994)。[①] 户籍制度在我国特殊的历史时期曾发挥了积极作用,但是随着市场经济的发展,户籍制度不利于我国农业人口非农化和农村人口城市化进程的顺利进行,不利于形成全国统一的劳动力市场,并且进一步加剧了城乡差别,阻碍了流动人口的城市融入。

(二)流动人口在城市中的社会保障缺失

1. 流动人口在城市劳动强度大

流动人口在城市中大多承担着脏、险、累、重的工作,从劳动时间上看,他们的劳动也谈不上什么保障体制,一旦有工作劳动往往是大大超时的。我们在进行流动人口调查时发现:一天工作 8 小时及 8 小时以下的占 25.9%,也就是说 3/4 的流动人口在城市的工作

---

① 刘建娥:《中国乡—城移民的城市社会融入》,社会科学出版社 2011 年版。

时间超过8小时。此外，流动人口中有22.5%的人工作时间在12小时及12小时以上，64.9%的人工作时间在10小时及10小时以上(如表1所示)。

表1　流动人口在城市的工作时间调查表

劳动时间	人　数	百分比(%)
7小时及以下	28	5.6
8小时	101	20.3
9小时	46	9.2
10小时	178	35.8
11小时	33	6.6
12小时	80	16.2
12小时以上	30	6.3
合　计	496	100

数据来源：作者主持的《天津市流动人口社会融合问题研究报告》——2012天津市第六次人口普查课题。

2. 流动人口在城市工资收入低，拖欠工资现象仍然存在

流动人口由于文化水平较低，缺乏劳动技能，因此在工作中收入水平较低。根据2011年国家人口计生委外来流动人口动态监测数据，2011年外来农民工月工资收入中位数为2 000元，均值为2 240元，最低是200元。在调查中发现外来农民工工资主要集中在1 500～2 500元之间(占47.4%)。1 500元以下的占17.8%，2 500～3 500元之间的占24.0%，6.9%的外来农民工工资收入处于3 500～4 500元之间，月工资收入在4 500元以上的只占3.9%(如表2所示)。

表2　流动人口工资收入调查结果表(2011年)

工资收入(元)	百分比(%)
4 500以上	3.9
3 500～4 500	6.9
2 500～3 500	24.0
1 500～2 500	47.4
1 500以下	17.8
合　计	100

数据来源：2012中国流动人口发展报告，中国人口出版社2012年版。

2005年温家宝总理在两会期间作政府工作报告时明确提出“全面清理建筑领域拖欠工程款和进城务工农民的工资”。尽管政府三令五申禁止拖欠城市外来务工人员的工资,但是在一些行业仍然存在拖欠工资现象。2010年全国流动人口动态监测数据显示,受雇佣的城市外来流动人口中工资被拖欠的比例为1.9%,平均拖欠金额为2 864元,平均拖欠时间为2.7个月,农林牧渔业拖欠比例最高,为5.2%;其次是建筑业,为4.1%。拖欠工资不仅侵害了流动人口的劳动权益,而且会造成劳资纠纷,甚至会引发群体性事件,影响社会的稳定与和谐发展,也会使流动人口更加抱怨和愤恨城市,使他们难以融入城市社会。

3. 流动人口在城市劳动合同签约率低

《2012中国流动人口发展报告》数据显示:目前就业身份为雇员的外来流动人口中51.3%签订了有固定期限的劳动合同,而未签订劳动合同的比例超过30%;东部地区签订劳动合同的比例超过70%,而中西部地区签订劳动合同的比例大约为50%。劳动合同的签约情况与其就业的行业性质密切相关,在外资企业、中外合资企业和国有及国有控股企业就业的流动人口中,超过九成签订了劳动合同;而雇主为个体工商户的企业中,流动人口的劳动合同签约率不到四成。签约率较低的行业主要集中在农林牧渔业、建筑业、批发零售业。由以上的数据我们可以看出,流动人口在城市的劳动合同签约率较低,一旦发生工伤事故或劳资纠纷,他们的合法权益就不能得到有效的保障。

4. 流动人口在城市的社会保险参保率低

2011年就业流动人口在流入城市的基本养老保险、基本医疗保险、工伤保险、失业保险、生育保险的参保率分别为23.1%、26.4%、25.2%、13.6%、9.9%。其中,具有城镇户籍的流动人口“五险”参保率为43.8%、45.6%、36.5%、28.7%、19.4%,而农村户籍的流动人口的“五险”的参保率为19.7%、23.3%、23.4%、11.2%、8.3%。从以上数据我们可以看出,农村户籍的流动人口的“五险”参保率只有城镇户籍流动人口的一半(详见表3、表4)。

表 3 具有城镇户籍的流动人口社会保险参保率调查表（2011 年）

社会保险类别	参保率(%)
基本养老保险	43.8
基本医疗保险	45.6
工伤保险	36.5
失业保险	28.7
生育保险	19.4

表 4 具有农村户籍的流动人口社会保险参保率调查表（2011 年）

社会保险类别	参保率(%)
基本养老保险	19.7
基本医疗保险	23.3
工伤保险	23.4
失业保险	11.2
生育保险	8.3

数据来源：2012 中国流动人口发展报告，中国人口出版社 2012 年版。

（三）流动人口的城市公共服务不健全

1. 流动人口子女在城市上学难

(1)流动人口子女入学手续复杂

流动人口子女入学时需要提供一系列证明和文件，程序复杂，障碍较多。大多数城市明确必需的有“五证”，即父母的身份证、经商或务工证明（提供工商执照或劳动合同）、暂住证（包括租房协议）、孩子户籍所在地没有监护条件的证明、转学证。有些城市需要“六证”、“七证”，甚至“十证”，有的城市还规定需要提供孩子家长“无犯罪记录证明”、养老保险证明等，如此繁多的“关卡”使流动人口子女在城市接受免费的义务教育成为梦想。

(2)不合理收费依然存在

流动人口子女在城市读书本来费用就较高，据国家统计局调查，外来务工人员子女在城市一年学杂费平均支出占家庭总收入的 19.78%。[①] 一些城市的学校提出流动人口子女入学还需缴纳赞助

① 国家统计局：《农民工生活质量调查之二：生活与教育状况》，中国统计信息网 2006 年 10 月 20 日。

费、借读费、择校费以及各种巧立名目的费用,林林总总的收费项目使流动人口子女在城市上学更是难上加难。

(3)城市教育资源不足与流动人口子女入学数量骤增的矛盾日益凸显

当前,流动人口子女群体规模庞大,并且数量呈逐年上升趋势。根据浙江省宁波市统计,2006 年全市中小学共接纳外来务工人员子女 19.3 万人,2007 年为 21.4 万人,2008 年为 24.2 万人,年增幅达 10%左右,部分学校接纳城市流动人口子女入学的能力已经接近饱和,城市教育资源不足与进城流动人口子女入学数量增加之间的矛盾更加突出,一是学校硬件及配套设施不足,二是师资队伍需继续扩大,三是财政投入压力日益趋紧。因此,地方政府财政部门和教育部门的压力越来越大。

2. 流动人口在城市住房条件有待改善

在调查中我们发现,流动人口在城市的住房来源以单位提供临时住房为主(占 55.2%);其次是自己租房(占 37.6%);流动人口中也有少部分人购买了商品房(占 5%),一般他们在城市工作多年,并且具有稳定的工作和收入;自己建房或投亲靠友等其他形式的住房比例较少(占 2.2%)。流动人口在城市中的人均居住面积在 5~10 平方米占 48.9%,人均居住面积在 5 平方米以下的占 17.2%。

表 5　流动人口在城市人均居住面积调查表(2012 年)

人均居住面积(m^2)	所占比率(%)
20~30	4.2
10~20	29.7
5~10	48.9
5 以下	17.2

数据来源:作者主持的《天津市流动人口社会融合问题研究报告》——2012 天津市第六次人口普查课题。

流动人口在城市中依靠血缘关系、亲缘关系、地缘关系聚集居住,因而形成大量的“浙江村”、“河南村”、“湖北村”、“安徽村”等,有的大城市万人以上的流动人口聚集区多达数十个甚至上百个。这种居住方式既不利于流动人口的城市融入，也不利于地区社会治安的管理。

3. 流动人口计划生育服务及管理难度大

我国流动人口规模庞大，2011 年达到 2.29 亿人，占全国总人口的 17%，流动人口中 18～49 周岁成年育龄妇女达 8300 万人，计划生育服务及管理任务十分艰巨。出生在户籍地以外的流动人口子女中，第一孩次的占 59.8%，政策合格率为 93.6%；第二孩次的占 36.4%，政策合格率为 64.2%；第三孩次及以上的占 3.8%，政策合格率为 19.3%。① 由于城市中的外来务工人员流动性强、居住分散、从事行业分布较广，因此计划生育服务及管理的难度较大。

4. 对流动人口的培训不够

中国的流动人口多数来自于农村，平均受教育年限为 9.4 年，接受过高中以上教育的不足四分之一。以制造业为例，从业流动人口平均受教育年限仅为 9.3 年，即便是新生代流动人口，平均受教育年限也不超过 10 年，只能从事一些技术含量低的工作。在工作中往往只有对流动人口的岗前培训，而劳动技能提升培训、综合素质培训、职业生涯培训较少，政府和企业在此方面的重视也不够，培训经费的投入也比较少。

（四）流动人口在城市的业余文化生活单调

流动人口来城市的主要目的就是为了打工挣钱，平时上班很辛苦，业余文化生活比较单一。我们在调查中发现，他们中 18.9%的人业余文化生活是聊天，39.7%的人业余文化生活是打麻将，38.6%的人业余文化生活是看电视，2.2%的人业余文化生活是上

---

① 国家人口和计划生育委员会流动人口服务司编：《2012 中国流动人口发展报告》，中国人口出版社 2012 年版。

网,0.6%的人业余文化生活是看电影。(见表6)由此我们可以看出,流动人口的业余文化生活以打麻将和看电视为主,缺乏有组织的文化活动。

表6 流动人口在城市业余文化生活调查表(2012年)

业余文化生活	所占比率(%)
聊天	18.9
打麻将	39.7
看电视	38.6
上　网	2.2
看电影	0.6

数据来源:作者主持的《天津市流动人口社会融合问题研究报告》——2012天津市第六次人口普查课题。

值得一提的是,新生代流动人口(80后或90后出生的)与老一代流动人口的业余文化生活存在明显的差别,他们花在与朋友聊天、上网、逛街和参加技能培训上的时间都比老一代要多,他们在对于新鲜事物的认知和接受能力上要比老一代强,他们对于城市生活方式和社会环境的适应性也比老一代流动人口要强,这表明他们与城市的距离在逐渐缩小,逐步融入城市生活。

(五)流动人口在城市的利益诉求表达渠道不畅

流动人口在城市中往往处于弱势地位,而且缺乏向上流动的社会机制和社会空间,尽管流动人口群体规模大,但他们的利益诉求很难有效表达出来,缺乏维护自身合法权益的条件和能力,特别是由于缺乏组织保护,流动人口在就业选择、工资水平、社会保险等方面都处于不利地位。作为城市中的边缘群体,几乎没有能够代表流动人口利益的社会组织向上反映他们的利益诉求,各级人大、工会、妇联、共青团组织也缺少流动人口的代表,当他们的合法权益受到侵害时,由于缺乏利益诉求表达渠道,会使流动人口维权能力降低。

四、提升城市接纳能力，促进流动人口城市融入的对策建议

（一）加大户籍制度改革力度，消除流动人口城市融入的制度障碍

2012年2月23日国务院办公厅下发了《国务院办公厅关于积极稳妥推进户籍制度改革的通知》，《通知》指出“在设区的市（不含直辖市、副省级市和其他大城市）有合法稳定职业满三年并有合法稳定住所（含租赁）同时按照国家规定参加社会保险达到一定年限的人员，本人及其共同居住生活的配偶、未婚子女、父母，可以在当地申请登记常住户口”。由此可见，中小城市的户籍限制开始逐步放开。但是户籍制度的改革关键就是如何下大力量解决户籍性质与就业、社会保障、子女入学等一系列制度相挂钩的问题，特别是大城市户籍制度的改革值得我们进行深入思考。

一是试行居住证制度，逐步消除城乡二元户籍。对于具有稳定职业和住所的进城务工人员，特别是80后、90后的新生代流动人口都可以按规定自愿申领居住证，同时建立居住证与常住户籍之间的转换制度。二是在居住证有效期内，享受部分市民待遇。领取居住证后，流动人口可以按照城市有关规定参加综合保险或者社会保险；可以在居住证有效期内，按规定申请廉租房，为子女申请在城市接受义务教育，享受同城市居民同等的待遇。三是对优秀外来务工人员及其子女直接给予城市户籍。可以按照城市综合配套能力，每年允许部分在城市生活时间较长、有稳定就业和稳定收入、按时参加社会保险缴费、信誉良好没有违法记录或为城市经济建设做出特殊贡献的，以及社会治安综合治理先进人物等流动人口及其子女办理城市常住户籍。

（二）完善流动人口社会保障，维护流动人口的合法权益

社会保障问题不解决，流动人口就很难实现真正意义上的城市

融入,为此要不断健全流动人口社会保障网络,扩大流动人口的社会保障覆盖范围。一是要提高流动人口在城市的工资和福利待遇,保障他们的基本劳动权益。二是要规范用工制度,保证用工时间和用工程序的规范性。三是本着“广覆盖、低标准、可持续”的原则,完善流动人口的社会保险,不断建立健全社会保险的转移接续机制。首先,要加快健全流动人口基本养老保险制度。引导和鼓励流动人口参加城镇企业职工基本养老保险和新型农村社会养老保险,让更多的来城市工作的流动人口能够享受养老保险。有序规范地开展城市流动人口养老保险关系转移与接续工作,研究制定城镇企业职工基本养老保险与新型农村社会养老保险的衔接政策,使返乡的流动人口的合法权益能得到保障。其次,要加大流动人口工伤保险政策的落实力度。流动人口为城市的繁荣和发展做出了重要贡献,他们经常承担着脏、险、累、重的工作,一旦出现工伤事故,应该在经济上有一定的补偿。四是要健全流动人口的医疗保障制度。与企业签订劳动合同,建立劳动关系,在城市工作的流动人口都要纳入城镇职工基本医疗保险范围。鼓励他们参加农村新型合作医疗保险,继续完善基本医疗保障关系的转移和接续工作。

(三)健全流动人口城市公共服务体系,提升流动人口在城市的归属感

健全流动人口公共服务体系,可以解决流动人口的后顾之忧,提升他们在城市中的心理归属感。一是要通过简化入学手续、规范收费标准等措施为流动人口子女上学提供更多便利,对于经济比较困难的流动人口子女要给予“绿色通道”,减免学杂费,让他们在城市能够享受与城市居民子女同等的受教育权利,同时政府要多方筹集资金,确保教育经费的投入,解决教育资源相对紧张的问题。二是要加大社会保障房建设,为流动人口提供更多的限价房、廉租房,建成流动人口集中居住社区,鼓励流动人口在社区内打破亲缘关

系、地缘关系分散居住，这更有利于流动人口的社会融合。三是要加大宣传力度，不断完善基层初级医疗卫生组织，为流动人口提供高质量的计生服务。四是要强化对流动人口的服务意识，不断增加流动人口的技能培训、法律援助、心理咨询等服务，通过对流动人口的公共服务提升城市对流动人口的社会接纳能力，让他们在城市中能够感受到更多的安全感、归属感、认同感。

（四）丰富流动人口业余文化生活，促进流动人口的文化融合

文化活动不仅可以丰富流动人口的业余生活，而且也是促进流动人口与城市居民交流和沟通的纽带，因此要充分发挥文化融合的积极作用。一是要开展各种形式的城市文化联谊活动，鼓励流动人口和城市居民积极参加，通过文化活动增加彼此的社会交往和社会认同。二是要设立"流动人口文化节"，通过一些群众喜闻乐见的形式，表现流动人口吃苦耐劳的精神和为城市发展所做出的巨大贡献，从而增加城市居民对流动人口的理解与接纳。三是要挖掘流动人口的深层文化，创作出流动人口所需要的文化产品。流动人口目前有两亿多人，已有二十多年的流动历史，其中动人的故事不胜枚举，但是反映流动人口优秀题材的电影、电视剧、小说、戏剧却不是很多，说明我国文化工作者对流动人口的文化融合还不够重视，需要进一步加强。四是要加大文化体育设施的建设力度，多建一些大众化的影剧院、图书馆、健身中心，从而丰富流动人口的业余文化生活。

（五）大力发展社会组织和社区建设，增加流动人口的政治参与意识

城市的各类组织，尤其是工会组织、社区组织和其他社会团体应主动接纳流动人口这个群体，发挥在维护流动人口合法权益中应有的作用。一是要强化工会维护流动人口合法权益的职能，工会在解决职工的工资拖欠问题、劳动纠纷问题等方面具有无可替代的作用。因此,工会必须积极探索,尽可能地吸纳流动人口进入工会组织。二是要发挥社区管理和服务流动人口的功能,促进城市社会群体间的接纳和融合。在城市中,社区应当成为接纳流动人口的主要社会载体,同时也是消除制度化社会排斥的一个突破口,可以作为流动人口向"新市民"转化的关键场域,发挥社区的接纳功能和社会融合功能,提升流动人口积极参与社区建设的积极性。三是要发展流动人口自组织,探索流动人口的自我组织和自我管理的途径和方式。通过这种内在的、积极的自我建设和自我完善,使流动人口这个群体的目标和利益得以整合与明晰,提高他们维权的组织化水平,这样一方面可以畅通流动人口在城市的利益诉求表达通道,另一方面可以提升他们的政治参与意识,为流动人口在城市中更好地生存和发展建言献策。

我们相信,流动人口的城市融入问题一定会受到政府和社会的广泛关注,通过不断提升城市的流动人口接纳能力和接纳水平,更多的流动人口会逐步融合为"新市民",继续为城市的繁荣发展和社会的和谐进步做出自己的贡献。

参考文献

[1]国家人口和计划生育委员会流动人口服务管理司:《中国流动人口发展报告2012》,中国人口出版社2012年版。

[2]悦中山,李树茁,[美]费尔德曼:《农民工的社会融合研究:现状、影响因素与后果》,社会科学文献出版社2012年版。

[3]加强宁波流动人口管理　推进和谐社会建设课题组:《流动与和谐——宁波流动人口服务与管理》,人民出版社2007年版。

[4]嘎日达,黄匡时:《西方社会融合概念探析及其启发》,国外社会科学2009年第2期第22页。

[5]刘传江:《新生代农民工的特点、挑战与市民化》,《人口研究》2010年第2期。

[6]皮曙初:《鼓励农民工“回流”急需政策支持》,东方城乡报2007年9月18日。

[7]杨菊花:《流动人口在流入地社会融入的指标体系——基于社会融入理论的进一步研究》,《人口与经济》,2010年第2期。

[8]李树茁,杨绪松,悦中山等:《农民工社会支持网络的现状及其影响因素研究》,《西安交通大学学报(社会科学版)》2007年第1期。

[9]李明欢:《人口生态\人口政策与国际移民》,《东南学术》2011年第1期。

[10]刘玉照:《从形态描述到机制分析　近代以来有关中国乡村变迁的研究》,《上海青年管理干部学院学报》2001年第1期。

[11]陆益龙:《户籍制度——控制与社会差别》,《学海》2004年第3期,第197-199页。

[12]刘建娥:《中国乡—城移民的城市社会融入》,社会科学出版社2011年版。

城市流动人口自组织建设问题探析

——以杭州为例

杭州行政学院　方秀云*

内容提要：流动人口的服务管理已经成为城市社会亟待破解的重要而紧迫的课题。本文以杭州为例，对流动人口自组织建设情况进行一些粗浅思考与探讨。

关键词：流动人口自组织　草根之家　出租车行业　服务　管理　杭州

美国地理学家 W. 泽林斯基研究发现：随着经济发展、工业化与城市化推进，流动人口迅速增长，流动类型大大丰富，流动人口结构开始出现分化；到了发达阶段后，由于交通条件的完善，流动人口随着社会的现代化而扩大。①

一、流动人口自组织的含义与特征

我国的流动人口是相对户籍人口而言的，通常指离开户籍所在地，到异地工作、生活和居住的人口，主要包括农民工及其随迁人员、城镇间流动人员、滞留城市的大学生等，其中八成以上是年

---

* 方秀云，杭州行政学院社会学教研部副教授。

① 何肇发：《珠江三角洲流入人口的研究："边缘人"及"外群人"的社区工作》，《中国社会工作》1996 年第 5 期。

轻人。

随着城市化的快速推进，我国流动人口规模及其自组织发展迅速。但是，目前政府和社会在不断加强流动人口服务管理的同时，对流动人口的组织建设问题的关注明显不够。

（一）流动人口自组织的基本含义

所谓流动人口自组织是指流动人口自发成立、自主发展、自行运作和自我治理，具备一定规模、拥有组织章程和组织框架的社会组织。

“草根之家”就是一家由在杭州江干区打工的几个有理想有爱心的年轻人共同创办的纯民间、纯公益的志愿服务公益机构，旨在搭建自助互助的爱心平台，凝聚广大草根群体的智慧和力量以改善现状，致力于成为打工者的精神家园。2006 年在杭打工的江西农民工徐文财创办了农民工网站“草根之家”，呼吁农民工朋友自助互助，自强不息。2008 年又创办了现实中的“草根之家”活动中心，通过开展文艺活动、法律咨询、职业培训等系列志愿社会工作服务，提升农民工朋友自我服务、自我管理和自我发展的能力，促进农民工更好地融入都市，实现自己的梦想。

（二）流动人口自组织的主要特征

1. 自发性。通常由流动人口中的草根精英根据地缘、业缘或趣缘等而建立，涉及文化娱乐、交友、维权、公益等领域；基本都是自主成立、自我发展，大多处于自生自灭状态。

2. 地域性。从成员构成看，城市流动人口明显而普遍出现同乡、同业“双聚”现象并形成“亚社会”、“亚文化圈”。以杭州出租车业为例，截止到 2012 年 6 月 30 日，杭州市共有 21 575 名在岗出租车驾驶员。人员分布包括浙江省内 9 232 名，占比 42.8%，其中杭州市区 4 745 名，占 22%；其余来自外省，以河南籍最多，有 6 137 名，占 28.4%，其次安徽和黑龙江，分别占 8.5%和 5.8%；而河南籍驾驶员中，又以西华县和扶沟县两地驾驶员为主，分别达到1 900名和1 026 名，占河南全省的一半。(见图 1)由此出现从业人员流出地高度集中、居住地高度集中和沾亲带故关系高度集中的“三高”特点，像物流快递、环卫保洁等行业甚至出现同个家族集中从业的情况，地域与关系的紧密是组织抱团的关键要素。

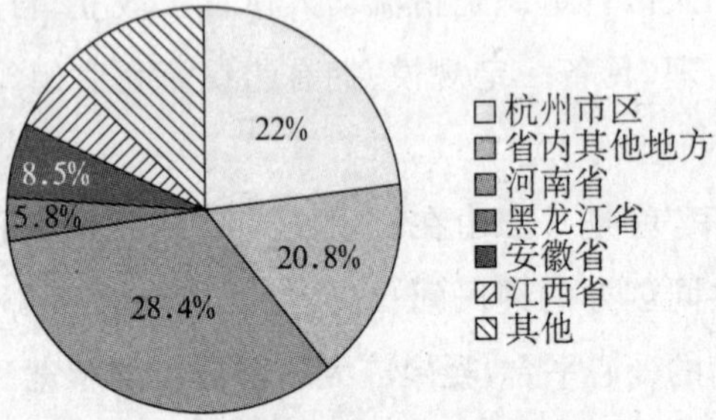

图 1 杭州市出租车驾驶员地域分布

从活动开展看，流动人口自组织项目多数以同城、同区或同社区工作和居住的对象为主体；如“草根之家”在杭州江干区九堡一带有较大影响力，但对其他区域的服务与影响相对有限。

3. 自主性。流动人口自组织大多比较松散，对成员的约束力较低，成员可自由进入或退出，只要组织的活动内容与形式符合自己的兴趣和要求就可以加入，充分体现自愿加入、自主参与的特点。

4. 网聚性。网络在组织管理、活动策划、信息发布等方面具有低成本、方便、开放等优势，是流动人口自组织运行的重要载体，尤其在论坛讨论和功能性服务方面发挥着极其重要的作用，而青年群体对网络的喜爱，促使更多的实体性流动人口自组织借助网络实现组织功能；网络的平等、匿名与隐私保护等特性，既为流动人口的交流互动提供更加自由便捷的选择，也为流动人口自组织的构建与发展提供了更多可能。因此，像“草根之家”流动人口自组织的发展大多具有网上和网下形式。

5. 非法性。我国流动人口自组织从无到有、从自娱自乐到自助互助，组织化程度和社会影响力在不断提高，但在目前的管理体制下，基本都以非正式组织形态出现，没有上级归口管理单位，很多甚至没有经过社团登记注册；像杭州"草根之家"成为注册合法的流动人口自组织的很少，也可以说，基本都处于非法状态。

二、流动人口自组织的功能与意义

流动人口自组织可为目标群体提供生存与发展所需要的一些物质与精神产品，也能提供其利益诉求的一种"组织化"渠道，将无序的个体欲求纳入到有序的集体表达轨道，并提高弱势群体的利益博弈能力，因而具有巨大的社会需求和发展潜力。

（一）流动人口自组织的突出功能

1. 构建精神家园。如"草根之家"围绕工友的现实需求，定期为在杭打工的工友们开展就业生活技能、文化教育、职业安全与健康、普法宣传等志愿服务活动，包括电脑培训、英语辅导、专家讲座、普法宣传等。为满足大家平等交流、获取信息，在沟通与交流中获得愉悦、关怀与归属感，"草根之家"特别策划组织各类兴趣小组，让工友们自主负责策划组织各类兴趣活动，中心提供相关的经费及协助，让大家在参与组织策划中提高自己的能力。目前已经形成草根艺术团、草根文学组、K 歌组、公益倡导组等一系列兴趣小组活动。

2. 联合维护权益。伴随着工业社会、商业社会、城市社会的兴起以及权利意识、民主意识、法律意识的觉醒，相同职业、相近地位、相似出身或境遇的流动人口纷纷自组织起来以捍卫尊严、保障权益。"草根之家"针对农民工劳动权益易受侵害问题，组织法律志愿工作者开展义务普法宣传，向打工者普及容易被忽视的劳动政策法规、职业安全知识，提高工友们维护自身合法权益、做知法守法的新市民的法律意识;对合法权益遭受严重侵害的工友,“草根之家”律师团队提供免费的法律援助服务。

3. 自助互助服务。绝大多数流动人口都有一定的社会责任感,通过建立各类自组织,吸纳并整合社会资源,积极开展各种公益与志愿服务活动,实现自助互助、自强不息。如“草根之家”策划的“工友互助基金”项目,用募集和积累的爱心基金,对处境困难的工友给以紧急救助;联系高校、组织大学生志愿者定期照顾民工子女,陪伴流动儿童生活学习、快乐度过周末和假期。

(二)流动人口自组织的建设意义

改革开放以及城市化、工业化、信息化等社会变迁给社会治理带来大量空白点,流动人口自组织深入到某些空白点,如果能进行有效作为,能更好地促进社会的长治久安。

1. 流动人口自组织的出现是社会文明进步的体现。我国宪法赋予公民以结社的自由,但与西方国家相比,中国长期处于集权统治状态,一直沿袭“大一统”的治理理念,缺乏自由结社的文化传统和社会氛围,习惯将所有事务都纳入政府管理和行政掌控之中,人口流动与民众自组织通常都被视为对政府的威胁与社会隐患,因此,流动人口自组织的出现,表明我国社会正不断走向开放、文明与进步。

2. 流动人口自组织的壮大是社会发展历史的必然。目前,城市社会庞大的流动人口群体出现极为迫切的生存、发展与维权需要,而现有工青妇等群团组织所能提供的服务存在巨大的供需缺口;特别在劳资关系紧张、劳资力量对比失衡的背景下,一些地方政府在认识与实践中往往走入刚性维稳、片面管控的误区,只管维稳、不管维权,只讲民生、不讲民主,致使劳资矛盾呈现日益激化和恶化的趋势。流动人口自组织的存在和发展,为政府和社会提供了一种“去原子化”的路径,在完善公共服务、缩小社会差距、化解劳资纠纷方面弥补了政府不足与市场局限。政府如果因势利导,依法规范和促进流动人口自组织的发展,可获得劳、资、政和整个社会多赢的结果。

3. 流动人口自组织具有无以替代的优势功能。流动人口自组织的民间性、草根性、公益性,使它们具有政府和行政化社团不具备的特殊优势,它们分担了政府无法包揽的部分社会责任,为处于弱势地位的群体提供大量急需的服务。事实表明,大量流动人口自组织具有释放社会压力和缓解社会矛盾的作用,不仅能使原子化的流动人口有效表达他们的利益诉求,也使政府、社会各阶层与流动人口之间有了更好的沟通平台、协调渠道与合作基础。

4. 流动人口自组织的缺失会带来严重后果。社会和谐无疑需要在政府与分散的民众之间建立更多的渠道和平台。不容置疑,新生代流动人口对公共服务、尊严感与权益的诉求已越来越强烈,如果缺乏流动人口自组织在政府与弱势群体之间的沟通,一旦发生纠纷或工潮,政府很难找到理性谈判的对象和途径,而散沙般的民众因无力维护自身权利,极易受情势所迫出现暴力行为,造成巨大的社会破坏。

三、流动人口自组织建设的主要问题

尽管流动人口自组织的作用和影响力日益显现,但作为一种新型独特的社会组织,无论自组织本身还是其成长环境都存在诸多问题,尤其在运作和发展中面临法律、体制、文化和经济等重大因素制约,其中突出表现为:

(一)政府认同支持不够

由于流动人口自组织的自主性较强,大多保持独立,其组织本身的存在成长、登记注册、集会活动的合法性等问题还有待进一步的制度明确和法律保障。

一些地方政府依然扮演全能型管理角色，仍坚持惯性思维，对社会组织尤其对流动人口自组织持很强的戒备心，往往以持不同政见或诱发社会动乱为由进行防范打压，这实质上已背离了当下的社会现实。流动人口自组织的活动往往与基本的民生保障和民权维护相关，深得民众尤其是弱势群体的欢迎，对其一味地禁止和压制，“不仅不能促进社会稳定与和谐，反而在制造敌人”①。

政府部门对流动人口自组织的认同与重视不够，致使其缺乏相应的政策支持和发展空间，从而难以充分发挥其参与社会管理、提供公共服务的功能。同时，多数社会成员也未深切认识到流动人口自组织的存在及作用，许多应该有着广泛群众基础的自组织活动成了少数成员的“自娱自乐”，因而面临“自生自灭”的困境。

（二）自身发展能力不足

受身份确认、队伍建设、资金筹措等因素制约，城市流动人口自组织仍存在数量偏少、规模偏小、发展能力不足、社会公信度不高等问题，在经费、场地、专业人才等方面明显薄弱，难以适应城市经济社会发展要求，也难以满足广大流动人口的现实需求。

其一，流动人口自组织数量少。2009 年杭州“草根之家”与中国计量学院零点调查协会三农调研中心联合进行“幸福在哪里——当前在杭农民工的幸福感”大型调查发现：目前像“草根之家”这样为农民工经常性开展活动、提供娱乐场所的流动人口自组织不多，而农民工群体很少自我组织团体活动。62％的农民工偶尔会组织团体活动，但频率极低，10％的民工从未参与团体活动。可见，农民工朋友的精神文化生活贫乏，社会组织网络稀缺(见图 2)。

调查还发现：农民工群体间关系较融洽，但缺乏交流(见图 3)；

① 蔡禾：《实现社会管理的三个基础》，《社会学文摘》2012 年第 3 期，第 18－20 页。

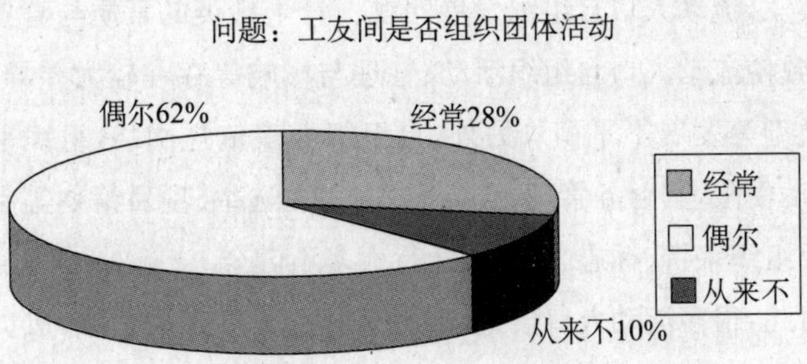

图 2　农民工组织团体活动情况

大部分农民工交往范围限制在老乡之间，甚至与邻居无来往。可见，建立组织、开展团体活动，无疑对农民工丰富生活、融入社会、形成归属、寻求支持等具有无比重要的意义。

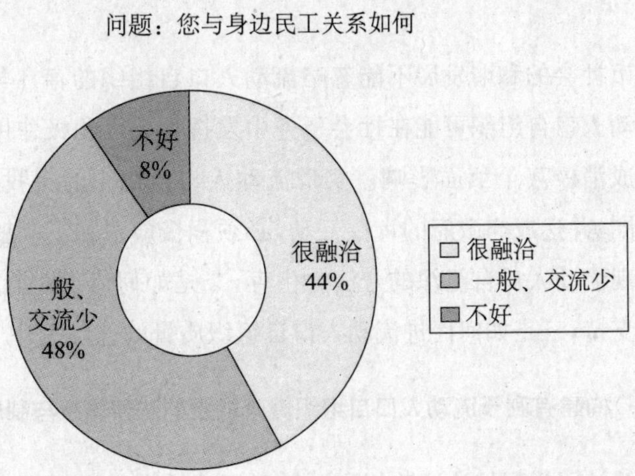

图 3　农民工群体间的关系

其二，流动人口自组织经费缺乏。虽然流动人口自组织建立相对简单容易，运行成本也较低，但成立组织、开展活动必然需要经费支持。由于非正式组织不能公开募捐，目前流动人口自组织一般都采取活动参与者 AA 制来解决；有的会获得境外组织的关注与资助，但很快受到地方政府的压制；经费是限制其正常运行发展的重要因素。

其三,流动人口自组织发展问题。骨干精英的素质与背景良莠不齐,致使流动人口自组织活动、管理与影响等存在较大差异性,区域和类型等发展不平衡。另外,自组织大多依托网络,组织平台单一,活动受限,其财务管理、会员准入、民主选举、项目策划等制度体系以及组织宗旨、标志、宣传等运行大多不健全。

由此,很多流动人口自组织处于随意、无序发展状态,成员之间缺乏必要的了解和沟通;随着流动人口自组织的组合类型与方式、组成动机与目的、组织成员与结构日趋复杂多样,如果不尽快加以有效的引导,流动人口自组织发展可能会失去控制。

四、流动人口自组织建设的对策思考

城市社会的和谐发展不能忽略流动人口自组织的存在与影响。因为流动人口自组织可能在社会事务中发挥重要而积极作用,也有可能造成消极甚至负面影响。实现流动人口自组织的自我发展与社会认同,并达成与政府的良性互动,必须积极应对如下问题:一是如何实现流动人口自组织的合法化生存,二是如何体现对流动人口的关心支持,三是如何促进流动人口自组织质量的整体提升。

(一)构建有利于流动人口自组织健康发展的法律体系与制度环境

有关社团管理的法律法规主要针对正式注册的民间组织,而对于流动人口自组织目前尚无明确具体的政策管理措施。虽然宪法赋予公民结社权,但现行法规与行政规章严格控制了流动人口自组织的合法化路径,剥夺了流动人口自组织合法发展的可能,导致流动人口自组织被拒之于合法登记的门槛之外,从而丧失必要的政策支持和规范引导,事实上阻碍了流动人口自组织的健康有序发展。

因此,一要突破现行法规障碍,完善相关政策,出台具体的流动人口自组织的成立、注册、权利、义务、活动内容、活动范围、活动方式、法律责任等规章，使有关各方有法可依、违法必究，将流动人口自组织发展和监管纳入法制轨道与社会管理体系。二要转变政府理念与思路，承认并赋予流动人口自组织的独立自主地位，改善流动人口自组织的制度环境，由行政控制转向政策激励、分类监管、资源支持和行为引导。三要通过政府出售、合同外包、特许经营、政府补助等形式，健全政府购买服务等合作机制，将原来由政府、工青妇等正式组织直接提供的部分公共服务交给流动人口自组织，给予流动人口自组织发挥作用的制度空间，推进流动人口自组织有序参与社会事务与公共生活。四要加大投入，设立专项发展基金，培训流动人口自组织领袖，为流动人口自组织提供资金、场地、项目等方面的扶持，推动流动人口自组织建设。

（二）完善公共服务，切实改善流动人口的生存状态和发展前景

目前，规模庞大的、以新生代为主体的流动人口处于由生存向发展转型之中，未能充分享受社会保障和公共服务，必须切实关注和改善他们的生存现状和发展前景。

“富士康”现象的出现，引发社会对流动人口服务管理工作的深刻反思：一些地方政府和企业对流动人口“重防范、轻保护，重管理、轻服务，重要求、轻诉求”；还有一些地方的“工潮”或群体性事件，都表明社会对流动人口的关心关爱不够，流动人口普遍缺乏归属感，政府对流动人口及其自组织的了解、重视与支持明显不足。

所以，中共中央、国务院发布《关于加强和创新社会管理的意见》，把“加强流动人口和特殊人群服务管理”作为一个议题提出，足见对这一问题已引起关注。

要通过流动人口自组织活动，拓展社会公共空间，集聚社会资本，增强社会支持，增进工友间联系，使他们感受到浓厚的生活气息与温暖的社会氛围；同时通过加强与高校和一些社会公益组织的联

系,如“草根之家”与杭州一些高校的志愿者大队取得联系,建立服务基地,志愿者大队定期或不定期给“草根之家”提供力所能及的服务支持,从而极大地提升流动人口的精神文化生活,增强流动人口及其自组织的生存与发展能力。

目前,各地对流动人口的收入、住房、教育、医疗、社保、救助、安全等方面也相继出台了不少惠民政策措施。杭州市 2012 年 6 月 1 日开始实施《流动人口服务管理条例》,为流动人口服务管理与权益维护提供保障;从流动人口最为关注的问题入手,大力发展各项社会事业,不断推进基本公共服务均等化,逐步提高流动人口的安全感、满意度和社区事务参与度,增强他们的社会归属感,让他们在城市安居乐业。

(三)通过枢纽型组织引领,加强流动人口自组织建设

积极发挥枢纽型社会组织的桥梁和纽带作用。首先,充分发挥工会组织的作用,如杭州为保持出租车司机队伍的稳定,提高出租车司机队伍的自组织建设,2009 年市交通运管部门与市总工会联合,在全市出租车行业部分企业内建立工会组织,多个城区组建了联合工会,越来越多的出租车司机加入了工会组织。其次,随着新社会组织党建工作的深入开展,2010 年杭州 17 家出租车企业成立了党支部,5 个区成立了企业联合支部,211 辆出租车分四批加入杭州市党员示范出租车车队,从而提升了出租车司机队伍的凝聚力、向心力和集体归属感与行业荣誉感,推进了出租车行业的和谐劳动关系。第三,充分发挥行业协会作用,通过做好行业内外省籍出租车驾驶员的调查摸底工作,挖掘行业内的先进典型,发挥行业内党员的先锋模范作用。第四,发挥外省驻地办事处作用,目前杭州出租车驾驶员外来人员最多的河南西华县、扶沟县均在杭设立办事处,杭州交通运管部门与两个办事处密切联系,倾听一线驾驶员心声,畅通与一线驾驶员沟通的渠道,共同维护行业稳定、保障行业从

业人员的合法权益。

同时，根据流动人口自组织发展的内在规律和现实需求，设置流动人口自组织的专门服务机构，通过建立和提供服务平台，帮助它们提高组织化程度、培育组织文化、开展人员培训，并加强流动人口自组织之间的横向交流，进而促进流动人口自组织质量的整体提升。

参考文献

[1]魏城:《中国农民工调查》,法律出版社 2008 年版。

[2]段成荣,杨舸,马学阳:《中国流动人口研究》,中国人口出版社 2011 年版。

[3]陈祥松:《当代中国流动人口管理伦理问题研究》,九州出版社 2012 年版。

[4]韩云川等:《中国城市化进程中的人权问题研究》,阳光出版社 2012 年版。

[5]郭开怡:《流动人口自组织论析》,《重庆师范大学学报(哲学社会科学版)》2005 年第 2 期。

[6]吴祁:《流动人口自组织失范行为研究》,《四川职业技术学院学报》2009 年第 3 期。

[7]王明学,冉云梅,刘闵:《新生代农民工社会融入问题分析》,《中国青年研究》2012 年第 1 期。

[8]童潇:《青年自组织参与社会建设:行动特征、驱动因素及社会后果——以上海城市自生性青年民间组织为例》,《中国青年研究》2012 年第 5 期。

美国非法移民治理法律法规及主要措施

国家行政学院　朱　岚*

内容提要：美国是世界上非法移民规模最大的国家，其非法移民治理主要是通过联邦及州政府颁布的一系列移民法案、法律法规和一整套治理机制得以实施的。具体措施包括：边境防控，工作场所防控和治理，遣返和驱逐非法移民，社会政策控制，等等。奥巴马政府近期重启的综合移民改革有望为非法移民提供一条入籍途径。

关键词：美国非法移民　法律法规　防控措施

美国是世界上最大的移民国家，也是非法移民数量最多的国家。据统计，截至2010年1月，在美国居住的非法移民约1 080万人，占其总人口的近4%，并仍以年均30多万人的规模增加。[①] 非法移民主要经由两个途径入境。一是非法入境。绝大多数是非法穿越美国与墨西哥及其他中美洲国家边境线进入美国的，其中墨西哥持续成为美国最大的非法移民来源国。经由这种途径入境的约占美非法移民总数的60%。二是持旅游、工作、学习等临时签证合法入境，非法逾期滞留成为非法移民，约占非法移民总数的40%。非法移民主要聚居在美国西南、南部边境线一带以及中东部一些州，

---

* 朱岚，国家行政学院社会和文化教研部教授。

① 文中引用数据，以美国国土安全部(US Department of Homeland Security)发布的非法移民估算报告为主，同时参考一些皮尤研究中心(Pew Research Center)、移民研究中心(Center for Immigration Studies)等研究机构的数据，下文不再一一注明。

其中加利福尼亚州非法移民总量多年来一直高居各州榜首。非法移民受教育程度普遍较低，大多从事低技术含量的体力劳动，就业领域集中于农业、建筑业、制造业、服务业等低技能行业。非法移民收入较低，大多生活于美国社会最底层。据2007年的统计，有21%的非法移民及三分之一非法移民的子女生活在贫困线以下。

近年来，随着非法移民数量的日趋庞大，非法移民带来的一系列问题开始凸显，朝野上下加大对非法移民治理的呼声日益高涨。概括地说，美国的非法移民治理包括两个相互联系的方面，一是如何减少或消除新的非法移民，一是如何处置已经在境内居住生活的非法移民。对非法移民的治理措施，有同时涵盖以上两方面的，也有专门针对后者的。作为一个法治国家，美国对非法移民的治理，主要是通过联邦和州政府颁布的一系列移民法案和法律法规得以实施的。

一、美国非法移民治理的几个重要法律法规

（一）联邦政府层次的移民法案

美国拥有世界上最完善同时也最复杂、最繁琐的移民法律法规体系。这些法律法规绝大多数是由联邦政府制定的，其中1986年里根政府颁布的《移民改革与控制法案》（the Immigration Reform and Control Act），以及1996年克林顿政府颁布的《非法移民改革与移民责任法案》（the Illegal Immigration Reform and Immigration Responsibility Act of 1996），在美国非法移民治理方面具有里程碑意义。

从移民历史看，1965年之前美国是基本上不存在非法移民问题的。作为一个移民国家，除了土著的印第安人外，可以说所有美国人都是移民或移民后代。美国早期仅把有害于社会和不受欢迎的

特殊人群,如罪犯、精神病患者等排除在移民之外,在移民政策方面几乎是完全开放的,[①]移民基本来自欧洲。1921年,本着限制欧洲以外移民的目的,联邦政府颁布了《配额法》(Quota Law),给欧洲以外国家每年移民美国的人数以限定配额。1965年,在1952年《移民与国籍法案》基础上修订而成的《移民与国籍法案》(the Immigration and Nationality Act,又称肯尼迪移民法案)出台,废除了此前带有明显种族歧视倾向的移民配额办法,代之以"按序排队"和"家庭团聚优先"的移民原则,在移民政策方面体现出更为宽松、开放的态度。该法案的出台吸引了大批新移民,拉丁美洲和亚洲取代欧洲成为美国移民的主要来源地,[②]同时也带来了非法移民这一新问题。特别是大批墨西哥人穿越边境拥入美国,其家属、亲戚等随后也以家庭团聚为由接踵而至,[③]非法移民数量不断增加。20世纪70年代后期经济萧条,非法移民对国内工人的就业形成竞争和威胁,非法移民问题逐渐凸显出来,并引发了社会上越来越多的不满,《移民改革与控制法案》就是在这样的背景下出台的。

《移民改革与控制法案》是对1965年《移民与国籍法案》政策的重大改革,也是移民政策长时期收紧的开始。该法案的初衷是在美国消除非法移民。为此,法案以大赦为核心,政策设计采取"胡萝卜加大棒"的策略,一是对1982年前入境的非法移民实行赦免,给予其合法身份;二是严惩雇用非法移民的雇主。该法案的实施使近300万非法移民拥有了合法身份。这一使非法移民身份"漂白"的政

---

① 这其中1882年签署的《排华法案》是个例外。该法案是针对大量华人到美国西部修建铁路等做出的反应,是美国历史上对移民最为严厉的限制之一。1943年该法案被废止。2011年、2012年,美国参议院、众议院分别通过议案对《排华法案》表示遗憾。

② 据统计,截至2008年,大约50%的新合法移民来自亚洲和墨西哥。

③ 大批墨西哥人移民美国,除了墨西哥与美国经济发展的巨大差距以及领土上接壤之外,还有历史方面的原因。近代历史上,美国通过战争、购买等方式把墨西哥一半以上的国土并入美国,其中就包括美国现在的加利福尼亚州、内华达州、犹他州以及亚利桑那州、新墨西哥州等。所以,墨西哥人也很习惯到这些地方工作和生活。

策原初是权宜之计，国会郑重承诺下不为例。

但是，《移民改革与控制法案》虽然在很大程度上解决了现有的非法移民问题，却没有遏制住新的非法移民人口持续上升的趋势，甚至在一定程度上刺激了非法移民。数据显示，1996年非法移民人口达500万人，占美国总人口的1.9%。国内反移民情绪再次高涨。在这种背景下出台的《非法移民改革与移民责任法案》，凸显出浓厚的反移民色彩，限制和打击非法移民措施之严厉前所未有。该法案除了重申加强边境防控、遣返非法移民、惩罚雇用非法移民的雇主等条款外，核心精神是从社会政策方面对移民实行限制。

然而，《非法移民改革与移民责任法案》同样没有遏止住非法移民急剧增长的势头。事实上，1995～2004年间，非法移民年均增加达60多万人之巨，这一时期入境的非法移民占1980年以来入境非法移民总量的57%，2007年顶峰时期美国非法移民人口高达1 180万人。随着非法移民问题的日趋严重，这两部法案也备受诟病，移民政策改革呼声不断，奥巴马政府继第一个任期内移民政策改革遭挫后，已于2013年1月重启改革议程。截至目前，上述两部法案仍然是美国治理非法移民的主要法律和政策依据。

（二）州政府层次上的法律法规

近年来，一些非法移民问题突出的边境州相继推出一系列移民法律法规，积极主动地介入对非法移民的治理。比如，2010年4月亚利桑那州通过了一项被视为美国最严厉的打击非法移民的法律，规定警察有权对任何他们怀疑的非法移民嫌疑人进行盘查，如果嫌疑人不能提供合法身份证明，就有可能被逮捕。阿拉巴马州2011年9月生效的一项针对非法移民的法律规定，警察有权对任何他们怀疑的非法移民嫌疑人进行盘查、逮捕；企业要审查新员工的移民身份，学校要报告在校学生的移民身份；等等。此后，印第安纳州、南卡罗莱纳洲、佐治亚州、犹他州等地方政府也相继推出了类似的法律。据报道,在这些严苛的法律威慑下,非法移民纷纷从这些地方举家外逃。总体上看,近年来各州出台的有关移民方面的法律法规数量大幅上升,在打击非法移民方面凸显出越来越严苛的趋势。在非法移民治理方面影响最大的,则是加利福尼亚州1994年颁布的《议案187》(Proposition 187)。

加州历来是美国最大的包括非法移民在内的移民聚居地,[①]非法移民问题由来已久、积怨甚深,公共福利方面的支出,特别是由州政府承担的非法移民子女教育经费等,让加州财政不堪重负,当地居民对非法移民占用大量公共资源尤为不满。[②] 所以,"拯救我们的州"这一推出《议案187》的动员口号彰显出巨大的号召力,议案的主要内容就是把非法移民排除在公共福利之外。该议案引起极大争议,遭到包括克林顿总统在内的不少人特别是移民的强烈反对,但最终还是以59∶41表决通过,被视为国民对非法移民不满情绪总爆发的象征。

加州《议案187》开创了以社会公共福利政策调整治理非法移民的先河,拓展出非法移民治理的一条新途径,对于美国移民政策和公共福利政策产生了很大影响。事实上,仅仅两年之后,联邦政府出台的《非法移民改革与移民责任法案》,就汲取了以社会福利政策限制和打击非法移民的基本思路,是对《议案187》的明确肯定和积极回应。

二、美国非法移民治理主要措施

总体来看,不论是联邦政府颁布的移民法案,还是州政府颁布

① 20世纪80年代,将近一半的非法移民居住在加利福尼亚州;2009年,非法移民占该州人口总数的6.9%;2010年的数据显示,加利福尼亚州非法移民人口为260万,占全美非法移民总数的24%,在各州中依然居于榜首。

② 1994年《议案187》出台时,粗略估算加州有130万非法移民,其中包括30多万非法移民子女。在非法移民占用的各类社会资源中,教育经费是最大的一块。

的移民法律法规，对非法移民的治理主要是从以下几个方面入手的。

第一，边境防控和治理。有效的边境控制和管理是拦截非法移民的第一道关口，其重要性不言而喻。这既是社会各界共同认可的治理非法移民的办法，也是联邦政府过去几十年中治理非法移民最不遗余力之处。

一是加强边境执法力度，包括增加边境巡逻人员，并在部分边境线上修建围墙等。为从源头上堵住非法移民入口，《移民改革与控制法案》要求大幅增加边境巡逻人员，加强边境控制。其后的《非法移民改革与移民责任法案》除了强调继续大幅增加边防巡逻人员外，还要求在非法移民入境集中的边境线上修建防护栏，防止非法入境行为。目前，美国与墨西哥西南边境线上600多英里长的防护栏已修建完毕，这条在荒漠中绵延的“铜墙铁壁”被称为美国的“长城”。

二是打击非法外国人口走私。《非法移民改革与移民责任法案》第二章主要是加大对于非法外国人走私和伪造文件的执法和惩处，并授权美国移民归化局（US Immigration and Naturalization Service）增加调查人员负责打击非法外国人口走私、审查签证逾期滞留案件。2005年，在边境落网的“人蛇”达120万人，近几年随着边境防控的加强，这个数字下降不小，2010年不足2005年的一半。

奥巴马总统2013年1月曾表示，他第一个任期内在边境防控方面做的事情比过去二十年都要多。与之相应，联邦政府近年来在边境防控方面的开支也大幅度持续增加。边境保护和移民与海关执法两方面的财政支出，2002年为74.6亿美元，到2009、2010年攀升至170多亿美元。但是，巨额投入并没有带来边境防控的理想效果，非法移民人口与边境巡逻哨所、巡逻人员数量同步增加，这让联邦政府颇为尴尬。民意调查显示，75%的民众认为政府在边境管理上做得不够，西南及南部的边境州对联邦政府在边境防控方面的效果不佳更是颇多抱怨。事实上,政府花巨资修建的防护栏之所以没有阻止住非法逾越国境行为的发生,原因之一在于,美国与墨西哥及中美一些国家边境线很长,过去那些非法穿越国境案件集中的地区,比如加州的圣地亚哥,在修建了防护栏使得非法越境变得困难以后,更多的人改由防护松散的亚利桑那州和新墨西哥州等与墨西哥接壤地区非法进入美国。就非法移民治理而言,防护栏仅是治标之举,而非治本之策。

第二,企业、工厂等工作场所防控和治理。就业和家庭团聚是吸引非法移民的两块"磁石"。据统计,美国75%以上的成年非法移民处于就业状态,每二十个工人中就有一个是非法移民。要彻底解决非法移民问题,必须从源头上清除吸引非法移民的"磁石"。因而,工作场所的防控也就成为治理非法移民的关键。具体地说,主要是通过严惩雇佣非法移民的雇主,阻止非法移民获得工作机会。

对雇用非法移民的雇主进行惩处,这是《移民改革与控制法案》的重要内容。该法案明确规定,雇主明知故犯雇用非法移民是犯罪行为,除对他们实施经济处罚外,对屡犯不改者可以实施监禁。《非法移民改革与移民责任法案》第四章也是关于处罚雇用非法移民雇主的规定。另外,像2005年12月众议院通过的《边境保护、反恐及非法移民控制法案》(Border Protection, Antiterrorism, and Illegal Immigration Control Act of 2005),其中心内容是将非法移民由民事违法升级为刑事犯罪分子,强制雇主确认雇工身份,并加大对雇用非法移民的雇主的惩罚力度,帮助非法移民者也将受到惩罚。该法案的通过掀起轩然大波,一方面各地陆续出现反移民风潮,另一方面也触发反对者众怒,并由此导致了2006年美国近期历史上规模最大的抗议游行之一。

站在不同立场上,对是否应该惩罚非法移民雇主一直有不同的声音。反对者认为,该规定对雇主是不公平的,应当在边境而不是在工作场所控制非法移民,不应当要求企业、雇主行使移民警察的职责;也有反对者断言,除了把更多的非法移民逼入“地下状态”外,该规定在治理非法移民方面无济于事。支持者认为,限制就业机会是治理非法移民的根本,没有内部工作场所对非法移民的控制,而仅在外部边境堵截防控,并不能彻底杜绝非法移民,因为据统计边境只能成功堵截三分之一的企图偷渡者,更何况还有40%的非法移民是合法入境、非法滞留。

事实上,对雇用非法移民的雇主实施惩处这一规定在实践中也没有得到严格执行,以犯罪论处非法移民雇主的案例更是寥寥无几。总体上看,该办法收效甚微,基本没有达到通过限制非法移民就业机会而从根本上遏制非法移民的预期目的。原因是多方面的。第一,这种对工作场所不定期、不规范的抽查,不足以震慑和防止雇主雇用非法移民。第二,惩罚措施不够严厉,违法成本不高。非法移民作为廉价劳动力所带来的低成本足以抵消罚金,微不足道的经济惩罚对雇主形不成压力。第三,为找工作而伪造文件在非法移民中盛行,雇主被要求核对雇员身份文件,但并不要求他们辨别和判断文件的合法性。从某种意义上说,这些立法设计方面的漏洞,其实是有意无意地为灵活变通地执法留下余地。究其根源,出于经济发展和政治需要等深层次的考虑,政府其实也并不想彻底杜绝非法移民,尤其是在经济快速发展、劳动力紧缺时期。例如,20世纪90年代美国经济繁荣,对劳动力的旺盛需求以及4%的低失业率,也使得移民规划局对非法移民问题采取睁只眼闭只眼的态度,对工作场所的检查并不严格。

近年来,随着移民政策的收紧,对非法移民的打击力度加大,对雇用非法移民的雇主实施惩罚的规定也逐渐得到落实。例如,亚利桑那州规定,所有雇主都必须通过联邦政府电子验证身份系统核实新雇用人员身份,违背该规定的雇主将被吊销营业执照。该系统操作简单,免费使用,雇主只需要输入雇员的名字、出生日期、社会保险号等信息,即刻就能得到雇员身份的反馈。据报道,该办法收到立竿见影的效果,大批非法雇员自动离职远走。随后,其他一些州也纷纷推进电子验证身份系统的使用。截至2008年1月,全美已经有超过20000家企业使用了联邦政府的电子验证身份系统。2010年,移民与海关执法局对180名雇佣非法移民的雇主提出指控。越来越多的人认为,亚利桑那州的经验表明,让非法移民难以获得工作机会,同时辅以其他打击措施,这是治理非法移民最有效的途径。

第三,严惩、遣返和驱逐非法移民。《非法移民改革和移民责任法案》规定,加重对偷渡非法移民及提供虚假移民材料、伪造移民证件行为的刑事处罚;改变和取消某些听证程序,快速遣返非法入境者;对于在美非法逾期居留者,严格限制其再次入境条件。

遣返和驱逐非法移民也是非法移民治理的重要方面。近年来联邦政府将更多资源用于遣返那些有犯罪记录或对公共安全构成威胁的非法移民,犯罪非法移民成为执法当局打击和遣返的重中之重。2006年移民和海关执法部门共遣返非法移民18万多人,其中有犯罪记录者占被遣返移民总数的近三分之一。其后,被遣返的非法移民人数逐年增长。2007年遣返的近30万非法移民中,三分之一有犯罪记录;2010年遣返近40万非法移民,创历史最高纪录,被遣返者中约一半有犯罪记录;2011年遣返的非法移民与2010年持平;2012年41万非法移民被驱逐出境。仅2012年4月移民和海关执法局的一次突袭行动中,就逮捕了3 000多名有犯罪记录的非法移民,这也是该机构历史上最大规模的一次突袭行动。

第四,社会政策控制和治理。美国国内反移民尤其是反非法移民的理由之一,就是非法移民占用了只有纳税人才有权利享受的社会公共资源。由此,通过禁止或限制非法移民享受公共资源挤压其生存空间,就成为非法移民治理的重要政策选择。从加州政府颁布的《议案187》,到联邦政府出台的《非法移民改革与移民责任法案》,体现的正是这种治理思路。

按照《议案187》的规定,所有要求享受公共教育、公共医疗(紧急医疗救助服务除外）和其他社会公共福利的人，都必须先经过州营管系统验证其合法身份，不能提供合法身份证明者不能享受各种公共教育等社会福利和公共服务。同时，所有服务机构要向移民归化局或加州总检察长报告非法移民嫌疑人；所有制作、发放或使用伪造文件获取公共福利的行为，都以犯罪论处。《非法移民改革与移民责任法案》沿袭了《议案 187》的精神，把非法移民排除在公共福利政策之外，拒绝给非法移民提供包括退休金、救济金、医疗健康和残疾人福利、公共住房补贴、高等教育、食品补贴等在内的各种社会福利和公共服务，同时也削减合法移民的社会福利。2005 年《边境保护、反恐及非法移民控制法案》通过后，许多州都酝酿或出台了各种法规，从教育、就业、住房等福利政策，甚至从驾驶执照的发放等入手，针对非法移民全面实施更为严苛的限制和打击。有些反移民情绪强烈的地方政府，甚至利用社区法规把新移民驱逐出各类住宅小区。

三、美国非法移民治理困境与奥巴马综合移民政策改革

非法移民问题在某种程度上正撕裂着美国社会。围绕非法移民问题，美国社会形成了各种不同甚至截然对立的观点。支持者认为，非法移民给美国提供了丰富而廉价的劳动力资源，推动了经济繁荣，创造了社会财富，促进了文化多元化和族群多样性；反对者认为，非法移民践踏了法律的尊严，抢走了美国人的工作机会，消耗了公共资源，增加了犯罪，加重了社会负担，威胁到文化安全和国家认同，等等。

透过表面上的分歧与争执，美国非法移民问题的实质在于，它既是社会问题，也是政治问题，更是经济问题、利益问题。美国在非法移民问题上的僵局，既反映了白宫与国会、国会内部、共和党与民主党以及党派内部等不同政治团体政治利益的斗争，也凸显出工商

业团体、社会精英、一般民众以及工会、宗教团体等不同群体在价值观上及利益上的巨大分歧。社会共识的缺失,使得美国在非法移民治理上积重难返,联邦政府骑虎难下,非法移民治理陷入困境。目前,美国非法移民问题最大的纠结,是如何处置居住在境内的近1 100万非法移民,这也正是奥巴马综合移民政策改革要解决的核心问题。

早在2006年,时任民主党参议员的奥巴马就支持布什提出的移民政策改革方案,该方案旨在加紧边境控制,并寻找一条非法移民合法化的途径。2008年大选时,奥巴马承诺当选后全面进行移民政策改革,第一个任期内该承诺没兑现成为他"最大的遗憾"。2012年6月大选关键时刻,奥巴马紧急推出暂停遣返年轻非法移民的"准大赦"措施,部分地实现了"梦想法案"的目标,[①]帮助他再次获得逾七成亚裔和西班牙裔选民支持。2012年选举获胜后,综合移民政策改革成为奥巴马第二个任期的优先事项,共和党对于自己因为在移民问题上的强硬立场而正在失去拉美裔选民支持的反省,也为两党联手推进移民政策改革迎来了新的契机。2013年1月28日,8名跨党派参议员联袂推出一项移民政策改革方案。次日,奥巴马宣布启动综合移民政策改革。

奥巴马移民政策改革的目标与1986年的《移民改革与控制法案》如出一辙,一方面通过加强边境监控等举措堵住入口,防止新的非法移民拥入,一方面给境内1100万非法移民提供一个身份合法化的途径。为此他强调改革必须包括四项原则:加强边境安全,严打雇用非法移民行为,为非法移民提供入籍途径;提高移民体系效率。奥巴马建议,非法移民必须向政府登记、通过相关审查并缴纳罚款以取得过渡身份,等现有合法移民申请全部处理完后开始申请

① 2001年由两位参议员共同提出并提交国会审议,全名为《非美籍未成年人发展、救济和教育法案》,旨在使部分非法移民子女通过上大学或服兵役取得合法身份,但一直未获国会通过。

永久居留权，并最终入籍。在幼年时非法来到美国的非法移民可以通过上学或从军的办法加速这一过程。奥巴马希望在3月底之前出台改革草案，并争取2013年夏天在参议院通过，从而一劳永逸地解决目前境内的非法移民问题。

奥巴马对移民政策改革的推动赢得了多数公众尤其拉丁裔和亚裔民众的好评，更是给非法移民带来了希望。但是应当看到，综合移民政策改革面临着多方面的严峻考验，不会一帆风顺。

首先，移民法案会遭到共和党特别是保守派的强烈反对，在国会的阻力并没有消失。保守派认为，对非法移民的这种"特赦"等于认同了他们的非法行为，还将花去纳税人数百万美元，夺去数千个就业机会，同时鼓励更多非法移民拥入美国。改革方案能否在共和党人控制的众议院通过，还是个未知数。

其次，会加重地方政府的财政负担。非法移民大规模地合法化后，地方政府必须为他们提供相关社会保障，这对于不少目前陷入财政危机的地方政府而言无异于雪上加霜。

第三，非法移民合法化具体途径方面达成共识仍有难度。比如，奥巴马移民方案主张，目前非法移民中所有符合移民条件的，只要通过正常程序，都应获得美国公民身份；8名参议员提出的法案则在执法力度上更为严苛，强调非法移民合法化的前提"必须是在保障边界安全基础上"。

第四，寄希望于此举一劳永逸地解决非法移民问题，恐怕过于乐观。比如，这些非法移民合法化后，其家属是否可以获得相关合法的入籍途径？另外，再严格的边境防控也不可能杜绝非法移民，而且，政府对非法移民的两次大规模"赦免"必将纵容和鼓励更多的非法移民拥进来，以后的非法移民怎么办？等等。

奥巴马自信2013年内将实现移民政策改革，他能否如愿以偿，他的承诺能否在第二个任期内兑现，我们拭目以待。

涉外流动人口服务与管理创新模式研究
——以广州市登峰街为例

广州行政学院　吴瑞坚*　张　琳**

内容提要：加强和创新社会管理体制是当前的热点课题，其中流动人口的管理和服务是其重要内容，而涉外流动人口则是流动人口中的特殊人群，具有涉外性和特殊性。本文以涉外流动人口居住比较集中的广州登峰街为例，深入分析涉外流动人口带来的社会管理难题，以及登峰街在涉外流动人口服务管理方面的创新经验，对涉外流动人口服务管理的路径作了进一步探讨。

关键词：社会管理　流动人口　涉外人员

改革开放三十年来，随着现代化建设的进程和与国际接轨的步伐不断加快，广州已经逐步成为具有开放性、包容性的国际化现代城市。随着对外交流的发展与深入，涉外流动人口越来越多，涉外流动人口成为流动人口中的特殊人群。随着涉外流动人员的增多，涉外诈骗、贩毒、盗窃案件时有发生，非法入境、非法居留、非法就业的“三非”外国人也逐年增多，给城市管理、社会治安等方面带来很大压力与困难。对涉外流动人口的管理和服务已经成为当前社会管理中的一个重要课题。

---

* 吴瑞坚，广州行政学院公共管理教研部副教授。

** 张琳，广州市归国华侨联合会组织人事部副部长。

一、涉外流动人口的内涵界定

流动人口是指离开户籍所在地的县、市或者市辖区,以工作、生活为目的异地居住的成年育龄人员,不包括与户籍相伴随的迁移人口和短暂逗留的差旅过往人员。一般意义上,流动人口主要指本国国民,并不包括来华的外国人。2008 年 7 月 5 日,《广州市流动人员管理规定》正式实施后,规定"除享受外交豁免权的人员外,需要在本市居住 30 日以上的外国人、华侨和香港、澳门、台湾居民的权益保障、暂住登记、信息管理、房屋租赁、卫生防疫、劳动用工等事项,除法律、法规另有规定外,参照本规定执行",也就是说把除享受外交豁免权的人员外的其他外国人都纳入流动人口管理范畴。由于目前没有任何关于"涉外流动人口"的概念或定义,为方便分析研究,本文根据"涉外"的含义,将上述"外国人、华侨和香港、澳门、台湾居民"称之为涉外流动人口。涉外流动人口主要是指流入人口中的外国人和华侨等持有外国护照的流动人员。

二、登峰街涉外流动人口现状与特点

近年来,进入广州经商、就业、居住的外国人日趋增多,尤其是发展中国家的外国人明显增多。2009 年进入广州的外国人有 165 万人,2010 年 198.6 万人,仅亚运期间就有 20 多万外国人进入广州短期逗留。

表 1 2006 年至 2010 年来穗外国人数量变化情况

年 份	2006	2007	2008	2009	2010
人数(万人)	155.8	177.1	164.7	165	198.6
比上年增幅(%)	——	13.7	−7	0.2	20.4

数据来源:广州市出入境管理局有关部门提供。

广州市登峰街面积 4.98 平方公里,现有户籍人口 4.5 万,非户籍常住人口6万,流动人口约5万,其中外国人大约有4 500人,是广州涉外流动人口聚居地之一。登峰街涉外流动人口有几个明显特点:一是以非洲、中东人为主。如果以国家和地区来算,人数最多的三个国家是马里、几内亚、刚果。二是呈社区化聚居发展趋势。根据登记在案的聚集区域来看,淘金北社区聚集外国人最多,有484人,其次是童心社区,有478人,下塘社区聚集的已登记外国人有219人。三是以贸易经商为主要生存手段。据越秀区工商局统计,目前在登峰街注册登记的外资企业(含代表处)共168户,其中外资企业94户,外资企业常驻代表机构74户。主要集中在恒福路、麓景路、童心路路段,经营者多为中东、非洲等外籍人员,主要从事进出口贸易及相关联络业务。

为了加强涉外流动人口的服务管理工作,登峰街于2007年10月在外国人活动和暂住比较集中的下塘社区成立了广州市第一个外国人管理服务工作站。工作站站长由街党工委副书记兼任,副站长由公安派出所分管外国人管理工作的副所长兼任。工作站现有外管民警5名,管理员2名,外勤协管员21名,还有公安、城管、综治、工商、街道等9个单位成员(见图1)。派出所成立了外管小组,每天派一名外管民警指导和协助外管服务站开展工作。以外国人管理服务工作站为依托,登峰街分别在辖区内的童心社区、淘金社区等建立了外国人员管理服务点,形成了"一站多点"的外国人管理服务网络。同时建立了由街道、公安、工商、税务等部门组成的联席会议制度等工作机制。为解决语言沟通上的问题,街道聘请了三名具有一定外语水平的专职管理人员和一名会讲八国语言的外籍志愿者阿撒得,协助外管服务站的工作。还在入住户90%是外国人的金麓山庄成立了金麓山庄和谐家园服务工作站,该站由组长、副组长、社区专管员、协管员、物管员、居民代表、志愿者以及社区内政府部门成员单位组成共同治理的自治组织。

三、登峰街涉外流动人口管理模式

（一）一站式服务，构建涉外流动人口公共服务平台

党的十七大报告明确提出“加强流动人口服务和管理”，将“服务”一词前置，反映出对流动人口服务的优先考虑，预示了国家将进一步强化对流动人口服务和权益保护的政策趋向，也是服务型政府建设的要求。登峰街从涉外流动人口的需要出发，由“管理理念”向“服务理念”提升，结合涉外流动人口情况，在强调管理必要性的同时，进一步突出“服务”的理念。为进一步提高效率，简化程序，登峰街建立了广东省第一个涉外流动人员一站式管理服务工作平台——外国人管理服务工作站。该工作平台秉承惠民、便民的服务理念，将出租屋管理部门、公安机关、房管部门等执法机构的管理功能整合在一起，将教育、地税、计生、文化、社会保障等方面的公共管理与公共服务，通过外国人服务工作站和管理员延伸到街道社区，形成覆盖全街道社区的涉外流动人口和出租房屋服务管理基层工作网络。为涉外流动人口提供一站式管理服务，即办理房屋租赁登记、境外人员临时住宿申报、签订治安责任书、提供出租屋免费中介、调解涉外纠纷和征收出租屋综合税、提供工作及生活的便利服务等一系列事务都可在一个平台上完成。这种以顾客需求为导向的人性化管理方式，深受涉外流动人员的欢迎和好评，同时也促进了涉外流动人员遵纪守法、配合管理的主动性和积极性，不仅进一步推动了地区商贸经济的健康发展，也极大地提高了政府工作效率，树立了政府公共部门管理高效的良好形象。据公安部门统计，登峰街外国人管理服务站成立以来，该地区涉外刑事案件同比下降51%。

(二)“零距离”服务,实现涉外流动人口服务电子化

登峰街外管服务站在为外国人提供警备咨询、办理临时住宿登记、调解涉外纠纷等服务的同时,还引用现代技术管理手段,延伸和拓展管理服务的领域和效能。2009年,以公安工作信息化建设为契机,积极运用现代网络技术,开发了广东省第一个境外人员管理服务网站(www.yxdengfeng.com),搭建了网络服务平台,实现了“零距离”贴心服务。把对入境人员登记须知事项、对外国人管理的相关法律、法规、规定等均在网站上公开;把公安网络线路铺设至社区警备室,方便了外国人申报住宿登记以及办理其他相关业务;联网广州市公安局的“证件能”信息采集设备,提高了信息采集速度和准确性;常住外国人可通过互联网申请居留许可延期;建立了全市第一个面向外国人的互联网互动平台,方便外国人随时随地办理相关事务,与民警互动联系。该网站设有中英文两种版本,境外人员也可直接登录网站,了解和掌握中国政府对境外人员的管理工作规定、明确自身义务、填写临时住宿申请,了解该站为境外人员免费提供的安全、卫生的出租房源信息,街道辖区的房屋中介公司、出租屋主可将出租屋及涉外人员租住的信息在该网站进行免费登记。

(三)网络化监管,建立涉外流动人口四级网络监管体系

为加强对外国人经营行为的监管,建立了街道、公安、工商、物管等四部门参加的四级网络监管体系(见图1),定期召开联席会议,互通信息,及时通报外籍人员情况,使监管部门准确了解辖内外资经济数量、规模和发展等情况。特别注重发挥第四层级即写字楼物业管理方的信息优势,与物业管理方加强联系,及时提供写字楼内的企业名录,合作开展外资经济监管工作。2010年,工商部门加大对外国企业代表处擅自从事无照经营行为以及外国人无照经营行为的监管,以恒福路商业区域为重点,共立案查处外国企业常驻代

表机构擅自从事无照经营行为的案件7宗，罚款164 700元，没收违法所得203 223.5元。①

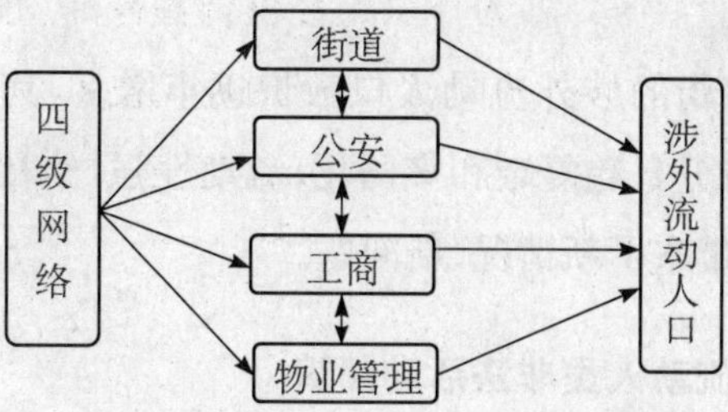

图1 涉外流动人口管理四级监管网络

（四）柔性化管理，加强与涉外人员交流促进和谐共融

为帮助涉外流动人口尽快融入广州，与当地居民和谐共处，登峰街搭建了和谐社区平台，采取多种形式使涉外流动人口一入住社区就感受到良好的和谐融洽氛围。通过邮政部门将《外国人温馨提示》派发到小区信箱中；通过手机短信提醒外国人办理签证延期信息；通过小区宣传栏等形式张贴外国人须知；通过召开座谈会与外国人交朋友，听取外国人的意见和建议；通过邀请外国人现身说法、协助调解涉外纠纷、参与社区管理等形式，增强涉外流动人口的认同感和信任感；通过组织文艺晚会、联欢活动等形式，加强涉外流动人口和社区居民的联谊和交流，积极构建和谐共赢促发展的新局面。对辖区内的外国经营者，辖区工商所安排外语水平高的段管员在日常巡查中直接面对外国经营者，宣传最新的经济法律法规，及时提供相应的咨询服务。此外，对外国人可能构成的经济违法案件，段管员首先采取教育、规劝，发出整改通知书等方式，实行柔性执法、文明执法。

① 数据来源：广州市工商局越秀分局提供。

四、涉外流动人口管理存在的问题

目前,登峰街的涉外流动人口数量逐年增多,其流向分布也向多元化发展,成分日趋复杂和多国化,流动性强,给社区在涉外流动人口管理方面带来了新情况、新问题。

(一)涉外流动人员非法活动频繁

近年来广州市旅游、居留、就业的外国人日益增多,其中非法入境、非法居留、非法就业"三非"现象也呈上升势头。据有关资料显示,广州市发现和查处的"三非"外国人逐年增多,在查处的"三非"外国人中还有部分触犯刑律构成犯罪的。除了一些恶性犯罪外,多数是由于经济能力不强而从事诈骗、盗窃、抢劫等。登峰街道外国人去年流量达 4 500 人,涉及外籍人员从事无证照经营活动的就逾百户。分析原因主要有四个方面:第一,有些外籍人员不了解中国的相关法规,对于如何合法经营不了解。第二,代办其相关证照的中介公司良莠不齐,常常因贪图简便误导了其办理外国(地区)常驻机构登记证而不是营业执照。第三,因为设立代表机构税费低(600元),办证相对容易,主观故意只设立代表处而不设立企业,逃脱有关部门监管。第四,由于外语人才缺乏,相关部门对外籍人员的经营行为监管执法力度不够强,没有形成有效的震慑作用。对于这些违法经营活动,由于租用住宅、语言沟通和外国人自由出入境等原因,存在着商住混合检查难、调查取证沟通难、行政处罚执行难等问题。

(二)涉外流动人口管理服务法规不健全

目前,广州市还没有对涉外流动人口管理服务专门制定法规,这是涉外流动人口依法管理的一个重要限制因素。相关规定是

2008年8月18日正式实施的《广州市流动人员管理规定》。在《规定》第五十二条中提到:除享受外交豁免权的人员外,需要在本市居住30日以上的外国人、华侨和香港、澳门、台湾居民的权益保障、暂住登记、信息管理、房屋租赁、卫生防疫、劳动用工等事项,除法律、法规另有规定外,参照本规定执行。这是首次在政府规章中明确提出要把散居外国人纳入流动人口管理服务范畴,强化对外国人管理三个"必须":经商必须办理营业执照、租房必须进行登记、就业必须持证(就业许可证)上岗。由于是"参照执行",这就给实际工作带来一定的难度。表现在:一是规定针对性不强,无法突出涉外人员的管理重点,不利于依法行政;二是流动人口管理涉及多个职能部门,而部门间的法律法规约束性不强,未形成对公安、计生、劳动保障、工商等职能部门产生共同法律约束的涉外流动人口政策法规。涉外流动人口有其特殊的涉外身份,不能完全等同于流动人口的管理,因此在参照流动人员管理规定时不可避免地会出现管理盲点。当遇到外国人打着"人权"招牌持不配合态度时,登峰街流动人口管理机构常常是无可奈何。

(三)涉外流动人口协同共管机制尚不健全

当前涉外流动人口服务管理机制中存在的核心难题是协同共管机制尚不健全。涉外流动人口管理是一项系统工程,涉及公安、房管、工商、卫生、规划、税务、外事和城市管理等多个政府部门及社区居委会、志愿者组织等社会组织。管理主体多元分散,在各自的业务范围内都掌握一定的政策和信息,因各部门协作机制不健全,信息还不能实现无缝对接,有时会导致协调不力,造成服务管理效率不高。尽管目前登峰街探索建立了外国人管理服务工作站,制定了联席会议协调制度,并且完善了责任考核体系和倒查体系,但上述工作机制、会议制度、考核、倒查体系等仍处在磨合阶段,在具体落实上常常遇到困难,有些政策、制度和考核项目流于形式,难以真正落到实处。当涉及到多个职能部门协调配合时，由于各部门之间分工和工作侧重点不同，个别部门出于自身利益考虑而不能很好地配合管理服务站的协调工作，有时会出现“越位”、“缺位”、“不到位”的现象，特别是一些政府管理部门由于外事无小事的思想，形成了对涉外关系问题的处理能回避就回避的心理和思维惯性。

（四）涉外流动人口管理缺乏长效机制

由于涉外流动人口数量日益增长，社区分布逐步扩大，管理面不断增多，管理对象存在着来源地、生活背景和文化上的差异，而现行工作机制和管理手段仍然是以政府为主导的静态管理机制，难以适应涉外流动人口流动性强的特点。一是重突击管理，轻长效管理。具有较鲜明的突击性和应时性，一旦有重大活动，部分领导就高度重视，抓管理成效，而没有重大活动时，工作便被放在一边。由此导致涉外流动人口服务管理工作经常忽紧忽松，很多工作难以真实落实。二是重强制手段，轻引导机制。当前的管理机制仍然主要依赖强制性治安管理手段来实现政府管理职能，使涉外流动人口处于被动管理状态，造成管理成本高、管理实效性低、管理缺乏良性循环和涉外流动人口响应度低等问题。不但基层服务站“被动上门管理”不被理解，而且“主动上门服务”也难获得理解和支持。归根结底，工作机制缺乏创新是主要原因。

五、完善涉外流动人口服务管理的路径选择

（一）完善涉外流动人口管理服务法规

我国目前还没有一部专门关于涉外人口流动管理的法律法规，散见的是地方性的法规、规定等。广州目前对涉外流动人口管理主要是按照《广州市流动人员管理规定》，对外国人管理参照执行。

《广东省外国人管理服务暂行规定》于2011年5月1日施行。《暂行规定》以促进社会和谐发展为目标，进一步规范了外国人管理，优化了对外国人服务，在居住、经商、就业、服务、监督检查、法律责任等方面进行了具体的规定，是目前最新的关于涉外流动人口管理服务的法规。因此，要尽快制定出台全国性的涉外流动人口管理法规，进一步健全涉外流动人口服务管理政策法规体系，提高涉外流动人口依法管理水平，使涉外流动人口管理纳入法制轨道，更好地实现对涉外流动人口的科学管理。督促政府各种职能部门和涉外流动人口管理机构依法行政，处理涉外流动人口的各种问题时有法可依，同时也在法律上、制度上促进政务公开，给涉外流动人口和公众市民以知情权，了解有关人口管理和涉外流动人口的政策、法律规定及有关的规章制度。

（二）建立涉外流动人口协同共管机制

涉外流动人口管理必须加强协调各职能部门之间的工作，明确各部门工作职责，建立联合协同共管工作机制。如开展联合清查行动，加大查处力度；建立信息通报制度，及时反馈信息，实现资源共享。

第一，建立涉外流动人口管理责任倒查机制。定期组织开展全面的调查摸底工作，动态更新涉外流动人员和出租屋信息，及时录入流动人口信息系统。通过白天、夜间督导等方式，检查发现问题进行督促整改；对发生重大流动人员、出租屋安全事故的地区进行责任倒查，对漏管脱管严重的地区及不履行职责的部门进行问责，追究单位主要领导和辖区管理人员的责任，实现辖区监管涉外流动人口“底数清、情况明、服务好、零涉案”的目的。

第二，提高涉外流动人口服务管理的规范化程度。通过统一印制发放各种证照，规范涉外流动人口的证照管理，进一步提高涉外流动人口和出租屋信息采集率等各项指标，确保信息及时准确；切实采取措施提高居住证办证率,重点抓好无业闲散涉外流动人员的登记和管理工作;继续加强出租屋登记备案工作,加大对违规出租屋主或代理人的处罚力度,进一步提高房屋租赁登记备案率。要立足维护国家主权安全和社会稳定,严厉打击外国人"非法入境、非法居留、非法就业"等违法犯罪活动。

第三,加快信息化建设步伐。按照"以屋管人、以业管人、以证管人"的模式,进一步优化市级涉外流动人口信息系统数据库,实现跨地区、跨部门信息共享。加强涉外流动人口信息系统操作业务培训,完善信息系统管理制度,实行制度化、规范化管理。继续推进涉外流动人口信息系统与公安、工商等部门信息系统整合工作。

(三)建立全方位、立体式、法治化的网格化服务监管体系

涉外流动人口由于其流动性和特殊性,在服务管理方面存在一定的难度,因此必须建立全方位、立体式、法治化的网格化服务监管体系。根据流动人口不同的聚居形态采取分类治理模式,使管理更加完善,服务更加到位。进一步规范涉外流动人口和出租屋服务管理站管理,完善服务功能,公开办事制度,简化办事程序,提高工作效率,严格按照有关规定征收税费,提倡主动服务、上门服务、弹性时间服务等人性化服务。为方便涉外流动人口办理居住手续,登峰街还建立广州市第一个街道境外人员临时住宿申报站。广州市公安局为更好地加强登峰街的境外人员管理,在该站安装了广东省境外人员管理系统,这是广州市公安局开通境外人员管理服务系统的第一个街道服务站。派出所安排 2 名干警在该申报站办公,就近为境外人员办理申报。

(四)提高涉外流动人口管理队伍的综合素质

涉外流动人口管理人员要具备比较强的政策意识、一定的外语水平和基本的管理业务知识。因此,要抓好管理人员队伍建设,提

高管理人员的综合素质，增强涉外流动人口管理服务的专业化和执行力。一是加强培训教育，提高管理人员综合素质。通过组织管理人员开展政策法规、业务知识、礼仪态度、服务能力等方面的培训教育，增强他们的涉外意识，帮助他们了解国家基本的涉外工作政策和常识，强化队伍组织纪律，提高管理人员业务水平，增强执行力。二是加强管理人员的配备工作，夯实管理队伍基础。打造规范化、职业化的基层管理人员队伍，或增配人员，扩充管理队伍，或对任务重的区域统筹调配力量，对管理服务工作进行专业化分工，配强人员，提高队伍凝聚力。三是进一步完善激励奖惩制度，科学制定管理工作考核体系，实现制度管人、待遇留人。从“以人为本”的管理理念出发，逐步提高管理人员的工资福利待遇，提升涉外流动人口管理工作的吸引力，确保队伍稳定性和凝聚力；完善以能力、业绩为导向的奖惩激励机制，调动管理人员的工作积极性；制定科学有效的考核体系，如建立健全管理员日常巡查制度，实现日常管理规范化，提高科学管理水平。

参考文献

[1]张真理：《社区流动人口服务管理》，中国社会出版社 2010 年版。

[2]荆长岭：《全球化时代中国境外人口态势及社会问题透析》，《政法学刊》2003 年第 3 期。

[3]曾伟：《浅论加强公安派出所的外国人管理》，《广西警官高等专科学校学报》2005 年第 1 期。

[4]黄进：《关于境外人员非法居留问题的思考》，《湖南公安高等专科学校学报》2003 年第 2 期。

我国户籍制度变迁及其内在逻辑

——以社会管理组织创新为视角

国家行政学院　马福云*

内容提要：本文在阐述我国户籍制度形成及其变迁的基础上，对我国户籍制度变迁所反映出来的内部逻辑进行了深入分析，预测了我国户籍制度未来的发展趋势及其路径。

关键词：户籍　户籍制度　变迁逻辑

我国户籍制度体系伴随我国计划经济体制的建构而形成，并成为我国城乡二元经济社会结构的基础性社会管理制度。在经济社会转型过程中，我国户籍制度开始发生变迁，在放松人口流动的限制的同时，依然对人口迁移进行控制，依然在配置城乡权益。我国户籍制度变迁有其特有的内部逻辑，把握这些内部逻辑才能更好地理解制度变迁的过程和未来发展趋势。

一、问题的提出

中国特有的户籍制度，并非仅仅是基于人口居住地域状况而进行的人口登记、统计制度，还包括基于户籍而进行的诸多权利、利益配置制度，以及由此而形成的人口迁徙管理制度等的制度体系。这

---

* 马福云，国家行政学院社会和文化教研部副教授。

一制度体系伴随计划经济体制的建立逐步成形，在计划经济体制下发挥了有序配置城乡劳动力、控制农村人口迁移进城，以及保障民众基本社会生活的职能，成为我国经济社会管理的基础性制度。20世纪80年代后，我国经济体制逐步转向市场经济。伴随市场经济体制的发育发展，我国以工业化、城市化为核心的现代化进程快速拓展，劳动力流动就业、农村人口向城市的流动迁徙不可避免出现，从而形成了大规模的“民工潮”。在此背景下，户籍制度控制人口流动、阻碍农村人口迁移进城的功能首先遭到人们的抨击，而隐藏在户籍背后、基于不同户籍性质所造成的户籍权益化也深为专家学者所诟病。由此，对户籍制度进行深入研究，剖析户籍制度的负功能及不良影响，要求对户籍制度进行调整与改革的呼声此起彼伏。

在当前的户籍制度研究中，专家学者对我国户籍制度改革的途径设计先后有两种观点：一是取消论，也就是彻底取消户籍制度，实现人口迁徙的自由，甚至认为可以用身份证制度代替户籍制度。学者们对此观点争议的焦点在于取消户籍制度是否会带来“城市病”。一些学者认为取消户籍制度会造成人口流动失控，给城市带来系列问题，包括城市贫民窟、交通拥挤、住房紧张、失业增多、贫困加剧、犯罪率上升、治安不稳定等，而有的学者认为未必如此。有学者认为，应该进城的人都已经进城了，放开城市户口不会大幅度加剧城市的各种矛盾。还有学者认为，作为理性人，人们会进行收益—成本分析，若进城的生活不如在农村的生活，人们也不会长时间留在城市中；这样经过市场的自动调节，城市人口依然维持在合理的状态。二是剥离论，也就是剥离基于户籍的权益配置，还原户籍管理的基本功能。很多学者认为，在改革户籍制度时，和户籍挂靠在一起的粮油等生活必需品分配、劳动就业、教育、婚姻、社会保障等计划经济时期产生并遗留下来的社会管理制度仍然存在，它们所形成的分配资源与获取利益的各种不平等照样支配着社会的运转。因此，户籍制度改革的关键是调整挂靠于户籍之上的各种资源、权利、利益配置性制度,将政府公共服务、社会福利等和户口性质剥离开来,这样才能奠定二元户籍管理改革的基础。否则,户籍制度改革或者停留在有名无实状态,或者因为财政负担等不堪重负而中止。①

从1984年10月国务院发布《关于农民进集镇落户问题的通知》开始,我国户籍制度改革经历了一个不断探索的艰辛过程。但是到目前为止,允许外来人口有条件落户的地区仅从集镇、小城镇推进到中小城市,一些省会城市,尤其是北京、上海等大都市的户籍制度改革依然没有实质性进展。更重要的是即使各地名义上取消了户籍类别划分统称为"居民户口",原来不同性质户口上所配置的权利、利益等差异性政策依然在保持着,甚至新的制度性差异又在其上建构,例如居民最低生活保障、医疗救助、养老保险等。面对大规模的人口流动以及人户分离现象,面对大规模外来人口在城市所遇到的各种歧视和问题,面对亿万既不能回乡务农又不能融入当地的社会人群,基于户籍的诸多社会管理制度体系仍然大多沿袭下来。

20世纪80年代,诸多专家学者就撰文提出,我国户籍制度需要彻底改革,建立起城乡统一、待遇平等的户籍制度。此后,政府对户籍制度不断进行调整。但是,经过三十多年的改革,我国户籍制度依然滞后,比较彻底的户籍制度改革基本处于停滞状态。这不得不引起我们的反思:造成户籍制度改革停滞的原因是什么?我国户籍制度改革的实际进程又遵循着哪些内部逻辑呢?要进一步推进我国户籍制度改革又需要考虑哪些因素呢?本文试图回顾我国户籍制度改革的进程,从中探讨我国户籍制度变迁的内部逻辑,探索我国户籍制度未来的改革趋势及其路径。

---

① 我国河北、辽宁、山东、广西、重庆等12个省(自治区、直辖市)近年来已经取消了农业户口和非农业户口的二元户口性质划分,统一了城乡户口登记制度。但是,原来在不同性质户口上所配置的权利、利益等诸多政策依然保持不变,户籍制度改革有名无实。而广东省、河南省郑州市等地都出现过大幅度改革户籍制度,但因为其他社会政策,例如教育、就业、社会保障等无法承担而不得不暂停的事情。

二、我国户籍制度的变迁过程

我国的户籍制度形成于优先发展重工业的计划经济体制建构过程中，并伴随计划经济体制的解体而逐渐转向。我国户籍制度变迁过程可以划分为两阶段：1951 年至 1977 年为我国城乡分治的户籍制度的形成阶段，1978 年至今为我国城乡二元户籍制度的改革阶段。

1. 城乡分治户籍制度的形成

新中国成立后，伴随国家政权的重建、社会公共秩序的恢复，户口管理制度开始从城市到农村逐步构建起来。1951 年 7 月，《城市户口管理暂行条例》发布，在城市开始推行户口登记。1953 年 4 月，为准备普选开始在全国推行人口调查登记办法。1954 年 12 月，内务部、公安部等发出联合通知，要求建立农村户口登记制度。1955 年 6 月，国务院发出《建立经常户口登记制度的指示》，登记常住人口，建立起经常性户口登记和户口管理制度。1956 年 3 月，全国首次户口工作会议召开，提出在短时期内建立一套比较严密的户口管理制度，对人口、户籍的管控逐步收紧。针对城市工业发展所引起的大规模农村人口进城问题，在制止农村人口盲目外流难以取得效果的背景下，从城镇入口进行控制成为最后的政策选择。1958 年 1 月，《中华人民共和国户口登记条例》颁布实施，规定“公民由农村迁往城市，必须持有城市劳动部门的录用证明，学校的录取证明，或者城市户口登记机关的准予迁入的证明”。条例所确立的户口凭证迁移落户制度开启了以户口迁移控制人口流动的先河。1958 年 9 月，《关于精简职工和减少城镇人口工作中几个问题的通知》中提出：“对农村县镇迁往大中城市的，目前要严格控制”。此后，从农村进入城市的户口迁移控制逐步强化。1975 年 1 月四届全国人大一次会议通过的《中华人民共和国宪法》甚至删除了“居民有居住和迁徙的自由”的条款。1977年,国务院批转公安部《关于处理户口迁移的规定》,提出严格控制市、镇人口,明确户口迁移的审批权限和手续,要求严格控制“农转非”。稍后,公安部下达“农转非”的内部控制指标,以户籍控制“农转非”的做法得到制度认可。

在强化人口迁移控制的同时,以户籍性质为基础城乡分割的户籍权利也在建构,户籍逐渐与粮油等生活用品供应、教育、就业、医疗、养老和劳动保障制度等相结合,使得户籍附加不同的权利、利益而身份化,使得农业户口和非农业户口变成高低有别的户口等级。同时,政府建构起升学、招工、参军提干等制度化途径,以实现户籍由农业向非农业可控性转变。户籍及其相关政策建构,使得中国城乡成为相对封闭、经济社会制度各异的独立体系,户籍开始异化为权利配置的基本依据,形成“城乡分治、一国两策”的格局,进而形成了中国的二元经济社会结构。

2. 城乡二元户籍制度的改革

1978年后,我国逐步转向市场经济体制。针对专业技术干部及其家属等特定群体的农转非放松。针对大规模的人口流动,户籍制度从集镇、小城镇入手调整,放松对人口迁移的控制。1984年10月,国务院发出《关于农民进集镇落户问题的通知》,有条件允许在集镇务工、经商和办服务业的农民及其家属落户集镇。1992年8月,公安部发布《关于实行当地有效城镇居民户口制度的通知》,在小城镇、经济特区、经济开发区、高新技术产业开发区实行当地有效的城镇户口制度。1998年7月,国务院批转公安部《关于解决当前户口管理工作中几个突出问题的意见》,重点解决婴儿落户、夫妻分居、投亲落户等问题。2001年3月,国务院批转公安部《关于推进小城镇户籍管理制度改革意见》,允许有合法固定住所、稳定职业或生活来源的农民转为城镇户口,并允许其自愿保留或转让承包地经营权。与此同时,粮棉油等物质生活资料的市场供应、劳动就业领域的市场化改革、允许中小学借读等一系列政策的调整,使得基于户籍的权益配置制度有所弱化。但是,此时所建立的最低生活保障制度、失业救济、养老医疗保险等制度依然是城乡分割的。

2003年以后,国家推行统筹城乡社会经济发展,一些大中城市,例如石家庄、哈尔滨、南京、郑州等省会城市以及江苏省、湖南省、浙江省、辽宁省等开始推进区域性户籍制度改革。一方面从管理上取消户籍性质划分,统一登记为居民户口,原有的户籍权利却大多保留下来。另一方面各地开始推行居住证制度,并将蓝印户口与此合并管理;同时,以固定住所、稳定职业或生活来源等准入条件取代进城指标。但是,从各地实践来看,这些改革往往都是以城市发展为中心而推行的,对外来人口采取的是选择性入户,而基于户口性质的差别化待遇依然存在,户籍制度改革没有取得预期成果。而且,城市规模越大,户籍权益差别越大,户籍制度改革也就越为滞后。

从我国户籍制度改革的实际进程来看,无论是取消论还是剥离论都没有成为户籍制度改革的现实路径。目前呈现在人们面前的现实是,二元化的户籍管理实际上被保留下来,基于户籍的权益配置在调整中依然存在,尽管农转非的"指标化"管理被不同城市所建构起来的入户门槛所取代。

三、我国户籍制度变迁的内在逻辑

从我国户籍制度变迁的过程来看,尽管学者们普遍认为城市应该向农民开放,使得已经在城市工作生活的农业人口转变为非农业人口,享有非农业人口的各种权益和待遇等,但是,至今并未成为现实。也许,我国户籍制度将取消二元户籍管理、均等化配置城乡户籍权益作为制度改革的长远目标,这一目标并不能代替户籍制度变迁的路径。我国户籍制度变迁的路径选择受到制度惯性、政府偏好、进城农民需求等诸多因素的影响,从而决定着户籍制度变迁的内在逻辑。在我国户籍制度变迁过程中,其内在逻辑主要表现为以下：

(一)户籍制度变迁源于城市发展的需求,而非满足农民进城愿望

户籍制度变迁的源动力决定着制度变迁的方向与力度。从我国户籍制度变迁的源动力来看,我国户籍制度的形成和调整都源于我国城市、城镇发展所形成的现实需求之中。从我国户籍制度变迁的过程来看,在20世纪50年代,优先发展重工业的工业化策略带动了城市工业的发展,由此引发了农民“盲目”流动,形成了大规模的进城潮。在城市的工业发展遇到挫折,控制农民流动进入城市的背景下,户口登记条例确立户口凭证迁移落户制度,利用户籍管理控制人口迁移的户籍制度初步形成,并辅之以粮油等的票证供应、教育、就业、退伍安置等制度构建起城乡二元化的户籍制度体系。改革开放后,城市工业化发展再次提速,其所引发的劳动力需求吸引农村剩余劳动力进城就业,农民进城就业的主要愿望就是打工挣钱,而非在城市落户成为城市居民。较早调整户籍制度,放宽“农转非”的对象并非普通农民,而是因为各种原因要入城的技术人才、下放干部等特定群体。80、90年代,放宽小城镇户籍控制,实行地方有效城镇居民户口等引导农民进城,政策也服务于城镇工商业发展,并非考虑进城农民的愿望或者需求,而在城市居民遇到就业难时就限制农民在某些领域就业。我国户籍制度变迁中所形成的进城落户制度都是选择性的,是城市从其现实发展对有技术、技能劳动力的需求所提出的。由此就带来城市户籍管理从指标管理变成了条件管理,从控制农转非指标过渡为设立入户门槛,从蓝印户口、居住证过渡到正式户口等制度设计。

(二)户籍制度变迁由政府主导,并反映政府的政策偏好

我国户籍制度建构和调整都是由政府主导的,在此过程中所反映出来的是政府的政策选择和偏好。从我国户籍制度产生背景分

析，政府建构这一制度的出发点就是控制农民进入城市，防止具有非农业户口的城市人口规模的增长。在当时优先发展重工业战略下，政府将控制农村人口向城市迁徙、侵占城市工业发展资源视为必要的制度选择。这反映了政府“国家至上”观念，以及对危害国家整体利益的个人行为采取管制、控制的手段偏好。改革开放后，我国逐步转向市场经济体制。市场经济要求自由、平等，但户籍制度安排将界定人们身份并赋予某种等级阶梯，使人们不可能在平等地位上竞争，制约了市场竞争和市场选择的范围。市场经济的基本逻辑是通过自由竞争、优胜劣汰而带来经济社会的发展，这一切都和户籍制度体系安排格格不入。但是，政府并没有对户籍制度体系进行彻底改革，使其与市场经济体制相适应，依然管制城市规模发展和非农业人口增长。这再次说明，政府对任何问题偏好于采取管控手段，而非寻求科学方法去处理。例如对城市发展过程中出现的诸多弊病，政府极少反思自己行政管理手段和所出现问题之间的关系，因此也极少调整管控策略来缓解某些问题。政府管控偏好牺牲人类所普遍认可的价值观念，极大地压制了公民个人的社会行为选择，压制了个人通过自身努力改变现状的积极性，使得社会上数亿农民工处境尴尬，带来了诸多的社会发展难题。

（三）户籍及其权益配置制度交互作用，制约着制度体系的变革

在我国户籍管理制度体系中，城乡有别的农业、非农业二元化的户籍划分是制度体系的基础，而在户籍类别之上所附加的生活必需品分配、劳动就业、教育、婚姻、社会保障等各种资源、权利、利益配置性制度等则进一步加大、固化了原有户籍类别之间的差距。在我国户籍制度变迁过程中，户籍及其权益配置性制度交互作用、相互影响，从而制约着整个制度体系变革。在户籍制度形成中，我国先城市、后农村建立起来的城乡有别的户籍管理并没有带来户籍管理权益的差别。但是，当户籍和粮油供应、教育、劳动就业、退伍安

置、医疗、养老等制度挂靠在一起产生户籍权益差异，人们从农村农业户籍进入城市转为非农业户籍就会带来权益大增时，农村人口大规模进入城市就变得难以抑制。而此时采取户籍控制，控制农村人口进入城市就成为政府的不二选择。在户籍权益差异存在的情况下，因为放宽或者放松"农转非"的户籍类别管制，就意味着权益的获取，这就使得放松、放开户籍管控成为不可能。改革开放后，小城镇、小城市非农业户籍所挂靠的户籍权益趋于缩减，居民私人消费品的政府补贴被取消，与城镇户籍捆绑的公共产品供给优惠也不复存在，教育、就业、社会保障等制度调整取得明显进展，从而为其推进户籍制度改革提供了有利条件。反而是在大城市、特大城市中，户籍权益的附着依然较多，其户籍制度调整也难以展开。户籍制度改革的根本在于户籍权益的平等化，简单地取消户籍类别，或者仅仅剥离城市居民的户籍权益，都不足以推进户籍制度体系的变革。

（四）户籍制度调整的渐进特征明显，制度变革尚不深入

在我国户籍制度调整改革过程中，其总体特征是在探索中前行、在渐进中发展，从而表现出在改革时空选择上渐进式推进而非一步到位式的调整模式。改革开放以来，我国户籍制度的调整在空间上遵循着先局部试点、再整体推进，先集镇、小城镇，后小中城市、大城市的渐次推进过程。1984 年 10 月，国务院发出《关于农民进镇落户问题的通知》。1997 年 7 月国务院批转公安部《关于小城镇户籍管理制度改革试点方案》。再到 2001 年 3 月，国务院批转公安部《关于推进小城镇户籍管理制度改革的意见》。在集镇、小城镇的试点改革中，农民流动和迁移入城实现了从小集镇（含建制镇和其他集镇）到小城镇（含县级市和建制镇）再到中小城市（主要指地市级城市）直至最终全面放开的巨大转变。2012 年 3 月，国务院办公厅发出《关于积极稳妥推进户籍管理制度改革的通知》。这意味着在小城镇户籍制度改革中取得显著成绩，试点推进改革的模式也逐步被用于我国的中小城市甚至是大城市。我国户籍制度从农转非的指标控制，到条件入户也是逐渐成形的。80年代调整“农转非”政策主要是对部分为国家做出突出贡献的人员及其家属给予特殊照顾。90年代以购房入户、投资入户为主要内容的“蓝印户口”出现，我国户籍制度开始走进“条件入户”时代。21世纪后，地方政府开始主导户籍制度改革，不同的区域依据自身的利益设定学历、技术职称、投资额、收入、住房等不同落户条件，并出现了逐步降低的趋势。但是，户籍制度的渐进改革、地方主导制约了我国户籍制度体系的彻底调整，或囿于既得利益的阻力，或是担心不可掌控的风险，整体看来户籍制度变革依然存在种种改革滞后的问题。

户籍制度变迁在我国经济社会体制转轨的大背景下展开，并受到体制转轨所带来的诸多因素制约。我国户籍制度变迁的内部逻辑在制度变迁过程中反映出来，并制约着制度变迁的路径和方向。总的来说，我国户籍制度变迁来源于城市经济社会发展的需求，政府主导的制度变迁反映政府的政策偏好。由此户籍制度变迁难以顾及城乡统筹协调发展，也就难以满足进城农民转户入城的愿望。同时，户籍及和户籍挂靠在一起的权益配置制度交互作用、相互影响，户籍制度体系改革要兼顾这两大方面，单方推进不可能取得进展。制度调整的改良性质决定了制度改革的渐进特征，受多种因素的限制，户籍制度的变革目前有待深入。户籍制度变迁的内部逻辑揭示出，我国户籍制度改革要取得进展需要放弃城市主导的思维，转向城乡发展统筹，将政府主导和民众需求结合起来，对户籍管理和户籍权益配置制度进行统筹配套改革，推进政府公共服务、社会保障的城乡均衡发展，促进人口迁移和资源配置的合理化。

参考文献

[1]杨风禄:《户籍制度改革:成本与收益》,《经济学家》2002年第2期。

[2]张林山:《户籍制度改革:争议、误区与下一步改革方向》,《中国经贸导刊》2012 年第 2 期。

[3] 陆益龙:《1949 年后的中国户籍制度:结构与变迁》,《北京大学学报(社会版)》2002 年第 3 期。

[4] 马福云:《中国户籍制度改革及其未来政策走向》,《中国公共政策分析.2003 年卷》,中国社会科学出版社 2003 年。

[5] 沈德理:《中国户籍制度变迁的路径选择》,《社会主义研究》2011 年第 3 期。

[6] 吴开亚,张力:《发展主义政府与城市落户门槛:关于户籍制度改革的反思》,《社会学研究》2010 年第 6 期。

体制创新与基层社会管理

政府购买服务的实践含义及理解差异

国家行政学院　胡　薇*

内容提要：作为政府支持社会组织参与社会服务的一种方式，购买服务往往在广义和狭义两个层面被交替使用，带来了实践中的一些差异。文章从历史溯源、当下实践和理论分析三个角度出发，分析了这些差异，并从政策规范的角度出发，探讨了政府购买服务的实践含义。

关键词：购买服务　资助　社会组织　合作

近年来，政府向社会组织购买服务日益成为公共服务和社会管理创新的一种重要方式。以广东、北京等一些省市为代表，各地有关政府购买服务的实践探索不断推陈出新，取得了良好的社会效果。《国家"十二五"规划纲要》和《国家基本公共服务体系"十二五"规划》也明确指出，要"改革基本公共服务提供方式，引入竞争机制，扩大购买服务，实现提供主体和提供方式多元化"。整体来看，政府购买服务正在成为一股席卷全国的浪潮。

但另一方面，我们也看到，在大力推进政府向社会组织购买服务的实践中，各地各级政府对"购买服务"的认识依然存在着较大的差异，以致实践中有关购买服务的政策表述和具体操作也呈现出一定的不同。其中最典型的是将大量"政府出资、社会组织运作"的公

---

* 胡薇，国家行政学院社会和文化教研部讲师。

共服务供给方式统称为政府“购买服务”，客观上影响了政府购买服务的规范化发展与可持续发展。本文试图以政府向社会组织购买服务为核心，从历史溯源、当下实践和理论分析三个角度出发，着重梳理有关政府购买服务在实践中的一些差异，以期澄清购买服务的含义。

一、历史溯源：购买服务、公办民营还是民办公助

与传统的政府采购不同，目前所普遍讨论的政府购买服务通常是围绕政府所承担的公共服务职能而展开。许多研究认为，将该类公共服务以“购买”的形式转移给其他社会组织承担的做法最早可追溯至1995年上海罗山市民会馆的经验。1996年3月，在上海浦东新区社会发展局的直接推动下，由社会发展局和金杨新村街道办事处提供房屋，社会发展局、城工委、浦东社会发展基金会、上海青年会共同投资，由上海青年会独立管理的新型社区服务模式——罗山市民会馆成立。罗山市民会馆最典型的特点是政府出资兴建公共设施，社会组织负责运营，并承接部分政府直接管理的服务项目，如999市民求助热线和信息中心。这一模式在实践中产生了巨大的扩散效应，开创了政府与社会组织合作的先河。

但是，仔细分析这一模式的具体运作机制，却会发现它与我们今天所谈的“购买服务”仍有一定的差别，其中政府与社会组织之间的关系并非是单纯的购买关系，它实际是政府委托民间组织来经营和管理由政府举办的设施的一种托管模式，即公办民营。据2005年的一份报告显示，在罗山市民会馆每年的运营资金中，30%来自浦东社会发展局对999热线的拨款，10%来自社会捐款和项目资助，而60%是来自会馆的自主运营。政府的资金重点支持的是会馆的场地建设和设施更新，而并不针对会馆的所有业务。因此“购买服务”并不足以准确地概括罗山市民会馆的运营模式，尽管其中有

一项业务即999热线和信息中心可以说属于政府购买服务的一种形式。但如果要更准确地概括罗山市民会馆的运营方式的话，还应当说是属于“公办民营”或“公建民营”。

比较明确地提出“政府购买服务，民间组织运作”的则是2003年南京市鼓楼区的居家养老服务网。2003年11月，南京市鼓楼区民政局出资15万元，向民办非企业单位“心贴心社区服务中心”购买了100名独居老人的居家养老服务，平均每位老人以每小时5元钱的标准享受到了来自社会的照料。这一符合中国老年人养老需求的模式受到了社会的普遍欢迎和广泛关注。截至2011年，全区居家养老服务网覆盖面已达到3 500户。居家养老服务网所发挥的连锁效应不仅帮助鼓楼区构建了一个社会化的养老服务体系，同时也使承接服务的心贴心社区服务中心的发展走向了快车道。

应该说，鼓楼区的居家养老服务模式是非常典型的政府购买服务的模式。政府以明确的资金，通过协议向社会组织购买明确的服务项目，在协议中规定了服务的内容、时间、标准等，资金属于专款专用。但深入分析也可以发现，居家养老服务网的发展壮大也并非仅仅是购买服务之功。事实上，政府还从硬件资源、运营补贴等其他方面给予了支持。2009年的一份相关访谈资料显示，“心贴心”房屋的基本资金40万元是由政府支付的，期限为十年，只有每年递增的3万元以及130万元转让费属于自付。在购买服务中还有很大一部分只属于部分购买，如社区里有3 000个老人是低价购买服务，政府只采取补贴一部分的方式给予支持。因此，居家养老服务网的核心特征虽是政府直接出资购买服务，但它也涵盖了大量政府直接补贴、资助民间机构参与养老服务的内容。因此，这一模式实际上混杂了购买服务和补贴资助，即“民办公助”的内容。

从以上的两个案例来看，实践中对政府购买服务的使用是比较广义的。“购买”这一具有市场交换特征的词汇实际混杂了大量非市场交换所能涵盖的内容，如公办民营和民办公助等具体形式。实际上,将政府与其他社会组织之间有资金往来的事项都称之为购买服务是不准确的,可能会导致实践中一些具体的理解和操作上的差异。

二、当下实践:是政府购买还是政府资助

从当前的政策表述和具体实践来看,对政府"购买服务"的理解和使用也是比较复杂的,混杂了各种政府与社会组织合作的实践形态。

从中央的政策表述来看,对购买服务的理解通常比较宽泛和模糊。如《中国慈善事业发展指导纲要(2011—2015 年)》提出,要"建立和实施政府购买服务制度,采取项目资助、合同委托、社会招标等方式,扩大政府购买服务的规模,拓展购买服务的领域",项目资助也被涵盖在购买服务的范畴之中。但在社会普遍认为是中央政府首次向社会组织"购买服务"的重大举措——"中央财政支持社会组织参与社会服务项目"中,方案及相关细则却并未使用"购买"一词。在四类项目中,只有一项"承接社会服务试点项目"从性质上看最接近于当前政府购买服务项目的内容,但也并未使用"购买"一词。

从地方实践来看,各地对购买服务的理解也是有差别的。以北京市和广州市为例,两地对购买服务的理解就有着宽窄范围的不同。2010 年《广州市财政支持社会工作发展实施办法(试行)》明确指出,财政支持"主要通过政府购买社会服务和政府资助社会工作两种方式实现",购买是与资助有明确区分的。其中购买服务是指以合同管理的方式,将特定的社会服务交由具备相应资质的社会组织来提供,政府依约向承接服务的机构支付相应的服务费用;而财政资助则是指对公益服务性社会组织或有关服务机构,在开办经费、教育培训及工作经费等方面给予财政补助和支持。但从北京市的经验来看,无论是社会工作委员会利用社会建设专项资金进行的

购买还是民政局利用福利彩票公益金进行的购买，都未明确将“购买”和“资助”进行区分。如在社工委 2011 年和 2012 年购买服务的项目申报中，并未完全采取全额拨款，而是采用了部分拨款的方式，本文认为这实际属于资助的范围。而北京市民政局在《关于 2012 年利用福利彩票公益金购买社会组织公益服务项目的通知》中则更是指出政府购买社会组织服务有三种方式：购买成本、资助补贴和项目奖励，其中购买成本指的是“支付社会组织开展公益服务项目的活动成本，包括人工、耗材、交通、宣传、培训等费用”。从中看出，“购买”是广义的，包含了补贴和资助，而狭义的购买是按照成本来进行的购买。因此总体来看，广州市是在较为狭义的层面上，在市场交换、合同管理的含义基础上来定位购买服务的；而北京市则是在广义的层面上，将大量非市场交换的资助和奖励也涵盖进了购买服务的范畴之中。

三、理论分析：政府购买服务的实践含义

从中央政策表述和地方实践来看，当前对政府购买服务的理解和操作是比较复杂和混乱的，对“购买服务”的定位不够明确。

（一）准确定位政府“购买服务”的重要性

历史地看，政府与社会组织之间有资金往来的合作关系早已产生，如政府给予社会组织开办补贴、运营补贴、以奖代补、公办民营等等，而购买服务的提法却只是最近几年的事。以往合作方式的重要区别在于，购买服务明确引入了市场竞争的机制，以公开招标、合同管理的方式对社会组织承接的具体项目进行了规范化的管理。在购买服务中，标的明确，双方责权利关系相对清晰，资金也基本遵循等价交换的原则，这一点是与以往的资助、补贴等有明显不同的。

但是在目前的一些政策实践中，“购买服务”却往往在广义和狭

义两个层面上被交替使用。在广义层面上,通常将所有政府与社会组织之间有资金往来的公共服务供给模式统称为购买服务,如将项目资助、运营补贴、公办民营等都视为购买;而在狭义层面上,则仅仅将公开招标、以合同化方式管理的合作模式称之为购买服务。

在广义层面上使用“购买服务”一词具有一定的现实合理性。这主要是因为中国当下的“购买服务”无论从动机还是效果来看,都带有资助或支持社会组织发展的含义。但是这种广义的使用方式却非常容易混淆一些关键性的问题:第一,由于“购买”带有市场交换的意涵,以“购买”一词来涵盖所有的合作形式,可能导致政府与社会组织的合作被片面地理解为纯粹的市场买卖关系,无形中缩小了其社会意义;第二,由于“购买”与其他合作方式的具体要求不同,以“购买”来涵盖所有的合作形式,可能导致对各种具体合作方式的要求不够具体、规范和科学。因此有必要澄清“购买服务”与其他政府支持社会组织方式的差别,重新定位政府购买服务。

(二)政府“购买服务”的实践含义

有两大理论可能与政府购买服务密切相关。前者是以萨瓦斯(E. S. Savas)为代表的“民营化”理论,后者则是以萨拉蒙(Lester M. Salamon)为代表的“第三方治理”理论。当前学界对政府购买服务的研究通常会借鉴这两个理论,并以此分析中国政府购买服务的各种实践形式。但是客观地看,萨瓦斯和萨拉蒙所列举的诸种西方公私合作的复杂形态,离中国的现实仍有一定的距离。因此本文更倾向于从当前中国政府与社会组织合作的常见形式出发,来重新定位政府购买服务。

目前中国政府与社会组织的合作主要包括民办公助、购买服务与公办民营等几种常见形式,其主要区别在于政府与社会组织的合作深度不同。在民办公助中,政府起主导作用,双方的合作程度最浅;民间组织自行开展自己的服务,政府仅给予相关帮助,而帮助的范围、程度等往往由政府主导；在购买服务中，政府起引导作用，双方的合作程度次之，关系较为平等，政府在合同中规定了服务的时间、范围、内容、服务要求、资金支付和违约责任等，而社会组织则在规定范围内具有一定的自我管理和运营的权力；而在公办民营中，民间力量的主导性较强，双方的合作程度最深，政府将公共设施的运营权交由社会组织负责，而仅从宏观层面掌控方向，负责场地、设施等（如图 1 所示）。

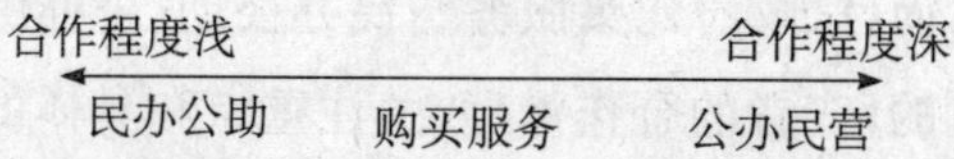

图 1

从产权的角度来说，购买服务也与其他两种合作形式有所不同。公办民营和民办公助是产权各有不同的一种公私合作的方式：前者是政府所有，民间运营；后者是民间所有，政府资助。而购买服务通常不关注产权问题，它指的是政府与社会组织之间的一种服务项目上的资金往来，政府向社会组织出资购买其一定数量和质量的服务。因此，购买服务更多地具有市场交换的含义，而公办民营与民办公助则并不明确涉及市场交换。

将民办公助（即政府资助）也视为政府购买服务的一种，是不准确的。政府资助与购买服务之间，在对象、程序、资金使用要求和项目类别上具有一定的差别：(1)在对象上，由于“社会组织”概念的模糊性和“购买”所具有的市场交换含义，政府购买服务的对象实际可以是非营利组织也可以是营利性组织。实践中一些地区也确实是这样操作的，如杭州[①]。但是政府资助社会组织时则有明确的非营利性要求。(2)在程序上，购买服务通常要求公开招标、择优选择，以合同的方式管理。但政府资助一般不需要公开招标，通常也不需

① 杭州市《关于政府购买社会组织服务的指导意见》指出，“服务提供机构既可以是非营利性社会组织，也可以是营利性社会组织”。

要签订明确的合同。(3)在资金使用方面,购买服务比政府资助要严格得多,如不能用于提高工作人员待遇和改善办公条件等。但政府对社会组织的资助资金则不会做过于细致的内容要求。(4)在项目类别上,政府资助的范围往往大于购买服务。政府购买的项目通常是“政府原来所承担的职能”(增量与存量意义上的),但政府资助的项目有些则属于社会组织自身应承担的项目,如人才队伍培养、办公场地的解决等。

因此总体而言,政府购买服务与民办公助、公办民营等合作方式是有所区别的,三者的合作深度、关注重点和具体的操作都有所不同。政府向社会组织购买服务,指的是政府将原来直接提供的公共服务事项交给有资质的社会组织来完成,并为此支付相应费用的公共服务运作模式。更准确地理解“购买服务”,应该在狭义的层面上,从服务委托、合同承包的角度来理解,将其与民办公助、公办民营等具体的合作形式区别开来。而针对实践中将“购买服务”与“政府资助”混同使用的情况,也应当有意识地加以区别,以使“购买服务”的发展更加科学化和规范化。鉴于目前政府与社会组织合作不断拓展的趋势,有必要更多地倡导政府“支持”社会组织发展,以使政府与社会组织的关系走向更加平等和合作的状态。

参考文献

[1]王浦劬,[美]莱斯特·M. 萨拉蒙等:《政府向社会组织购买公共服务研究:中国与全球经验分析》,北京大学出版社2010年版。

[2]吴建荣,申利民:《在体制创新中奋进的上海罗山市民会馆》[EB/OL]. http://www.chinasocialpolicy.org/Page_Show.asp?Page_ID=242.

[3]张丽霞,丁安祥:《破解独居老人养老难题》,《中国社会报》2004年5月13日。

[4]《关于鼓楼区2011年财政预算执行和其他财政收支情况的

审计工作报告》(EB/OL). http://www.njgl.gov.cn/art/2012/10/22/art_27_1205927.html。

[5][美]E.S. 萨瓦斯,周志忍等译:《民营化与公私部门的合作伙伴关系》,中国人民大学出版社 2002 年版。

政府公共服务购买与社会组织公共服务参与途径探析

上海行政学院　周耀虹[*]

内容提要：发展公共服务，推进政府向社会组织购买公共服务，是全球行政改革的发展趋势，也是我国政府的必然选择。中国社会组织迅速发展，积极参与社会公益事业和公共服务，成为社会建设与社会管理的生力军。上海等地探索政府购买服务，发挥社会组织提供公共服务作用成效显著。但由于社会组织参与公共服务的能力不足，参与途径有限，政府与社会组织之间的互联、互补、互动不足。需要从制度保障、机制完善和体制创新等拓展社会组织参与公共服务的途径，探索社会治理的多元参与、合作互动，推进社会管理体制的改革与创新。

关键词：公共服务　政府购买　社会组织　参与途径

一、发展公共服务与政府公共服务购买

发展公共服务，推进政府改革是中国加强社会建设和社会管理的重要目标之一。长期以来，我国基本公共服务供给不足、发展失衡的矛盾仍然十分突出。由于中国人口众多，地区发展很不平衡，

---

* 周耀虹，上海行政学院城市社会研究所研究员。

又由于国家公共服务投入不足，历史欠账巨大，普遍面临基础设施条件差、人员水平低、服务能力弱等问题，不能满足社会需求，尤其是农村公共服务严重滞后，不同地区公共服务差距比经济差距还要大，城乡低收入家庭和社会困难群体的基本公共服务权益也还不能得到充分保障；此外，公共服务供给保障、服务效率、竞争环境、激励约束机制和管理运行机制等也都存在薄弱环节。这些问题都与基本公共服务方面体制机制不健全、不完善直接相关，具体包括：公共财政保障机制不健全，供给制度城乡二元分割，基层公共服务资源条块分割且布局不合理，基层政府事权与财力不匹配，以及缺乏有效的评估监督机制等，因而制约了公共服务均等化的推进，也影响了社会发展领域公共服务的发展。

为解决现阶段基本公共服务不足、发展失衡和保障全体社会成员基本生存和发展权益所必须提供的公共服务，需要大力促进社会组织与公众的参与，形成政府、企业、社会组织等的多方合作机制，推进社会管理体制的改革和创新。《中共中央关于制定国民经济和社会发展第十二个五年规划的建议》指出，要“加强和创新社会管理。按照健全党委领导、政府负责、社会协同、公众参与的社会管理格局的要求，加强社会管理法律、体制、能力建设。完善法律法规和政策，健全基层管理和服务体系，加强和改进基层党组织工作，发挥群众组织和社会组织作用，提高城乡社区自治和服务功能，形成社会管理和服务合力”。

近年来，政府向社会组织购买公共服务作为一种政府履行公共服务职能的创新机制和方法，被广泛应用于公共管理实践中。政府购买的公共服务主要是通过转移支付和财政支持的形式，对教育、社会保障、公共医疗卫生、文化、科技、体育、环境保护、公共安全等社会发展项目提供的公共服务。具体是指政府将原来由政府直接举办的、为社会发展和人民生活提供服务的事项交给有资质的社会组织来完成，并根据社会组织提供服务的数量和质量，按照一定的标准进行评估后支付服务费用。这是一种“政府承担、定向委托、合同管理、评估兑现”的政府提供公共服务的新型方式。实施政府公共服务购买,在一定程度上改变了政府公共服务供给的垄断结构,推进政府社会管理改革,提高政府行政工作效率,加快政府职能转移和实现公共事业社会化,促进社会组织发展,发挥社会力量的作用,创新政府社会管理的机制。

政府购买服务起源于西方国家,是欧美国家社会公共服务制度改革的产物,反映了政府在社会服务中地位作用的变化,体现了服务价值和服务理念的变迁。政府购买公共服务在美国称之为购买服务合同或合同外包,我国香港称作为社会福利服务资助,在我国一般则称之为政府购买服务。所谓政府购买服务(Government Purchase of Services)是指政府在社会公共服务预算中拿出经费,向各类提供公共服务的社会服务机构或社会组织直接拨款资助服务或公开招标购买社会服务。①

20 世纪 70 年代以来,西方国家的政府购买公共服务有了很大发展,英美等国政府普遍与私人部门和非营利组织建立公私合作关系,政府购买公共服务甚至成为基本公共政策,政府购买公共服务确立为一种重要的公共服务供给机制。② 随着购买公共服务制度在英美等发达国家的推行,逐步发展成为政府管理公共服务的一种主流模式。服务购买模式的实施和推广显著地降低了公共服务的成本,提高了公共服务的效率,改善了政府公共部门的绩效,加强了政府与社会组织之间的合作互动。

社会组织成为政府购买服务的主要对象之一,主要缘于其组织性质和价值取向。社会组织以公益、互利为特性而能够兼顾公私双

---

① 参见贾西津:《公共服务购买——政府与社会组织的伙伴关系》2008,http://www.huiling.org.cn/html/xzgd_564_1319.html。

② 参见周俊:《政府购买公共服务的风险及其防范》,《中国行政管理》2010 年第 6 期。

方需求，并由此构成了社会组织理论的前提，即社会组织以非营利的公益互助为原则，在为社会提供公共服务中，都不能违背其社会理性——有悖于社会公正与公平的原则，这是它的宗旨和立足之本。从理论上看，社会组织之所以在市场和社会体系中十分重要而又难以替代的重要因素之一，就是它能够以独立自治的参与意识、慈善互助的志愿精神、专业权威的技能提供各种社会服务，并代表、沟通、联络不同的社会群体，反映他们的利益诉求，维护公平与正义。借鉴国外的经验，政府向社会组织购买公共服务，不仅在于具有提高效率、防止腐败和突破垄断等优势，更重要的是体现了一种公共治理的新思路，即建立政府与社会组织之间的伙伴关系，政府能够为公共服务提供资助，尊重社会组织的独立性等。① 发挥社会组织参与公共服务的作用，拓展公共服务的领域，可以更大程度上满足不同社会群体的需求。

二、社会组织参与公共服务的价值与实践

20 世纪 90 年代以后，治理(governance)作为一种新型的公共管理理论的兴起与流行，推进了政府社会治理的现代化进程。治理理论旨在重新探索国家和社会公共事务的管理模式，改变了以政府统治和管制的社会治理理念；强调政府、企业、社会组织和个人的共同作用，注重民主、公开的现代意识，倡导政府、社会、社会组织多元治理、协作互动；充分挖掘政府以外的各种管理和统治工具的潜力，重视网络社会各种组织之间的平等对话的系统合作关系，发挥社会力量参与治理的作用。治理理论主张通过合作、协商、伙伴关系确定共同的目标等途径，实现对公共事务的管理。按这一理论，非政

① 参见贾西津，《公共服务购买——政府与社会组织的伙伴关系》，(2008)http://www.huiling.org.cn/html/xzgd_564_1319.html.

府组织、民营组织与公民在治理中有两种作用:一是在整个国家治理中的作用:公民与政府一道成为公共权威,共同治理国家;二是在公共供给中的作用:非政府组织与民营组织参与公共服务的提供。[①]即根本转变政府统治(government)的唯一权威,重视和发挥公民、非政府组织和市场的作用,在共同实施公共管理中形成良性互动,进而实现善治,达到公共利益的最大化。

改革开放以来,中国社会组织迅速发展,激发与释放了社会活力,成为承接政府转移部分社会管理职能,提供公共服务与促进社会和谐的一支不可或缺的社会力量。社会组织致力于改善社会治理、社会服务和社会监督,通过提供创新性、灵活性的社会公共服务,帮助社会弱势群体,解决社会问题,增进社会融合。社会组织积极参与教育、文化、医疗、慈善、科技、法律等社会经济领域的各类公益活动,提供公共服务,促进环保事业,扶持弱势群体,援助贫困地区,促进就业和教育,敦促行业自律等,影响不断扩大。从20世纪90年代末到2011年,全国社会组织从18万多增长至45.7万。[②]截止到2010年底,全国社会组织的固定资产总值已经达到1 089亿元,收入达到1 247亿元,增长值531亿元,兼职工作人员共计500万人左右。[③]而从加强政府社会管理的视角,促进和谐社会建设,加快社会建设与解决民生问题,丰富社会公共产品,满足社会不同群体日益增长的需求,缓解目前日益频发的社会矛盾,也需要发挥社会组织桥梁纽带和提供公共服务的功能,建立政府与社会组织之间的合作互动关系,拓展社会组织参与公共服务的途径,提高社会组织协同参与的能力。

我国目前实行"党委领导、政府负责、社会协同、公众参与"的

---

① 李军鹏:《公共服务型政府》,北京大学出版社2004年版,第23页。

② 根据中国社会组织网相关统计资料整理,2012,http://www.chinanpo.gov.cn.

③ 张冀巍:《中国社会组织发展速度快有待加强规范和监管》,国际在线2012年3月16日,http://www.chinanpo.gov.cn/1938/51984/index.html.

社会治理模式，政府在社会公共事务管理和公共服务中处于主导地位，尽管政府不必是公共产品和社会服务的主要生产者，但却是主要的提供者；在这一领域，社会组织尚处于从属地位。但无论是国际社会的发展趋势，还是我国社会建设和社会治理现代化发展要求，都需要加强政府与社会组织的合作互动，重视社会组织在社会治理和提供公共产品与服务中的地位与作用，尤其需要发挥社会组织的协同参与更多提供公共服务的作用，即不仅将社会组织视为政府社会管理的协助者和承办者，更要重视其作为社会治理和公共服务的一个主体力量的作用，扩大其在公共参与中的影响。

2002年我国颁布的《中华人民共和国政府采购法》，规范了各级国家机关、事业单位和团体组织将财政性资金用于获得货物、工程和服务等的行为，虽然当时政府公共服务购买尚未被纳入政府采购的具体范围之列，但却启动了政府行政管理体制改革与政府向社会购买服务的进程，上海、北京、深圳等地相继开展了政府公共服务购买的探索与实践。

上海先行探索政府向社会组织购买服务取得显著成效。1996年浦东新区社会发展局委托民办非企业单位罗山会馆进行社区管理，开创了政府购买公共服务的先河。新区政府还颁布一系列有关政府转移职能、政府购买服务、加强社工人才队伍建设、促进社会组织发展的政策和规划，每年拨款50万元用于购买服务，并与街道的阳光社、法律援助中心等8家社会组织签订了购买慈善救助等服务项目的协议，用于资助社会组织购买服务的资金数量在以后数年中不断增加。2000年开始，上海的政府购买服务范围扩展至养老服务、法律司法帮教、社区管理服务、文化演艺资助、社区公益事业、行业管理服务等领域，并调拨部分财政资金，以“费随事转”、项目招标、项目委托等形式向社会组织购买服务。上海市社会稳定维护办公室、市司法局、共青团市委等市政府有关部门委托上海自强服务社等社会组织开展禁毒、社区校正、问题青少年帮教工作的购买服务,资助金额达6 700多万元;上海文化发展基金会接受市委宣传部委托进行文化创新和优秀文化项目资助的年度委托费超过1亿元。2009年,市民政局从福利彩票公益金中列支5 000万元开展社区公益服务项目招投标和公益创投工作。2010年用于公益创投标的金额进一步翻倍,极大丰富了公共服务产品和公共服务内容,也扶持和发展了一批有能力的公益性社会组织。[1] 上海还成立创新孵化园,推进政府向社会组织购买服务。委托上海非营利组织发展中心等社会组织对小型初创的社会组织提供包括办公场地、办公设备、小额补贴、注册协助等的发展能力培训,孵化培育社会组织从事公益服务项目,培训社会组织从业人员和公益创业人员,提供社会组织能力建设的支持,孵化一批社会公益组织,促进更多的社会组织成长。

推行政府公共服务购买的价值:其一,推进公共服务供给主体的多元化。在政府公共服务能力不足情况下,鼓励和倡导社会组织、私营企业等多种社会主体参与提供公共服务,满足公众日益增长的公共需求,形成公共服务多元化供给的机制与制度,不仅是全球政府行政改革的发展趋势,也是我国政府的必然选择。其二,有效弥补"政府失灵"。政府是社会公共利益的代表者和提供者,政府的责任不仅在于管理社会更在于服务社会,保障公众的基本利益,但是政府无法提供也无能力满足公众的所有需求,而实行公共服务购买,丰富公共产品,可以满足公众不同需求,大大提高公共服务供给的效益、效率和质量,惠及更多的社会群体。其三,培育促进社会组织的发展。我国社会组织发育尚不成熟、参与社会建设和社会服务中的公益供给能力不足、操作不规范、独立性欠缺等因素,影响了其提供服务的成效,政府以公共服务购买形式扶持与培育社会组织,加强其组织建设,提升服务能力,可以有力促进中国社会组织的

① 曾永:《上海社会组织的培育和发展》,《理论文萃》2011年第5期。

健康成长。

三、社会组织公共服务参与的途径分析

党的十七大以来，社会组织的积极作用广受关注，激发社会组织协助和参与政府社会管理的积极能动性得到重视。应进一步完善"党委领导、政府负责、社会协同、公众参与"的社会治理模式，重视社会组织在参与社会管理、提供公共产品与社会服务中的地位与作用，不仅要将社会组织视为政府社会管理和公共服务的协助者和承办者，更要促进社会自治组织的建设发展，发挥社会组织作为社会治理和公共服务的一个主体力量在社会参与中的作用和影响。

虽然我国社会组织的发展数量和规模影响日益增长，社会组织参与社会管理和提供社会服务的领域、内容和程度也不断扩大，但是由于中国公民社会发育不足，社会组织发展尚处于初级阶段，其独立、规范和能力发展仍不理想。社会组织与政府的联系过于紧密，对政府仍有较强的依赖性，部分社会组织实质上还是政府机构的延伸、政府职能的延续，社会组织的发展机会与政府政策调控的方向和强度的关系密切，政府管理体制对其组织发展仍有较直接的影响。政府购买公共服务中供求双方信息交流不对称，服务对象范围相对狭窄，多数委托给事业单位或与政府关系紧密的社会组织，甚至为此自建社会组织，政府公共服务供给的缺位、越位和错位现象并存等，制约和影响了公共服务的有效稳定供给。显然，推进政府购买服务，还需要进一步健全和完善相关的制度和机制。

目前，在政府社会治理的框架视野之内，社会组织参与公共服务的途径十分有限，主要还是通过与政府建立合同关系，承接政府职能转移的那部分公共服务。

1. 承担政府转移的部分公共服务职能。行业协会承接起行业管理、行业规范和行业服务等职能，提供行业专业培训与行业贸易

纠纷仲裁等;社区社会组织承担起部分社区管理和社区服务的工作,社区老年协会、社区志愿者组织等参与社区为老服务、社区公益服务等。

2. 承接政府委托购买的公共服务项目,接受政府的委托事宜或参与政府部门有关社会建设项目的招投标,获得公益服务项目等,承接社区服务、志愿者服务或某些专项事务服务;参加政府部门的规划政策咨询或课题研究,提供专业服务;志愿者组织参与社会大型赛会、社会慈善公益活动等。

3. 承接社会和社区公益性服务活动。例如:环保组织参与生态环境的监督与自然环境保护行动,为社会特殊群体提供服务和帮助的公益慈善性服务等。

正因为社会组织参与公共服务的途径有限,其作用尚未充分发挥,其社会价值不能充分实现。社会组织之间发展不平衡,参与社会公共服务的能力差异也很大。以上所述的前两类形式,基本是依赖政府的权威和资助,社会组织不仅能够在经费和活动开展中得到政府强有力的支持和资助,并能够通过活动的进展扩大其社会影响力,拓展前途,增强实力。但正是社会组织与政府之间的紧密关系,在一些社会公益活动中的行政化和形式主义趋势有所增强,一些社会组织被称为“二政府”,弱化和消蚀了它自治、自立的特征,其社会地位和公信力也遭到质疑。

而参与公共服务的第三类形式则往往以民间自发性组织居多,一些环保志愿组织、为特殊群体服务的如癌症协会、为孤独症儿童提供帮助的社会组织等,其组织性质更趋向实质意义上的非政府组织,而正因如此其接受政府资助和能够得到社会经济来源的困难程度更大,实际上相当多的社会组织仍然受到经费、人员和能力等因素的制约。根据由中华环保联合会发布的一份《中国环保民间组织发展状况报告》披露,我国七成多的环保民间组织没有固定经费来源,存在着经费困难、专业人才匮乏、基础薄弱、社会参与能力不足和监督成效不高等问题，生存发展状况堪忧。一些社会组织甚至违背宗旨进行非法牟利经营活动，造成很坏的社会影响，毁损了社会公信力。

社会组织作为参与公共服务的主体力量之一，参与公共服务的能力素质，与政府的合作互动，还存在明显欠缺。社会组织的社会认同度、社会参与度、社会协调能力和社会服务质量等尚有不足。一是社会组织发展的生态环境和制度监管不健全，诸如“郭美美炫富行为”、某些“官办”慈善组织的“善款丑闻”，以及某些社会组织在参与公共服务中的趋利行为甚至违法乱纪等，严重损毁了社会组织的社会声誉；二是一些社会组织自身发展目标不明确，发展动力不足，难以完全承担现代社会组织应当承担的社会责任，影响了社会组织自主性参与社会公共活动，也难以充当政府与社会之间的桥梁和纽带，担当参与社会治理、协调矛盾、提供服务的重任；三是社会组织的社会参与能力不足，一些组织内部治理制度不健全，自律机制、执业质量和社会信誉欠佳，难以承接政府转移的职能，人才和资金的短缺等因素也制约了参与社会管理和公共服务的成效；四是社会组织提供公共服务专业质量和技能有限，从业人员专业素质欠缺，服务质量不佳，某些牟利行为更是违背了社会组织非营利性的宗旨，造成很坏的社会影响。

加强公共服务供给，完善公共服务体系建设，彰显社会组织社会参与的价值仍具有重要的现实意义。要创新社会管理体制，树立现代社会治理理念，构建多元社会主体参与的机制，倡导、激励和促进社会组织更多地参与公共服务，增强政府与社会组织的合作互动，更多地发挥社会组织提供公共服务的作用，拓展社会组织参与公共服务的途径。

第一，制度保障。建立完善促进社会组织发展的制度环境和法律法规，倡导激励并有序规范社会组织参与社会服务。从法律规范、制度设计、政策导向等实现对社会组织的培育发展与加强管理，将公共服务购买纳入政府采购目录，建立财政专项资金、信息发布平台，实行项目招投标、监督管理与绩效评估结果公示，加强社会组织参与社会服务的制度建设。

第二，完善机制。拓展通畅社会组织参与公共服务的途径，提高社会组织提供社会服务的能力，充分发挥其生力军作用。有效衔接政府提供与民间供给、行政监管与社会运作等的资源配置，完善利益协调、优势互补、合作互动的机制。明确界定政府与社会组织的职责和职能权限，推行公共服务供给问责制，提高公共服务水平，防止失职、渎职和腐败现象。

第三，体制创新。正确定位政府与社会组织的关系，推进政府与社会组织之间的互联、互补和互动，提升公共服务供给质量。注重提升社会组织参与公共服务的能力和专业水平，增强组织的自治自立，加强社会诚信，提高社会公信力。充分发挥社会组织的公共服务供给主力军作用，促进社会治理的多元参与、合作共治。

四、结语

发展公共服务，实行政府向社会组织购买公共服务，有利于丰富公共产品，满足公众日益增长的公共需求，提高政府行政效率，降低成本，倡导鼓励社会组织在内的社会力量参与公共服务，建立公共服务购买多元供给机制，是全球行政改革的发展趋势，也是我国政府的必然选择。我国社会组织发展迅速，参与社会公益事业、提供公共服务的领域和影响日益扩大，上海等地推进政府购买服务、发挥社会组织参与公共服务作用成效显著。然而，目前我国社会组织参与提供公共服务的能力有限，政府与社会组织之间的互联、互补、互动不足。

推进政府公共服务购买机制，拓展社会组织参与公共服务的途径，一要实现政府购买服务的制度保障，由资金援助、信息发布、监督管理、绩效评估、结果公示等培育发展和有序规范社会组织参与公共服务；二要提高社会组织参与公共服务的能力，有效配置资源，完善公共服务供给的利益协调、优势互补、合作互动的机制；三要加强政府与社会组织的合作关系，发挥社会组织提供公共服务主力军作用，探索社会治理的多元参与、合作共治，促进社会管理体制的改革与创新。

参考文献

[1]何增科：《社会管理与社会体制》，中国社会出版社 2008 年版。

[2]贾西津：《公共服务购买——政府与社会组织的伙伴关系》，2008，http://www.huiling.org.cn/html/xzgd_564_1319.html.

[3]李军鹏：《公共服务型政府》，北京大学出版社 2004 年版。

[4]尹华，朱明仕：《论我国公共服务供给主体多元化协调机制的构建》，《经济问题探索》2011 年第 7 期。

[5]俞可平：《民主与陀螺》，北京大学出版社 2006 年版。

[6]曾永和：《上海社会组织的培育和发展》，《理论文萃》2011 年第 5 期。

[7]周俊：《政府购买公共服务的风险及其防范》，《中国行政管理》2010 年第 6 期。

社会原子化、个体化与社区共同体的构建*

上海行政学院　何海兵**

内容提要：在计划经济体制下，我国基层社会的整合主要通过单位制来完成，国家的意志通过单位来实现。改革之后，单位制被消解，社会的联结纽带发生重大的变化，社会逐步呈现出原子化、个体化的趋势。如何重建基层管理秩序，如何再组织化社会，是当前社会管理中亟待解决的难题。社区共同体的构建是联结个体与公共社会的重要途径，一方面能够满足个体的需求，另一方面能够重新整合社会，因而具有重要的功能和价值。

关键词：　原子化　个体化　社区共同体

在过去单位制的框架下，我国社会形成了特殊的“国家—单位—个人（职工）”的纵向联结机制。国家全面掌握和分配各种社会资源，单位全面掌握单位成员的发展机会以及他们在经济、政治、文化、社会生活中所必需的资源，国家通过单位实现社会整合。进入后单位制时代，单位人转变为社会人，固态的人转变为流动的人，熟悉的人转变为陌生的人，个人的社会关系、社会支持和日常生活方式都发生了非常重大的变化，由此也引发了社会的原子化和个体化问题。

---

* 基金项目　国家社科基金项目“共治”框架下社区治理新路径研究（12CSH036）。

** 何海兵，上海行政学院社会学教研部副教授、副主任，城市社会研究所副所长。

一、后单位制社会的原子化及其表现

(一)社会原子化的涵义

“原子”的概念是由古希腊人德谟克里特最早提出的，他认为原子是最小的、不可分割的物质粒子。原子和虚空是物质的两种形式，原子是物体的材料，虚空是物体运动的空间，不可分的相同原子可以构成无穷多样的组合。社会是如何形成的，是什么让社会联结在一起是社会学研究的基本问题。美国社会学家罗伯特·A. 尼斯比特认为：“社会原子化(social atomization)与其说是社会学的一个核心问题，毋宁说正是社会原子化的社会事实扮演了社会学于 19 世纪在法国诞生的助产婆。”18 世纪末的法国大革命摧毁了法国封建专制制度，促进了法国资本主义的发展，但受启蒙思想的影响，法国大革命也取消了原有的国家与个人之间的“中间者”(intermediate)。例如，作为一个独立社会组织的教会不复存在，牧师也变成了政府的行政官员；修道院与教会大学中断运行，宗教生活在总体上被禁绝；行会秩序被破坏，置于国家的严格控制之下；教育被改造为国家的专擅，以培育合格的公民；财产权亦由家庭持有转而为个体持有，家庭本身则为革命中的平等主义者不断修正，父权制失去了价值，自由与平等之观念进入家庭，[①]婚姻被视为民间契约。如此一来，“中间社会”不复存在，而成为“国家—个人”的两极结构，并且个人由于各种组织联结的斩断而成为原子化的个体。尼斯比特指出，“需要认识在自由和平等昂首阔步的另一面，传统的道德与社会团结基础已然坍塌。”社会原子化的危机产生于像法国这样剧烈的社会转型期，而作为对社会原子化危机的直接回应，社会学诞生了。

---

① Robert A. Nisbet, “the French Revolution and the Rise of Sociology in France”, the American Journal of Sociology, Vol. 49, No. 2, (Sep., 1943), pp. 156-164.

孔德、涂尔干、滕尼斯、梅因、韦伯、齐美尔等都致力于社会转化与社会团结的研究。孔德提出了社会解组运动，涂尔干分析了机械团结与有机团结的差别，滕尼斯指出了共同体与社会的区别，梅因提出身份向契约的转变，韦伯关注现代组织对个体的影响。值得一提的是德国社会学家齐美尔，他一生居住在柏林，经历了柏林从不足60万人口的小城市增长到400多万人口的大都市的变化。他在《都市与精神生活》(1903)一书中认为，历史的发展趋势是走向大城市，现代化的结构就是大城市化。通过对柏林市民心理状态的研究，齐美尔把大城市中一般市民最普遍的心理状态归纳为三个特征：冷漠化、浅薄化、理智化。它们像“流感”一样，不可遏制地传遍所有的新生都市。齐美尔认为，城市居民的生活长期处于紧张刺激和持续不断的变化之中，这导致居民逐渐缺乏激情、过分理智、高度专业化以及人与人之间原子化。[①]

社会的原子化究竟是什么涵义？克恩豪塞(William Kornhauser)在《大众社会的政治学》一书中，弗里德里希(Carl J. Friedrich)在《极权主义社会的独特特征》一文中，对原子化的问题进行了比较详细的解释。在他们看来，这种社会的一个突出的特征是，个人之间的联系是很少的，而这些个人之间的联系也主要是通过与一个共同的权威的联系才得以建立，而不是直接发生联系，不是生活在一个互相依赖的群体之中。孙立平(1996)认为可以将原子化的含义确定为两个方面，一是说个人间社会联系的薄弱，二是说在追逐自己的利益时，是以个人而不是以群体的形式行动的。就第一个方面而言，社会联系的薄弱是一个明显的事实。当然这并不意味着像原子论者所说的那样，人与人之间的直接的联系就不存在了，而是说，这种直接的联系在简单化，在明显变弱。人情的淡薄，即是这种趋势的一个通俗说法。其含义是在于，在这种人际关系中，除了利益的考虑之外，其他的因素已经明显减

① 参见黄凤祝：《大城市人与人之间“原子化”》，《青年参考》2006年6月20日。

少。而在整个社会的层面上，这种原子化的趋势则表现为在争取自己的利益的时候，往往是以个人为单位而不是以群体为单位行动的。[①]

田毅鹏、吕方（2010）就社会原子化理论的起源、展开及其问题表达做了一个概括性的研究考察，认为社会原子化不是指一般性的社会关系的疏离，而是指由于人类社会最重要的社会联结机制中间组织（intermediate group）的解体或失缺而产生的个体孤独、无序互动状态和道德解组、人际疏离、社会失范的社会总体性危机。社会原子化并不是说社会没有联结和零社会整合状态，而是指在一定范围内的社会，其社会联结机制薄弱，社会整合度低下，出现国家直接面对民众的险象，而产生局部的、一定程度的社会失范。[②] 笔者赞同田毅鹏、吕方的概括，从社会组织形态的角度，从社会秩序、社会整合、社会联结的层面来理解社会的原子化，也就是说回到尼斯比特的立场，关注社会的联结机制。弗朗西斯·福山说尼斯比特甚至把他的学科后来的整个重点描述成一篇关于社区和社会的长篇大论。[③]

（二）社会原子化的表现

伴随着工业化、城市化的进程，我国也走上了从农业社会向工业社会迈进的道路。特别是改革开放以后，我国原有的单位制度发生了剧烈变迁，“单位人”游离到单位之外，原有的社会联结被打断。在新的社会组织形态尚未形成之际，处在转型过程中的中国社会出现了大量个人游离于社会组织和群体之外的社会原子化现象。田毅鹏（2009）认为我国社会的原子化有三个方面的表现：（1）人际关

① 孙立平：《“关系”、社会关系与社会结构》，《社会学研究》1996 年第 5 期。

② 田毅鹏，吕方：《社会原子化：理论谱系及其问题表达》，《天津社会科学》2010 年第 5 期。

③ ［美］弗朗西斯·福山：《大分裂：人类本性与社会秩序的重建》，中国社会科学出版社 2002 年版。

系疏离化。社会纽带松弛,初级社会群体开始走向衰落,即伴随着现代化或社会转型的进程,人们开始从各种共同体中被“解放”出来而成为一种独立的个体存在。但在社会尚未实现新的更为高级的社会联结的情况下,人际关系开始疏离,走向原子化,陷入利己主义的小圈子。(2)个人与公共世界的疏离。任何一种成熟的文明社会都是建立在一些基本的、真实的社会连结基础之上的,其中最为重要的连结应是介于国家与个人之间的社会初级群体及其相应的组织团体。而走向原子化的社会则恰恰是破坏了上述基本连结,使个人直接面对国家,导致社会内部松散、组织能力差,在表达利益诉求、维护个人权益时,往往以原子化的个人去面对政府和社会。此种现象的危险性在于,弱势群体的利益诉求无法上达,而政府的惠民政策也失去了下传的管道。(3)规范失灵,社会道德水准下降。当社会走向原子化后,各种社会制约因素消解了。同时,当各种人际联接的纽带丧失后,社会上自私自利的唯我主义风行,导致各种社会制约因素走向消解,人们终将纯粹工具性地看待社会。①

这三个方面的特征是我国社会转型期社会原子化的典型表现,我们还可以作进一步的分析。我国传统社会人际关系的经典理论是费孝通先生提出的差序格局理论,费孝通先生将西洋社会组织比喻为捆柴,人和人之间形成的社会关系格局称之为“团体格局”。而“我们的社会结构本身和西洋的格局不相同的,我们的格局不是一捆一捆扎清楚的柴,而是好像把一块石头丢在水面上所发生的一圈圈推出去的波纹。每个人都是他社会影响所推出去的圈子的中心。被圈子的波纹所推及的就发生联系。每个人在某一时间某一地点所动用的圈子是不一定相同的”。这种以“己”为中心所形成的社会关系,“像水的波纹一般,一圈圈推出去,愈推愈远,也愈推愈薄”。

---

① 田毅鹏:《转型期中国社会原子化动向及其对社会工作的挑战》,《社会科学》2009年第7期。

这就是中国社会结构的基本特性，费孝通的解释是“从自己推出去的和自己发生社会关系的那一群人里所发生的一轮轮波纹的差序”。①

对于计划体制下的“单位社会”，李路路、李汉林（2000）认为“乡土中国”的“差序格局”依然是“单位社会”中的基本结构。“为了维护个人在单位中的利益和权力，在单位内会形成错综复杂的社会关系网络以及各种根据‘以我为中心向外推’的差序格局。”②“在中国单位里，人们相互熟悉，没有陌生人，是一个‘熟悉的社会’、一个‘没有陌生人的社会’。在这个社会中，人们之间彼此相互了解，甚至在日常的生活中朝夕相处、相互影响和依赖。”“单位社会中的那种浓郁的乡土气息把现代的中国和传统的中国紧紧地联在了一起，把‘乡土中国’与‘单位中国’紧紧地联在了一起。”③

改革开放以后，人们从集体主义中走了出来，摆脱了“狠斗私字一闪念”的精神枷锁，工具理性日趋膨胀。孙立平（1996）将中国社会关系演变的基本趋势总结为：1949 年前后是从特殊主义的表达型关系到同志这样一种独特的普遍主义的表达型关系的演变过程，50 年代以来则是从一种以表达为取向的普遍主义的关系向以功利为取向的特殊主义的关系演变的过程。他还分析了自“文革”后期以来，特别是改革开放以来工具主义人际关系形成的动力因素。第一是从“文革”后期开始的向个人私生活撤退的趋势，第二是经济主义话语的形成，第三是权力资本向经济资本转化的方便性的增加。正是这三个因素的交织作用，构成了工具主义取向的特殊主义关系形成的基础。李沛良（1993）还提出了“工具性差序格局”的概念，具体有五个方面的含义：（1）社会联系是自我中心式的，即围绕着个人而

① 费孝通：《乡土中国》三联书店 1985 年版。

② 李路路，李汉林：《单位组织中的资源获取与行动方式》，《东南学术》2000 年第 2 期。

③ 胡伟，李汉林：《单位作为一种制度——关于单位研究的一种视角》，《江苏社会科学》2003 年第 6 期。

建立起来;(2)人们建立关系时考虑的主要是有实利可图,所以,亲属和非亲属都可以被纳入格局之中;(3)从中心的格局向外,格局中成员的工具性价值逐级递减;(4)中心成员常要加强与其他成员亲密的关系;(5)关系越亲密,就越有可能被中心成员用来实现其实利目标。[①] 这种以功利为取向的工具主义,在我国转型期单位制度变迁的过程中一定程度上为社会的原子化提供了滋生的土壤。

二、后单位制社会的个体化及其特征

(一)个体化的涵义

原子化指的是一种组织形态,个体化与之有联系但又是不同的一个概念。早期对"个体化"的理解往往是和"人的解放"联系在一起的,西方社会在资本主义兴起的过程中发生了一系列的思想解放运动,如文艺复兴、宗教改革、启蒙运动和法国大革命,个人从中世纪的宗教信仰、社会体制和阶级隶属关系的束缚下解放出来,传统的约束力日益减弱,个人获得愈来愈大的自由。到20世纪60年代,西方社会进入了一个新的历史时代,所谓"后现代社会",人的生活方式、价值取向和道德观念愈来愈多元化。正如安东尼·吉登斯所说:人已不再是被组织在"社会晶体"中的一个个分子,而成了游离于社会空间中的"自由粒子"。乌尔里希·贝克认为个体化不等于个人主义,也不等于个性化。"个体化"概念描述的是有关社会制度以及个体和社会关系的一个结构性的、社会学的转变。个体化通过多种方式把人们从传统角色和传统束缚下解放出来。首先,个体摆脱了基于地位的阶级。社会阶级去传统化了。这一点反映在家庭结构、居住条件、休闲活动、人口的地域分布、工会和俱乐部的成员

① 李沛良:《论中国式社会学研究的关联概念与命题》,载《东亚社会研究》,北京大学出版社1993年版。

资格及选举模式等的变迁中。其次，妇女摆脱了家务束缚和照顾丈夫的“地位命运”。再次，旧有的工作常规和工作纪律形式正在衰退，取而代之的是灵活的工作时间、多元化的低度就业及工作地点的分散。与此同时，随着这种解放或“抽离”的发生，新的整合形式和控制形式出现了（“重新嵌入”）。①

乌尔里希·贝克还在《属于自己的生活：后现代社会中人的个体化》一书中总结了当今社会人的“个体化”具体呈现出的八个特征：(1)后现代是一个个体的人的时代。人在很大程度上从其从属的集体中脱离出来，真正成为一个选择和规划自己的生活、具有自我意识、自我人格的人。但个体化进程彻底改变了社会关系的传统模式，原来维系人与人关系的社会纽带愈来愈松散并断裂，从而迫使个人不得不自行安排其社会生活。(2)个体化是社会高度分化造成的结果。社会在分化为不同功能领域的同时，个人也被分裂为不同的社会角色和身份，如职业劳动者、纳税人、消费者、选民、党派追随者、法人、父（母）亲、丈夫（妻子）等等。为适应社会功能的不同需要，他们必须不断地变换身份，被迫按照各种完全不同甚至互不相容的行为模式和逻辑行事。(3)社会的向心力愈来愈薄弱，集体意识不再能自上而下地被灌输、被认同。个体化意味着人越来越“单子化”。个体化标志着同一个进程相悖的两面：一方面，人越来越脱离传统的文化价值、生活方式、社会关联（家庭、信仰共同体、政治意识形态等）而独立；另一方面，人彻底失去社会的庇护和温暖，人与人之间相互关心、相互帮助的风尚也丧失殆尽，陷入了严重的“信任危机”。(4)个体化的生活绝不意味着个人可以完全自由地规划、安排、决定自己的生活，相反，它是一种被体制所强加的、被迫的生活方式。人们在劳动的分工和专门化过程中丧失了自己的本性，被牢

① 乌尔里希·贝克、伊丽莎白·贝克-格恩斯海姆：《个体化》，北京大学出版社 2011 年版，第 235-236 页。

牢地禁锢在明确规定的任务之中。(5)人的生存保障越来越依附于经济目的,依靠竞争、个人奋斗、个人成功来实现。现代社会越来越激烈的竞争机制给人带来了巨大压力,这种竞争是日常的、无所不在、持续不断的,被强加于个人的。(6)个体化的生活,是一种安全感彻底丧失的生活。人再也不能从一种能够为世界的统一意义提供依据的"元话语",如宗教信仰、政治理想或阶级意识中获得生活的目标、价值和意义。人的精神陷入了迷惘,人对世界和自身世界的理解陷入了危机。(7)在后现代社会,追求自我利益和成功,成为人生的唯一目标。个体化强调个人的权利,个人为获得和维护自我利益所做的一切都是合法的。在日常生活中,市场语言无孔不入,把所有的人际关系都纳入以强调自我利益、自我优先权为导向的模式。由相互理解和相互承认而结成的社会纽带,已经被自身功利最大化的选择和行为方式所摧毁。(8)人在后现代社会中的生存变成了一种"风险生存",在相当多的人身上甚至蜕变为一种"断裂或垮塌的人生",一个人的成功与失败仅仅是个人的事情,而不再与社会有关。①

(二)中国社会的个体化

对中国社会个体化的研究,阎云翔是一位具有代表性的学者。他指出,土地革命前在中国大量的村庄中,绝大部分甚至全部的社会活动都是在家庭与家族内部进行的。1949 年以后,家族组织在农村的作用发生了变化。通过集体化与"大跃进",国家推动集体主义,使农民将其忠诚的对象从家庭转移到集体,最终到国家那里。因此,国家打破了旧的社会等级与家庭结构,将农民从家庭的忠诚成员变成原子化的公民,国家用对社会主义集体的忠诚取代了对家

---

① 乌尔里希·贝克:《属于自己的生活:后现代社会中人的个体化》,苏尔坎普出版社 2006 年版。参见章国锋:《后现代:人的"个体化"进程的加速》,《中国政法大学学报》2011 年第 4 期。

庭的忠诚，用集体主义取代了家庭至上。而自20世纪80年代以来，个体被市场的力量所驱动，离开他们的家庭、亲属群体、社区或者工作单位而投身到未知的市场竞争之中。市场经济的价值观、商品生产的方式以及全球性的消费文化等，成为推动社会变革特别是家庭变迁的主导力量，使得中国家庭的发展趋势与西方日益接近。因为市场需要自由流动的劳动力，流动机会的增加使得个体能够打破并远离社会群体的约束并在一个新的社会背景中找到其自我发展的方式。[①] 赵爽(2011)在梳理个体化理论后总结道："中国社会的个体化经历了以下几个阶段：集体主义时代在国家政治运动的作用下从家庭或者家族组织中脱离，旋即投身到以社会主义和国家为群体认同和归属目标的群体中去；在集体化时代结束之后，随着国家和社会主义集体的角色在公众生活中的逐渐隐退，个体又在国家各项民生政策的改变和市场经济的浪潮的双重作用下，逐渐从原来自己所熟悉和依赖的生活中走出来，发现自我并进一步改造自我。"[②]

中国社会的个体化具有西方社会个体化的一些共同特征，如去传统化、抽离、由自己决定自己的命运以及流动的劳动力市场、灵活的就业机会、个体的风险增加、对自我的强调等。但中国社会的个体化与西方社会的个体化在发生的社会背景和形成的过程中还是有很多差异的。阎云翔在最近的著作中做了比较全面的比较，指出以下几种可能存在的差异：第一，在西方，抽离主要是指这样一种改变，即社会群体不再限定个体认同，个体从之前的控制性的社会类属中脱离出来，并通过制度机制重塑自我，这些制度机制包括教育、经历和生活方式。这种抽离发生在生命策略、生活方式的日常策略和个体身份的层面上；也就是说，这种抽离主要是为了寻求真实的

---

① 阎云翔：《私人生活的变革：一个中国村庄里的爱情、家庭与亲密关系(1949—1999)》上海书店出版社2006年版。

② 赵爽：《中国社会个体化的产生及其条件——个体化相关理论述评》，《长安大学学报》2011年第2期。

自我。相反,中国的情况是,抽离主要是通过解放政策来彰显自己的,即生活机会和社会地位的日常政策。个体努力实践由自己决定的生命历程的首要目的是提高生活标准和社会地位。个体身份是重要的,但是之所以重要是因为它影响了一个人的生活机会,身份认同更多地与个体权利的诉求和个体—群体—制度关系的再定义相关联,而不是为了寻求自我。第二,文化民主和福利国家体制的存在或缺失是西方与中国的重要区别。在西方,个体化过程依赖于文化民主以及国家完善的福利制度的支撑,而这些社会条件在中国并不存在。在中国的个体化进程中给予个体更多的流动性、选择和自由,但是国家所提供的制度保护和支持还远远不够。为了寻求新的安全网,中国个体不得不重新寻求家庭和个体关系。第三,西方长期追求自由的传统以及个体主义文化的深入人心在中国是不存在的,甚至当个体主义一词最初被介绍到中国的时候被夸大了其负面影响,这导致在个体化进程中,个体一方面在身份建构上是独立的个体,而在心理层面上则矛盾于压迫性的社会类属之间的紧张关系。换句话说,个体获得了物理身体独立的机会,但是家庭仍然对个体的自我身份认同产生重要的影响,因此,中国的个体化可能并不必然导向个体的分离。第四,与西方社会相比,中国的政党—国家在个体化进程中发挥了更加重要的作用。通过各种各样的政策行为,政党—国家控制着一个独立市民社会的发展,因此,个体可能同时将自己再嵌入于各种社会类属之中,同时又维持一个自主的身份认同。① 虽然阎云翔的某些论点值得进一步讨论,但说明一点,中国社会的个体化发生的背景与西方社会有很大的不同,这种不同也导致中国社会的个体化过程是比较复杂的。

---

① 阎云翔:《中国社会的个体化》,上海译文出版社 2012 年版。参见赵爽:《中国社会个体化的产生及其条件——个体化相关理论述评》,《长安大学学报》2011 年第 2 期。

三、社会原子化、个体化背景下构建社区共同体的可能

随着个体化的发生，社会原子化的出现，在后单位制时代的陌生人社会里，社会的联结机制是什么，社区成员之间如何整合，人际关系和社会秩序如何形成，这是当前社会管理面临的首要难题。

（一）社区是否存在“共同体”

中文“社区”一词来源于英文“community”，而“community”又源自德文“gemeinschaft”。德国社会学家滕尼斯于1887年出版了《Gmeinschaft und Gesellschaft》一书。20世纪20年代，美国社会学家查尔斯罗·密斯将滕尼斯的著作翻译为Community and Society，将英文中的community与德语中的gemeinschaft相对应。英文单词community源于拉丁语communitas，有“共同性”或“社群性”、“联合”或“社会生活”、“地域性”等义。在滕尼斯那里，gemeinschaft是基于人们共同的情感、习惯、记忆等，依据自己的自然意志，基于血缘、地缘和心态而形成的一种社会有机体，人际关系的基础是包括感情、传统和共同联系在内的自然意愿，人们之间有强烈的认同感和归属感。而gesellschaft是工业资本主义的产物，它是以契约为联结机制、充满感情中立与个人主义的异质性社会，其人际关系完全建立在理性意志和主观利益之上，人们没有或很少拥有认同感。[①]

1933年，费孝通等燕京大学的青年学生将英文单词community翻译为“社区”。费孝通先生后来在谈到“社区”这个术语的翻译时指出：社会是人际关系的综合，每一个社区都是一个社会，而社会却不是社区，“这个词实际是指在一个地方共同生活的人……是指一

---

① 斐迪南·滕尼斯：《共同体与社会》，商务印书馆1999年版。

群聚集在一个地方分工合作的人，它是具体的，这群人之间的关系，即人际关系，构成社会”。

“社区”一词融“社”(社群)和“区”(地域空间)为一体，学术界基本上都是从共同体的意义上来理解社区。滕尼斯的著作《Gemeinschaft und Gesellschaft》有翻译成《共同体与社会》，也有翻译成《社区与社会》，基本上社区就等同于共同体。政府部门的定义也采纳了共同体一说。2000 年 11 月，中共中央办公厅和国务院办公厅转发了民政部《关于在全国推进社区建设的意见》，《意见》中对社区的概念是这样规定的，“社区是指聚居在一定地域范围内的人们所组成的社会生活共同体。”但是，现代社会是否还存在一种“共同体”意义上的社区呢？

实际上，随着工业化和城市化的发展，西方社会学界围绕着“共同体”的存亡展开了很多的争论。Wellman 整理了三种社区关系的理论：社区失落论(community lost)、社区存续论(community saved)和社区解放论(community liberated)。[①] 其中社区失落论产生最早，影响也最大。其主要论点来自齐美尔(Georg Simmel)和沃思(Louis Wirth)。齐美尔于 1903 年发表了《城市与精神生活》一文，指出农村与城市给予人的影响是不同的，农村生活节奏和感官刺激都比较稳定和平缓，相比之下，城市则是一种强刺激环境，给居民带来过度的心理负荷，为了适应这种环境，城市人不得不改变他们的心理与人格，不得不理智地对待纷至沓来的各种人和各种事，不得不工于心计以区别那些重要与不重要的刺激，对不重要或不涉及个人利害关系的刺激不予以关注，而集中精力对付那些重要或对个人利益有关的刺激。这样就使城市人渐渐形成老于世故或“奸诈冷淡”的人格，而整个城市社会也就变成重理智、重效率的社会。后

① Wellman, Barry. The community question: the intimate networks of East Yorker. The American Journal of Sociology, 1979. Vol84 No. 5.

来，齐美尔还进一步提出城市依靠规模庞大和结构复杂的科层组织来运作，城市经常变化的环境和科层化的组织运作改变了都市人的精神生活和人际关系的性质特征，大都市人是理性和功利主义的。①1938 年，沃思发表《城市作为一种生活方式》的论文。他认为城市具有三种生态学上的特质，即众多人口、高密度、异质性。这三种特质，必不可免地使城市形成不同于农村的生活方式。众多的人口必然会出现大量的潜在差别，特别是文化上的差异性和职业上的专业化明显扩大。城市人通常是作为高度分化的角色相遇的，他们之间的接触多是肤浅的、短暂的、支离破碎的、非人格的，城市人是以次级关系而不是初级关系为特征。人口密度使人们易产生厌烦的心理，促使人们变得麻木不仁甚至冷漠无情。异质性的后果是容易带来人际冲突增加，人与人之间猜疑多于信任，彼此不再是互助互赖，更多的是猜忌与利用，是金钱计算的关系。因此，沃思认为共同体在城市中已不复存在。②

到 20 世纪中期，一些社会学者提出社会分工和科层化并没有弱化和割断个人的初级社会关系，人类能够在任何社会环境下继承传统同时适应新环境来建构社区。这方面的代表人物是刘易斯(Oscar Lewis)和甘斯(Herbert Gans)，他们提出了社区存续论。刘易斯在 1952 年发表了《未崩溃的城市化》一文，以墨西哥市的墨西哥村民为研究对象。甘斯在 1962 年出版了《城市村民》一书，以波士顿西区意大利移民为研究对象。他们的研究结论非常相似，认为这些村民移居到城市后的生活方式并无显著的变化，人际关系也无解体的情况，社会合作与人情味仍然相当强。大城市的众多人口、高密度和异质性，对这些村民的影响很小。亲密关系、社区团结和

---

① Simmel, Georg, The Metropolis of Mental Life. In Kurt Wolf (ed. &trans.), The Sociology of Georg Simmel. Glencoe, Ⅲ: Free Press, 1950.

② Wirth, Louis. Urbanism as a Way of Life. The American Journal of Sociology, 1938.

认同依然存在于城市的某些地方，因此，在他们看来社区没有消失，而是继续存在的。

社区解放论是20世纪70年代由费舍尔(Claude S. Fischer)、韦尔曼(B. Wellman)和雷顿(B. Leighton)提出来的。1975年，费舍尔发表了《城市性的亚文化理论》一文，他认为任何人在社会上生活，都需要他人的帮助和关心，这种人际关系中的相互依赖性若得不到满足，就会产生个人心理上的孤独与疏离感。大城市人口众多，不同类型的人在这里都可以找到足够数目的同伙，从而形成一小圈子。他们形成一个小群体后，经过长时间的互动，会逐渐产生一种相互了解并为大家接受的规范、价值观和生活方式，这些思维方式和行为方式的综合就是一种亚文化。韦尔曼和雷顿于1979年发表了《社会网络，邻里关系和社区》一文，他们指出以往关于社区生活和人际关系的研究一直局限在同一地域的邻里关系之间，邻里之间因物理或空间上的接近而形成的群体关系纽带成为社区讨论的唯一基础。韦尔曼和雷顿提出应打破对邻里关系的强调，重新思考社区的概念，他们主张社区居民应从地域和场所的局限中解放出来，接触和结交更广泛范围的朋友，建立超出邻里关系甚或根本与邻里关系无关的初级群体关系。这就是“社区解放”，即从社区地域中解放出来。社区解放论放弃了把地理范围作为社区问题的起点，直接探讨个人的社会联系的结构。

国外关于社区共同体的争论也延续到了国内学术界。陈宁(2006)通过综述式的研究，认为我国现行的社区建设并非是在孕育和发展生活上的共同体，而是在强化社区的街道政府，其实质是国家权力在基层都市生活的技术转变，因而社区建设是一种“共同体的幻象”。[①] 桂勇、黄荣贵(2006)在综合分析现有的实证研究后发

---

① 陈宁:《共同体的幻象——对近年来社区建设与社区研究的反思》,《长春理工大学学报》2006年第3期。

现：虽然当代城市社区存在中等程度的社区归属感，但邻里关系的重要性却日渐下降，居民的邻里互动减少，社区参与水平低下。换言之，城市居民与社区之间缺乏紧密的社会联系与经济联系。城市社区不再是传统意义上的共同体。并且，随着商品房社区的增加，城市社区的共同体色彩可能会进一步淡化。[①] 他们对现代社会条件下的城市社区是否存在"共同体"普遍持质疑态度，一些学者为了表述准确甚至在研究中避免使用"社区"的概念，而偏向用"邻里"、"街区"等来替代。还有一些学者（王小章等，2003）借鉴了社区解放的理论，提出在社会已走向一体化、全球化的今天，社区这一地域性社会生活共同体在居民生活中的重要性已经大大弱化。与其关注地域性的社区，还不如重视各种"脱域的共同体"（disembeded community）[②]。很多学者的研究志趣也从社区研究转向了社会网络、社会资本的研究，这一点和国外社区研究的演变是非常吻合的。

（二）社区共同体何以可能

学术界社区研究的转向是否意味着地域性社区共同体已经失去存在的意义而必将无可挽回地走向终结？社区是否已经过时了？在全球化、个体化和陌生化的时代，我们开展社区共同体建设是否还有必要，是否还有可能？

事实上，早期的社区存续论者通过实证研究证明了地域性社区是存在的，并没有消失。但是，他们大都从事的是少数民族聚集区、贫穷区的研究，不具有普遍意义。稍近一些的古斯菲尔德（J. R.

---

① 桂勇，黄荣贵：《城市社区：共同体还是"互不相关的邻里"》，《华中师范大学学报》2006 年第 6 期。

② 英国社会学家马丁·阿尔布劳（M. Albrow）指出，从社会性的意义上讲，地域性已不再具有任何明确无误的重要意义。在全球时代，共同体是没有地方性的中心的，它已和地点脱钩，成为"脱域的共同体"（disembeded community）。如果想表明在全球化条件下居住在同一区域中的人们之间的关系的特点，最好是把他们叫做"互不相关的邻里"。参见马丁·阿尔布劳：《全球时代：超越现代性之外的国家与社会》，商务印书馆 2001 年版。

Uesfield,1975)也认为在现代都市社会中,社会联系的地域性限制虽然较以往要少得多,但是,社区这种地域性的共同体依然是人们生活中存在的许多重要的共同体中的一个。帕乔恩(M. Pacione,1984)通过对英国格拉斯哥(Glasgow)市760个被访对象的调查研究,发表了名为《格拉斯哥:城市的社会—空间发展》(Glasgow: The Socio-spatial Development of the City)的报告,断定了城市中有意义的、有相对明确的地域界线的、有凝聚力的邻里社区的继续存在。国内的学者黎熙元、陈福平(2008)从居民的个人关系网络、社区参与和社区认同三个角度考察了当今中国城市社区存在的现实状态,研究显示,尽管中国城市正在经历剧烈快速的空间变化、人口流动、制度变革过程,但这种社会环境的变化并未把业已形成的社区彻底摧毁,从居民的个人关系网络及其空间分布、居民的社区参与和社区认同三方面衡量,社区作为一个有限的邻里空间在城市基层和居民的认知中仍是一个客观实在。[①] 郑中玉(2010)也认为,社区的脱域只能说明社会关系的多元化,但这不意味着一些学者所提到的本地社区关系的丧失,以及由于当前中国社区更多体现政府行动而导致社区自主能力低下而轻易认为居住意义上的"社区"将让位于"脱域的共同体"。一定条件下,"社区"可以被生产出来。如果社区成员时刻具有集体行动的需要,这种外部环境和社会结构因素就会决定社区成员有聚合起来共同行动维护社区利益、保持社区边界的动力或需要。比如就中国而言,在城市化过程中,面临开发商和物业等部门的强势和权益保护上制度的缺位,社区成员有必要和有强烈需要动员起来维护本社区的集体利益。那么这种集体动员将加强社区的凝聚力,促进社区纽带和社区社会资本的培育,促进一个地

① 黎熙元,陈福平:《社区论辩:转型期中国城市社区的形态转变》,《社会学研究》2008年第2期。

域社区的建构。[1]

因此，从这些学者的研究来看，地域性的社区在现代城市社会中并没有走向终结，它们的存在是客观现实的。问题在于，处于全球一体化时代的个体，为什么仍然需要地域性的社区生活共同体？地域性的社区对于个体化的社会而言，还具有什么不可替代的功能和作用？我们可以从个体和国家两个层面来看待这个问题。

从个体层面来看，社会越是原子化，生活越是个体化、陌生化，越是需要地域性社区。个体社区[2]满足个体的需求是有局限的，因为人们除了工作上班时间之外大部分时间都是生活在住房所在的地方，总归要与周围产生特殊的关系。王小章（2002）认为社会生活的个体化程度再深，人们总还有一些共同的事情、共同的关心，特别是总还有一些需要与左邻右舍共同行动才能达致和维护的共同利益。可以说，正是这种共同的关心、共同的利益，这种特殊的联系，构成了现代城市社会中作为地域性社会生活共同体的社区继续存在的基础。[3] 从国家层面来看，国家不可能直接面对一个一个的个体，很多和居民有关的事务是通过地域性社区来办理的。同时，国家还有对社会秩序和有效管理的要求，但是在快速变迁的时代，单凭国家或者政府的力量很难实现对社会的有效管理，还需要国家之外的力量来实现。这些方面可以体现现代社会中社区的功能和价值所在，社区共同体的构建是可能的，也是必须的。

---

① 郑中玉：《社区多元化与社区整合问题：后单位制阶段的社区建设——兼以一个社区网的实践为例》，《兰州学刊》2010 年第 11 期。

② Barry Wellman. Studying Personal Community. PeterV. Marsden and Lin Nan. Social Structure and Network Analysis，Sage Publications，1982.

③ 王小章：《何谓社区与社区何为》，《浙江学刊》2002 年第 2 期。

城市化背景下社区公共空间构筑与基层社会的动员整合

——基于上海市G社区的案例研究

上海行政学院　刘中起*

内容提要:城市社区公共空间既是一种物理空间,又是一种制度与文化空间。上海G社区探索楼道公共客厅与楼道居民自治,通过楼道公共空间的拓展与构筑,增强居民归属感,构建居民交流、共商机制,改善社区认同,让社区从一个生活的共同体演变成一种信念的共同体,维护了社区的和谐和稳定,推进基层社会的动员整合。这种社区自治性的成长不仅是社会力量内部整合的基础,也构成了社区共治的基础。由此,未来社区治理的方向是如何建立起社区事务协商参与的多级公共空间,形成共治与自治衔接的有效机制,从而真正实现基层社区国家与社会良性互动、政府行政管理与居民群众自治相衔接的基层社会管理的新格局。

关键词:楼道自治　公共空间　共治

一

上海市G社区成立于1999年,地处中环线和外环线之间,辖区面积6.5平方公里,常住人口14.9万,现有37个居民区、68个住宅

---

* 刘中起,社会学博士,上海行政学院社会学教研部副教授。

小区，是一个在快速城市化进程中形成的人口导入型纯居住社区。作为一个开放包容的现代新型社区，知识分子多、年轻人多、新上海人多成为G社区的三大典型特征。这种现代社区极易形成一种“围城”现象，使得居民被隔绝在单元住宅内而失去了人际间的交往，社区凝聚力低，难以形成现代社区情感，从而直接阻滞了社区生活共同体的构筑。在G社区调研中发现，94.37%的新上海人愿意参与社区建设。然而，现实的情况是社区的每个居委会平均要管理1 350余户家庭、4 000余人口。如何在超大辖区内营造亲和的公共空间，创造一种适度的居民自治平台，促进居民亲和力的形成，消除社区人际关系陌生化，让社区自治组织能够直接有效地和居民进行情感沟通、构筑“后单位时代”的新型熟人社区，成为G社区基层社会管理的首要难题。上海市G社区从2011年起，以“守望、安全、互助、协商”为理念，与专业社会组织合作，以楼道居民自治为载体，积极推动“居民楼道自治”实践。通过“楼道公共客厅”与“居民楼道自治”的实践，不断拓展社区事务的公众参与面，培养和激发公民主体意识和理性参与意识，极大增强了居民对社区的归属感和认同感。G社区从各居民区申报的127个楼道自治建设试点中，重点培育了10个“自治楼道”典型，形成了服务需求导向模式、问题处置导向模式、关系凝聚导向模式三种可复制的楼道自治模式，初步建立起党建引领下的行政管理与基层群众自治有效衔接和良性互动的基层社会管理格局。

案例1：服务需求导向自治模式

“笃、笃、笃……”某日傍晚，家住17号楼的陈先生家门被敲响，推门一看，原来是楼上的车先生。“老陈，我在北桥买了别墅，这个是我新房子的地址，有空来白相啊。”（注：白相为上海方言也即玩的意思。）一番告别之词，让老陈感慨万千。时间拨回五年前，老陈举家搬入刚造好的G社区，那时，他刚从企业管理岗位退下来，回到社区，他发现邻里间互不相识，见了面不过点点头，这让他无比留恋起小时住过的石库门,谁家有事在窗口一叫,大家都会出来帮忙。能不能找回曾经的那种感觉呢?老陈开始迈出第一步。他最先敲开的是对门的人家,这家住着两位老人,老先生姓殷,身体不好,长期卧床,夫人一直忙于照料爱人。当居委会请来社区医生坐堂代居民配药时,他第一时间想到了殷先生一家,免去了老夫人每周往返市第六医院配药的奔波……如此一来二往,老陈几乎和楼道里 11 层 22 户人家都打过交道。可 22 户人家来自天南地北,上海人、新上海人都有,他们之间显然缺乏"串联"起来的机会,直到老陈将 G 社区推行的书报架搬进了 17 号楼。

一年前,书报架正式"进驻"楼道一角。老陈在书报架上贴出了自己写的"发刊词":希望楼道居民贡献自家闲置的书刊,让知识流动起来。很快,这个小小的举措叫好又叫座,不仅借阅率高,更多种类的书刊出现在书架上,不少还写上了自家门牌号和姓名。如今在上电梯前,17 号楼的居民都会在书报架前驻足一会儿,遇上邻居更会热络地聊上几句。在书报架的牵线下,楼道自治管理小组正式成立。小组成员第一次开会就提出要解决楼道里停放非机动车的顽疾。他们与物业公司商量,在楼道外辟出临时停车点,并在停放在楼厅里的非机动车上放上"温馨提示"。不到三天,困扰多年的问题就得以解决,邻居们的"自觉度"让老陈这个组长颇为欣喜。他说,这是水到渠成,邻里关系融洽了,谁都希望家里干净整洁、秩序井然。

案例 2:问题处置导向自治模式

68 号楼里共有 24 层、45 户住家。楼组长樊阿姨记得:"2004 年我搬进 68 号时,大堂停满自行车、助动车,进进出出都不方便。为争个车位,或是不当心碰倒旁边的车,几家人总会闹点矛盾。"2008 年,樊阿姨当上楼组长。她选了个休息日,在晚饭后跑下楼,用楼层对讲机挨家挨户通知大家下楼开会,近三十户居民站在大堂里开起居民大会。68 号楼的头一次居民大会开得相当成功,不仅大堂里的非机动车被移到地下室停放，楼里居民还自己动手布置，大堂环境焕然一新。现在这里成了68号楼的“大客厅”，有沙发有茶几，墙上还挂着楼里居民的“全家福”。

“有了第一次成功，之后有事需要邻里协商，我还是等吃好晚饭，用对讲机一家一户通知，大家听到就马上下楼来，坐在大堂里谈一谈讲一讲。”樊阿姨说。“为什么对讲机一喊，我们都愿意下来，因为只要对讲机喊，肯定是要紧事，对大家都有好处。”家住24楼的殷先生道破其中奥秘。大问题坐下来谈，小问题就在电梯里贴张告示解决。去年，家住三楼的程老伯发现楼上常有烟头或茶叶渣丢下，还会飘进阳台。他每回见到樊频总要反映一下。樊阿姨就此写了倡议书贴在电梯里，倡导大家注意楼道文明。过了两天，她走进电梯，正巧遇上程老伯楼上的一位租客在电梯里吸烟。她没说话，笑着指指电梯里的禁烟标志，再指指贴在墙上的倡议书。这位租客一愣，随即熄灭烟头，还连连点头说：“我知道了。”在这之后，程老伯明显感到乱抛杂物的现象少了。

案例3：关系凝聚导向自治模式

前几天，家住96号楼的唐阿姨回家，看见门上挂着两包袜底酥。谁送来的？唐阿姨打电话给亲戚没找到答案。她猜想既不是远亲，定是近邻。一问，果然是楼上的吴阿姨游览千灯古镇，特地带回特产给邻居分享，送到她家时发现无人，便有了这桩“悬案”。唐阿姨能猜得八九不离十，是因为这幢十五年楼龄的居民楼有亲如一家的邻里关系。这种本无形的温情，甚至从楼道颇具人文气质布置里渗透出来。走进96号楼，首先印入眼帘的是一块镜子，这是三楼居民吴先生多年前安上的。他说安上镜子是希望大家把楼道当自己客厅一样爱护。爱种花的他还在二、三楼的楼道窗台上摆上十几盆鲜花。

有了吴老伯带头，96号楼被一点点布置起来，从一楼上到六楼，每层楼都有装饰品。谁家有困难，楼里住户都会伸出援手。吴女士丈夫常出差,自己三班倒,晚班时接孩子放学成了难事。邻居吴先生听说后,和老伴主动揽下这活,足足坚持五年,直到孩子上中学。即使新来的邻居也能很快融入96号楼。四楼小叶来自安徽,两年前初来古美时人生地不熟,问起邻居哪里办暂住证。好心的邻居直接把她带到了社会事务受理中心,接下来是菜场、大卖场、邮局、医院。"楼里的居民真的亲如家人,待我也非常好,出门时都会喊我一声,问我要不要一起去,这对于刚迁居此地的我可是最直接的帮助。"小叶至今很是感激。作为回报,她教邻居们包水饺,她的水饺成了"品茶会"的保留节目。

基层社区之所以区别于社会,就在于其成员拥有较强的共同的社区意识,同一社区的居民由于共同的社区意识而被凝聚在一起,出于对本社区的强烈关注而积极参与社区事务的管理。但这种强烈的社区关怀意识在我国城市居民当中并不明显。在我国长期计划经济体制下,居民的社区意识比较淡薄,社区建设又是靠政府自上而下地推动,社会参与程度不高;人们的"单位人"属性并未获得根本性的转变,对于社区的归属感和参与度都还很弱,单位制的建立,使单位部分替代了家庭的功能成为个人生活和交往的首要选择。当出现家庭和社会不能解决的问题与事务时,人们倾向于诉诸行政权力。① 城市社会,楼道是最小的社区公共空间。从经济的角度看,这里属于每户住宅的房屋公摊面积,可视为家的延伸;从社会的角度看,这里属于楼道所有住户的公共空间,是人际交往的通道。如何充分拓展和构筑楼道公共空间,以服务需求为导向,以问题处置为导向,以关系融洽为导向,通过选择为大多数人都能接受的方式方法,化解人心隔阂,构建熟人社会,让低头不见抬头见的楼道里洋溢邻里亲情,充满家园温馨?上海G社区探索楼道公共客厅与楼

---

① 马西恒,刘中起:《都市社区治理——以上海建设国际化城市为背景》,学林出版社2011年版,第189-190页。

道居民自治，通过楼道公共空间的拓展与构筑增强居民归属感，构建居民交流、共商机制，改善社区认同，让社区从一个生活的共同体演变成一种信念的共同体，通过居民的自主管理产生价值认同和归属感，从而培养和激发公民主体意识，促使居民以理性、合法的方式表达意见和参与公共事务，维护了社区的和谐和稳定，推进了基层社会的整合。

二

党的十七大提出，“要健全基层党组织领导的充满活力的基层群众自治机制，扩大基层群众自治范围，完善民主管理制度，把城乡社区建设成为管理有序、服务完善、文明祥和的社会生活共同体”，“加强基层政权建设，完善政务公开、村务公开等制度，实现政府行政管理与基层群众自治有效衔接和良性互动”，“要健全党委领导、政府负责、社会协同、公众参与的社会管理格局，健全基层社会管理体制”。[①] 这些重要论断科学揭示了城市社区治理机制建设的基本方向、主要途径和最终目的，为完善城市社区治理提供了科学依据。当代中国社区发展主要由政府推动与主导，在社区建设的发展目标、结构构造、功能设计与运作机制等方面，都呈现出“行政性推进”与“社会化参与”两个基本方向的互动。由此，政府主导推动社区建设的过程，并不单纯是一个孤立的“自上而下”的行政性过程，同时也是一个有意识的探索性的发育社区的客观过程，包括社区各类社会化组织的逐步发育和形成、公众对社区活动参与的不断扩大、社区公共服务供给主体的多样化以及社区成员的社会化联系和组织化程度不断提高等。[②] 上海市G社区居民“公共客厅”与“楼道自治”

---

① 胡锦涛：《高举中国特色社会主义伟大旗帜为夺取全面建设小康社会新胜利而奋斗——在中国共产党第十七次全国代表大会上的报告》，人民出版社2007年版。

② 徐中振，徐珂：《走向社区治理》，《上海行政学院学报》2004年第1期。

平台的逐步发育与形成,是上海市现代社区发展中政府主导和基层自治共同推进社区建设的一个重要成果,楼道公共客厅、楼道自治委员会、楼道自治公约、楼道自治特色文化等自治要素是构建现代社区结构、社区功能、社区组织发展的重要环节,也是公众和各类社区成员参与社区公共事务、培育社区认同和归属感的根本性基础。人们通过社区公共空间、社区草根组织及各类社区公共活动,形成相对松散但开放和弹性的交往网络。共同的交往产生了公共性,形成共同的利益,产生了公共事务,居民对社区的参与度增高,自然会关注社区内的事情,对社区产生归属感,社区的基础逐渐整合,社区和谐得以实现。

哈贝马斯认为:"公共领域是一个由私人集合而成的公众的领域;但私人随即就要求这一受上层控制的公共领域反对公共权力机关本身,以便就基本已经属于私人、但仍然具有公共性质的商品交换和社会劳动领域中的一般交换规则等问题同公共权力机关展开自由讨论,讨论的话题逐渐延伸,不受国家的干涉。"①在哈贝马斯的"公共领域"概念里,其本质是一个对话性的场所,人们聚集在一个共享的空间中,作为平等的参与者面对面地交谈并形成"公共生活"。人们在社区公共空间中寻找与社区发展、自我生活相关的共性问题,在保有个体差异性的基础上促使共性的问题被所有人接纳,社区内的公共空间主要用来服务居民,为居民提供一个休闲场所,促使居民聚集并积极参与社区事务。因此,城市社区公共空间既是一种物理空间,是拥有一定地域范围的空间,又是一种制度与文化空间,人们在这个场域内从事各项公共活动,并产生各种关系网络。正如布迪厄指出的:"从分析的角度来看,一个场域可以被定

① Jürgen Habermas: The Structural Transformation of the Public Sphere[M], trans. by Thomas Burger ,Cambridge ,Mass :MIT Press ,1991. p43.

义为在各种位置之间存在的客观关系的一个网络或一个构型。”①作为一种稳定、信任和参与共享的社会关系，公共空间一旦建立起来，其具有相对的稳定性，公共空间中的个体能够准确预期将来。在公共空间的关系网中包含着每个成员所需要的物质、人力、技术、情感和文化等资源和需要，而且掌握资源的个体之间非常信任，因此，在这个公共空间中，每一个人在激活、调动和整合空间资源方面表现出很强的能力和很快的速度。正是由于在一个信任的公共空间中能够方便获取各种资源和需要，个体希望“卷入”公共空间的愿望就强，即个体的参与性很强。由于公共空间发挥了沟通、信息交流、抒发感情、学习与获取资源等功能，从而实现了公共空间资源的合理利用，促进了个体能力的提高，实现了社会整合和公共参与。上海市G社区的楼道公共客厅，作为一种社区公共空间对社区楼道居民完全开放，容易形成由熟人构成的初级群体与人际网络，这个群体成员由于长期交往而逐渐产生惯习，并依据惯习来行动，当惯习被经常化之后便成为某种规则，每个获准进入公共空间场域的行动者必然会受到场域逻辑的压力，也就是会认同场域的规则。因此，楼道社区公共空间一定意义上是社区居民为满足自身利益诉求和社区协同，以权利互为平衡为原则，以居民事务为内容，以信息网络为手段，以舆论监督为常态的场域与规则的统一体，在居民的日常行动中由一种生活共同体逐渐凝聚成为一种具有符号价值的精神共同体。

城市居住社区作为城市居民主要的聚居生活方式，承载着人们对物质与精神的双重需求。只有当二者都得到满足时，人们才能获得“诗意的栖居”。而作为其特质表征的社区公共空间，如何进行塑造就显得十分有意义。我国传统社区较少注重公共空间的建设，人

---

① Pierre Burdieu and Loic J. Wacquant.. An Invitation Reflexive Sociology. Chicago：The University of Chicago Press ,1992. p72.

们之间的居住空间尺度小,容易产生亲密互动,而传统文化中的“敦亲睦邻”思想更加深了邻里交往。从平房式的亲密互动到直筒楼式的家长里短再到单元楼房的逐渐陌生,公共空间随着住房结构的变化而变化,地域范围逐渐拓展,成为拥有中心空间的相对独立的结构,其功能也伴随着以人为本思想的影响逐渐从注重交往便捷向多元发展,以期缩小人们的心理距离。转型时期,社会制度化的利益表达和利益保护程度较低,而承认社会利益高度分化的现实,承认不同社会群体追求自己利益的合法性并保护其权利,是建立一个既有利于发展又有利于公平的社会的需要,因而也是我们体制建设的应有内容。[①] 在我们的体制建设还不完善,不能充分回应与解决群众利益表达诉求时,社区楼道公共空间提供了一个重要通道,公共空间中讨论的议程及其结果可以在一定范围内传递给社区管理层,由社区管理层对居民提出的问题进行回应与解决,大量社会矛盾与利益诉求被消解在社区抑或楼道的公共空间,从而在一定意义上维护了基层社会的稳定与和谐。美国社会学家费舍尔认为,社区是指一群有很多相似社会背景、个人背景的人,经过长期相处,逐渐形成一种彼此了解并相互接受的社会规范、价值观念、人生态度和生活方式。从 1887 年滕尼斯提出“社区”的概念后,社会学对这一概念的定义就层出不穷,但对内在的两个基本特征却有着重要共识:共同生活在同一地域的一群人,这群人具有共同的文化、心理纽带。上海市 G 社区“公共客厅”与“楼道自治”平台的形成与运行,深刻刻画了社区公共空间的特征与性状。作为一种新的社区参与机制和组织形式,楼道公共客厅的活动空间和社区公共生活的拓展,实际上意味着社区治理主体的多元化参与以及社区这一社会生活共同体的本质性规定的回归。居民由家门走向社区的公共空间,获得一种参与性地位与公共性身份,成为社区新的治理主体。社区也在一

---

① 孙立平:《构建以权利为基础的制度安排》,《南方周末》2004 年 1 月 1 日。

定程度上摆脱了其单纯的地域性概念，日益获得了利益联结和公共交往的稳固性的支撑，建构了一种社会文化体系和社会自我管理方式[①]，成为基层社会整合与公共参与的重要路径。

三

城市社区的发展过程，在本质上即是各种力量在社区空间中相互作用、构成网络的过程，是一个逐步迈向社区善治的过程。20世纪90年代以后，治理理论的兴起和广泛流行推进了政府社会治理的现代化进程。治理理论主张通过合作、协商、伙伴关系确定共同的目标等途径，旨在重新探索国家和社会公共事务的管理模式，改变了以政府统治和管制的社会治理理念，实现对公共事务的管理。治理的目的是指在各种不同的制度关系中运用权力去引导、控制和规范公民的各种活动，以增进公共利益。所以，治理作为一种公共管理活动和公共管理过程，包括必要的公共权威、管理规则、治理机制和治理方式。[②] 尤其是基层社区治理，其内在的运行逻辑必然要求发挥政府、企业、社会组织和个人的共同作用，注重民主、公开的现代意识，倡导政府、社会、社会组织多元治理、协作互动。随着我国城市社区的分化与利益关系的调整，社区面临的任务与问题发生了新的转变，由此凸显出既有社区治理结构的限度，包括社区利益多元化与表达机制单一化之间的张力、社区矛盾尖锐化与协调机制的有限性以及业主委员会等新社区治理主体的出现等。近年来基层不断频发的各类群体性冲突与公共突发事件使得当前社区已经成为社会矛盾的多发地和集聚区，社区自治与民主日益让位于社区和谐与稳定的目标。社区利益的多元化和社区矛盾的复杂化，凸显

---

① 李海金：《城市社区治理中的公共参与——以武汉市W社区论坛为例》，《中州学刊》2009年第4期。

② 俞可平：《民主与陀螺》，北京大学出版社2006年版，第31-32页。

既有社区治理结构的失效,即社区居委会作为定位于社区居民开展自治的组织,无法涵盖和包容日趋分化的多元社区利益以及错综复杂的社区利益矛盾。由此从构建社区和谐稳定出发,需要充分发挥政党、自治组织、社区居民及社区草根组织等多元参与,推动社区自治走向社区共治,从而实现社区治理结构新的转型。①

基于城市基层社会自治的制度功能日益健全,我们注意到居委会负责的社区公共事务逐渐涵盖了人口与物业管理、社区环境整治、社区生活服务、教体文卫发展、社会福利与安全保障的各个方面,相应的规章制度与考核体制得以建立,其地位的重要性不断上升,作为新的社会治理空间的社区难免演化为新的权力网络而再度被整合为国家的组成部分,②表明社区居委会的自治特征有朝"动员性组织"演变的趋势。而与此同时,社会的发展与进步及社区居民的生活形态的改变,导致基层各类新兴功能性组织因应特定需求而不断产生,以各自的方式参与社区治理活动。这些新兴组织的出现意味着社区自治开始进入一个多元化时代。社区各类新兴自治性组织的出现,即主体多元化的事实,有利于自治力量的维护与发展。其中典型的是业主委员会作为现代社区内一个重要主体,一定意义上说是现代社区内真正意义上的居民自治组织。经过选举等法定程序成立的业委会有着广泛的群众基础,其利益诉求从根本上同每一位普通业主相一致。新型社区内,实行以业委会为组织基础的社区自治,有组织地解决单个业主无法独自面对的物业纠纷事件,对解决新型社区自出现以来频繁发生的各种冲突和矛盾或许是一个不错的选择,但是业委会如何更好地运作社区管理却是一种需要智

① 陈家喜,蔡国:《管治、自治、共治——我国城市社区治理的结构转型》,《中共宁波市委党校学报》2012年第3期。

② 胡位钧:《20世纪90年代后期以来城市基层自治制度的变革与反思》,《武汉大学学报》(哲社版)2005年第3期。

慧创造的具体实践。① 在各类新社区“老年服务团队”成立的初衷则仅仅是为了满足社区内退休老年人的精神、健康等的需要。上海G社区多数居委会都成立了这种居民组织。这些“团队”在发展过程中不但满足了成员精神生活的需求，成为社区精神生活的“公共空间”，而且在社区决策过程中成了测试政策效果的试验田。民选居委会主任通过各团队的领袖和骨干分子可以团结相当部分的居民，把团队整合为社区治理的有效工具；居民的自我意识可以通过参加团队并通过团队参与社区事务治理而得到提升。作为社区内部自发生长起来的居民草根组织，团队的成长就意味着社区自治空间的生长。② 基于社区治理的各相关参与主体需求差异的客观存在，决定了在解决社区事务的过程中必须建立相关主体按照一定的规则共同参与的社区治理结构，本着互利的原则开展合作，通过共治、共决——共同处理社区公共事务，增进社区公共福利，使社区公共空间与公共生活达到和谐有序状态的运行机制。

可见，在社区利益多元化和社区矛盾复杂化的现实下，社区和谐秩序的重构依然有赖于社区各种利益主体的良性互动与利益关系的有效调处，为此需要尊重每一个社区组织的主体地位和合理利益，而不单是强化社区居委会或是业委会的自治功能。尤其是需要充分发挥社区党组织的利益整合与协调功能，发挥社区草根组织的利益表达功能，以及社区居民的自主参与，从而形成一种多元共治的社区治理格局。与传统的居民自治相比，社区共治的参与面更广、决策立意更高、决策落实更到位、民主监督机制更有效，确保了社区成员民主议事、民主决策、民主管理和民主监督权利的行使。共治格局在本质上则应具有几个重要特征：第一是社区治理主体的

---

① 张菊枝，夏建中：《新型社区治理困境的破解及其可行性研究》，《甘肃行政学院学报》2011年第2期。

② 俞楠，张辉：《自治与共治——“合作主义”视角下的社区治理模式》，《理论与改革》2006年第6期。

多元化。即它体现了从单一化主体到多元化主体转向的趋势。传统上我们在对基层社会的管理中单纯地依赖政府主体,而在社区共治理念中,除了国家(政府)主体之外,还有居民、社区组织、非营利非政府组织、社区单位等其他多元主体。社区的公共事务需要多元主体的参与和决策,以取得社区公共利益的最大化。第二是管理方式的日益参与化。现代社区治理模式越来越具有从行政化到参与化转化的趋势。传统的基层社会管理是按照行政命令模式运行的,而现代社区治理则更强调居民参与精神,使得各个治理主体之间通过自愿平等合作的协商、伙伴关系来实现对社区事务的管理。第三是管理结构的立体横向网络化。现代社区治理结构日益具有从垂直科层化到横向网络化的趋势。传统的街居体制结构、单位体制结构只是垂直关系,缺少横向联系,而现代社区共治则强调街道与居委会之间、居民与政府之间的关系由单向运行转变为双向互动,社区居民以及社区组织之间协调与沟通,凭借合作网络实现社区治理,并最终形成社区中行政力量、自治力量和社会力量横向的自主网络。①

上海市G社区专门整合社区内有限的公共空间资源,为广大社区居民专门建成"市民公共客厅",并通过"楼道自治"平台培育、扶持各类草根社团组织,增强居民对社区发展的关联度和认同度,引导团队提高自我管理水平,积极参与社区事务。社区内目前已发展有各类社团组织390多个,参加群众达5000余人,培育了老年协会、文体联合会、志愿者协会、旗袍沙龙、摄影沙龙等一批精品团队。这些社区草根组织以丰富多样的文化活动为载体,吸引社区不同群体的居民积极参与,使不同群体的社区居民在共同的生活中得到共鸣,促进了社区公共空间的生成。马克思认为,"社会不是由个人构

① 宋敬业:《论社区共治管理平台的特征、功能与原则》,《湖湘论坛》2008年第2期。

成，而是表示这些个人彼此发生的那些联系和关系的总和”[①]。社区草根组织为这种联系和关系的生成提供了组织空间，基于这一空间G社区通过组团式联系服务群众，初步形成了以党建为引领、多元主体共同参与、居民自治与社区共治相结合的基层社会管理的新模式。这一新模式表明在社区治理结构转型的背景下基层社会管理实践的新方向，即首先强化执政党在社区的利益整合功能。街道、社区党组织是党在城市工作的基础，是建设和谐社区的领导核心。因此，要坚持党在社区建设中的领导地位，就必须高度重视社区党组织建设，理顺社区党组织与其他各类组织的关系，明确工作定位，创新工作方式。社区综合党委在制度上需要发挥“把握政治方向，传达党的意图，协调各类组织，凝聚各方力量”的功能。其次是发挥社区草根组织的服务与引导功能。社区草根组织，尤其是志愿性、自治性组织的发展，为扩大居民参与、推进社区管理中民主政治的发展提供了现实途径。大力培育和发展草根组织，建立在社会主体权利基础上的社会自我管理机制，已经成为中国政府管理模式演变的重要实践取向。[②] 为此需要通过完善备案制，进一步降低社区社会组织的准入门槛；为社区社会组织开展活动提供资金和场地支持；利用社会力量加强对社区社会组织的培育和孵化，鼓励一部分社区社会组织发展壮大成为普通型社会组织，同时，也支持一部分项目型社区社会组织在项目完成后及时转型或终止。再次是发挥居委会和业委会的自治功能。一方面按照便于居民自治、议事监督、管理服务的原则，兼顾公共资源配置、地域面积、人口规模、居民结构、社区认同感和物业管理等构成要素，科学合理设置居委会；另一方面尊重业委会作为业主利益代言组织的地位，有序引导其聚合业主利益诉求、表达利益主张的行动。最后要发挥社区居民与组织

① 马克思、恩格斯：《马克思恩格斯全集》（第46卷），人民出版社1979年版，第220页。

② 刘中起：《和谐社区建设语境下的非政府组织与公民社会——中国的实践与反思》，人大复印资料．体制改革，2007年第1期。

的参与功能。社区共治最核心的要求就是社区居民和社区组织的共同参与。社区公众与组织的态度和参与程度,决定着社区建设的成功与否。因此,通过建立和完善公众参与体系,形成居民自主管理、民主监督、平等协作的新型社区参与机制,由此不断激发社区组织与居民参与社区公共事务、凝聚社区意识和归宿感,增强社区成员之间的信任、协商与和谐关系,从而最大可能地化解各类社区矛盾。[①]

四

市场化改革使得“后单位时代”社区在提供一种共同体式的服务的同时,为重新分化后的社会成员提供了地域和生活方式上的边界意识,这种西美尔所谓之“空间的排他性”[②]以及由此唤起的“地域忠诚”,为共同体性质的公共空间的形成提供了一种外部条件。从上海市G社区的“楼道自治”实践看,这种外部条件只是共同体得以展开的外在形式,至于如何在社区这个最基本的社会单位,通过日常生活的“有机联系”营造出事实上的“有机的共同体”,则有赖于国家与社会的互动。然而现代国家统治下的“社会”,即使市民权利具有普遍性,它仍然不存在完全的独立性。也就是说,社区作为现代国家创构的产物,自身并不具有演化空间结构的独立意志,其在治理空间方面所做的一切变化,主旨都在于以最贴切的形式满足现代国家的治理需要,反思性地贯彻现代国家整合社会的主观意图。无怪乎城市基层自治领域的各项变革,其最初的驱动力都来源于政府的主观设计和国家权力的积极推动。从对G社区社团组织与公共生活的观察中,我们可以发现:一方面,公共生活必须以公共空间

---

① 刘中起:《走向多元主体互动治理——和谐社会构建语境中的社区建设新模式》,《探索》2009年第5期

② 西美尔:《社会学——关于社会化形式的研究》,华夏出版社2002年版,第464页。

的存在为背景，必须借助具有公共性的场景和仪式才能使自身得以展开，这就使社团组织的发展不自觉地带有天然自生性的外观；另一方面，原有的具有自发性质的社团组织，惟有被纳入现代国家的秩序建构过程中，才具有承担公共生活的公共性，正是国家的“在场”使各个公共生活主体转而具有了公共性，并借助这种公共性实现了相互间的沟通交往和利益满足。[①] 公共性与个体性的共生关系，正如哈贝马斯所强调的：生的欲望和生活必需品的获得发生在私人领域，而公共领域则为个性提供了广阔的表现空间。[②] 在城市社区公共空间内，党建的深入进行，使城市社会空间的领导力量实现着重构，而党政共治的推进无疑将有助于这一进程的发展，有助于党对执政合法性的追求和对执政基础的巩固，从而使社区公共空间的领导力量更好地实现整合。特别是在上海社区发展的今天，政党对社区发展的引领成为上海社区共治的一个突出特色。而且更为重要的是我们不仅看到了在党和政府的支持和引导下的社区社会力量的成长，不论是作为个体的社区人还是作为整体的社区民间组织，都获得了前所未有的发展；而且看到了国家对上海社区的创新和探索，以及一批致力于社区发展的社区政治人所具有的先进理念，这些都为上海社区未来真正共治的实现提供了基础。[③] 新的形势要求和社区体制的改革进程，表明社区治理创新必须面对一个基本的理论和实践命题，即：建构党政主导与社会协同有机衔接的社区共治、自治机制，关键在于有效动员社会力量，调动多元主体共同参与社区管理和服务。而其中的核心问题之一即是如何培育多元参与的社区公共性领域，其中内在地包含着如何培育社会化的社区

① 胡位钧：《社区——新的公共空间及其可能》，《上海大学学报（社会科学版）》2005年第5期。

② Jürgen Habermas: the Structural Transformation of the Public Sphere［M］, trans. by Thomas Burger ,Cambridge ,Mass :MIT Press ,1991. p173.

③ 翟桂萍：《社区共治——合作主义视野下的社区治理》，《上海行政学院学报》2008年第2期。

建设主体的问题。

社区建设是一种集体选择过程，是政府、社区组织、社区成员单位、非营利组织、社区居民等之间的合作互动过程。这一过程是政府与社区组织、社区公民共同管理社区公共事务的活动过程。[①] 社区自治性的成长不仅是社会力量内部整合的基础，也构成了社区共治的基础。可以说，没有社区的居民自治，难以形成社区层面的共治。居民居住形成的区域是社会最基本的单元，其管理应该是公共性、自治性的。这种社区自治性和公共性的成长促进了社区公共空间的形成，构成了社区共治的基础和动力。社区自治力量的成长为社会力量参与社区治理提供了条件和基础，而社区的自治性也在这种共治参与的互动中得以成长和发展。然而现实的情况是，一方面，政府在社区的行政力量通过社区居委会和社区工作站仍得到强化，各地方政府都不断将人力、物力下沉至社区，但其覆盖的人群主要是社区需要帮助的弱势群体，一旦社区遇到卫生、安全、维修等物业方面的问题，这两股行政力量因不涉及物业管理都无法直接介入解决，且社区居委会的法律自治身份与实际的行政管理身份长时间存在明显的错位；另一方面，物业公司与居民之间是纯粹的市场关系，也导致大部分物业公司营运目标是获取利润，而不是让居民满意。更何况社区还有强大的行政力量存在，推诿责任、相互扯皮并不鲜见。而近年来不断兴起的业委会有居民赋权但不具备法律身份，也使得其在社区缺乏话语权，参与治理的程度还远远不够。[②] 未来城市社区居民自治的方向何在？在社区共治中国家与社会的边界如何界定？在社区共治方面，如何坚持以街(镇)为社区管理、社区建设的责任主体，如何着眼转变政府职能，提升街(镇)的公共政

---

① 马西恒，刘中起：《都市社区治理——以上海建设国际化城市为背景》，学林出版社 2011 年版，第 194 页。

② 闵学勤，黄灿彪：《适度的社区自治及其路径选择——基于香港和内地社区治理模式的比较》，《河南师范大学学报(哲学社会科学版)》2012 年第 2 期。

策能力，改变社区管理与服务资源的配置方式？通过建立街（镇）层面的公共财政机制，社区管理与服务项目的招投标机制，培育社区管理与服务的“社会市场”，通过资源流通、市场竞争、利益联结等社会化方式调动各类社区组织的协同参与将成为未来社区共治的重要议题。而在居民自治方面，鉴于居委会“去行政化”面临宏观体制框架的重重制约，提升居委会的自治功能可以通过自治属性的增量扩大来实现；街（镇）向居委会下派任务，由“费随事转”改为“购买服务”，以便凸显居委会的主体性；面对各种居民自组织和专业性社区服务组织发育，居委会职能一方面由“全能”转向统筹协调，以突出居委会的自治枢纽地位，另一方面提升自身对居民邻里的动员能力、对社群领袖和社会组织的培育、整合能力，同时因地制宜，以社区党建区域化、政府治理现代化、社区服务项目化为主要内容，建立社区事务协商参与的多级公共空间，形成共治、自治衔接的有效机制，从而真正实现国家与社会良性互动、政府行政管理与居民群众自治相衔接的基层社会管理的新格局。

稳固基层缓冲带：加强和创新社会管理的制度设计与实践

辽宁行政学院　孙大伟*　伊文嘉**

内容摘要：基层缓冲带作为介于政府与社会成员之间起缓冲作用的社会管理设置，从古至今都是社会管理的根基。特别是在当前各种矛盾交织叠加、内外因素相互影响、维护社会和谐稳定面临诸多严峻挑战的矛盾凸显期和多发期，它的重要作用更加凸显出来。因此，加强和创新社会管理，必须稳固缓冲带。本文结合沈阳市沈河区创新社会管理的具体举措，探讨当前条件下稳固基层缓冲带的具体制度设计思路。本文认为，在当前历史时期，要稳固缓冲带，就要整合基层资源系统，夯实基层缓冲带基础；构建分类控制体系，厘清基层缓冲带纹理；重心下移、前置社会矛盾，增加基层缓冲带厚度；创建柔性社会管理方式，增强基层缓冲带弹性。

关键词：基层缓冲带　社会管理　制度设计

进入新世纪，特别是党的十六届三中全会以来，党中央国务院将加强和创新社会管理作为关系全局的重大战略任务来抓，做出了一系列有关社会管理的战略部署和制度设计，极大地推进了社会管理工作的快速发展，促进了社会大局的和谐稳定。但是，由于我国当前正处于矛盾凸显和多发期，各种矛盾交织叠加，内外因素相互

* 孙大伟，辽宁行政学院社会管理（应急管理）教研部教师。

** 伊文嘉，辽宁行政学院社会管理（应急管理）教研部主任、教授。

影响,社会管理领域存在不少亟待解决的难题,维护社会和谐稳定面临诸多严峻的挑战,特别是在基层地带,因土地征用、房屋拆迁、企业改制等造成的社会不稳定问题增多,无理上访、越级上访事件频发,社会抗争事件亦时有发生,极大地增加了政府社会管理成本,影响了政府威信,甚至导致了政府与社会成员的直接对抗,激化了官民矛盾。这些问题的发生,在很大程度上暴露出了介于政府与社会成员之间的基层缓冲带的弱化与缺失。因此,加强和创新社会管理,必须稳固基层缓冲带。

一、基层缓冲带及稳固基层缓冲带的重要性

缓冲带,通常是一个生态学概念,是指在河道与陆地交界的一定区域建设乔灌草相结合的立体植物带,在农田与河道之间起到一定的缓冲作用的一项水土保持治理措施。[①] 在此,我们将这一概念引申到社会管理领域,提出"基层缓冲带"的社会管理概念,意指介于政府与社会成员之间,起缓冲作用的社会管理设置,它包括基层政府社会管理成员、社会管理组织以及社会管理体制机制等社会管理内容。基层缓冲带,是理解社会管理问题的新视角,也是解决当前社会管理问题的新的切入点。从这一视域出发,我们会发现,稳固基层缓冲带对于维护社会稳定具有重要意义。

从历史上看,中国历代王朝的统治者都高度重视基层缓冲带,将其作为社稷之基的重要内容。在中国传统社会,历来有"皇权不下县"的传统,即中央派遣的官员只存在于县级以上,知县代表皇帝,县的命令并不直接到达各家各户,而是通过中间的"自治团体"得以传递。其中,家庭和宗族(家族)扮演了重要作用。家庭和宗族

---

① 《拓展水土保持新领域 打造生态河流》,水利部网站 http://www.envir.gov.cn/info/2004/1/118732.htm.

利用祠堂、家谱、族规族训等力量,发挥着组织族内力量、协调纠纷、弘扬习俗以及维护治安等作用。统治者则借助伦理规范以及立法手段强化了家庭和宗族的社会管理作用。①② 经由这一以家庭和宗族(家族)为基础的基层缓冲带,统治者在很大程度上避免了与社会成员直接相遇进而发生直接冲突的风险,维持了中国传统社会的相对稳定。由此可见,基层缓冲带为形成自上而下和自下而上互动的社会管理链条,稳定传统中国社会的国家政权奠定了坚实基础。

新中国成立后,我国构筑了以单位和人民公社为基础的缓冲带。在城市,我国逐步构建和强化了"国家—单位—个人"的纵向联结控制机制,形成了中国特色的单位制度。这些单位在功能上具有合一性,兼具政治、社会和自身专业分工等多种功能,个人依赖于家长式的单位,而单位则依赖于国家。国家通过利益机制和强制机制,使单位成为国家管理社会的桥梁和纽带,单位既是国家实现社会整合的中介机构,又是将职员分散的社会利益有效集结、组合并传输给国家的"社会机制",成为国家社会管理和大众动员能力的微观组织基础。而农村的人民公社,则是城市单位制的农村版。在单位制形成的同时,国家在城市逐步建立了城市街道办事处和居民委员会。到 1954 年,随着《街道办事处组织条例》和《城市居民委员会组织条例》颁布,我国初步形成了以市、市辖区、街道办事处和居委会为主体的城市管理体制架构,但街道和居委会的管理对象主要是无正式工作单位的居民。而后,单位制进一步膨胀,街居制则严重萎缩。因此,相对于单位而言,街居处于辅助地位。② 这样,计划经济时代的中国构筑起了以城市中的单位制和农村人民公社为基础、以街居委辅助的基层缓冲带,为保持当时稳定的政治经济社会局面奠定了坚实基础。

---

①② 参见张秀兰,徐晓新:《社区:微观组织建设与社会管理——后单位制时代的社会政策视角》,《清华大学学报(哲学社会科学版)》2012 年第 1 期。

改革开放以来,伴随着"自由流动资源"和"自由活动空间"的出现,社会成员对单位的依赖大大减弱,越来越多的"单位人"开始脱离单位控制,变为"社会人"。而在农村,人民公社也在家庭联产承包责任制兴起的大背景下逐步解体。由此,单位和人民公社的基层缓冲带作用开始逐步弱化和瓦解。为了弥补单位和人民公社弱化、瓦解所带来的基层缓冲带真空,我国逐步探索构建了以"社区"为基础的基层缓冲带。20 世纪 80 年代初,农村村民自治迅速发展,农村自治组织不断深化。在城市,自 90 年代开始,社区逐渐成为中国社会管理的核心,并在 90 年代后期上升至中国共产党基层建设的基础环节。政府通过社区建设来以社区制取代原有的街居制,在一定程度上改变了政府在基层能力不足的弊端,并推动了更多的市民参与到国家建设中来。

但是,当前这一基层缓冲带的缓冲作用尚未充分发挥,例如,基层缓冲带所蕴含的资源缺乏有效整合,大量的基层社会管理资源处于分散或游离状态,并未形成化解基层社会矛盾的合力;大量的工作集中到"社区"层面,大大地压缩了缓冲带的厚度,导致了缓冲带的扁平化,影响了缓冲效果;基层缓冲带链接政府与社会的"管道"尚未完全通畅,导致社会成员越过基层缓冲带直接与市级、上级甚至中央相遇;基层缓冲带的弹性不足,满足社会成员不同需求与诉求的能力有限,降低了缓冲带的缓冲作用。这些问题的存在暴露了基层缓冲带的弱化与不足。因此,在新的历史时期,加强和创新社会管理,亟需稳固基层缓冲带。

二、稳固基层缓冲带的制度设计与实践:以沈阳市沈河区为例

稳固基层缓冲带,要围绕两个基本的战略目标展开,一是要使基层缓冲带能够切实起到避免政府与社会成员直接相遇进而发生直接冲突的风险的重要作用,二是要使基层缓冲带能够有效发挥促

进政府与社会成员良性互动的重要功能。在下文中,我们将结合沈阳市沈河区创新社会管理的具体举措,探讨当前条件下稳固基层缓冲带的具体制度设计思路。

(一)个案介绍

沈河区地处沈阳市中心,区面积为58平方公里,下辖15个街道办事处,124个社区,常住人口110余万,绝大多数为汉族,还有满、回、蒙古、朝鲜等22个少数民族。沈河区是历史悠久的古城区,是沈阳市的政治中心、商贸中心、金融中心、文化中心、旅游胜地和开放门户。

沈河区深处辽宁老工业基地之中,其社会形态具有如下特征:在历史上,它是受国家再分配体制影响较为深远的区域,具有较强的传统"单位制"特征;在现实的背景下,它又是以连续的政治体系承担较多扶助制度性弱势群体的历史责任,以选择扶持行业主导性国企和增强再分配能力为政府主要取向的政治社会。①② 改革开放以后,传统单位制的解体使得过去"单位办社会"的局面成了历史的记忆。单位的转型或终结,对沈河区的社会成员造成了较大的冲击。例如,大量的从单位中剥离出来的社会成员不同程度地成为"利益受损"群体。这部分群体是"与新中国紧密联系的政治人、历史人、制度人,他们为新中国的现代化建设做出过重要贡献,国家不仅在政治上,而且在经济上和福利保障上对他们有着相应的制度承诺"。当制度承诺与部分社会群体的理解发生偏差之时,社会矛盾和问题可能随之产生,并在基层缓冲带酝酿发酵,这对沈河区的社会管理工作提出了新的挑战。

针对上述挑战,沈河区开展了一系列以基层社会管理创新为重点的实践活动。这些活动在很大程度上具有整合资源、前置矛盾、

①② 刘平:《新二元社会与中国社会转型研究》,《中国社会科学》2007年第1期。

分类控制、优化服务的特征,是对新时期稳固基层缓冲带的制度设计的较好诠释。因此,本文将以沈河区的基层社会管理创新实践活动为切入点论述稳固缓冲带的制度设计。

(二)整合基层资源系统,夯实基层缓冲带基础

基层缓冲带作用与功能的有效发挥,要以资源作为基础。因此,稳固基层缓冲带,必须整合基层资源系统,统筹各类基层管理服务力量,理顺各项管理服务职能,挖掘各种潜在资源,夯实基层缓冲带基础。

首先,应在区级层面建立基层社会管理统筹机构。沈河区的做法是成立区级社会管理服务工作委员会以及区社会管理服务指挥中心。其中,区社会管理服务工作委员会主任由区四大班子主要领导担任,副主任由相关区级领导担任,成员单位由区委、区政府和开发区管委会各有关部、委、办、局,街道办事处,公安沈河分局、检察院、法院及煤、水、电、供暖、通讯、邮政、消防、环保、国税、地税、工商、质监、食药监等部门组成。区社会管理服务工作委员会具体负责加强和创新基层社会管理各项工作,制定工作规划,做出重大决策,领导、指挥、协调、调度全区社会管理创新工作,研究并解决工作推进中遇到的重大问题。区社会管理服务指挥中心则按照集约整合、高效管理要求,依托原城管中心,将民生诉求网、数字城管网、视频监控系统、机关办公内网、市民热线、省民心网和所有与执法管理、民生服务、综合考评、信息网络、党建、经济管理相关的热线网络等有效整合,形成全区高度统一的社会管理指挥平台。

其次,应在部门和街道层面构基层社会管理统筹分机构。沈河区的举措是在街道层面成立由街道内设机构、政府部门派出机构、公共服务行业部门、相关单位共同组成的社会管理服务工作委员会。同时,建立社会管理服务指挥分中心,以完成案件的巡查、收

集、受理、执行、承办、派遣、办理、反馈、监督和考核,随时受理、解决好群众民生诉求问题,及时办理上级交办的案件,监督协调各单位完成好社会管理工作。

再次,应在社区层面构筑社区区域性“大党委”、建立社区工作站。沈河区所构建的社区区域性“大党委”的特征是,“大党委”书记由社区党委书记兼任,并将驻社区较大单位党组织负责人纳入社区党委班子做兼职委员,充分发挥社会协同作用,形成责任共担、难题共解、社区共建的工作格局。同时,沈河区在社区层面设置社区工作站。社区工作站作为街道办事处派出机构,承担政府各部门需要在社区开展的各项工作。站长(正科级)原则上由区后备干部担任,并兼任社区党委常务副书记或社区常务副主任。这样,沈河区就在社区层面建立起了以社区党委为核心、以社区工作站为抓手、以社区居民委员会为支撑的社会管理服务组织架构。

最后,应在网格层面建立网格管理服务队。沈河区的网格管理服务队的结构是,服务队队长由社区工作者(网格长)担任。下设环境综合维护组、安全维稳服务组、文体娱乐活动组、为企发展服务组、综合执法协作组、应急反应服务组、综合便民服务组、网格管理监督组等八个专业服务组,组长由志愿者骨干担任,指导员由各专业部门下派人员担任,成员以享受政府补贴人员为骨干、以志愿者为补充。网格内的社区工作者在完成300户包保任务的基础上,每人兼管两个专业服务组。

沈河区整合基层资源系统的举措(见图1),使得基层社会管理体制更加顺畅、社会管理力量更强,有效实现了社会管理工作不落地,使社会管理基础更为牢固。沈河区的做法说明整合和调动基层社会管理资源,对稳固缓冲带具有重要作用。

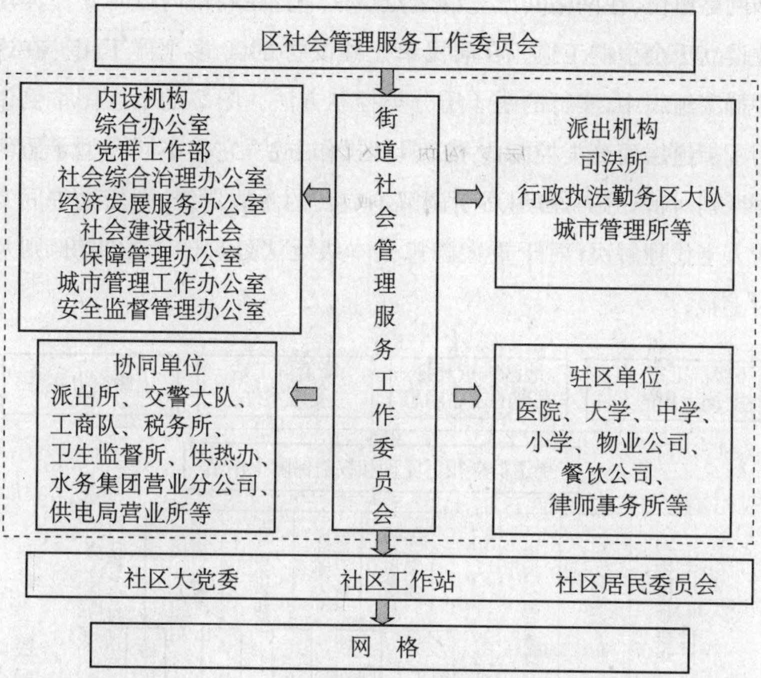

图1 沈河区整合基层资源系统示意图

(三)构建分类控制体系,厘清基层缓冲带纹理

稳固基层缓冲带,除了要整合基层资源系统,还要区分出社会矛盾和社会问题的不同类型,并按照相应类型分类解决,以避免随着群众利益诉求的多样化和复杂化发生在基层的矛盾纠纷因没有及时化解而越级到省、市甚至北京上访的不稳定事件发生。因此,稳固缓冲带,必须构建分类控制体系,厘清基层缓冲带纹理。

沈阳市沈河区提出的用"大调解"化解矛盾纠纷的方法,是构建分类控制体系的最好注脚。沈河区在区级层面设立区群众投诉受理和权益保障工作部,在各部委办局和街道办事处层设立百余个群工站,在各部委办局下属单位及各居民社区设立403个群工室。在社区以下以1000户为一个网格单位,各科所队下属的班组也为一个网格单位,在网格共设立群工点729个。在网格内以300户为单位设立千余个群工组。在居民单元楼设立6000多个群工岗。在这些群工组织中,实行的是矛盾分类控制方法。图2的示意图举例说明了街道层面分类控制体系的具体操作方法,它将不同类型矛盾纠纷区别对待,分类处理;对于调解不成功的矛盾纠纷,则借助中间专业人士代理解决;对于重大隐患及本级无法处理的矛盾纠纷,则及时上报。

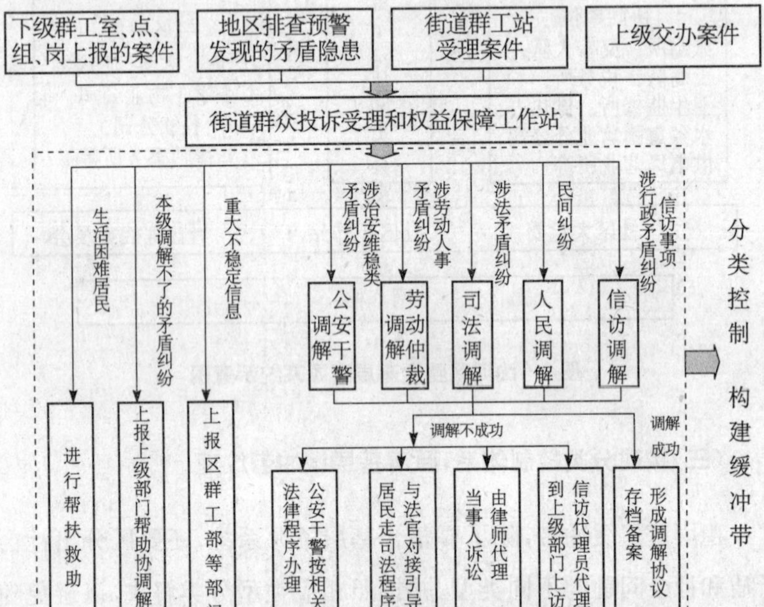

图2　沈河区街道层面分类控制体系示意图

沈河区借助这一分类控制体系,使诸多矛盾能够在第一时间、在群众身边得到及时解决,使矛盾不上行,实现了信访总量“四个下降,一个上升”,即:来区访同比下降31.2%,到市访同比下降45.7%,去省访同比下降68.3%,进京访同比下降87%,息访率同比上升56%。由此可见,只有构建分类别的调解组织框架,最大限度地把矛盾纠纷化解在基层,实现琐事不出网格、小事不出社区、大事不出街道、难事不出区域的分类控制体系,厘清基层缓冲带纹理,才能切实稳定基层缓冲带。

(四)重心下移、前置社会矛盾,增加基层缓冲带厚度

稳固基层缓冲带,还必须将工作重心向基层第一线倾斜,增加基层缓冲带厚度,把社会矛盾尽可能在基层第一线化解。

沈河区的做法贯彻了这一思路。他们长期坚持领导干部向基层倾斜原则,将选派干部到基层培养锻炼与干部交流相结合,尤其鼓励优秀年轻干部到街道锻炼,逐步形成了下到基层的干部重点培养、先下到基层的干部优先提拔的导向。他们的具体举措是,区直部门下派的 150 人全部安排到街道;社区工作者、残疾人专干共 1 630人一律充实到网格,具体负责承接社区下沉到网格的各项社会管理服务工作;片警和辅警 432 人力争每个网格下派 1 名片警或辅警,具体负责治安巡逻与防范、流动人口管理、出租房屋排查、联合执法、违章违建协查、火灾隐患排查等工作;数字城管网格监督员 173 人,按照“两网合一”要求,一人兼管 2～3 个网格,具体负责发现网格各类问题,协助做好治安巡防、文化稽查、质监、食品药品监督、安全监督等工作。沈河区的这些举措,极大地确保了社会的和谐安定。沈河区的实践证明,重心下移、前置社会矛盾,增加基层缓冲带厚度,将为稳固缓冲带奠定坚实基础。

(五)创建柔性社会管理方式,增强基层缓冲带弹性

稳固基层缓冲带,要求我们必须改变过去的僵化、刚性的社会管理方式,更加善于运用群众路线的方式、民主的方式、服务的方式开展工作。因此,必须创建柔性社会管理机制,从管制转为服务,寓管理于服务,变被动服务为主动服务,不断增强基层缓冲带弹性。

沈河区在实际工作中,本着服务效率最高、群众受益最大的原则,围绕“心系群众身边事,情暖万家惠民生”的主线,创建了一系列

柔性社会管理方式。例如,沈河区将《民生部门惠民立项书》面向群众进行公开承诺,逐项明确具体措施、完成时限和责任人,形成了完整的"惠民服务链"。通过制定并完善区级领导挂点联系制度、部门首问负责制度、部门联席会议制度、部门定期通报制度、党委督促检查制度等一系列活动制度,推动了各职能部门立足部门实际,认真履行职责,按期、优质、高效完成惠民项目,以实际行动和争创成果造福于民、取信于民。

沈河区的这些实践活动说明,只有创建柔性社会管理方式,增强基层缓冲带弹性,才能适应新时期发展需要,为稳固基层缓冲带提供重要保证。

三、结语

从上述论述中我们可以发现,基层缓冲带作为介于政府与社会成员之间起缓冲作用的社会管理设置,从古至今都是社会管理的根基。特别是在当前各种矛盾交织叠加、内外因素相互影响、维护社会和谐稳定面临诸多严峻挑战的矛盾凸显和多发期,它的重要作用更加凸显出来。因此,加强和创新社会管理,必须稳固缓冲带。

稳固基层缓冲带的制度设计,要围绕两个基本的战略目标展开,一是要使基层缓冲带能够切实起到避免政府与社会成员直接相遇进而发生直接冲突的风险的重要作用,二是要使基层缓冲带能够有效发挥促进政府与社会成员良性互动的重要功能。结合沈阳市沈河区的创新社会管理实践活动,我们可以发现,稳固缓冲带,就要整合基层资源系统,夯实基层缓冲带基础;构建分类控制体系,厘清基层缓冲带纹理;重心下移、前置社会矛盾,增加基层缓冲带厚度;创建柔性社会管理方式,增强基层缓冲带弹性。

城市新型社区治理研究

——济南市康桥社区"五位一体"管理模式的启示

济南行政学院　**王济萍***

内容摘要　社会管理的重点在基层，难点也在基层。加强城市新型社区治理研究，理顺社区居民委员会、业主委员会、物业管理公司三大主体之间的关系，最大限度地实现资源共享，建立新的社会治理和社区整合机制，是创新基层社会管理，更好地维护社区居民的利益，促进社区和谐所面临的一项重大课题。

关键词：　新型社区　五位一体　社区治理

胡锦涛在2011年省部级主要领导干部社会管理及其创新专题研讨班开班式的重要讲话中强调，要"强化城乡社区自治和服务功能，健全新型社区管理和服务体制"。社区是社会的细胞，城市社区是城市人群最基本的生活共同体，是城市经济社会发展的动力之源和稳定之源，也是各种社会矛盾的交汇点。在经济社会转型时期，大量的"单位人"变为"社会人"沉到社区，大量的流动人口流入社区，大量的社会事务和公共服务进入社区，社区已成为政府改善民生、稳定社会、化解矛盾的重要平台。与传统的城市开放型社区相比，城市新型封闭性社区面临更多的新情况和新问题。如何加强新型社区的管理，理顺居委会、业主委员会、物业公司的关系，更好地

* 王济萍，济南市行政学院行政管理教研部主任、教授。

维护社区居民的利益,最大限度地实现资源共享,建立新的社会治理和社区整合机制,是创新社会管理、促进社区和谐所面临的一项重大课题。

一、城市新型社区管理中存在的主要问题

城市新型社区是指那些设施齐全、功能完善的封闭式住宅小区。随着社会发展,人们居住的高档小区逐步替代老旧房屋,传统社区管理模式中的帮扶、救助等服务已远远不能满足新型社区发展需要。城市居民与所在社区的关系愈来愈密切,他们不仅关注社区的发展,参与社区的活动,而且对社区的服务和管理、居住环境、文化娱乐、医疗卫生等方面提出多层次、多样化的要求。社区居委会原有的管理方式很难适应形势发展的需要。社区居民的服务需求与小区物业管理之间的矛盾也时有发生。目前新型的封闭型社区主要由社区居民委员会、业主委员会、物业管理公司三大主体构成的社区治理结构共同履行对社区的管理职能。由于工作对象、利益需求、管理方式等方面的差异,城市新型社区在实际运行中遇到了很多问题,主要有以下几个方面:

一是职责不清,对居民服务上存在"盲区"。居民委员会作为居民自我管理、自我教育、自我服务的基层群众性自治组织,根本任务是管理居住社区内公共事务和公益事业,为社区居民服务,同时也要承担政府及其派出机构下达的有关任务。业主委员会是代表全体业主对物业实施自治管理的组织,是业主利益的总代表。物业管理公司作为对居住区域内的物业进行专业化、社会化管理的经营实体,为业主提供全方位服务,承担着居住小区建设与管理的部分职能。可以说,这三者共同担负着社区建设与管理的重任,对建设和谐社区,更好地服务居民群众将起到良好的促进作用。但在实际运行中,明显存在着职能交叉、职责不清的问题,容易出现多头管理的

混乱局面，导致对居民服务出现"盲区"。由于社区管理相对独立，广大业主对社区居委会发挥群众性自治组织功能并不积极，居委会开展工作有一定的难度，有时甚至连业主家的门都敲不开，使得许多由居委会承担的政府服务性管理措施得不到有效落实，导致业主对社区工作缺乏认同感。反过来，物业公司和业主委员会多是从事维护自身利益的事务管理，对区域外的关系协调处理明显被动，因周边道路整修、治安纠纷等问题，又需要求助社区居委会协调解决。

二是关系不顺，在维护居民利益上存在"断层"。物业管理是一种新型的服务性行业，它的职能用两句话概括起来，就是"对业主提供服务，对业主的物业进行管理"。物业公司市场化的运作模式在某些时候可能会损害业主的利益，而业主对自身利益的斤斤计较有时候也会损害物业公司的经济利益。由于利益分配关系的影响，物业公司与业主以及周边居民之间的矛盾时有发生，尤其是物业公司与业主委员会二者的矛盾更为普遍甚至激化，居民的问题得不到解决，有的居民就不愿交物业管理费；而居民不交物业管理费，物业公司就没有经费运转为社区服务。这样的恶性循环致使业主与物业公司之间的矛盾越积越深，越演越烈。

三是各自为政，在社区规范管理上存在"脱节"。居民委员会和物业公司是社区建设和治理的基层单位，是社区管理工作的重要组成部分，既是社区居民日常生活迫切需要、不可离开的服务部门，又是政府联系群众的桥梁和纽带。二者服务的内容有所重叠和交叉，但在管理中却是各自为政，"撞车"与"真空"现象并存，对于社区内的一些收费项目、"创收措施"争相管理，对于难点大、责任大的工作容易出现"踢皮球"的现象，这就导致了社区内的一些死角、乱角无人管理的局面，造成工作不落实和工作相互推诿扯皮现象。由于人员、经费等因素的影响，社区两委会在开放式社区能够开展的工作，在封闭式社区开展起来却存在较大困难。社区居委会和物业公司之间互不隶属，居民希望政府提供的一部分公共服务需求物业公司无法满足，而居委会的群众性工作模式与物业公司企业化管理模式不尽相同，在落实政府决策和服务居民上容易出现“两张皮”现象，从而影响了党和政府在群众中的形象。

综上所述，封闭型社区中存在的这些问题导致了社会管理的缺位与不足，它直接关系到人民群众的利益，影响社会和谐，创新新型社区管理体制就显得尤为重要。

二、“五位一体”社区管理模式的主要做法

针对以上问题，济南市天桥区纬北路街道党工委结合本辖区康桥社区实际情况，创新社区治理模式，完善规章制度，在新形势下走出了一条新型封闭式社区管理的特色之路，取得了一系列显著成效。

（一）理顺关系，夯实基础，构建“五位一体”社区管理组织体系

在2008年第七届社区居委会换届选举中，康桥社区首先依法实现了社区党支部书记、主任“一肩挑”。同时，通过法定程序，把物业公司经理、业主委员会主任选进社区居委会，使他们成为不拿补贴的社区居委会委员。然后，把各种社区民间组织统一规范到社区服务站管理，进一步健全和完善社区基层各种组织建设。最终，确立了以服务社区居民、完善社区管理为目标，以社区党总支为领导核心，以社区居委会为主体，以社区服务站、业主委员会和物业公司为依托，以联席会议制度为纽带的“五位一体”社区管理模式，初步形成了“事情共商、资源共享、文明共创、难题共解、活动共办”的工作格局。

在“五位一体”社区管理模式中，社区党总支、居委会、社区服务站、业主委员会、物业公司五大组织职能明确、责权统一、服务一体。社区党总支是社区一切工作的领导核心；社区居委会指导监督物业

公司的服务，协调物业公司、业主委员会与居民的关系；社区服务站统筹协调整合社区服务资源，共同满足社区居民服务需求，同时承担一些政府的管理职能；物业公司在经营管理活动中接受社区居委会的地域性管理和指导，自觉接受居委会、业主委员会的监督，支持和配合社区居委会开展社区服务工作；业主委员会在共同维护业主利益的前提下，自觉接受社区居委会的指导和监督，支持、督促、参与社区居委会和物业公司各项服务工作的落实。

（二）完善制度，健全机制，确保“五位一体”管理模式有效运行

一是社区联席会议制度。社区“五位一体”联席会议由社区党总支、社区居委会、社区服务站、物业公司、业主委员会的主要负责人参加。主要职责是部署社区年度各方面工作，重点是协商研究解决社区建设中遇到的重大问题和居民群众关心的难点、热点问题。联席会议原则上每半月召开一次，另根据实际工作需要，也可随时组织召开。为充分发挥社区联席会议的桥梁纽带作用，提高各方参加联席会议的积极性，保证会议效果，联席会议由五方轮流主持，确保了社区联席会议成为“五位一体”社区管理模式健康运行的有效载体和平台。比如，康桥小区居民入住后一开始采取电取暖，取暖成本过高，业主委员会多次要求开发商改用集中供暖。但开发商态度一直不积极，居民意见很大。推行“五位一体”管理模式以后，在社区联席会议上，业主委员会将问题提出，联席会议充分发挥协作优势，立即分析矛盾焦点，部署解决方案，同时物业公司积极参与，提出解决问题的合理建议，最终消除了开发商的顾虑，使得集中供暖管线安装工作最终顺利完成。

二是业主接访和信息反馈制度。制定严格的小区业主接访制度和业主信息反馈制度，成立社区业主接访中心，中心成员由社区党总支、居委会、物业公司、业主委员会及社区服务站的主要负责人共同组成，负责调解社区内业主、业主委员会、物业公司、居委会相互之间的各种矛盾和问题，同时，通过设立意见箱、公开社区热线电话、发放征求意见表、入户走访以及小区网站论坛等方式，不断拓宽信息来源渠道，广泛征求小区业主和社区居民对社区工作的意见建议。实行值班制度，安排专人随时接访来访居民，收集整理居民的意见建议，及时提交社区联席会议，并将讨论意见和处理方式、结果第一时间反馈给广大业主和社区居民。

三是党务、政务公开制度。在社区居委会和小区的醒目位置，设立党务、政务公开栏，及时向业主和小区居民公开有关政策文件、居委会工作情况、党费收缴情况、物业管理费的使用明细以及居民反映问题的处理情况等方面的内容，进一步落实党员群众的知情权、参与权和监督权。比如，在社区内的湖滨苑小区，通过设立车位费使用公告栏，对费用的收取和支出情况及时公布，让广大业主心里都有一本“明白账”，一直以来存在的小区车位费收取困难的问题得到了有效解决。

四是领导干部联系点制度。街道党工委加强领导干部联系社区工作制度，明确一名党委副书记具体联系社区，主要是协调社区两委工作关系，及时了解社区联席会议反映的问题，加大工作指导力度，帮助社区居委会协调解决与政府各职能部门或单位的工作关系。

三、“五位一体”管理模式取得的成效

一是找准了整合社区资源的结合点，提高了社区单位的责任意识。通过推行“五位一体”社区管理模式，加强了社区两委与小区物业公司、业主委员会之间的联系，由过去的互不往来逐步向利益共享转变，为开发商、物业公司、业主委员会和社区业主居民搭建了协商沟通的平台，进一步增强了社区单位的社区责任意识。目前，康桥社区两委的办公场所面积达到465平方米，由小区开发公司无偿

提供,实现了社区两委、物业公司、业主委员会合署办公。

二是找准了服务群众的关键点,增强了社区居民的认同感和归属感。社区业主和居民是社区建设和管理的主体,“五位一体”社区管理模式正是以服务社区业主和居民作为一切工作的出发点和落脚点,通过有效协调社区五大组织特别是社区居委会、小区物业公司和业主委员会之间的关系,为社区居民和业主提供全面、高效、优质的社区服务,赢得了社区居民的信任,增强了他们对社区的认同感和归属感,使社区居民都主动参与到社区的建设和管理中来,形成了良好的社区氛围。社区居民自发成立了“红袖巡逻队”,对社区进行义务巡逻,保证了社区环境的有序和整洁。

三是丰富了社区党建工作的着力点,扩大了社区党的工作覆盖面。社区党组织是社区建设和管理工作的领导核心,实行“五位一体”的社区管理模式,使社区党建工作有了新的抓手和平台,通过定期公开社区党务工作内容,积极组织社区党员参加党员奉献日、党员义务岗、党员志愿服务队等活动,同时把加强社区管理、提高服务质量、维护社会稳定等也纳入了社区党建工作计划,使社区党组织的领导核心作用和社区党员的模范带头作用得到了有效发挥,不仅赢得了社区业主和居民的信任和称赞,更提高了社区党组织的影响力和渗透力,增强了做好新形势下社区工作的主动权。

四、“五位一体”社区管理模式对新型社区治理的启示

(一)社区管理体制创新必须要坚持党的领导

社区的一切工作必须要坚持党的领导。在当前社区建设和管理的实际情况下,没有各级党委领导对社区工作的重视,社区管理很难取得实效。康桥社区“五位一体”模式从创建开始就得到区委区政府的高度重视和大力支持。区委主要领导自始至终高度关注

并给予重要的指导性意见,街道党工委和办事处领导直接参与指导,保证了这一模式的健康运转。社区党组织作为党的基层组织处在社会变革的第一线。康桥社区在推行“五位一体”社区管理模式的过程中,始终以社区党组织作为领导核心,通过实行社区书记、主任“一肩挑”,通过发挥社区党组织和党员的先锋模范作用,不断增强党对基层工作的领导,也使社区居民真正体会到社区党组织的核心地位和作用,不断增强了居民对执政党的向心力。康桥“五位一体”模式实施后,很多社区居民包括物业公司和业主委员会负责人都表达了加入党组织的愿望,向社区党组织递交了入党申请书,这正是社区党组织的领导核心作用和党员的先锋模范作用发挥最好的写照。

(二)新时期社区建设要树立“以人为本”理念和“善治”思维,调动多方面的积极性,服务人民群众

“以人为本”的核心理念体现在社区建设和管理中,就是要以社区居民和业主为本,以为社区居民和业主提供全面优质的社区服务为本。社区工作的根本目的,就是为了服务社区居民,增加居民的满意度和社会的和谐度。“五位一体”社区管理模式就像是“粘合剂”,将社区党组织、社区居委会、物业公司、业主委员会和社区服务站有机地连接到一起,从而实现了社区为业主和居民服务功能的最大化。尤其是物业公司与居委会关系协调,服务水平提高,物业费收取率由原来的不足10%达到现在的接近100%,对物业公司的投诉率由原来的投诉不断到现在的投诉率几乎为零。群众利益得到最大限度的维护。

“善治”理念是新公共管理理论的主要内容,本意即“善良的治理”,善治就是使公共利益最大化的社会管理过程,其基本特征是参与、合作、高效、共识、透明、公平,体现在社区建设和管理上,强调的是不同主体对社区的共同合作管理。社区建设和管理的新情况新形势，要求我们必须改变原有的单纯依靠政府和社区居委会作为社区建设管理主体的思维，特别是随着城市化进程的不断加快，新型社区的居民构成日益复杂，他们对个体和公共利益的诉求越来越强烈，在此情境下，必须要树立社区建设和管理过程中的多元主体参与的理念，调动不同主体的积极性，发挥各自的优势，同时加强合作，维护不同主体的权利和利益。比如，社区居委会作为在社区党组织的领导下的群众性自治组织，相比于小区物业公司和业主委员会，常年的群众工作使居委会在社区居民中有着较高的信任度，在了解收集社情民意、落实政府决策、协调社区内各种利益关系等方面有着特殊的优势，这就为居委会协调物业公司、业主委员会、业主三者彼此之间的关系提供了前提和方便。而物业公司和业主委员会分别在提供专业服务和维护业主共同利益方面有着自己的优势，也为社区居委会更好地开展社区工作提供一些帮助和便利。如物业公司人员在上门查电表、收缴物业管理费的同时，也会顺便了解居民家里的情况，一旦发现异常情况可及时报告居委会，便于居委会开展相关工作。合作、参与，最终实现多方共赢，其结果是社区管理水平的提升，受惠者则是社区居民。

（三）社区建设的落脚点是提高社区单位和居民的认同感和归属感，增强社区参与意识

社区是聚居在一定地域范围内的人类生活的共同体。社区居民对社区的认同感和归属感是社区最本质的内涵所在。也就是说，“社区”是一个更多地包含了情感因素在内的人类生活的共同体，而不是一个简单的人群的集合体。因此进行社区建设和管理最重要的任务就是要不断提高社区居民和驻区单位对社区的认同感、归属感，提高他们参与社区建设和社区事务的积极性，社区建设管理的所有工作都应该紧紧围绕这一中心。

“五位一体”社区管理模式的推行，较好地解决了社区居民和业主与物业公司、业主委员会、社区居委会之间原有的矛盾和隔阂，进一步拓宽了社区两委听民声、解民忧、让民乐的途径和渠道，通过为社区居民和业主提供满意的物业管理、全面的社区服务赢得了民心，增强了社区居民对社区的认同感和归属感，社区居民参与社区建设和管理的意识不断增强。有了社区居民和驻区单位的参与，社区建设就有了活力，也使得共驻共建、资源共享的社区建设目标成为一种必然。比如，康桥小区的物业公司，在加强对本小区业主服务的同时，作为第一个加盟“社区十分钟生活服务圈”的社区单位，也免费或低偿为小区以外社区居民提供水电安装、房屋维修、提供就业岗位等服务，同时小区的各类体育文化设施也免费供社区其他居民使用，迈出了资源共享的第一步。目前，康桥社区志愿者服务队伍已经发展到220余人，成立群众性文艺团体7个，进一步调动了社区党员群众参加社区活动的积极性，为和谐社区建设营造了浓厚氛围。

(四)社区治理要以完善的制度和健全的机制为保障

社区的建设和管理离不开完善的工作制度和健全有效的运行机制。“五位一体”的社区管理模式，正是依托于依法操作、社区联席会议制度、业主信息收集和反馈制度、党务政务公开制度等原则和制度，使得社区业主和居民有了反映利益诉求、参与社区建设和管理的渠道和平台，才保证了这一模式的健康有效运行。在社区建设过程中，能不能整合好社区中不同利益群体的居民中各种错综复杂的利益关系，直接影响到整个社区的凝聚力和人心向背。其中的关键，是必须尊重和最大程度满足不同利益群体所表达、所代表的特定群体的合理愿望和要求，以及通过合适的载体和途径，使他们得到相互交流与融合的机会。“五位一体”模式中的联席会议制度、业主信息收集和反馈制度以及畅通的信息沟通和联络渠道，为建立良好的社区参与机制提供了制度保证。

（五）社区建设离不开一支高素质的社区工作者队伍

社区的建设和管理，离不开一支有高素质的社区工作者队伍。社区工作的特殊性，决定了必须要由那些对社区工作有热心、有群众威信、有能力、有思路、有一定工作经验的人员来组成社区工作者队伍，同时要特别注意社区工作者队伍的合理构成。康桥“五位一体”社区管理模式下组建的社区居委会，采取专职和兼职相结合的办法，有五名专职委员，四名兼职委员分别来自康桥小区开发公司、业主委员会、小区物业公司和居民代表，这样的居委会成员结构，为“五位一体”社区管理模式的健康运行提供了组织保证。居委会成员中既有从事居委会工作二十多年的老居委会干部，也有有思路、有活力的年轻同志，更有热心为居民服务、不拿一点补贴的“义务委员”。他们生活工作在基层，同群众有感情，了解居民需求，善于做群众工作，在社区居民中有较高的个人威信和个人魅力。这样一支社区工作者队伍，为协调社区各方利益、提供优质的社区服务、进行社区建设和管理提供了强大动力。

社区发展理论视角下城市棚户区改造的思考

山东行政学院　袭　亮*

内容摘要：城市棚户区改造作为一项民生工程，在许多地方的实践过程中却面临尴尬，遭遇棚户区居民的抵制甚至抵抗。其原因在于很多地方政府对于这一工程的理解简单而片面，仅仅把它看作是居民居住条件的提升和物质环境的改善。完整意义上的棚户区改造除了物质条件的改变之外，还应包括居民素质能力的提升、社会资本的扩大、社会的有机融合等很多层面。只有从这些层面理解并实施棚户区改造，这一"民生工程"才能真正落到实处，真正为棚户区居民所认可与支持，从而成为名副其实的"民心工程"。

关键词：棚户区改造　以人为本　社区发展　社会资本

一、问题的提出

当前，我国城市化建设中旧城棚户区改造正大张旗鼓地在各地展开。作为一项"民生工程"，棚户区改造的现实意义不言而明。按理说，它本应该得到广大居民的认可与支持。然而，令人疑惑的是，城市棚户区改造的实践在很多地方呈现二元悖论的现象：一方面各地投入大量人力、物力、财力如火如荼地推动棚户区改造，另一方

* 袭亮，山东行政学院行政管理系副教授。

面，很多地方的棚户区居民却抵制甚至抵抗棚户区的改造。这种悖论如果不能予以根本性解决，从直接后果来看显然不利于推动棚户区改造的顺利进行，从深层次来看甚至会导致危机。我们需要对目前正在进行的棚户区改造进行梳理乃至反思，进而修正棚户区改造的具体实践，从而更好地推进这一"民生工程"。

二、城市棚户区改造的价值目标反思

从概念上讲，棚户区是指城市中结构简陋、陈旧、抗灾性差，居住拥挤、功能设施不完善，居住环境差的房屋集中的住区。基于对棚户区的这种认识，各地方政府棚户区改造政策与行动的逻辑起点是旨在改善棚户区居民的居住条件，兼顾完善城市功能、改善城市环境。在这种价值理念的指导下，近年来我国各地的棚户区改造取得了显著成绩，主要表现在：

1. 居民居住条件明显改善。在棚户区改造完成的地区，居民告别了原来恶劣的居住环境，住进现代化的小区，房屋面积扩大，住区环境变得优美，出行更为便利，配套基础设施更为健全，居民生活舒适度明显提升。

2. 城市整体环境改善，城市形象得以提升。各地在棚户区改造中配套建设了居民活动广场，增加了绿地面积，改善了市政基础设施和公共服务设施，提升了棚户区改造地区的品位和宜居水平，城市整体形象得以提升。

3. 扩大了内需，拉动了经济发展。棚户区改造带动了房地产业以及一系列相关产业的发展，为促进经济增长提供了新的动力。

但令很多人疑惑的是，这一原本应该得到广大居民认可的"民生工程"，为何在现实操作中却在许多地区屡屡遭遇居民的抵制甚至抵抗呢？

客观来讲，各地方政府的确是本着建设"民生工程"的出发点开展棚户区改造。但许多地方政府的认识有所局限,片面地认为棚户区问题只是一个居民住区的居住条件的问题,只是一个物质环境和城市外貌的问题,武断地认为通过改造以改善棚户区居民的住居环境、提升城市整体形象、拉动经济增长就是棚户区改造的全部,认为棚户区居民就会因此而满意和支持。

以笔者之愚见,棚户区改造之所以屡屡在许多地方遭遇居民抵制,正是与各地方政府的这种片面武断的认识密切相关。因此,我们迫切需要反思城市棚户区改造的价值目标,并在此基础上,高屋建瓴地从理论上提出具有前瞻性和恰当性的目标模式,以指导棚户区改造的实践。当然这一目标模式的提出,不是基于盲目的主观臆测,而应是建立在对我国棚户区的现状及居民需求有深入分析的基础之上。

我国城市棚户区最初是单位制下在“先生产、后生活”政策指导下伴随单位的发展而建设的工人宿舍区。改革开放以后,在产业转型和体制改革过程中伴随着单位制的衰落,这些居民大多退休或下岗,成为城市中的弱势群体。这些住区也就逐渐成为以“脏、乱、差”为标志的棚户区。棚户区居民具有四个明显的特点:

1. 经济水平低下,生活状况贫困。大多数棚户区居民是下岗和失业人员,被排除在社会经济发展进程之外,缺乏可靠稳定的经济来源,不能或很少享受到社会经济发展的成果,在社会性资源分配上具有经济利益的贫困性、生活质量的低层次性的特征。

2. 有强烈的被剥夺感和受挫情绪,心理承受力脆弱。大多数棚户区居民失去原有的就业岗位,维持基本生活收入骤减,原来享有的保险福利待遇水平急速下降,认为自己为企业改革和社会利益的调整承担的成本太大,在主观状态上有一种强烈的被剥夺感和受挫情绪,对生活缺乏信心。

3. 人力资本偏低,文化素质滞后于经济发展要求,缺乏参与市场竞争所需的专门技术,其竞争力和抵御风险的能力较弱。

4. 社会资本网络规模小，社会资本质量低。棚户区居民的社会网络主要建立在血缘和地缘关系基础上，而基本被排斥在主流人际关系网络之外，人际交流和职业流动一般局限在社会底层，较少能够运用网络资源达到工具性的目的，在生活、工作中解决困境的能力很弱。

在许多城市进行的棚户区改造恰恰未能充分分析棚户区居民的上述特点，未能充分认知他们的真正需求，在棚户区改造过程中缺乏人文关怀，而仅仅是“为改造而改造”，在改造过程中“重物质而轻人文”、“重外在轻内涵”，简单盲目地追求立竿见影的效果。因此，我们就不难理解为何这种所谓的“民生工程”无法得到棚户区居民的真正认可与支持，无法真正变成“民心工程”，从而为此付出高昂的社会成本。

因此，对棚户区的改造也就不应该仅仅是居住环境的改观，而且还要与解决棚户区居民的的生计问题、心理问题以及培育他们的人力资本和社会资本联系起来考虑。这就需要我们在实践中基于一种新的视角改造棚户区。

三、社区发展：棚户区改造的应有理念与策略

（一）背景和由来[①]

“社区发展”（community development）这个概念最早是由美国社会学家 F. 法林顿在 1915 年提出。其后，美国社会学家 J. 斯坦纳和桑德森分别于 1928 年和 1939 年对社区发展的基本方法和理论从不同角度进行了论述，为后来该概念的发展与广泛运用奠定了基础。20 世纪初左右，在英、法等欧洲国家和美国，出现了一场更具广

① 陈涛：《社区发展：历史、理论和模式》，《中国人口·资源与环境》1997 年第 1 期。

泛性的“睦邻运动”(Settlements and Neighborhood Movement)和“社区福利中心”(Community Welfare Centres)运动,其主要内容是充分利用社区人力物力资源,培养社区成员的自治精神和互助精神,动员社区成员齐心协力,在本社区创造更好的生活条件。1951年,以联合国经济社会理事会通过的390D号议案为标志,“社区发展运动”的倡议正式发出。1952年联合国正式成立了“社区组织与社区发展小组”,来具体负责试行推广世界各地的社区发展活动。1957年,联合国开始研究社区发展计划在发达国家的应用,试图通过社区发展解决后工业化与城市化带来的诸多社会问题。

(二)社区发展理论的原则

总体来讲,社区发展理论是随着人类对发展观念演变而逐渐发展的。到目前为止,人类发展观大致经历了以物为中心的阶段、以社会为中心的阶段、以人为中心的阶段这样三个阶段。目前我们所处的以人为中心的阶段是通过将全社会的发展牢固地建基于一个个社区的共同发展,体现人的价值,满足人性需求,同时也更好地满足社会正常健康存在和运行的需要,实现真正平衡、持久和合理的社会发展。1955年,联合国在一份题为《通过社区发展促进社会进步》的文件中,提出社区发展的十条基本原则,其中最重要的一条是社区发展的各项活动必须符合社区的基本需要,并根据人民的愿望制定首要的工作方案。

根据国内外对社区发展原则的大量研究,并结合我国社区发展的实践经验,笔者认为我国社区发展应遵守以下几个基本原则:

1. 以人为本。社区发展的目标该指向改进社区的现实生活,解决社区内最急迫的问题,以满足社区居民日益增长的物质和文化的需要。尤其在制定社区发展规划或方案时,应该根据社区的基本需要,分别轻重缓急,循序渐进。

2. 实事求是原则。由于各个社区的历史传统、文化背景和现实状况不尽相同，因此在制定社区发展原则时，应尽可能尊重和考虑不同社区的客观历史条件，依据本社区的客观需要来确立发展目标。

3. 善治原则。政府、社会组织、社区居民等都是社区发展的重要主体，社区发展是共同合作的事业。在社区发展过程中应推进自上而下和自下而上双向互动，有关社区发展的具体目标以及实现目标的具体步骤、措施和方法，都必须经过包括社区成员在内的各方主体广泛而深入的讨论，然后根据大多数人的意愿来决定，以此来推进社区公共利益的最大化。

4. 可持续原则。社区应力求长期可持续的发展，这就要求社区各部分之间的全面协调发展。社区发展目标也必须全面考虑和综合规划，以便既能适合社区不同组织、不同人员的需要，又能符合社区全面协调发展的长期目标。其中尤为关键是人的发展，即在社区建设过程中应注重人的进步与提高，注重人与人之间关系的和谐，注重社区社会资本的扩展。

（三）棚户区改造必须以社区发展为目标

我们必须清醒地认识到，城市棚户区的改造远比新建一个小区要复杂得多，它不是简单的房屋“拆迁—重建”的过程，不仅仅是对棚户区居民外在居住环境的改造，它的内涵涉及社区空间变化与社会重构问题，涉及到人力资本的提升、社会资本的扩展、社会的整合以及社区支持网的建立等许多方面。棚户区改造意味着居民彻底改变以往的生活方式与生产方式，这有一个重新适应与融合的问题。所以，在棚户区改造计划阶段乃至实施阶段，棚户区居民应该是参与者和实践者，表达自身的需要和欲望，规划社区的变迁，推动社区向前发展。棚户区改造应该坚持以人为本，坚持“人本论”的社区发展，真正做到从棚户区居民的需求出发，而不应是所谓的“政绩工程”、“面子工程”。棚户区改造的目标都应该是为了满足棚户区居民的各种需要，改善人们的共同生活，提高人们的共同生活水平和生活质量，并在改造过程中力求促使居民的素质全面提高，从而获得可持续的发展能力。棚户区改造应该以居民的满意度与认同感作为检验改造成果的标准。

具体来讲，基于社区发展理论，棚户区改造的目标应该主要包括这样几方面内容：(1)基础性生活条件，包括良好的社会秩序、清洁的周围环境、健全的基础设施等；(2)基本的社会交往和交流，包括增进社区内部成员的交往，以及扩大社区与社区外部的互动；(3)便利的公共服务，包括健康服务、医疗服务、社会保障服务、文化教育服务、就业培训和咨询等；(4)社区福利，包括社区救助、邻里互助、社区慈善等；(5)培育社会资本，增强社区归属感和认同感。

四、我国城市棚户区改造的基本思路

棚户区改造涉及面广，内容复杂，实施难度大。本文不打算罗列实施它的所有思路，而只将目前最为重要的、且容易为论者所忽略的几点概述于下。

(一)善治——棚户区改造过程中重要的目标模式

“善治”，即良好的治理。所谓治理，是与统治相对应的概念，它们的最基本区别在于两点：第一，治理的权威包括政府，但不必一定是政府，而统治的权威只能是政府；第二，治理的权力运行是多元而双向的，统治的权力运行则是单向自上而下的。治理的最佳状态是善治。善治有六个方面的特征，即合法性、透明性、责任性、法治、回应性和有效性。善治就是公共利益最大化的社会管理过程。[①]

城市棚户区改造一个很重要的目标模式应该是“善治”，即要有

① 俞可平主编：《治理与善治》，社会科学文献出版社 2000 年版，第 66 页。

一个具有实现棚户区居民社会生活利益最大化的决策、实施、动员能力的社会管理制度体系。[①] 一方面强调政府在棚户区改造中的地位,另一方面强调政府只是发挥作用的多种力量之一。除了政府之外,还必须发挥市场、社会组织尤其是棚户区居民在改造过程中的作用,即全面地推进政府、棚户区居民、企业以及社会组织在各个层次的互动、协调、合作,以实现棚户区改造及治理的最优化。

(二)以发展型社会政策提升棚户区居民抵御风险的能力,增强其社会竞争力

发展型社会政策的核心理论是将社会政策看成是一种社会投资行为,特别注重对人力资本的投资和社会的融合发展。[②] 具体而言,发展型社会政策首先通过提升个人能力、减少不公平和歧视来推进机会的公平,同时促进个人的参与能力的提升。其次,发展型社会政策注重制度建设,力求通过制度建设促进群体之间的公平。最后,发展型社会政策关注社会在水平层面的整合以及垂直层面的畅通,从而促进整个社会的融合。

结合发展型社会政策,在棚户区改造过程中应注重对于棚户区居民的人力资本的投资,增强其市场竞争能力。针对棚户区居民大都素质较低,缺乏适应市场经济所需的基本技能这一现实,在棚户区改造过程中,理应把提升居民的素质与能力作为很重要的一项工作内容,对居民支持策略应该是"扶上马再送一程",彻底避免他们被排斥在劳动力市场之外或在低工资边缘徘徊,要使其获得长期可持续的发展能力,增强其就业技能,进而使其有更大的机会向上流动,从而更好地融入社会。注重提高针对棚户区居民的公共服务水

---

① 赵孟营,王思斌:《走向善治与重建社会资本——中国城市社区建设目标模式的理论分析》,《江苏社会科学》2001年第4期

② 张秀兰:《发展型社会政策:实现科学发展观的一个操作化模式》,《中国社会科学》2004年第6期。

平,解决其后顾之忧,重视对于棚户区居民家庭的干预和支持,帮助家庭增强适应经济和社会变化的能力,从而切实地提高他们的生活质量,增加他们的福祉。

(三)扩大提升棚户区居民的社会资本

如前所述,棚户区居民所拥有的社会网络规模小,社会资本质量低,人际交流和职业流动一般局限在社会底层,较少能够运用网络资源达到工具性的目的。针对这一现实,在棚户区改造过程中,应重视居民社会资本的提升,进而能为改造后的社区发展奠定稳固的基础。具体可从以下几个方面着手:

1. 充权棚户区的居民,激发内在动力。棚户区改造从某种程度上讲就是人的转型,而人的转型最重要的就是实现对个体心理层面的转型。只有居民个体心理层面实现了转型才会真正适应棚户区改造后的生活,更好地融合于现代城市生活。充权概念的价值取向在于引导个人、家庭采取乐观的态度,积极参与决策和通过行动来改变自己的不利处境,提升自己的权利和能力,从而使得整个社会的权力结构更趋公正。[①] 因此,培养棚户区居民的自我充权意识是提升其社会资本的一大前提。通过充权,棚户区居民排除各种主观和客观的障碍,能通过正面的经验来感受自身的力量并激发内在的动力,在社会参与中改善自己的生活状况。

2. 重视人文环境的营造,以促进社会资本的累积。在棚户区改造过程中避免仅着重于物理环境的营造,还要塑造重视“关怀”、“学习”与“参与”的社区人文环境,并通过各种社会组织的引领,鼓励并指导居民加入社区发展工作,进而促进整体社会资本的提升。

3. 建立政府、社区组织、居民间良性互动的支持型社会关系网络。首先,政府应为社区社会资本培育提供更多的支持,调动社会

---

① 范斌:《弱势群体的增权及其模式选择》,《学术研究》2004 年第 12 期。

各界力量关心、支持社区事务和问题。其二，要积极推进社会组织的发展。加大对社会组织的扶持和培育力度，通过社会组织发挥平台与载体的作用，积极引导居民参与公共生活，扩大社会联系。其三，积极促进社区内的企事业单位等各主体的社区参与和支持。其四，注重社区居民领袖的培养，发挥其引领示范作用，从而引导更多的居民广泛参与到社区工作和事务当中，逐步提升社区居民的社会资本。

五、结语

城市棚户区改造作为一项“民生工程”，在许多地方实施过程中出现很多问题，产生很多矛盾，其根本原因在于地方政府对于这一工程的理解简单而片面，仅仅把它看作是居民居住条件的提升和物质环境的改善。以笔者之见，完整意义上的棚户区改造除了物质条件的改变之外，还应包括居民素质能力的提升、社会资本的扩大、社会的有机融合的很多层面。只有从这些层面理解并实施棚户区改造，这一“民生工程”才能真正落到实处，真正为棚户区居民所支持，从而成为名副其实的“民心工程”。

城市化背景下的农村社会管理

城市化背景下的农村社会管理的有益探索

——吉林省农安县基层党建促进社会管理创新模式的调查*

吉林行政学院　吴　琳**　李大光***

随着经济的发展，农村城市发展规模不断扩大。据《2012中国新型城市化报告》的数据显示，目前，中国城市化率突破50%。这意味着中国城镇人口首次超过农村人口，中国城市化进入关键发展阶段。农村城市化的进程是由以农业为主的传统乡村社会向以工业和服务业为主的现代城市社会逐渐转变的历史过程。在这个历史变革过程的背景下，农安县委结合农村政治、经济和社会建设的实际发展情况，积极探索，大胆创新，开辟了从打造企业家式村党组织书记队伍入手构建农村发展富民组织带动新体系的探索性道路，创新性地深化与发展“1+X+Y”的基层党建促进社会管理新模式。

一、农安县基层党建促进社会管理创新的五个“1+X+Y”模式

农安从1997年靠山镇东排木村率先创立“支部+公司”模式开

* 基金项目：本文为吉林省哲学社会科学基金一般项目“吉林省农村公共文化民生建设的方法与路径研究”的阶段性成果，项目编号：2012B311；吉林省级单位合作重点调研项目“吉林省农村基层组织建设探索研究——以农安县基层党组织建设新模式为例”的阶段性成果。

** 吴琳，吉林行政学院马克思主义研究所副研究员。

*** 李大光，吉林行政学院行政科学研究所研究员。

始,在党建促进社会管理创新这方面进行了大量的探索尝试,涌现出了像合隆镇陈家店“1+2”党建新模式那样的先进典型。而“1+X+Y”新体系的本质就是陈家店“1+2”党建富民新模式的现代升级版。农安县基层党建促进社会管理创新模式体系的组织架构形式是“村党组织+农村合作经济组织+村级社会管理与服务组织”。符号化表述就是“1+X+Y”。“1”是指村党组织;“X”是指农民合作社、专业协会、龙头企业、企业联合会、产业基地、示范园区等各类农村专业合作经济组织;“Y”指的是村级民生服务站、社区文化活动中心、村级社会管理服务站、综治警务室、村民理事会、村民服务中心、福利中心、村级新社区管委会,以及其他村级新型社会服务阵地或服务组织等。“1+X+Y”模式理论表述就是:以推进农村科学发展、富民强村为目标坚持党的宗旨、社会效益和市场运作相统一,统筹整合村级各类党政、经济、文化、社会组织,形成以党建组织为核心,以农村合作经济组织和社会化服务组织为两翼,上下纵横、多层架构、网状联接、功能融合、优势互补,具有推动发展、带民致富、服务民生、管理社会多元功能的新型农村发展富民组织网络体系。农安县在积极尝试推进村级党组织“1+X+Y”新体系建设过程中,主要探索形成了五种代表性模式。

一是陈家店模式。为了推进新农村建设,陈家店村在“党总支+合作社+公司”的“1+2”模式基础上,创建了陈家店模式。陈家店模式中的“X”表现为“合作社+公司”的形式。陈家店模式是以村集体组织领办、村民以宅基地与产业、住宅、股份等相互置换的办法逐渐发展形成,最后建立了一系列股份制专业合作社。在陈家店模式发展过程中,陈家店共合理配置和集中流转了320公顷土地,占全村土地的42%。通过这种增减挂钩的方法,共节约出土地123.92公顷,给村民带来了集中效益。在“Y”的发展上,共计规划总占地面积20公顷,并实行社区化管理,组建了新社区管委会,加强了村域社会管理与服务。至此,最终发展形成了“村党组织+合作社＋公司＋新社区”的“1＋2＋1”模式。在这个发展新模式的带领之下，村民年人均纯收入达到9800元，村集体经济积累达4300万元，小区住宅楼已建起5栋，广场已铺装完毕，成为新农村建设示范村，赢得了经济发展、社会管理与建设的双丰收。

二是东排木模式。东排木模式是最早尝试“支部＋公司”的党建促进社会管理创新模式。在这个新模式创建初期，“X”是农贸公司。2010年，东排木村为了适应全县农牧产业化发展的大潮，以及本村主导产业发展的需要，在原有“村党组织＋农工贸公司”的基础上，成立了水稻种植协会，并为村民提供种子、化肥、种养技术以及市场销售服务，也就是发展了“Y”的社会管理功能，发挥了党组织的社会管理功能。同时建立了村民生服务站、社会管理服务站以及新农民之家“三位一体”的村民服务中心，为村民提供各种力所能及的日常服务。至此，最终形成了“村党组织＋公司＋专业协会＋村民服务中心”的“1＋2＋3”模式，使村级党组织具备了经济实体、技术协会和社会服务中心等多种功能。

三是羊营子模式。羊营子村本来是永安乡一个薄弱村，村的债务很多。2010年，外出创业的企业家李金鑫回村担任村党组织书记创建了羊营子模式。羊营子模式是一个新兴的党建促进社会管理创新模式。这个模式完全是在农安县委的支持与关怀下成立的。在羊营子模式中，“X”是膜下滴灌现代化玉米生产基地和绿色无公害稻米生产基地。李金鑫组建了粮食收储企业，包销农民产品，拓宽了增收致富渠道。李金鑫为解决好村社会管理问题，经群众推选，成立了村民理事会，遇有村里的大事，由理事会共同协商处理，发展了羊营子模式中的“Y”的社会管理功能。至此，最终羊营子村形成了“村党组织＋龙头企业＋产业基地＋村民理事会”的“1＋2＋1”模式。

四是苇子沟模式。苇子沟模式是由万金塔乡苇子沟村党组织书记孙永辉创建的。苇子沟模式中的“X”是孙永辉自家饲料厂和机砖厂,带动70多户村民搞养殖,100多户搞建材。目前,正在规划建设40公顷的棚膜经济园区,以村民宅基地置换的办法流转土地,建设新城镇化新村住宅小区,在农村社会管理"Y"的建设方面,自筹资金100多万元,争取阿满集团投资20万元,建立了一所现代化希望小学。同时,依托村民生服务站建立村民福利中心,村里给70岁以上的村民每年发放100元的补贴,还为低保户建砖瓦房5栋。至此,最终形成了"支部+龙头企业+产业园区+村福利中心+村新社区"的"1+2+2"模式。

五是东白翎模式。东白翎模式是在杨树林乡东白翎村在老书记于连江时期初建起来的。东白翎模式中的"X"就是农工商服务公司,面粉厂、机砖厂等8家集体企业。2010年,粮食收储企业的企业家王世华被推选为村党总支书记,在老书记的支持下,大力发展集体经济,设立了加工产业园。现在集体企业已达到12个,形成了村集体企业集团,年产值350万元 ,利税80多万元。同时,积极发展"Y"的社会管理功能,王世华积极利用村集体积累加强村基础设施建设,改善人居环境,先后投资500多万元,规划建设了村新社区,为村民安装了程控电话、自来水,修建了现代化村部办公楼和村小学校、多功能卫生站、休闲文化广场,成立了社区服务中心。至此,最终形成了"村党组织+农工商服务公司+村集体企业集团+农产品加工产业园+新社区服务中心"的"1+3+1"模式。

从上面的五种模式中,我们可以看出,"1+X+Y"的党建促进社会管理创新模式中,每一个模式都会有一个经济实力和创业带富能力较强、社会责任感较强的企业家村党组织书记,都会有一个团结和谐、坚强有力、懂经营、会管理、发展意识较强的党组织班子,都会搭建一个把村党组织发展经济、带民致富、管理社会、服务民生的功能紧密结合在一起、相融互动的组织带动体系平台。通过这一平台,把一个村变成了一个社会生活共同体、一个党群共建体、一个利益联合体。在这五种模式带动下,目前,农安县106个村探索实行了“1＋X＋Y”党建新模式，比较成熟的有30多个，占全县村级总数的9％强。下面就是关于“1＋X＋Y”党建促进社会管理创新的五个模式总结。

表1　农安县基层党组织的“1＋X＋Y”党建新模式

模　式	1	X	Y
陈家店模式	村党组织	合作社＋公司	新社区
东排木模式	村党组织	公司＋专业协会	村民服务中心
羊营子模式	村党组织	龙头企业＋产业基地	村民理事会
苇子沟模式	村党组织	龙头企业＋产业园区	村福利中心＋村新社区
东白翎模式	村党组织	农工商服务公司＋村集体企业集团＋农产品加工产业园	新社区服务中心

我们可以看到，在以上的五个模式中“1＋X＋Y”的党建促进社会管理创新模式所产生的积极作用和实际效果。可以说，农安县基层党建促进社会管理“1＋X＋Y”创新模式深刻改变了基层党组织和党员干部队伍的结构。党员干部队伍的建设环境充满了活力。从内部看，党组织改变了原来的单线管理格局、角色的单一作用的弊端。从外部看，党员村干部的角色由传统管理型向带头致富型转变，形成了多元复合、多层立体的组织体系，把组织触角延伸到了农村各领域、各方面。这样，党员村干部由偏重管理向领导、指导、协调、服务、保障的服务型转变，党员干部队伍的综合结构发生了更加合理的显著变化，逐渐成为一个培养村级领导干部，以基层党建促进社会管理“1＋X＋Y”创新模式。

二、农安县基层党建促进社会管理“1＋X＋Y”创新模式的理论创新

马克思主义空间理论认为，在资本主义大工业的资本逻辑主导下，地理学意义上的各种地理空间不断地被生产出来并成为人类社

会关系的交往空间。比如工厂、仓库、街区、广场、住宅等地理空间形态成为人们进行社会交往活动的实践空间。社会空间是人们在生产实践活动中构建起来的一个生活场所,是承载着社会组织、社会交往、社会生活的交往空间。马克思主义空间理论把地理学上的空间意义引入唯物史观的理论视阈中,“分析了资本主义积累是怎样建立在时间对空间的消除基础上,而这又如何进一步产生了农业、工业和人口方面在广阔的时间和空间范围内令人惊奇的转型”。[①] 马克思的社会空间生产理论以政治空间理论视角探索多级主体的立体式的空间交往结构,开启了分析当代中国社会结构新的思维方式,为“1+X+Y”农村基层党建促进社会管理创新模式提供了理论原动力。

农安县基层党建促进社会管理创新模式是以马克思主义唯物史观为指导原则,以当今社会结构的深刻变化为党组织建设的社会发展背景,经过反复思考与讨论之后走出的一条能够“接地气”的新路,即依托经济的发展和社会的发展来展现其自身的发展实力。这样基层党建促进社会管理建设才能富有成效,党组织的影响力才能影响到人的心理上。农安县委在明确了基层党建促进社会管理建设原则之后,进一步增强农村基层党建,以领办创办、创业带富、项目支书活动为载体,强势推进村级党组织转型升级,实施“构建农村党建发展富民新体系”工程的“1+X+Y”基层党建促进社会管理创新模式。

(一)“1+X+Y”模式五个内涵要素

“1+X+Y”模式的内涵是建基于“1+X”的乡村集体经济合作发展的要求对村党组织书记的素质要求和标准。其主要内容如下:

---

① 田毅鹏,张金荣:《马克思社会空间理论及其当代价值》,《社会科学研究》2007年第2期。

企业家式村党组织书记，要具有企业家的创业思维和敬业精神，有基本的闯市场、懂经营、会管理的经验和知识能力，有相对稳定、效益良好的致富项目，有创业带富、回报社会、造福桑梓的强烈责任感和使命感，在相对区域内群众威望较高、有统揽全局能力、作风严谨的本乡、村籍优秀党员。

（二）“1＋X＋Y”模式五个外延要素

“1＋X＋Y”模式的外延是建基于乡村社会生活共同体发展的需要，对发展乡村集体经济载体的要求。其主要内容如下：农村基层党组织体系、市场经济组织体系、产业组织体系、村民自治组织和各种社会化群众自组织体系网状联接。

（三）“1＋X＋Y”模式五个本质特征

“1＋X＋Y”模式的本质特征体现出组织建设所需的结构要素之间的立体交叉共生原则。其主要内容如下：架构多层复合与成分多元参与，功能特色互补与职责衔接融合，人员专兼交叉与角色多样统一，工作纵横联动与机制灵活创新，发展富民先导与群众广泛支持。

（四）“1＋X＋Y”模式五个层级构序

“1＋X＋Y”模式体现出了梯级层级发展逻辑原则。其主要内容如下：一个带头人同时又是创业人、一个利益联合体、一个命运联合体、一个党群共建体、一个社会生活共同体。

三、农安县基层党建促进社会管理“1＋X＋Y”创新模式的实践挑战

“1＋X＋Y”农村基层党建促进社会管理创模式有效增强了党

组织在农村社会改革发展大局中的领导地位和作用。一是在政治因素方面,“1＋X＋Y”社会管理创新模式对党组织获取政治执行力的影响;二是在社会因素方面,“1＋X＋Y”社会管理创新模式对村落组织共同体成员交往方式的影响;三是在文化因素方面,“1＋X＋Y”社会管理创新模式对村落组织共同体成员的自我认同和感受外部环境方式的影响。在这些影响下,当代乡村社会出现的“三个增强,三个下降”新特征值得我们考虑。

(一)农民对经济带头人的认同感增强,而党的政治归属感下降

在调研中发现,人们对以前党组织没有办公场所、没有活动阵地,村书记把村里的各种公章放在口袋里进行左右口袋办公、田间地头办公、房屋庭院办公、土路树下的办公模式感到不满,但是仍然对当时党组织抱有极大的信任。例如,过去农安县羊营子村由于党组织建设不力,有通过不正当手段竞争当上村书记的人,在任期间对村里的公共财产进行私人化管理和侵吞的现象,老党员心怀不满,不畏困难,不怕打击,上访将近二十次,这种执着恰恰是出于对组织的信任、对党的忠诚、对信仰的追求。由于多次反映情况,最后使问题得到了解决。自从农安县实行“1＋X＋Y”基层党组织领导模式以后,从总体上说,“1＋X＋Y”基层党组织模式得到了人们的普遍认同。

随着集体经济组织发展,农民的身份也相应地发生了改变。农民逐渐脱离了土地,变成自由的劳动力进入资本市场结构性要素之中。“X”是以经济带头人或项目带头人为主体的乡村集体经济合作共同体。因此,这个共同体的本质已经不是原来农村秉承共同价值观的价值共同体,也不是秉承传统文化所塑造的人类文化生活共同体,也不是秉承于传统习惯而自然形成的地域共同体。这个共同体是一个集体经济合作共同体,是以集体经济组织为核心的契约组织

关系的共同体。在“1＋X＋Y”模式中，“X”成为一个农民自我管理的经济合作共同体组织，承担了农村基层管理和公共产品提供的公共职能。这就不可避免地出现了人们对经济带头人的认同感逐渐增强，而对党的政治归属感下降的现象。这种现象的出现需要我们思考政府在农村基层组织建设新模式中的行政职能与行政价值，即政府在市场的资本逻辑与乡村经济共同体的社会发展逻辑之间处于什么样的位置，是保护农民的劳动权益、发展农村社会资本、赢得政府权威、增进党的执政能力，还是与资本合谋，放任资本生产逻辑侵蚀农村社会资本的发展逻辑，从而削弱中国整个社会资本的再生产。

（二）农民对维护自己权利的意识增强，而公共责任感下降

在调研中发现，人们反映最多的是农民素质不高的问题。例如，在抗水灾的过程中，眼看着水坝就要决堤，而且决堤的后果就是自己家的农田受损，但是农民却并不积极努力抗灾，没有积极努力地履行一个公民的义务。同时，农村卫生建设和发展也得不到积极反应，在任何公共地方，人们都随意丢弃各种杂物。对这种现象，人们往往归因于农民素质较低，只要权利不尽义务。

分析农村社会生活中出现的道德滑坡现象，绝不能简单地用农民文化素质低来解释，这是处于经验层次上分析而得出的结论。农村出现道德滑坡现象的原因还在于村落组织衰败。这是联产承包责任制建立之后逐渐产生的一种不可避免的后果。自联产承包责任制实行以来，原有的村庄共同体逐渐弱化，国家行政力量逐渐弱化，村民与集体间的行政关系逐渐弱化，村委会的行政功能逐渐弱化，乡村集体组织的管理功能逐渐弱化，这就使得村民之间的联系逐渐减少，村民的集体意识逐渐弱化，村民处于原子化状态。处于原子化的个人往往对自己的利益关注得更多，公共意识淡漠，导致的结果就是农民只要权利不尽义务。

恩格斯认为,现代社会出现的道德危机现象原因是,“每一个人的这种孤独、这种目光短浅的利己主义是我们现代社会的基本的和普遍的原则”。恩格斯的理论阐述在今天仍有现实意义。因此,针对农民对自己的权利维护意识增强,而公共责任感下降的现象,我们的关注方向应发生转变,不仅注重经济基础的“X”建设,而且更加重视党组织对社会管理的创新机制研究,展开对“Y”的管理创新。这就涉及到党组织如何引导社会组织的发展。

(三)企业家带头人经济致富能力增强,而社会管理责任感下降

在调研中发现,农村基层组织的硬件建设得到全面加强,但相当一些基层组织缺少威信,甚至处于软弱涣散状态,有的基层组织的村书记自己带头致富的能力很强,但是在村书记岗位的工作时间却不是很多。这样就会弱化基层党组织的领导班子领导力、凝聚力和服务功能,导致农村经济得到了增长,而基层党组织的社会管理功能却下降。

任平认为,进入高速城市化阶段的中国空间生产与空间资源的垄断性占有已经成为资本逐利、公民空间权益、政府制度设计三方博弈的主要战场。[①] 因此,在城市化发展的背景之下,对农村的发展地方政府也片面追求 GDP 的话,那么农村的社会发展将与少数人的集团利益共谋,从而在农村社会管理中就会出现以制度公正为条件的空间生产机制的缺失,也将必然会越来越多地侵犯到村民原来拥有的空间权益。我们知道,进入高速城市化阶段的农村发展会出现许多新增事物。这些新增事物作为农村社会权力系统的增量,必然会引起原来的农村社会权力系统的变化。在“1+X+Y”基层党

---

① 任平:《空间的正义——当代中国可持续城市化的基本走向》,《城市发展研究》2006 年第 5 期,第 1-4 页。

组织创新社会管理模式中，企业家带头人的地位和威信日益突出，企业家带头致富的经济致富能力增强，其所掌控的社会资源和公共资源日益扩张，这时农民的权力也必须随之增长，否则就会造成组成社会权力要素的力量的悬殊，最后导致整个社会权力系统的失衡，进而造成农村社会管理的失控。

由于企业家的发展目标是以资本为核心的，是以追求经济利益为最终价值指向的，因此，这种以经济利益最大化为价值指导原则的结果就会出现企业家带头致富的社会责任感下降，结果会弱化基层党组织形象、威信下降，最终影响党在农村执政基础的稳固，最后的结果很可能就发展成为人们的个人经济利益与乡村集体合作经济利益捆绑在一起，农村集体经济合作社最终成为村书记带头致富人的家族式企业，并进行垄断式经营。

四、农安县基层党组织社会管理“1+X+Y”模式的实践对策

（一）创建农村社会资本有序增长机制

随着农村城市化的高速发展，农村城市化的规模不断扩大，各种社会矛盾也不断凸显。一些拥有雄厚财力与资本的社会小集团垄断农村土地出售与配置，对农村空间生产进行开发与规划。在这个过程当中，政府必须摆正农村社会管理创新的价值理性与企业带头人致富的市场化的工具理性的关系，不能将农村的社会管理发展完全推向市场，也不能任由企业带头人垄断农村社会管理的发展空间，侵害农民群众的根本利益。因此，在“1+X+Y”的党建促进农村社会管理改革的过程中，政府应该在农村社会管理与企业家带头致富的市场化行为之间寻求必要的平衡，既要保证农村经济的平稳发展，农民物质生活水平提高，又要建立以公正为核心的农村社会资本有序增长机制，优

化农村社会发展空间结构，化解农村当前存在的各种社会矛盾，提升农村社会发展的整体实力，维护农民在社会管理中的主体地位，维护农民的空间发展正义，构建社会主义新农村。

“农村社会资本是农村社会中由于社会成员的长期交往、互利合作以及历史传统、习俗等原因而形成的人际及组织关系网络，这种参与网络将产生某一共同体内部成员之间的信任、互惠、合作，并通过信任和互惠最终促进该共同体成员之间以共同收益为目的的集体行动的达成。”[①]但由于以前的农村社会管理没有制度化设计，村民基本上处于被动的位置，没有积极参与到村务管理与村务决策的环节中来。通过农村社会资本的积累和农村社会资本的支持，可以使村民有机会参与到农村社会管理的决策与管理等关键环节中来。这在很大程度上为农村的乡村精英能有越来越多的机会参与到农村公共事务管理提供了非制度性途径。

创建农村社会资本有序增长机制就是要创建以包括信任、善意、参与、共享、规范等内容为农村社会资本的指标体系，设计社会管理制度框架，制定框架目标，并通过一些可操作的制度设计，培育有利于社会资本积累因素，改善不利因素，为乡村经济合作社的发展提供更好的生产环境。以期发展人与人之间的社会互动关系，提升村民对公共事务的参与度与关注度，促进农村社会生活共同体的不断发展，提升社会资本存量。创建农村社会资本有序增长机制的积极意义是培育农村社会资本，构筑社会管理平台，其作用是促进农村村级管理主体的顺利产生，促进社会管理创新模式中的“Y”的社会资本力量的增长。这可以推动农村基层民主政治建设，协调农村发展中出现的利益冲突和矛盾，重塑社会信任，从而促进人们对

---

① 马红梅，陈柳钦：《农村社会资本理论及其分析框架》，《河北经贸大学学报》2012年第3期。

政府的信任，提高党的执政能力。

（二）创建农村社会管理绩效考核主体多元化机制

企业家带头人经济致富能力增强，社会管理责任感下降的现象的最终结果会影响党在农村执政基础的稳固。因此，为了开创农村社会管理的新局面，加强农村基层党建促进社会管理创新，应由行政命令转向与农民沟通，工作重点放在能够协调农村社会利益、维护农村社会安全稳定、解决农民的组织化程度的农村基层社会管理体制。

由于干部产生方式问题解决的是干部手中权力的合法性来源问题，也解决了当选干部利用手中权力为谁执政的问题。时下的党务系统和乡镇政权组织只是上级政权组织链条的一个部分，干部的产生、升迁、考评主要来自于上面一个环节，干部要眼睛“向上看”，所以造成乡村矛盾是必然的。要解决这些矛盾，就应考虑改变乡镇主要干部的工作方式，加强普通民众在选举乡镇党政干部问题上的话语权，促使其真正做到为民服务。可以说，“1＋X＋Y”党建模式在培养乡镇党政干部方面做出了有意义的探索和尝试，并取得了明显的效果。但是，由于目前“1＋X＋Y”党建促进社会管理创新模式实行以经济效益为核心的考核方式，因此难免出现企业家带头人经济致富能力增强而社会管理责任感下降的现象。这就要求政府改变对乡镇干部的考核办法。

干部是由人民推举产生的，也理应对人民负责，人民和人民的利益就自然成为考核干部政绩优劣的标准。要改革那种单纯由上级制定的数字化指标考核乡镇领导的做法。上级政府在制定乡镇发展指标时，既要符合中央政策精神，又要真正做到从乡镇实际出发，充分考虑乡镇意见和要求。由于这些考核指标大都要落实到每个村民，因此事先应与村民委员会进行协商，广泛征求村民意见。这样制定的考核指标才易于赢得村委会和村民的理解和支持，也才切实可行。只有这样才能增强企业带头人的社会管理意识。以下是农村社会管理考绩主体多元化机制示意图。

表 2　农村社会管理绩效考核主体多元化机制示意图

<table>
<tr><th>评估内容</th><th>评估要素</th><th>评估指标</th><th>评估标准</th><th>评估主体</th><th>评估周期</th></tr>
<tr><td rowspan="11">组织建设能力</td><td rowspan="2">党的建设</td><td>基层组织建设</td><td rowspan="11">定量与定性相结合标准</td><td rowspan="11">自评为主
专家辅助
县委检查
党员监督
群众监督
年末公示</td><td rowspan="11">季调度
半年评估
年终考核
任期考评</td></tr>
<tr><td>党员带头作用</td></tr>
<tr><td rowspan="2">班子能力</td><td>凝聚力</td></tr>
<tr><td>人员结构</td></tr>
<tr><td rowspan="2">后备干部储备</td><td>人员结构</td></tr>
<tr><td>整体素质</td></tr>
<tr><td rowspan="2">组织文化</td><td>思想建设</td></tr>
<tr><td>文化建设</td></tr>
<tr><td rowspan="3">目标管理能力</td><td>战略规划能力</td></tr>
<tr><td>目标管理能力</td></tr>
<tr><td>目标完成能力</td></tr>
<tr><td rowspan="5">带头致富能力</td><td>项目开发创新</td><td rowspan="5">特色
效率
经济
生态</td><td rowspan="5">定性与定量
绝对与相对
主观与客观
肯定与否定</td><td rowspan="5">内部评估
报告项目
专项主管
县委审计
管理专家
参与考评</td><td rowspan="5">半年评估
年终考核
任期考评</td></tr>
<tr><td>项目经济效率</td></tr>
<tr><td>项目社会影响</td></tr>
<tr><td>项目效率效果</td></tr>
<tr><td>村里资产结果</td></tr>
<tr><td rowspan="5">社会管理能力</td><td>乡风村风</td><td rowspan="5">发展度
满意度</td><td rowspan="5">主观</td><td rowspan="5">村民</td><td rowspan="5">年终考核
任期考评</td></tr>
<tr><td>文明规范</td></tr>
<tr><td>文化生活</td></tr>
<tr><td>村容整洁</td></tr>
<tr><td>村民满意结果</td></tr>
</table>

（三）创建积极培育农村民间自治组织的社会管理机制

党的十六届四中全会提出“党委领导、政府负责、社会协同、公众参与”的社会管理格局，但事实上在农村基层社会管理中只见“党委领导、政府负责”，少见“社会协同、公众参与”。农村虽然存在一定数量的民间社会组织，但由于登记审批等一套繁琐的程序，大多数农村民间社会组织（如新农村建设理事会、老年体协等）并未登记注册。同时，由于社会组织的运转需要相应的资金支持，多数农民不愿意交纳会费，而又缺少其他资金支持，以致农村出现虽有组织发育空间与市场，却少有组织存在的现象。此外，随着大量农村劳动力的外流，尤其是有文化、有组织能力的青壮年劳动力外出进城务工，也造成了当下农村组织人才匮乏的局面。

在“1＋X＋Y”的社会管理体系当中，“Y”的发展对于促进农村社会发展、增强社会资本、提升村民的凝聚力具有不可估量的作用。例如，在“1＋X＋Y”的社会管理体系当中，村级干部很可能是社会管理站，农村新型社区管理委员会或村民服务中心的负责人，以及秧歌队、小剧团等村级社团组织的带头人。这样，农村的村级干部通过社会服务组织的情感纽带，用民间社团组织建立其相同的兴趣和爱好，使人们之间的交往有了平台，能够和群众打成一片。通过各种民间社区的组织活动，村干部和村民的感情得到了加深，村级干部的凝聚力和领导力得到了增强，通过村级干部与民间组织的交往，许多难做的思想工作能够做通，村级事务的发展稳步推进，农村面貌、村民素质得到提升。例如，农安巴吉垒镇双榆村党组织书记李贵全就是这方面的典型。他作为村书记，不仅带领大家致富，而且为了活跃群众精神文化生活，带头办起了能够进行文艺活动与演出的民间社区小乐队，小乐队的演出足迹遍布整个农安县。这样使村级事务和村干部的管理行为更加顺利，干事劲头不断增大。这个事例可以表明，民间组织应承担起原先本不应该由乡镇政府承担的部分职能,对政府行为构成强有力的外部制约,可以抵制、克服政府组织不合理的甚至侵犯群众利益的行为,使乡镇政府的中心工作由“划桨”转为“掌舵”。因此政府应从体制上消除对民间组织的不合理限制,使各种形式、各种功能的农村民间自治组织有宽松的成长发育环境,如教育培训机构、医疗保健机构、青年组织、民间自助组织、各种农民协会、养殖协会等。在民间组织发展过程中,不断探索实施规范管理的新体制,建立政府与非政府组织的良性互动关系。

城镇化进程中的新型农村社区管理体制创新研究

——以成都为例

成都行政学院　李德虎*

内容提要：城镇化进程中新型农村社区应该如何管理，已经成为当下中国亟须解决的一个重大课题。居住形态集中化、社区结构异质化、治理主体多元化的新型农村社区表现出利益诉求增多、民生诉求凸显、民主诉求增强等治理新需求，迫切要求新型农村社区管理体制的转换与创新。成都以新型村级治理机制构建促新型农村社区治理模式转型、以村级公共服务供给体制创新促新型农村社区民主治理水平提升、以社会组织管理体制创新促国家与社会良性互动的生动实践，为新时期我国新型农村社会管理体制创新提供了重要借鉴。以成都实践为启示，进一步推进新型农村社区管理体制创新应以完善新型农村社区组织的"善治"架构，厘清和健全新型农村社区自治的内部结构和配套制度，培育和完善新型农村社区社会组织及管理体制，构建新型农村社区多样化的公共服务供给体制为其基本路径。

关键词：新型农村社区　体制　创新　成都

近年来，随着我国城镇化进程的深入推进，一个个既有别于传

* 李德虎，成都行政学院马克思主义理论教研部讲师。

统的行政村,又不同于城市社区的新型农村社区开始出现且规模不断扩大。从全国范围看,四川、河南、山东、湖北、江西等地的新型农村社区建设实践很好地推动了城乡统筹协调发展,使农村的面貌发生了巨大改变,有力推动了城乡一体化进程。但随之而来的是新型农村社区日益成为各种利益关系的交汇点、各种社会矛盾的集聚点,新型农村社区管理面临着诸多新的挑战,已经成为当下中国统筹城乡进程中面临的一个重大课题。从现有的农村社会管理及其体制来看,在一些方面还不能完全适应新型农村社区管理的需求,致使近年来涉及农村社会管理的问题开始增多,矛盾问题凸显,迫切要求新型农村社区管理体制机制的转换与创新,进而为农村社会的生存和发展创造既有秩序又有活力的基础运行条件和体制保障。

一、新型农村社区的特征及治理新需求

(一)新型农村社区的特征

关于新型农村社区的概念,全国各地的表述和学术界的界定没有形成统一定论。综合来看,我们可以把新型农村社区理解为:在农村地域内,通过村庄合并、征地拆迁、产业带动、旧村完善、服务共享等方式形成的以村民集中居住为主要特征,社区服务和管理功能较为完备的现代化新型农民聚居点和社会生活共同体。新型农村社区具有以下显著特征:

1. 居住形态集中化

新型农村社区一般都突破了传统建制村的行政区划,以农民的集中居住为主要特征,人口绝对数量大幅增加。新型居住形态改变了农民原有的生活方式和利益联系方式,必然要求生产方式与管理模式的转型与重构。如农民集中居住以后会一定程度地带来劳动生产半径增大,生活、居住成本增加,就业、就学、医疗、社保等方面

的问题都要求在新的社区服务和管理框架中加以解决。

2. 社区结构异质化

传统单一自然村构成的行政村（社区），血缘关系和人口结构较为简单，村（社区）人口结构和社会结构均质化程度较高。而新型农村社区打破了传统以户籍和行政村为基础的居住方式，其居（村）民可能来自于两个甚至两个以上的村落，人口结构的异质性明显增强。加之农村经济社会的快速发展，农村社会阶层日益多样化。比如，大量的新型农村社区的居（村）民不再仅仅依靠农业谋生，而是更多地转入第二产业和第三产业部门工作，产生了如企业主、土地流转业主、进城务工者等多样化人群。双重职业和身份的居（村）民开始增多，使新型农村社区的居（村）民身份出现了复杂化特征。新型农村社区人口结构和社会结构的巨大变化使社区结构的异质化特征尤为明显。

3. 治理主体多元化

在新型农村社区建设过程中出现了失去土地的居（村）民、土地流转业主，来农村养老定居的城市居民、农民专业合作组织、新型农村集体经济组织、各级各类社会组织等新型主体，已经成为新型农村社区治理的重要主体。他们从维护自身利益出发，必然会对新型农村社区管理和服务提出更高的要求。由此形成了社区（村）党组织、自治组织、集体经济组织以及其他社会组织合作共治的新型农村社区治理新格局。多元化治理主体的出现与合作共治已经成为新型农村社区及其治理的显著特征。

（二）新型农村社区的治理新需求

新型农村社区是一种全新的社会管理形态，其社会环境与社会管理主客体都发生了很大变化，与传统农村独门独院和自给自足生活环境及其治理结构相比有根本的变化，形成了多样化的治理新需求，迫切要求建立健全新型农村社区管理体制。

1. 利益诉求增多

新型农村社区利益格局复杂化，利益纠纷增多，涉及征地拆迁、土地流转、居(村)民就业、基础设施建设、环境卫生维护、社区服务、物业管理、治安调解等事务明显增多，土地利益、发展利益、社会保障等诉求明显增强，社区管理面临新挑战，亟须新型农村社区服务和管理能力的提升。

2. 民生诉求凸显

由于历史和现实的原因，新型农村社区的民生问题仍然突出。其中有三个问题较为典型。一是就业问题凸显。农民集中居住以后，有的农民失去了土地，有的农民转入了第二产业和第三产业工作，但由于他们一般缺乏现代化的劳动技能，往往会出现就业困难、"坐吃山空"的现象。居(村)民没有稳定的就业就不可能实现新型农村社区的长久和谐与稳定。二是社会保障问题凸显。比如居(村)民子女的教育问题，居(村)民的就医问题、养老等问题反映比较强烈。三是文化民生诉求激增。农民集中居住以后，随着身份的转换和生活方式的变化，居(村)民的文化需求大量增加。只有通过丰富的文化生活，比如唱歌、跳舞、下棋等，才能使居(村)民各得其所，精神富足。

3. 民主诉求增强

由于市场经济的发展及居(村)民和新型农村社区利益关联度的提升，新型农村社区居(村)民的思想观念也在发生深刻变化，民主法治意识增强，民主诉求也较传统行政村和城市社区更为凸显。正所谓哪里有利益，哪里就有民主的诉求。由于涉及居(村)民的利益问题多，他们要求参与社区治理的愿望也日趋强烈，希望作为"社区人"更多参与社区的公共事务管理与决策，这必然对传统社区管理体制提出新的要求。

以上新型农村社区的特征和治理新需求，是统筹城乡进程和乡村社会变迁的必然产物，标志着我国农村社会管理进入了新的阶段。这既为我国新型农村社区管理创新提供了机遇和动力，也对新形势下创新新型农村社区管理体制、提高新型农村社区管理科学化水平提出了紧迫任务和严峻挑战。

二、新型农村社区管理体制创新的“成都实践”

成都市从2003年开始，随着“三个集中”①、“六个一体化”②和农村“四大基础工程”③等统筹城乡发展重大举措的深入推进，尤其是2007年《成都市农村新型社区建设技术导则》的出台，新型农村社区建设方兴未艾，大量打破原有社区建制的新型农民集中居住区开始出现，农村集中居住人口已经过半。居住形态的改变呼唤管理模式的改革与创新。成都以此为契机，大力推进农村公共服务和社会管理创新，构建了农村社会管理新格局，维护了农村转型社会的和谐稳定，为新时期农村社会管理创新提供了可资借鉴的样本。

（一）以新型村级治理机制构建促新型农村社区治理模式转型

农民集中居住以后，居（村）民之间的融合问题变得比较突出，利益诉求多元化，矛盾纠纷增多，只有形成有效的社会管理内生机制，才能实现农村社会的长期稳定。新型村级治理机制的制度创新便是这一治理需求的回应和供给。新型村级治理机制的制度创新肇始于2008年成都农村产权制度改革的客观需要。从2008年开始，成都先后出台了《关于构建新型村级治理机制的指导意见》及其

① “三个集中”是指工业向集中发展区集中、农民向城镇和新型社区集中、土地向适度规模经营集中。

② “六个一体化”是指城乡规划一体化、城乡产业发展一体化、城乡市场体制一体化、城乡基础设施一体化、城乡公共服务一体化、城乡管理体制一体化。

③ “四大基础工程”是指基层治理、产权制度改革、土地综合整治以及村级公共服务和社会管理改革等四项工作。

配套制度,村民议事会普遍建立,初步形成了新型村级治理机制的制度体系,构建了“党组织领导下,村民(代表)会议或议事会决策,村(居)委会执行,其他经济社会组织广泛参与”的新型农村基层社会管理格局。这一格局中的亮点就是村(居)民议事会的制度创新。村(居)民议事会基于村(居)民(代表)会议的授权范围行使决策权和监督权,一方面作为村(居)民(代表)会议的常设议事决策机构弥补了由于多种原因导致村(居)民(代表)会议“虚置”的不足;另一方面使村(居)委会的职责得到规范和限制,拓宽了村(居)民民主权利的实现渠道,有效保证了村(居)民民主权利有效施行,同时为基层社会矛盾纠纷的化解提供了制度平台,维护了农村社会的和谐稳定。另外,在新型农村社区管理创新中,这一制度又有了新的演进。农民集中居住以后,以前的小组管理单元变成了楼栋,新型村(居)民之间的利益矛盾问题增多,如何更好地融入楼栋管理,维护村(居)民权益,是新型农村社区管理面临的紧迫课题。由此,成都尝试在一些新型农村社区[多个村村(居)民聚居的农民集中居住区]建立跨村的联合议事会(新型农村社区议事会)、农民集中居住区与多个村的联合协商议事机制,对新型农村社区内涉及多个村村(居)民利益的热点、难点问题进行民主决策和管理。这样就有效克服了原单个村村民议事会在新型社区治理中的不足,很好地满足了新型农村社区的治理新需求,使矛盾纠纷得到了有效化解。这是村(居)民议事会的进一步发展和创新。

(二)以村级公共服务供给体制创新促新型农村社区民主治理水平提升

2008 年 11 月,成都市《关于深化城乡统筹进一步提高村级公共服务和社会管理水平的意见(试行)》的出台,标志着成都公共服务供给体制创新的全面启动。成都市村级公共服务和社会管理的制度创新主要包括五个方面,即分类供给机制、经费保障机制、统筹统建机制、民主管理机制和人才队伍建设机制。[①] 其中,分类供给机制对村级公共服务和社会管理的主要内容和对应的供给主体做了具体划分,形成了社区(村)级公共服务多元主体的供给模式,厘清了政府、市场和社区在农村公共服务和社会管理中的相互关系,实现了三者之间有效的衔接与互动。经费保障机制规定,从2008年起由市县(区)两级财政每年向全市范围内的建制村和涉农社区提供不低于20万元(2011年专项资金最低标准已调整为25万元以上)的专项资金,实现了地方为基层服务、财力向基层倾斜和社区(村)"有钱办事"的目标,提升了农村社区(村)的公共服务供给能力。统筹统建机制统一了规划农村公共服务和社会管理设施布局,推动了村级公共服务和社会管理设施的统筹建设,实现了公共资源的有效整合。民主管理机制进一步明确了为谁而治理、由谁来治理、怎样治理的问题,构建了新型村级治理体系,提升了基层民主治理水平。人才队伍建设机制拓宽了选人用人渠道,形成了优秀人才向村(社区)流动的体制机制,增强了农村基层干部的竞争力和工作能力,提升了基层工作的执行力。清华大学社会学系课题组曾把这一制度创新体系概括为,"村级公共服务与社会管理相互促进的成都模式"。[②] 民主和民生在这一制度创新中实现了有效的互动和相互促进。

(三)以社会组织管理体制创新促国家与社会的良性互动

"参与型"社区管理和"多元治理"理念给我们的启示是,政府的社会管理应以培养公民参与和志愿精神,保障和促进公民社会向独立、自主、自治的方向发展为落脚点。近年来,成都在新型农村社区

---

① 参见成都市《关于深化城乡统筹进一步提高村级公共服务和社会管理水平的意见(试行)》(成委发[2008]37号文件)。

② 孙立平:《村级公共服务与社会管理相互促进的成都模式》,《从成都统筹城乡发展专题研究报告》。

管理创新的过程中，把培育和规范社区社会组织作为重要突破口，有效发挥了社会组织协同社会管理的桥梁作用。从制度层面来看，2009年底《成都市社区社会组织备案管理暂行办法》的出台，标志着城乡社区社会组织备案管理制度的开启；2011年《关于加快培育发展社会组织的实施方案》和《关于深化社会体制改革加快推进城乡社会建设的意见》的出台，进一步推动了社区社会组织管理的制度化。其中，关于成立社会组织发展基金会、建立社会组织孵化园、大力推进向社会组织购买服务、加强对社区社会组织的扶持、深化社会组织登记管理体制改革等举措为新型农村社区社会组织发展提供了必要的政策支撑和制度保障。从实践层面来看，成都近年来大力发展社工队伍、志愿者队伍及行业协会、业主委员会等公民社会团体，壮大并引导社会力量参与新型农村社区管理，为村(居)民提供了多样化的志愿服务和公共服务。如统筹城乡青年服务社、成都市田园社会工作服务中心等非营利性社团组织的成立，很好地落实了"共建共享共治"的原则，激发了社会的内生力量。2012年6月29日，成都市社会组织发展基金会、成都市公益组织服务园的成立为社区社会组织的发展搭建了新平台，标志着成都社会组织培育和发展水平的进一步提升。很多人要问，社会组织参与社会管理的动力在哪里呢？成都的实践充分证明，党和政府的推动是社会组织发展和参与社会管理的重要动力，政府购买社会组织公共服务的资金及其制度安排是社会组织提供公共服务、参与社会管理的基础保障和动力源泉。另一方面，社会自身的生长也为社会组织的培育和壮大提供了内生驱动力。社会组织管理体制的激活，社会力量的发展和壮大，大大改变了以往党委和政府包揽一切的社会管理旧格局，实现了国家与社会的良性互动，很多新的社区管理问题在社会的有效协同中得以迎刃而解。

三、推进新型农村社区管理体制创新的路径思考

（一）完善新型农村社区“善治”的组织架构

“善治就是使公共利益最大化的社会管理过程。善治的本质特征，就在于它是政府与公民对公共生活的合作管理，是政治国家与市民社会的一种新颖关系，是两者的最佳状态。”①推进新型农村社区管理体制创新，其实质就是要进一步厘清社区党组织、集体经济组织、社区自治组织及其他社会组织在新型农村社区管理中的关系，构建起多样化社区组织的善治架构：即社区党组织是新型农村社区管理的领导核心，集体经济组织是新型农村社区管理的重要利益相关方和参与主体，社区自治组织则是新型农村社区管理的主体，社会组织是新型社区管理的重要协同力量。因此，创新新型农村社区管理体制，首先就是要加强和创新社区党组织建设，提高新型农村社区党组织的社会整合能力；改进基层党组织在社区管理中的领导方式；合理界定社区党组织的社会管理职责权限，切实发挥“党委领导”的核心作用。其次要切实发挥集体经济组织在创新新型农村社区管理和服务中的重要作用，壮大新型农村社区管理和服务的经济基础。再次要准确定位社区居委会的自治功能，避免社区居委会因疲于应付“政务”而无暇做好本职工作，有效克服和解决不断给社区提要求、压任务的问题，实现居（村）民的事居（村）民自己说了算。最后，要充分发挥社区社会组织的协同作用，为社区居（村）民提供多样化的社会服务和利益诉求表达渠道。只有实现社区（村）党组织、自治组织、集体经济组织以及其他社会组织之间的有效衔接与良性互动，才能真正实现新型农村社区管理模式的转换

① 俞可平：《治理和善治引论》，《马克思主义与现实》1999 年第 5 期。

与有效运行。

(二)厘清和健全新型农村社区自治的内部结构和配套制度

新型农村社区作为衔接政府与居(村)民的纽带和桥梁,是居(村)民"自我管理、自我教育、自我服务的基层群众性自治组织"。强化新型农村社区自治功能是新型农村社区治理的内在要求和本质体现。一是要厘清社区居(村)民自治的内在结构。在社区党组织的领导下建立和完善社区议事决策与执行相分离的工作机制。居(村)民会议[或居(村)民代表会议]、居(村)民议事会和居(村)民委员会要准确定位、各行其权,形成社区治理合力。居(村)民会议[或居(村)民代表会议]是在社区党组织领导下,社区成员参与新型农村社区治理、实现社区依法民主自治的最高权力机构。居(村)民议事会是居(村)民会议[或居(村)民代表会议]授权的社区自治事务的常设议事决策监督机构。居(村)民委员会是居(村)民会议[或居(村)民代表会议]闭会期间的常设执行机构,执行居(村)民会议[或居(村)民代表会议]、居(村)民议事会的决议(授权范围内)。"三会"之间决策、执行、监督的职责权限相互制衡,为促进社区自治功能的"回归"提供制度支撑。① 二是要健全社区居(村)民自治的配套制度。配套制度的建立健全是社区居(村)民自治内部结构能否有效运行的关键。当前,新型农村社区居(村)民自治中比较突出的制度需求有:社区党组织和社区自治组织之间的关系需要进一步理顺,居(村)民会议[或居(村)民代表会议]对居(村)民议事会决议的授权范围需要更加细化,居(村)民议事监督制度、议事规则需要更加具体,居(村)民委员会的自治范围需要更加明确等。因此,要通过完善的制度设计,比如,建立健全社区党组织和社区自治组织的关系机制、

---

① 这一布局构想借鉴于成都构建新型村级治理机制的做法。参见《关于进一步加强农村基层基础工作的意见》(成委发〔2008〕36 号)和《关于构建新型村级治理机制的指导意见》(成组通〔2008〕113 号)。

居(村)民议事制度(规则)、民主决策制度、民主监督制度、居(村)两委干部罢免制度、信息公开制度、民意表达制度、居务测评制度等,进一步推进新型农村社区居(村)民自治的有序进行和规范开展。

(三)培育和完善新型农村社区社会组织及管理体制

"社会组织是农村社会管理的多元主体之一,其发展状况直接反映农村社会管理主体的社会化程度。"[①]从这个意义上说,农村社会组织的壮大和作用的有效发挥是新型农村社区管理创新的重要标志,它一方面可以有效地激发社会的内生力量,为社会管理创新提供不竭的动力源泉;另一方面可以成为公共服务供给和矛盾纠纷化解的有效途径和重要抓手。因此,在加强和创新新型农村社区管理的过程中,要大力发展和规范公益性、社会服务型等社会组织,并完善其参与社区管理的体制机制。一是大力培育社区民间组织和群众组织。对公益性、服务性的社区民间组织和群众组织重点扶持,同时建立行业协会、建立听证制度,打破传统的"单向申报审批式"的登记管理模式,探索民间组织管理"以民管民"新格局。二是要大力培育社区志愿者组织。建立新型农村社区志愿者服务站,通过政策的引导,广泛吸纳社会各界人士参与社区志愿服务,在为志愿者搭建爱心平台的同时,为社区居民提供多样化需求的志愿服务。三是要创新社会组织管理的体制机制。降低准入条件,探索农村社会组织登记备案双轨制;出台扶持政策,推进农村社会组织的孵化和培育;加强运行监管,实现农村社会组织发展的制度化、规范化;畅通参与渠道,强化农村社会组织的协同功能。

(四)构建新型农村社区多样化的公共服务供给体制

"当前,农村社区公共服务的供给与发展是城乡基本公共服务

---

① 门献敏:《社会管理创新视野下我国农村社会组织的角色定位》,《社会主义研究》2012年第2期。

均等化的重要基点。”“但是,农村社区公共服务在现实运行中面临诸多问题或困境。”①公共服务供给不足是新型农村社区民生问题凸显的重要原因。如何解决这一问题?从根本上来说就是要变机制。公共服务的内涵,一方面是公民集体享用、共同享受的服务,另一方面是公民集体参与来提供的服务。因此,要构建多样化的社区公共服务供给体制,引入民间力量和多样化的主体参与公共服务的供给,实现公共服务的分类供给和多元供给。新型农村社区的公共服务,有的政府可以购买,有的政府可以参与,有的服务项目可以通过多元化经营,比如民营、承包等方式,而这就需要靠新的机制来运作,制定新的规则,构建新的体制。首先,要强化政府的公共服务和社会管理职能,转变政府社会管理和服务理念,更好地发挥政府在公共服务供给过程中的组织者、召集者和指导者作用。其次,要形成公共服务供给的多元化主体。公共服务的供给不能把大量的社会组织排斥在外,政府绝不仅仅是公共服务的单一提供者,要利用多样化的社会力量,利用社会团体、社会组织的力量参与公共服务的供给,这样可以与政府形成有效的合力来提供更优质的公共产品。最后,要创新公共服务的供给方式。公共服务的提供者不一定要生产,要鼓励社会组织通过政府资助、购买的方式参与公共服务和社区管理。可以多采用公共服务合同外包等方式,让更多的资金、人力物力参与到公共服务的供给之中。只有这样才能搞活公共服务的运作方式和供给方式,提升社区公共服务供给的质量和水平。多元化的公共服务供给机制可以实现公共服务和社会管理的全覆盖,让所有居民享受同质化的公共服务,增强新型农村社区居民对社区的归属感与认同感。

---

① 张开云:《农村社区公共服务:现实困境与理性选择》,《马克思主义与现实》2010年第1期。

农村社区建设模式构建的理论研究

浙江行政学院　陈旭峰*

内容提要：根据农村社区建设推动力量的不同，可以将农村社区建设模式分成内生型和外生型两种类型；根据农村社区建设目标导向的不同，可以将农村社区建设模式分成现代化和城市化两种类型。结合动力源和发展方向这两个视角可以将农村社区建设划分为四种模式，分别是外生型城市化模式、外生型现代化模式、内生型城市化模式和内生型现代化模式。本文从宏观、中观和微观三个层次对农村社区建设模式构建的理论依据进行了相关研究，以期对我国的农村社区建设有所帮助。

关键词：农村社区建设　模式构建　理论依据

改革开放以来，农村的经济社会实现了快速发展，很多农村地区正在由传统社会向现代社会转变。与此同时，农村社会在转型期的矛盾越来越凸显，这些矛盾在经济、政治、社会和文化等各个方面都有明显的表现。正是在这一背景下，国家提出了农村社区建设，希望通过农村社区建设来构建富裕、文明、民主、和谐的新型农村社区。那么，农村社区建设有哪些模式呢？笔者认为可以从两个视角来构建农村社区建设模式，一个是动力源视角，根据农村社区建设推动力量的不同，可以将农村社区建设模式分成内生型和外生型两

* 陈旭峰，浙江行政学院社会学文化学教研部讲师。

种类型；另一个是发展方向视角，根据农村社区建设目标导向的不同，可以将农村社区建设模式分成现代化和城市化两种类型。根据动力源和发展方向的不同可以将农村社区建设划分为四种模式，分别是外生型城市化模式、外生型现代化模式、内生型城市化模式和内生型现代化模式。那么这些模式又是怎样构建出来的呢？这是本文着重要探讨的问题。本文从宏观、中观和微观三个层次对农村社区建设模式构建的理论依据进行了相关研究，以期对我国的农村社区建设有所帮助。

一、宏观视角：国家—社会关系理论和文化自觉理论

（一）国家—社会关系理论

改革开放以来，随着全能主义政治的消退，“国家与社会”关系逐渐成为国内学界普遍采用的一个分析术语。[①] 在国家与社会关系研究中，市民社会（civil society）的研究框架是最先流行起来的，并且在之后的二十余年中一直占据着分析范式的主导地位，关注的重点是“那些不能与国家混淆、或不能被国家淹没的社会生活领域”。[②] 邓正来的研究指出，“中国市民社会是由独立自主的个人、群体、社团和利益集团构成的，其间不包括履行政府职能、具有‘国家政治人’身份的公职人员、执政党组织、军人和警察，也不包括自给自足、完全依附于土地的纯粹农民。”[③]在邓正来看来，中国的乡村社会并不是一个市民社会，在市民社会的研究中也基本看不到乡村研究的

① 景跃进：《党、国家与社会：三者维度的关系——从基层实践看中国政治的特点》，《华中师范大学学报（人文社会科学版）》2005 年第 2 期，第 9-13，29 页。

② 邓正来，亚历山大编：《国家与市民社会——一种社会理论研究路径》，中央编译出版社 1993 年版，第 3 页。

③ 邓正来：《国家与社会：中国市民社会研究》，北京大学出版社 2008 年版，第 7 页。

身影，这或许是与概念的适用性有关。那么中国的乡村是否适合用“国家—社会”关系理论来开展相关研究呢？孙立平指出，如果说国家与社会的分离在城市中的社会结构变迁更多地表现出来，那么国家与社会的新的结合过程则更多地呈现在农村社会结构变迁之中的。[①] 普通农民眼中，国家是与“官”联系在一起的，他们在日常生活中大量接触到的“官”便是乡镇干部，而“社会”则是指村庄和村民，在概念上与国家对分。[②] 因此，国家—社会关系学说不仅仅适用于都市社会的研究，也同样适用于乡村社会的研究，特别是对处于转型期的乡村社会来说尤为适用。

20 世纪 90 年代以来，随着中国城市社区和乡村基层社会的变迁，尤其是城市社区治理和乡村自治的推进，“国家—社会”的分析框架成为国内学者讨论的热点，并取得了大量的成果。笔者认为，“国家—社会”关系理论对农村社区建设模式的构建来说是一种非常好的理论视角，农村社区建设过程体现出了国家—社会关系的变化，这种变化受政治、经济、社会和文化因素的影响。也可以说，国家—社会关系对农村社区建设模式构建存在直接的影响，不同的国家—社会关系会产生不同的农村社区建设模式。

那么国家－社会关系有哪几种模式呢？以国家为纵坐标、以社会为横坐标，可以将国家社会关系划分为四种模式：Ⅰ. 强国家—强社会模式，这是比较理想的国家社会模式，一方面国家具有较强的行动能力，另一方面社会具有较强的活力；Ⅱ. 强国家—弱社会模式，以改革前的中国为典型，后发展中国家在实现现代化过程中往往采取这种模式，国家具有超强的能力，社会缺乏自主性和活力；Ⅲ. 弱国家—弱社会模式，以建国前的中国为典型，国家缺乏有效的权

① 孙立平：《转型与断裂——改革以来中国社会结构的变迁》，清华大学出版社 2004 年版，第 160 页。

② 景跃进：《党、国家与社会：三者维度的关系——从基层实践看中国政治的特点》，《华中师范大学学报（人文社会科学版）》2005 年第 2 期，第 9-13，29 页。

威,社会也较为凌乱;Ⅳ.弱国家—强社会模式,以自由资本主义国家为典型,国家只是充当“守夜人”的角色,社会力量非常强大。①

可以说,处于不同的国家—社会关系模式下,农村社区建设模式的构建也会不同。笔者认为,从“国家－社会”关系理论角度来看,在强国家—弱社会关系模式之下,国家对农村社区发展起主导作用,因此,农村社区建设主要是一种外生型发展模式,其结果必然是农村社区建设完全按照国家的意识形态导向发展;在弱国家—强社会关系模式之下,农村对农村社区发展起主导作用,因此,农村社区建设主要是一种内生型发展模式,其结果必然是农村社区建设完全按照自己的意识形态导向发展;在强国家—强社会和弱国家—弱社会这两种关系模式之下,不管是国家还是社会,双方都不足以对农村社区发展起主导作用,因此,农村社区建设主要是一种内外生结合型发展模式,其结果必然是农村社区建设按照国家和农村双方共同的意识形态导向发展。

(二)文化自觉理论

按照方光华等人②的观点,他们认为“文化自觉”的观点20世纪初就有提出。但是笔者认为,从讨论的内容来说,主要是围绕学术问题展开的,是关于学术自觉的讨论。值得一提的是,20世纪80年代,许苏民③曾经提出“中华民族的文化自觉”问题。但“文化自觉”作为一种社会思潮真正引起人们普遍关注,是在20世纪90年代以来。1997年,著名学者费孝通在北京大学举办的社会文化人类学高级研讨班上提出“文化自觉”理论。“文化自觉只是指生活在一定文

① 吴从环:《改革后的中国国家社会关系》,《安徽行政学院学报》2010年第1期,第72-76页。

② 方光华,曹振明:《20世纪90年代以来的“文化自觉”思潮论析》,《人文杂志》2011年第1期,第113-116页。

③ 许苏民:《论中华民族的文化自觉》,《青年论坛》1986年第11期。

化中的人对其文化有‘自知之明’，明白它的来历、形成过程、所具的特色和它发展的趋向，不带任何‘文化回归’的意思，不是要‘复旧’，同时也不主张‘全盘西化’或‘全盘他化’。自知之明是为了加强对文化转型的自主能力，取得决定适应新环境、新时代时文化选择的自主地位。”①费孝通对文化自觉还有一个看法：“各美其美，美人之美，美美与共，天下大同。”从这一看法可以剖析出文化自觉包含的三重成分：一种文化的自我认识、各个文化间的相互认识以及对人类多元文化命运的共同认识。② 可以说，“天下大同”是费孝通倡导文化自觉理论的目标所在。

归纳当前学术界的探讨，“文化自觉”的内涵主要有三点：一是处在一定文化环境中的“人”要有对所处文化的自我意识，要对自己所拥有、所生存的文化状态持有清醒认识；二是在各种异质文化面前，对自己的文化要有“自知之明”，确立主体意识，并能对自身文化进行创造与建设；三是在处理不同文化关系时，要树立“和而不同”的文化观，相互欣赏、学习，将自己的民族文化融入到世界文化体系中，在世界文化体系中找到自己文化的位置与坐标。③ 在全球化发展的背景下，文化选择成为了一个重要议题。在现实中，往往容易出现两种极端的文化选择倾向：一种是全盘西化式的文化选择倾向，这种倾向完全摒弃了传统文化；另外一种是复古式的文化选择倾向，这种倾向完全排斥外来文化。费孝通的文化自觉理论对于处理文化选择中存在的问题是非常有意义的。

可以说，“文化自觉”在不同的领域有不同表现，在政治上需要文化自觉，在经济上需要文化自觉，在社会上需要文化自觉，在文化

---

① 费孝通：《反思．对话．文化自觉》，《北京大学学报（哲学社会科学版）》1997 年第 3 期，第 15-22 页。

② 张冉：《中国文化自觉理论研究刍议》，《人民论坛》2011 年第 29 期，第 230-231 页。

③ 方光华，曹振明：《 20 世纪 90 年代以来的“文化自觉”思潮论析》，《人文杂志》2011 年第 1 期，第 113-116 页。

上需要文化自觉。费孝通提出文化自觉的初衷在于解决中西方文化交流中存在的问题,笔者认为,费孝通的文化自觉理论同样能够应用于农村社区建设模式的构建这一问题上,也就是说能否做到"文化自觉"将会影响到农村社区建设模式的构建。当农村社区能够做到"文化自觉"时,在农村社区建设过程中,农村一方面不仅能够对农村自身有清楚的认识,认识到农村自身的价值所在,另一方面又不主张"全盘城市化",而是在结合农村特色的基础上来学习城市的现代化因素,其社区建设模式会倾向于现代化;当农村社区不能够做到"文化自觉"时,其社区建设模式会倾向于城市化,这一模式是纯粹的照抄照搬城市的发展模式。

二、中观视角:"场域—惯习"理论和"内局群体—外局群体"理论

(一)"场域—惯习"理论

法国社会学家布迪厄提出了"场域"和"惯习"两个社会学当中的核心概念,这两个概念是布迪厄实践社会学的重要组成部分。布迪厄认为:"在高度分化的社会里,社会世界是由具有相对自主性的社会小世界构成的,这些社会小世界就是具有自身逻辑和必然性的客观关系的空间,而这些小世界自身特有的逻辑和必然性也不可化约成支配其他场域运作的那些逻辑和必然性。"[①]在布迪厄看来,这些社会小世界就构成了一个个场域。从"场域"这个概念可以看出布迪厄独特的方法论倾向,他试图超越整体主义方法论和个体主义方法论之间的二元对立。布迪厄认为,迪尔凯姆开创的整体主义方法论过于强调社会的整体性而忽略了个人的存在,韦伯开创的个体

① 皮埃尔·布迪厄,华康德著,李猛,李康译:《实践与反思——反思社会学导引》,中央编译出版社1998年版,第134页。

主义方法论则过于强调个体而忽略了社会对个人的制约性。布迪厄提出的“场域”就是介于社会和个体之间的一个中观概念，能够很好解决宏观和微观之间的对立。

那么到底“场域”是什么呢？第一，场域是一个相对独立的社会空间；第二，场域是一个客观关系构成的系统；第三，场域是一个充满争斗的空间；第四，场域的边界是经验的，场域间的关联是复杂的。[①] 在布迪厄看来，整个社会是一个“大场域”，而政治、经济、文化等都是处于“大场域”中的“小场域”。在笔者的研究当中，就有很多个场域，从地域上来划分有“城市场域”和“农村场域”，从领域上来划分有诸如“经济场域”、“社会场域”、“文化场域”、“政治场域”等等。

布迪厄的“惯习”概念也很好地体现出了其方法论倾向，他提出“惯习”概念的目的在于超越客观主义和主观主义之间的二元对立。在布迪厄看来，客观主义方法论过于强调客观存在性而忽视了人的主观能动性，主观主义方法论则过于强调人的主观能动性而忽视了客观存在性。布迪厄提出的“惯习”就是介于客观主义和主观主义之间的一个中间概念，能够很好解决客观和主观之间的对立。那么到底“惯习”是什么呢？第一，惯习“是持久的可转移的禀性系统”；第二，惯习是与客观结构紧密相连的主观性。第三，惯习既是个人的又是集体的；第四，惯习具有历史性、开放性和能动性。[②] 布迪厄强调，“惯习这个概念，揭示的是社会行动者既不是受外在因素决定的一个个物质粒子，也不是只受内在理性引导的一些微小的单子（monad），实施某种按照完美理性设想的内在行动纲领。社会行动者是历史的产物，这个历史是整个社会场域的历史，是特定子场域中某个生活道路中积累经验的历史。”[③] 在布迪厄看来，惯习是一种“外在

①②③　毕天云：《布迪厄的“场域—惯习”论》，《学术探索》2004 年第 1 期，第 32 - 35 页。

性的内在化”,既有主观成分在内,也有客观成分在内。

综观布迪厄的论述,场域与惯习之间的关系可以从四个层面理解:第一,场域和惯习相依相存。场域是具有惯习的场域,没有惯习的场域是不存在的;惯习是场域内的惯习,脱离场域的惯习也是不存在的。第二,每一个场域制约着其内部的惯习,而惯习对制约其的场域又具有认知建构意义。在布迪厄看来,讨论个体行动与社会结构的关系时,要同时考虑外在性的内在化和内在性的外在化的双重过程。第三,场域制约着惯习,惯习对场域具有能动的反作用。惯习与场域二者不是简单的决定与被决定的关系。第四,场域与场域间的惯习各不相同,有其自身的独特性。由于场域是分为不同类型或形式的,惯习也不例外,因此,不同的场域具有不同惯习,不能把在此场域形成的惯习简单地“移植”到彼场域去。[①] 可以说,布迪厄的“场域—惯习”理论是一个非常好的理论视角,从当前的研究现状来看,用这一理论视角开展相关研究的范围也非常广泛。

从“场域—惯习”理论视角出发,笔者认为:当充分认识到农村自身的“场域”和“惯习”时,农村社区建设就会按照现代化、多样化的方向来构建农村社区建设模式;当没有充分认识到农村自身的“场域”和“惯习”时,农村社区建设就会按照城市化、统一化的方向来构建农村社区建设模式。从当前农村社区建设来说,存在两方面的严重问题:一方面,农村社区建设存在严重的城市化倾向,也就是说,农村社区建设是按照城市社区建设的模式在进行的;另一方面,农村社区建设存在“千村一面”现象,也就是说,农村社区建设是按照统一的农村社区建设模式在进行。结合场域与惯习之间的关系理论,笔者认为在构建农村社区建设模式过程中以下两个方面是需要关注的:一方面,城市与农村作为不同的场域,有着不同的惯习,

---

① 谢方:《“场域—惯习”论下的个体行动与社会结构》,《理论观察》2009 年第 1 期,第 48-49 页。

这要求农村社区建设的模式不能完全按照城市社区建设的模式来发展;另一方面,不同的农村地区之间也很不相同,具有不同的场域特征,有着不同的惯习,因此,对于农村社区建设来说,也不应该完全遵循同样的发展模式,而是应该结合不同农村自身的场域特征和惯习性质来选择社区发展模式。

(二)"内局群体—外局群体"理论

社会学家埃利亚斯提出了"内局群体"与"外局群体"的概念,所谓"内局群体"是居于内核、把持文化表达的群体,而"外局群体"是处于边缘、接受并巩固文化表达所体现出来的权力关系的群体。[①]在农村社区建设模式构建过程中,处于"内局群体"地位还是"外局群体"地位有着直接的影响。在农村社区建设过程中,"外局群体"对社区的文化氛围、价值取向、公共舆论并不具有主导作用,因此也无法触及和影响社区的核心体系,他们只能处于边缘,接受并巩固文化表达所体现出来的权力关系,根据"内局群体"的取向行动。

笔者认为:当某一农村地区处于"内局群体"地位时,从农村社区建设的动力源来说会倾向于内生型,从农村社区建设的方向来说会倾向于现代化;当某一农村地区处于"外局群体"地位时,从农村社区建设的动力源来说会倾向于外生型,从农村社区建设的方向来说会倾向于城市化。由于参照群体的不同,"内局群体"与"外局群体"的地位也是可以相互转化的。具体来说,这体现在两个方面:第一个方面,与城市比较而言,农村处于"外局群体"地位,这一地位使得农村在选择社区建设模式时,从农村社区建设的动力源来说会倾向于外生型,从农村社区建设的方向来说会倾向于城市化。第二个方面,与同一地区的其他农村比较而言,当某一农村地区处于"外局群体"地位时,从农村社区建设的动力源来说这一农村地区会倾向

① 杨善华:《当代西方社会学理论》,北京大学出版社1999年版,第334页。

于外生型,从农村社区建设的方向来说会倾向于同“内局群体”的方向保持一致,根据“内局群体”的取向行动;与同一地区的其他农村比较而言,当某一农村地区处于“内局群体”地位时,从农村社区建设的动力源来说这一农村地区会倾向于内生型,从农村社区建设的方向来说会倾向于按照自身的取向来行动。

三、微观视角:资本理论和理性选择理论

(一)资本理论

法国社会学家布迪厄是资本理论的代表人物,他在分析社会时引入了资本概念,他认为,“资本是积累的(以物质化的形式或‘具体化的’、‘肉身化的’形式)劳动,当这种劳动在私人性,即排他的基础上被行动者或行动者小团体占有时,这种劳动就使得他们能够以物化的或活的劳动的形式占有社会资源。”[①]布迪厄的定义中隐含了资本的三个特性:第一,资本的生成性,即资本是积累的劳动;第二,资本的排他性,即资本应与私人占有关系一致;第三,资本的获利性,即资本是一种能获得更多资源的资源。这一定义体现了资本的所有与使用、资本的生产与实现的统一。[②]

布迪厄对资本概念的最重要贡献是对资本的类型学研究。布迪厄把资本分成三种类型——经济资本、社会资本和文化资本。布迪厄指出,所谓经济资本就是经济学通常理解的资本类型,指可以直接兑换成货币的那种资本形式,它可以制度化为产权形式。[③] 对于社会资本,布迪厄是这样来定义的,“社会资本是实际的或潜在的

---

① 皮埃尔·布迪厄,华康德著. 李猛,李康译:《实践与反思——反思社会学导引》,中央编译出版社 1998 年版,第 189 页。

② 林克雷,李全生:《广义资本和社会分层——布迪厄的资本理论解读》,《烟台大学学报(哲学社会科学版)》2007 年第 4 期,第 63-68 页。

③ 杨善华:《当代西方社会学理论》,北京大学出版社 1999 年版,第 284 页。

资源的集合体,那些资源是同对某种持久性的网络的占有密不可分的,这一网络是大家共同熟悉的、得到公认的,而且是一种体制化关系的网络。换句话说,这一网络是同某团体的会员制相联系的,它从集体性拥有的资本的角度为每个会员提供支持,提供为他们赢得声望的凭证,而对于声望可以有各种各样的理解。"[①]布迪厄认为,所谓文化资本是指借助不同的教育行动传递的文化物品。[②] 在布迪厄看来,文化资本可以有三种存在形式,"①具体的状态,以精神和身体的持久性情的形式;②客观的状态,以文化商品的形式(图片、书籍、词典、工具、机器等等),这些商品是理论留下的痕迹或理论的具体显现,或是对这些理论、问题的批判,等等;③体制的状态,以一种客观化的形式,这一形式必须被区别对待(就像我们在教育资格中观察到的那样),因为这种形式赋予文化资本一种完全是原始性的财产,而文化资本正是受到了这笔财产的庇护"。[③]

笔者认为:布迪厄的资本理论为农村社区建设模式的构建过程提供了一个非常好的理论视角,农村社区建设模式的选择必然受到资本拥有情况的影响。当前这里的资本不仅包括经济资本,还包括社会资本和文化资本。从资本对农村社区建设动力源的影响来看,如果农村社区拥有足够的经济资本、社会资本和文化资本,那么,从农村社区建设的动力机制来说更有可能是内生型的,在这一情况下,农村自身有足够的力量来推动社区建设;反之则更有可能是外生型的,农村自身没有足够的力量来推动社区建设,需要借助于外力来推动。从资本对农村社区建设方向的影响来看,如果农村社区的经济资本、社会资本和文化资本表现出明显的城市性,那么,农村社区建设更倾向于按照城市化方向发展;如果农村社区的经济资本、社会资本和文化资本表现出明显的现代性,那么,农村社区建设

---

① 包亚明:《文化资本与社会炼金术》,上海人民出版社 1997 年版,第 202 页。
② 杨善华:《当代西方社会学理论》,北京大学出版社 1999 年版,第 285 页。
③ 包亚明:《文化资本与社会炼金术》,上海人民出版社 1997 年版,第 192-193 页。

更倾向于按照现代化方向来发展。

(二)理性选择理论

理性选择理论作为一个重要的理论流派，与结构功能论、冲突论、交换论、符号互动论、批判理论等一起成为西方社会学理论的重要理论资源，在很多研究领域有着重要的影响力。社会学有关理性选择理论的论述最早始于霍曼斯(George Homans)，他运用社会心理学家的群体动力学重新解释了小群体的行为，从而构建了社会交换的形式。随后，布劳(Peter Blau)运用社会交换思想研究了正式组织以外的非正式组织的社会交换。理性选择理论用于宏观社会学则始于1983年，其后，随着《理性与社会》期刊的出版(1989年)和1990年国际社会学协会理性选择研究分会的诞生，理性选择理论进入运用阶段。而科尔曼(James Coleman)1990年出版的巨著《社会理论的基础》，则标志着社会学理性选择理论的正式确立。[①] 科尔曼的理性选择理论以“理性人”假设为出发点，认为对于行动者来说，其行动原则是使产出最大化。理性选择理论所讲的“理性”就是解释个人有目的的行动与其所可能达到的结果之间的联系的工具性理性。一般认为，理性选择范式的基本理论假设包括：①个人是自身最大利益的追求者，②在特定情境中有不同的行为策略可供选择，③人在理智上相信不同的选择会导致不同的结果，④人在主观上对不同的选择结果有不同的偏好排列。[②]

理性选择理论并不是一种解释行为的理论，而是一种解释和说明社会与经济系统之功能发挥的理论。从结构上讲，理性选择理论包括行为者和系统这两个层面，其特征是部分个人理性假设的综合以及用具有内生和外生的社会结构替代完全市场的假设，而且这种社会结构

---

① 丁玉洁:《社会学理性选择理论述评》,《辽宁行政学院学报》2006年第12期，第93-94页。

② 陈彬:《关于理性选择理论的思考》,《东南学术》2006年第1期，第119-124页。

把个人蕴藏于系统之中。[①] 对于科尔曼来说，他采用的是个人主义方法论，但从理性选择理论分析的对象来看，并不仅仅局限于个人。虽然理性选择理论存在着诸如"目的论"与"同义反复"的陷阱、方法论的悖论、解释效力的质疑等困境，但是理性选择理论也为笔者提供了一种非常好的研究视角，是一种比较有效的解释范式。

当前，在国内学术界，理性选择理论的应用范围非常广泛，笔者认为，理性选择理论在农村社区建设模式的构建过程中有很好的体现：在农村社区建设进程中农民这一行为主体扮演着"理性人"的角色，他们对于农村社区建设模式的选择往往是受"理性"影响的。从"理性"对农村社区建设动力源的影响来看，当农民充分认识到农村社区建设对于农村发展的益处时，他们就会自觉自愿地投入到农村社区建设当中来，形成一种内生型的力量；当农民没有充分认识到农村社区建设对于农村发展的益处时，他们就不会自觉自愿地投入到农村社区建设当中来，这一情况下农村社区建设是外生型的，农民更多的是一种被动的参与。从"理性"对农村社区建设方向的影响来看，当他们认为城市化更有利于农村发展时，他们就会按照城市化的方向来选择农村社区建设的模式；当他们认为现代化更有利于农村发展时，他们就会按照现代化的方向来选择农村社区建设的模式。当然，这里的"理性"带有很强的主观色彩，并不是客观上的"理性"。也正是这一原因，使得农民理性选择的结果是按照城市化的模式来开展农村社区建设。同时，这种理性不仅体现在"经济人"理性上，还体现在"社会人"理性上，也就是说，"理性"考虑的因素是综合的，涵盖经济、社会和文化等因素在内。当前，在农民的"理性"当中，"经济理性"与"社会理性"是失衡的，农民更多的是考虑"经济理性"，而忽略了"社会理性"，也正是这一原因，使得农村社区建设按照城市化的模式在开展。

---

① 谢舜，周鸿：《科尔曼理性选择理论评述》，《思想战线》2005 年第 2 期，第 70-73 页。

破解西部地区“农村空心化”问题的路径研究

——基于农村社会管理创新视角*

重庆行政学院　周学馨**

内容提要：西部地区“农村空心化”问题是一个多学科研究的重要领域。从社会管理视角来看，西部地区“农村空心化”呈现出管理主体的“空心化”、管理需求的“差异化”、管理方式的“单一化”和管理政策的“碎片化”四个特点。为此，其对策建议包括补充各类主体力量，使新农民新村干新村官成为农村社会管理创新的主力军；推进改革力度，使公共产品供给模式创新成为农村社会管理创新的突破口；发育各类社会组织，使基层党组织成为农村社会管理创新的领导核心；以及健全农村社会政策体系，使民生政策优化成为农村社会管理创新的标志。

关键词：西部　农村空心化　社会管理

2008年，党的十七届三中全会关于《中共中央关于推进农村改革发展若干重大问题的决定》指出，到2020年，农村改革发展基本目标任务是：“农村社会管理体系进一步完善”，在加快发展农村公共事业，促进农村社会全面进步方面，提出“强化农村社会管理”。在推进“党委领导、政府负责、社会协同、公众参与”的社会管理新格局形成过程

---

* 基金来源：《中西部地区农村社会管理研究》，中国行政体制改革研究会 & 国家行政学院资助项目，2012年。

** 周学馨，重庆行政学院经济社会发展研究所所长、教授。

中,农村社会管理状况如何、面临哪些问题、需要如何改进,以促进农村事业健康快速发展,这些成为值得研究的议题。尤其是伴随我国市场化、工业化和城市化的快速发展,随着大量劳动力的外出,西部地区“农村空心化”现象日渐突出,对农业生产、农村公共服务、村民自治以及乡村社会秩序都产生了消极影响,导致农村社会整体性衰落与凋敝。如何从加强和完善社会管理的角度分析西部地区“农村空心化”存在的主要问题并提出对策路径,具有非常重要的理论和实践价值。

一、“农村空心化”概念的文献综述

与“农村空心化”相类似的概念,如“空心化聚落”、“空壳村”、“空心村”、“人才空心化”、“金融空心化”以及“教育空心化”等,都在一定意义上对“农村空心化”进行了不同角度的演绎。就其概念而言,目前学界主要从以下两个方面来进行研究。

一是从地理学的角度来研究农村空心化问题。程连生、冯文勇等学者认为“农村空心化聚落”是指居住在平原地区集村的住户,在空间欲望驱使下逐渐向周边新扩带迁居,导致原聚落成新度下降、非居住房屋增加、废墟面积扩大、人口密度锐减,并与新扩带形成强烈反差的一种聚落形态,由原来成新度相对均质的聚落,发展为新旧二元结构的空心化聚落的过程。[①] 这一概念高度完整并准确概括了农村空心化的演化特征。学者薛力认为“空心村”是在我国特有的城市化过程中发生的,它是一个复杂的社会经济过程在村庄的物质形态中的表现,是村庄外围粗放发展而内部衰败的空间形态的分异现象。[②] 这在一定程度上补充阐明了农村空心化与城市化发展的

---

① 程连生,冯文勇,蒋立宏:《太原盆地东南部农村聚落空心化机理分析》,《地理学报》2001 年第 4 期,第 437-446 页。

② 薛力:《城市化背景下的“空心村”现象及其对策探讨——以江苏省为例》,《城市规划》2001 年第 6 期,第 8-13 页。

内在关系。刘彦随、刘玉和翟荣新等学者通过对山东禹城市的实地调研,认为“农村空心化”是指城乡转型发展进程中农村人口非农化引起“人走屋空”,以及宅基地普遍“建新不拆旧”,新建住宅向外围扩展,导致村庄用地规模扩大、原宅基地闲置废弃加剧的一种不良演化过程。这一概念强调了农村空心化是乡村地域系统演化的一种动态过程和特殊形态,其结果产生了空心村。①

二是从经济学的角度来研究农村空心化问题。经济学的视角主要是侧重于人口迁移、劳动力资源转移所带来的“人口空心化”或“人才空心化”。比较典型的研究视角有以下几种:周祝平学者认为农村“人口空心化”是指农村青壮年劳动力大量流入城市,导致农村人口下降和农村青壮年人口比例下降,农村剩下的人口大多数是老人、妇女和儿童的一种现象。② 这从宏观上表明中国正由传统的乡村社会向现代社会迈进。学者刘鸿渊认为农村“空心化”更多的是指因农村优质人力资源的外流而引起的经济社会建设的人才资源缺乏现象。③ 学者林孟清认为,所谓“农村空心化”,就是农村人才大量流失,不仅使农业,而且还使整个农村地区的工副业、文教科研和卫生部门的人才出现严重空缺的现象。④ 这主要强调了劳动力和人才的缺乏是制约社会主义新农村建设的主要因素。谷云凤、郭秀伟等学者认为,当前在不少农村地区,由于城镇化的快速推进和农村强壮年劳动力的大量外流,已经出现了经济意义上的“空心村”和地

---

① 刘彦随,刘玉,翟荣新:《中国农村空心化的地理学研究与整治实践》,《地理学报》2009 年第 10 期,第 1196 页。

② 周祝平:《中国农村人口空心化及其挑战》,《人口研究》2008 年第 2 期,第 45-52 页。

③ 刘鸿渊:《贫困地区农村“空心化”背景下的基层党组织建设研究》,《求实》2011 年第 3 期,第 28-30 页。

④ 林孟清:《推动乡村建设运动:治理农村空心化的正确选择》,《中国特色社会主义研究》2010 年第 5 期,第 83-87 页。

理意义上的"空心村"相互交织的"空心化"现象。[①] 这又强调说明了一种新的"空心化"现象的出现。

总体来说,不管是从地理学的视角,还是从经济学的视角研究"农村空心化",都反映出"农村空心化"不仅是农村居住空间与聚落的变化过程,也不仅是单纯的农村人口外流问题,它反映了我国现代化进程中农村衰落与凋敝的总体态势和基本格局,本质上是农村地域经济社会功能的整体退化。[②] 但从目前研究现状来看,从社会管理以及社会治理的视角来研究"农村空心化"问题,尤其是针对西部地区进行研究,其研究理论和方法还相对比较欠缺,研究的成果也相对较少。

二、西部地区"农村空心化"背景下社会管理的四个特征

农村社会管理即在社会主义市场经济条件下,在建设社会主义和谐社会和社会主义新农村的过程中,政党、政府、社会组织等为了维护农民利益,促进社会公平公正,建设生活富裕、乡风文明、村容整洁、管理民主的和谐新农村,对农村社会生活的不同领域和各个环节的管理。农村社会管理是社会管理的重要领域。西部地区农村社会管理在"农村空心化"背景下出现以下四个特征。

一是农村社会管理主体的"空心化"。农村青壮年劳动力大量外出务工成为当前我国社会经济发展阶段的重要特征之一。国务院发展研究中心调查表明,全国转入非农产业的全部农村劳动力接近40%属于常年在外,其中举家外出者占5.29%,[③]西

① 谷云凤,郭秀伟:《新农村建设要谨防"空心化"倾向》,《论苑》2007年第9期,第39页。

② 刘彦随,刘玉:《中国农村空心化问题研究的进展与展望》,《地理研究》2010年第1期,第35-42页。

③ 国务院发展研究中心课题组:《中国新农村建设推进情况总报告——对17个省(市、区)2749个村庄的调查》,《农业经济导刊》2007年第11期。

部地区表现更为突出。社会管理主体"空心化"一方面由于文化水平较高、劳动技能突出、头脑相对灵活的农村精英流入城市谋求更好的发展机会与创业环境，使得村委会成员素质结构整体下降，对村级事务管理、村庄经济发展以及社会稳定维护方面极为不利；另一方面，由于大批青壮年农民外出，直接导致农村公共产品建设的主体缺位。无论是修路架桥、兴修水利，还是环境治理，都需要大量的劳动力，尤其是青壮年劳动力，但青壮年数量大为减少、结构日益老弱病残化的农村人口很难承担公共产品生产和新农村建设重任。

二是农村社会管理需求的"差异化"。由于二元经济结构的影响，农村公共服务发展滞后，再加上大量流动人口外出，使得农村公共产品需求数量、需求结构和需求能力都产生了差异化的现象。对农村义务教育、农业技术服务体系、农村通讯与网络设施、农村文化体育设施、子女入托、文化事业等生产促进型需求较为强烈的年轻人随着人口的外出迁移弱化，而农村家政服务、老年护理等生活保障型等需求还处于短缺，这不仅降低了农村人口的生活质量，同时也降低了农村公共产品的使用效率。据《中国农村贫困监测报告》显示：我国无论是中心卫生院还是乡医院，病床使用率均未超过40%，平均住院日低于5天，从1990年至2005年，总诊疗人次减少了36%，入院人数减少了43%。[①]这致使公共资源闲置浪费，相应的维护管理当然也难以跟上。

三是农村社会管理方式的"单一化"。对于基层干部而言，由于个别乡村干部长期忙于应付日常事务性工作，对如何建立创新农村社会管理机制思路窄、办法少。个别村干部往往在工作上靠个人威望或家族势力来维持整个村事务的管理和运转，"听民声"、"办民

---

① 国家统计局农村社会经济调查司：《中国农村贫困监测报告》，中国统计出版社2008年版。

事"、"解民难"落不到实处，民主管理和公共服务水平的有效机制很难形成。[①] 对于基层党组织而言，由于党员流动的无序性、留守队伍的老龄化、基层党组织活动单一和受多元化价值观影响，使得农村基层党组织难以成为党深入群众、凝聚力量、团结农民的强有力纽带。对于农村基层社会组织而言，由于中西部大部分地区仍然以分散的家庭经营模式为主要形式，集体财产几乎为零，大部分农民对发展农民组织的作用认识不足，政府不规范的行为没有为组织化营造良好的外部环境，直接造成农民组织程度弱化，基层社会组织难以发挥协同合作的社会管理作用。

四是农村社会管理政策的"碎片化"。与农民生活密切相关的就业政策、社保政策、教育政策、医疗政策、住房政策等民生政策，由于归属于不同的政府职能部门，"部门利益"的存在以及行政资源整合的力度不大导致不同归口的政策之间存在"碎片化"现象。比如在惠民政策中，由于支农项目资金的管理和分配涉及多个部门，不同部门各自为政，造成一个项目在不同部门多头申报补助补贴的现象。农村政策"碎片化"问题，直接带来农村社会管理中政策结构松散、政策间衔接度不高、个别政策效益相互消释、政策间缺乏有机联动、弱化政策整体功效等现实问题，加大了农村社会管理的难度。

三、社会管理视角下的"农村空心化"治理路径

（一）补充各类主体力量，使新农民新村干新村官成为农村社会管理创新的主力军

农民是农村社会管理的主体。当前，农村社会结构发生深刻变

---

① 王飚，陈洪义，王楠，吕后中：《农村创新社会管理急需解决的问题》，《调研世界》2011 年第 11 期，第 33 页。

化,既有纯农户、亦工亦农的兼业户,也有常年外出务工经商的打工者、自主创业的企业家,农村社会管理主体开始多元化,特别是开展新农村建设以来,有文化、懂技术、会经营的新型农民也积极参与农村社会管理,成为农村社会稳定的主要力量。因此,为了避免出现"农村空心化"现象,填补农村社会管理的"真空"问题,必须从新村官、新村干入手,不断拓宽选人视野,改善农村干部队伍结构,真正把政治素质高、群众威信高、善于解决处理复杂问题、善于处理农村社会事务和带领群众致富的能力强的优秀人才选拔到村级领导班子和农村基层党组织中。

(二)推进改革力度,使公共产品供给模式创新成为农村社会管理创新的突破口

深化改革是提升农村社会管理水平,实现农村可持续发展的必然选择。一方面要强化政府在农村公共服务中的重要作用,了解农民需求变化,加大投入力度,努力实现农村义务教育、医疗等基本公共服务的基本均等化,提高农村公共服务水平。另一方面,要优化农村公共产品供给主体结构,引导和鼓励民间资本参与农村公共产品生产与供给;创新农村公共产品供给方式,适应农村人口流动化、人口老龄化和家庭空巢化的需求;创新公共产品管理机制,推进农村社会管理创新。如:放活农村基础设施建设的经营权,通过承包、租赁等方式让私人或者企业参与经营和管理;通过拍卖将一部分中小型基础设施转让给自然人或者法人,通过作价入股吸引民间资本投入农村公共设施建设;通过重组与合作盘活农村小型基础设施;建立市场化的管护主体。由使用者组成合作协会,如用水者协会,对某类设施进行科学化、市场化管护。①

---

① 刘成玉,马爽:《"空心化"、老龄化背景下我国农村公共产品供给模式改革与创新探讨》,《农村经济》2012 年第 4 期,第 11 页。

(三)发育各类社会组织,使基层党组织成为农村社会管理创新的领导核心

加强农村社会管理创新,需要多种类型的组织来承载,这些组织既包括经济组织和政治组织,也涵盖了政府组织和非政府的民间社会团体。在充分发育各类社会组织的背景下,要更加凸显基层党组织在农村社会管理中的领导核心作用。一是妥善处理好村级党组织与村民自治组织之间的关系。规范村级重大事务决策程序,健全村民代表大会制度,建立以党组织为核心、村民代表大会为决策机构、村民委员会为执行机构、广大群众为主体的农村民主政治体系,切实妥善地解决西部地区村级党组织和村民委员会职责交叉问题,以提高农村基层党组织的组织力和凝聚力。二是科学设计基层党组织的工作重点。在“农村空心化”的背景下,基层党组织应把工作重点放在培训现代农业技术、培育新型农民、带领群众致富、关爱特殊群体、维护农村社会稳定等方面。

(四)健全农村社会政策体系,使民生政策优化成为农村社会管理创新的标志

坚持“当期可承受、未来可持续”发展原则,强化全面统筹和系统规划理念,充分考虑农村经济社会基本情况、财政承受力度和政府公共服务能力现状,通盘考虑、整体谋划、细致设计、阶段推进,不断健全农村社会政策体系。在政策制定中,要避免因人口流动而导致的政策设计不详细、政策落实成本高、政策缺乏激励监督等负面现象。在政策执行中,一方面要完善组织设置制度,强化组织保障,同时,完善考核评价制度和审查监督制度,强化责任意识和导向功能,以强有力的制度保障确保政策的落地生根。

上海农民的政治态度与基层社区治理

——基于金山区吕巷镇问卷调查的思考

上海行政学院　李婷玉*

内容提要：乡村社会虽然具有“弱政治性”的特点，农民的政治态度却是影响经济发展、政治稳定与社会和谐的重要因素。随着整个中国社会朝向市场化的快速转型，农民的政治态度也经历了嬗变。本文通过对上海金山区吕巷镇农民的抽样调查发现，吕巷镇农民群体内部存在多种价值倾向，既有保守取向的成分也有自由取向的成分。作为一个整体，他们对社会现状满意度一般，对现任政府的信任度不算高，对现存的社会不平等现象有清晰的认知，有较为强烈的民主参与意识和需求，追求更高程度的社会公正，但又不希望发生社会冲突，尤其是激烈的社会冲突。这种较为复杂和矛盾的社会政治态度预示着农民行动取向的多种可能性。

关键词：农民　政治态度　保守取向　自由取向

乡村社会作为一个远离政治权力中心的基层社会，通常具有“弱政治性”的特点。但是农民的政治态度，即对于现存政治权力系统、政治规范、政治秩序、政治价值观所表现出的情感倾向和心理归属，却是影响经济发展、政治稳定与社会和谐的重要因素。有学者曾指出，对中国这个东方超大型二元结构社会而言，农民始终是其

---

* 李婷玉，上海行政学院现代人力资源测评研究中心副教授、南京大学社会学院博士生。

现代化进程中最值得分析的政治群体变量。[①] 改革开放三十余年，整个中国社会朝向市场化的快速转型，使社会的各个领域都发生翻天覆地的变化，农民的政治态度也经历了嬗变。作为改革开放最早的受益者，亦是迄今为止仍处于社会底层的弱者，农民的政治态度经历了从较高水平的认同到认同度下降与波动的过程。尤其是当前，由于农村大规模的征地运动及农民工在城市所遭遇的社会排斥，使得农民群体的社会抗争或曰集体行动频发。更多的学者开始关注农民及其社会行动，他们是寻求变革，还是安于现状？本文将以在上海这样一个国际大都市中的一个偏远郊区，一个经济欠发达的农业大镇——金山吕巷镇中的农民为例，通过调查数据分析，来探寻当前农民群体的社会政治态度及可能的行为趋向，并尝试提出基层社区治理之可行路径。

一、分析框架和测量指标

（一）分析框架

本研究借鉴李春玲教授研究中产阶级的社会政治态度时所采用的分析框架，[②]即保守主义和自由主义分析框架，尝试应用于农民群体。由于样本的局限，因此本文采用"保守取向"与"自由取向"来替代"主义"这样一个宏大的语词。且遵循理论家们对中产阶级社会政治功能的基本推论逻辑，套用于农民群体，即：如果农民的社会政治态度表现出保守取向，那么它就是社会稳定的力量；反之，如果农民的社会政治态度呈现出自由取向，那么它可能是推进社会政治变革的力量。

---

① 孔繁斌：《农民政治价值观变迁与权威分化：政治控制取向》，《南京社会科学》1998年第7期。

② 李春玲：《寻求变革还是安于现状——中产阶级社会政治态度测量》，《社会》2011年第2期。

基于政治保守倾向与政治自由取向的差异，本研究建构三个指标来区分这两种态度：满意度、权威意识和社会公正意识。表 1 列出三个指标及其具体含义，保守取向和自由取向在这三个方面的具体表现和相应的测量指数。每个态度区分指标通过两个测量指数来进行测量。

满意度指标反映了个人对现实状况的感受。高满意度意味着希望维持现状（保守取向），而低满意度意味着希望社会变革（自由取向）。满意度由两个指数—个人生活满意度指数和社会生活满意度指数——进行测量。权威意识指标反映了个人对国家和政府的态度。强权威意识表明希望维持现有政治体制（保守取向），弱权威意识表明希望政治体制改革（自由取向）。权威意识由两个指数——政府信任指数和民主参与指数——进行测量。社会公正意识反映了个人对社会不平等现象的态度。社会公正意识弱表明对现存的不平等现象有较高的容忍度，意味着愿意接受现存制度安排（保守取向），而社会公正意识强则意味着对现存制度安排有较多的批评并希望改变这种状况（自由取向）。社会公平意识用两个指数——不平等感受指数和冲突意识指数——进行测量。[①]

（二）测量指数和计分方法

本文的态度测量方法主要通过问卷调查被访者对一系列问题的回答，建构态度测量量表，给每种答案赋以确定的分值，根据得分的高低判断态度取向。表 2 列出了测量六个指数的具体提问，每一个指数都包含了两个（及以上）提问项目的量表测量，并采用李克特量表的计分方法，每一个指数的得分是相关提问得分的平均值。分值越低，社会政治态度越偏向于保守取向；分值越高，社会政治态度

① 李春玲：《寻求变革还是安于现状——中产阶级社会政治态度测量》，《社会》2011 年第 2 期。

越偏向于自由取向。

表 1　保守取向和自由取向社会政治态度的特征倾向①

测量指标	保守取向社会政治态度的表征	自由取向社会政治态度的表征	测量指数
满意度（对社会现状的评价）	安于现状或对现状较满意	对现状不满意	①社会生活满意度指数 ②个人生活满意度指数
权威意识（对国家和政府的态度）	对现任政府有较高的信任度，对国家有较强的依附性或认同强国家理念	对现任政府的信任度较低，期望更高的政治民主（民主治理、民主参与和政治透明等）	③政府信任指数 ④民主参与指数
社会公正意识（对社会不平等现象的态度）	对社会公正期望较低，容忍或认可现存的社会不平等现象	追求更高程度的社会公正，对现存不平等现象持批评态度	⑤不平等感受指数 ⑥冲突意识指数

表 2　测量指数及其提问问题和答案分值

测量指数	提问问题	答案与分值
①社会生活满意度指数	您认为在您所居住的区域内，以下几个方面的情况如何：A 基础设施，B 社会保障，C 社会治安，D 邻里关系，E 干群关系	很好（1 分），比较好（2 分），不太好（3 分），很差（4 分）
②个人生活满意度指数	A 考虑到您的能力和工作状况，您认为您目前的收入是否合理？	非常合理（1 分），合理（2 分），不合理（3 分），非常不合理（4 分）
	B 考虑所有因素，请问您对自己近来的生活满意吗？	完全满意（1 分），满意（2 分），不满意（3 分），完全不满意（4 分）

① 李春玲：《寻求变革还是安于现状——中产阶级社会政治态度测量》，《社会》2011 年第 2 期。

续表

测量指数	提问问题	答案与分值
③政府信任指数	A政府与法院在重大案件上的态度总是一致的 B只有政府大力支持、配合,法律才能正常运转 C服从政府总是不会错的 D任何人都应该支持自己的国家,即使你认为它做的不对	完全同意(1分),比较同意(2分),不太同意(3分),完全不同意(4分)
④民主参与指数	A我了解我们村/社区发生的事情,所以我有权参与村/社区的事务 B如果有机会参加镇长/村长的直接选举,我一定会积极参加投票	完全不同意(1分),不太同意(2分),比较同意(3分),完全同意(4分)
	C只要经济能保持稳定发展,就不一定要提高民主程度	完全同意(1分),比较同意(2分),不太同意(3分),完全不同意(4分)
⑤不平等感受指数	A政府某些政策不妥当,是造成贫穷的重要原因 B应该从收入高的人那里征更多的税来帮助穷人	完全不同意(1分),不太同意(2分),比较同意(3分),完全同意(4分)
	C您认为当前的干群收入差距是否合理?	很合理(1分),比较合理(2分),不太合理(3分),不合理(4分)
⑥冲突意识指数	您是否赞成某些个人或组织利用下述方式来表达他们对自身利益的意见:A公开集会,B游行、示威,C罢工,D上访	非常不赞成(1分),比较不赞成(2分),比较赞成(3分),非常赞成(4分)

二、数据来源与概念界定

(一)数据来源

本文所使用的数据来自2012年2～3月在金山吕巷镇进行的随机

抽样问卷调查。吕巷镇地处上海远郊，是金山区唯一没有工业区的农业大镇，属经济欠发达地区，农业是主导产业，“皇母蟠桃”是该地的知名特色农业品牌。吕巷镇有常住人口4.2万人，外来人口1.5万人，除少数家庭富裕外，大多数的农民年收入在1.2万元～2万元之间，尚处于温饱状态，而且因病致贫的现象并不鲜见。此次调查共发放问卷1 200份，回收有效问卷1 074份，回收率89.5%。样本的具体分布情况参见附件1。

（二）概念界定

著名英国人类学家M. 布洛克曾说：学术界“在议论究竟什么是农民时面临巨大困难”。《政治学辞典》则将农民界定为“直接从事农业生产的劳动者”，但无论在研究中还是在日常生活的语境中，我国的“农民”都不是一个纯粹的职业概念，它包含了一种社会等级、一种身份，一种生存状态，一种文化模式乃至心理结构。因此本文所界定的农民也并非传统意义上靠天吃饭、依赖土地为生的农民，而是操作化为在农村地区（吕巷镇）长期居住的“村民”，既包括具有上海农业户籍或外地农业户籍的“农民”，也包括非农户籍但居住在农村的“市民”，[①]在具体的分析过程中也将对这几个不同的群体进行比较。

三、数据描述与分析

表3列出了六个态度测量指数的平均值，分值越低，社会政治态度越偏向于保守取向；分值越高，社会政治态度越偏向于自由取向。由此可以大致观察被调查者在社会生活满意度、个人生活满意度、政府信任程度、民主参与意识、不平等感受程度和社会冲突意识方面的总体情况。

---

① 调查结果发现，居住在吕巷镇的人员，无论是否是农业户籍，其中85.7%的人，即920人都是以工资性收入为主要收入来源的，56人是两种以上的收入来源，还有45人以家庭经营收入为主要收入来源，18人主要收入来源是退休金。

为了更为细致地了解不同类别农民群体在社会政治态度的差异情况，笔者将相关的人口学特征和六个指数做了方差分析和回归分析。同时为了方便分析，对一些人口学要素进行了简化处理，其中政治面貌分为党员和非党员，受教育程度分为初等教育（初中及以下）、中等教育（高中类）和高等教育（大专及以上）；职务分为未担任、村镇干部与其他，各项统计均剔除了缺失（该项目未选）数据。分析结果显示，六个指数在性别上都不存在差异；而年龄、受教育程度、政治面貌、婚姻状况、户籍和职务都或多或少地影响若干态度指数，表 4 中列出了通过 F 检验的态度指数的 p 值情况，表 5 和附件 2 中的图 1 至图 6 列出了存在差异的各类别群体态度指数的均值。

表 3　分析变量的描述性统计

变　量	最小值	最大值	均　值	标准误差
社会生活满意度指数	1.00	4.00	1.9756	0.53059
个人生活满意度指数	1.00	4.00	2.5127	0.61079
政府信任指数	1.00	4.00	2.3104	0.59194
民主参与指数	1.00	4.00	3.0285	0.54507
不平等感受指数	1.33	4.00	2.8659	0.60882
冲突意识指数	1.00	4.00	1.8972	0.78000

表 4　通过 F 检验的态度指数 p 值

	性别	年龄	受教育程度	政治面貌	婚姻状况	户籍	职务
社会生活满意度指数	—	0.044	0.004	0.006	0.017	0.000	0.003
个人生活满意度指数	—	—	0.022	0.000	—	0.000	0.035
政府信任指数	—	0.000	—	0.001	—	0.000	—
民主参与指数	—	0.000	0.014	—	0.015	0.000	0.000
不平等感受指数	—	—	0.049	0.044	—	—	—
冲突意识指数	—	0.000	0.000	0.000	0.012	0.000	0.000

表5　不同类别群体的态度测量指数均值($p<0.05$)

要　素		社会生活满意度指数	个人生活满意度指数	政府信任指数	民主参与指数	不平等感受指数	冲突意识指数
年龄	≤20岁	1.944	—	2.040	3.067	—	2.340
	21～30岁	1.922	—	2.355	3.109	—	2.138
	31～40岁	1.999	—	2.385	3.028	—	2.003
	41～50岁	2.036	—	2.358	2.983	—	1.846
	50岁以上	1.908	—	2.145	3.032	—	1.616
教育程度	初等教育	1.965	2.534	—	3.007	2.873	1.831
	中等教育	1.991	2.558	—	3.010	2.854	1.932
	高等教育	2.008	2.408	—	3.128	2.844	2.007
政治面貌	中共党员	1.872	2.414	2.194	—	2.810	1.694
	非党员	2.016	2.550	2.351	—	2.885	1.972
婚姻状况	已婚	1.973	—	—	3.021	—	1.853
	未婚	1.982	—	—	3.119	—	2.220
	其他	1.967	—	—	2.956	—	1.925
户口	本地农业	1.974	2.549	2.318	3.004	—	1.848
	本地非农	1.949	2.410	2.278	3.089	—	1.949
	外地农业	2.115	2.491	2.362	3.077	—	2.318
职务	未担任	1.994	2.530	—	3.024	—	1.945
	村镇干部	1.795	2.312	—	3.049	—	1.568
	其他	1.933	2.426	—	2.833	—	1.942

(一)社会生活满意度

数据分析结果表明，从整体上看，被试者对所居住区域内的基础设施、社会保障、社会治安、邻里关系和干群关系的评价都接近“比较好”，社会生活满意度比较高(均值为 1.98)。但不同年龄、不同教育程度、不同政治面貌、不同婚姻状况、不同户籍状况和不同职务的被试者在社会生活满意度上均存在显著差异。相比较而言，从年龄看，50 岁以上被试者的满意度最高，41～50 岁的被试者满意度最低；从受教育程度看，学历越高，满意度越低；党员的满意度高于非党员；从户籍看，本地非农被试者的满意度最高，本地农业被试者居中，而外地农业被试者满意度最低；从职务看，村镇干部的满意度高于其他两类群体。

(二)个人生活满意度

数据分析结果表明，从整体上看，被试者的个人生活满意度水平一般，恰好处于满意与不满意之间(均值为 2.51)。对于自己收入相对于自己能力和工作状况的合理性评价，被试者略偏向于不合理区间(均值为 2.60)；对于自己近来生活的满意度，被试者略偏向于满意。不同受教育程度、不同政治面貌和不同户籍、不同职务的被试者在个人生活满意度上存在显著差异。相比较而言，中等教育程度的被试者相对于初等和高等教育程度被试者，满意度最低；党员的满意度高于非党员；本地非农户籍被试者满意度最高，外地农业户籍被试者满意度最低；村镇干部的满意度高于其他群体。

(三)对政府的信任程度

数据分析结果表明，从整体上看，被试者对政府/国家的信任程度尚可(均值为 2.31)。除了对“服从政府总是不会错的”的评价略偏向于不太同意外(均值为 2.58)，其余三题的评价都偏向比较同意。不同年龄、不同政治面貌、不同户籍的被试者在政府信任指数上存在差异。相对而言，从年龄来看，呈现两头高中间低的状况，即20岁以下、50岁以上的被试者对政府的信任度显著高于21～50岁的中青年群体，党员对政府的信任度高于非党员，非农户籍的信任度高于农业户籍。

（四）民主参与意愿

数据分析结果表明，整体上看，被试者的民主意识比较强，有较高的政治参与需求（均值为3.03）。不同年龄、受教育程度、婚姻状况、户籍和职务的被试者在民主参与指数上均存在差异。比较而言，从年龄上看，41～50岁被试者的民主意识偏弱，21～30岁的被试者最有参与意愿和需求；受教育程度越高，民主参与意识越强；未婚者的民主参与意愿高于已婚者；从户籍看，本地非农被试者的民主参与意愿高于外地农业被试者，高于本地农业被试者；在村镇担任一定职务的被试者参与意愿最强。

（五）不平等感受程度

数据分析结果表明，从整体上看，被试者的不平等感受比较强烈（均值为2.87）。有60.2%的被试者认同（同意或完全同意）政府的某些政策不妥是造成贫穷的重要原因；有70.7%的被试者认同应该从收入高的人那里征更多的税来帮助穷人；有56.0%的被试者认为当前的干群收入差距不合理。不同年龄、婚姻状况、不同户籍和职务的被试者对不平等的感受程度是没有显著差异的，不平等感受程度仅在不同受教育程度和不同政治面貌被试者中存在差异。受教育程度越低，不平等感受程度越强；非党员的不平等感受程度高于党员。

（六）社会冲突意识

数据分析结果表明，从整体上看，农民的社会冲突意识还不强

(均值为1.90),是六个指数中最低的。在公开集会、游行示威、罢工和上访这四种表达自身利益的方式中,上访的认同度最高(均值为2.36),集会次之(均值为1.95),对游行示威(均值1.67)和罢工(均值1.66)的认同度低。但社会冲突意识在不同年龄、受教育程度、政治面貌、婚姻状况、户籍、职务的被试者中均存在差异。相比较而言,年龄越大,社会冲突意识越弱;学历越高,社会冲突意识越强;非党员的冲突意识超过党员;未婚者的冲突意识胜过已婚者;本地农业户籍农民冲突意识弱于本地非农市民,外地农业户籍农民冲突意识最强;担任村镇干部职务的被试者冲突意识弱于未担任者。

表6 各态度指数之间的相关矩阵

	个人生活满意度指数	社会生活满意度指数	政府信任指数	民主参与指数	不平等感受指数	冲突意识指数
个人生活满意度指数	1.000					
社会生活满意度指数	0.448**	1.000				
政府信任指数	0.160**	0.142**	1.000			
民主参与指数	−0.102**	−0.190**	−0.221**	1.000		
不平等感受指数	0.260**	0.271**	−0.129**	0.203**	1.000	
冲突意识指数	0.088*	0.241**	−0.042	0.010	0.196**	1.000

注:** $p<0.01$;* $p<0.05$。

(七)六个态度测量指数的相关性分析

各个态度指数并不是独立的,而是相互影响相互作用的。从表6可以看出,个人生活满意度与社会生活满意度密切相关(r=

0.448)。回归分析表明,民主参与指数受到社会满意度指数、政府信任指数、不平等感受指数的显著影响。社会满意度越高,对政府越信任,对不平等的容忍度越高,则民主参与意识越低;不平等感受越强烈,社会满意度低,对政府不信任则会使民主参与意识高涨。不平等感受是尤为重要的一个指标,对个人生活满意度、社会生活满意度、政府信任度、民主参与意识及冲突意识都有显著影响。

四、结论及其对基层社区治理的启示

从上述分析结果来看,上海金山吕巷镇农民群体的政治态度大致可以概况地描述为:政治参与及民主意识比较强烈,不平等感受也较为强烈,个人生活满意程度一般,对政府的信任还算过得去,社会生活满意度尚可,而冲突意识不强。从年龄来看,除了社会冲突意识是随年龄增加而减弱之外,其他五个态度指数上并没有表现出很强的一致性,政治自由或保守取向在不同年龄层间的差异也不显著,因此可以尝试理解为吕巷镇的各个年龄层的农民的政治态度尚不是很明确,处于波动状态。从受教育程度看,学历越高,社会生活满意度、民主参与意愿、社会冲突意识也越高,总体上大致可以判断为受教育程度越高,社会政治价值取向越趋于自由。从政治面貌看,中共党员在各个指标上都更倾向于保守态度,而非党员则更倾向于自由态度。从婚姻状况来看,已婚与未婚及离异、丧偶等其他情况的农民之间在政治态度上没有显著的差异。从户籍来看,外地农业户籍人员即通常意义上所指的外来农民工群体的社会满意度、政府信任程度最低,社会冲突意识最强,相比于上海本地人,他们更具有政治自由倾向。从职务来看,村镇干部的个人和社会满意度最高,民主参与意愿和社会冲突意识最低,村镇干部比起未担任职务的农民及其他人更具有政治保守倾向。

总之,吕巷镇农民群体内部存在多种价值倾向,既有保守取向的成分也有自由取向的成分。作为一个整体，吕巷镇农民对社会现状满意度一般，对现任政府的信任度不算高，对现存的社会不平等现象有清晰的认知，有较为强烈的民主参与意识和需求，追求更高程度的社会公正，但又不希望发生社会冲突，尤其是激烈的社会冲突。这种较为复杂和矛盾的社会政治态度预示着农民行动取向的多种可能性。①

本文开篇言及乡村社会是一个远离政治权力中心的基层社会，生活于其中的农民既不具有知识分子那样的政治浪漫和宽广情怀，也没有其他阶层那样开阔的视野，他们并没有力图主导或影响政治权力运作的“野心”，对抽象的“主义”也不感兴趣，正如有学者所言，民主政治，即对农民民生的改善以及对民生福利需求的满足，能够产生更大的政治效用，增强农民的政治认同。② 认同产生服从，不满则可能诱发抗争，从这个意义上来看，本文的研究结果也可以为农村基本社区治理提供可行的优化路径。

就现实处境而言，农民仍是社会中的弱势群体。③ 同样地处国际化大都市，吕巷镇的农民承受了较大的生存压力，虽然他们中的大多数维持社会最低生活质量没有问题，但是在教育、医疗和社会保障等方面享有的资源还没有办法与上海市区居民相比，甚至也无法与上海近郊的农民相比。这种相对贫困而不是绝对贫困所带来的相对剥夺感，极易使农民群体产生愤怒、怨恨或不满的消极情绪，从而引发对政治权力的不满、不信任和疏离。在这种情况下，如果他们的合法权益受到侵犯或威胁(如土地征用或租借导致的土地纠纷)，就会奋起反抗，引发群体事件。虽然当前农民群体对现状还没

---

① 这一结论，因研究样本局限于特定的一地一镇，因此只能反映当地而很难推论全国。

② 彭正德:《民生政治是一种农民政治认同机制》，《当代世界与社会主义》2010 年第 3 期。

③ 调查中，农民对自身社会阶层的认知，76.0%都认为是中下层或下层，自认为是中上层的仅有 2.8%。

有明显的不满，但从对政府的信任度不高、民主参与热情高涨来看，地方政权仍然需要推进经济可持续发展的有效手段以增加农民收入；需要改善社会保障状况的有效措施以满足农民的教育、医疗、养老需求；需要加强地方的基础设施建设，提升社会治安水平，并持续改善村民间的关系（尤其是外来务工人员与本地村民的关系）和干群关系，这样才能够有效地提升农民群体的个人生活满意度和社会生活满意度，缓解他们的不平等感受，从而增进对政府的信任。另外，鉴于调查中党员群体的社会政治态度倾向，强化农村基层党组织建设，在有效整合地方村民利益的基础上（既考虑本地农业户籍农民和本地居民的利益，也要兼顾长期居住本地的外地农民的利益），党员群体及农村党组织也能真正成为凝聚社会、整合社会、动员社会的政治核心。

参考文献

[1] 陈浩，薛婷，乐国安：《工具理性、社会认同与群体愤怒——集体行动的社会心理学研究》，《心理科学进展》2012 年第 1 期。

[2] 马广海：《存在、认同与冲突：转型期我国社会的阶层意识概览》，《山东社会科学》2011 年第 5 期。

[3] 翁定军：《阶级或阶层意识中的心理因素：公平感和态度倾向》，《社会学研究》2010 年第 1 期。

[4] 贺雪峰：《农民价值观的类型及相互关系——对当前中国农村严重伦理危机的讨论》，《开放时代》2008 年第 3 期。

[5] 孔德永，卢业美：《政治认同的类型、特征与功能》，《中共天津市委党校学报》2008 年第 6 期。

[6] 叶本乾：《现代国家构建中的均衡性分析：三维视角》，《东南学术》2006 年第 4 期。

[7] 郭正林：《当代中国农民政治态度的定量研究》，《学术研究》2005 年第 5 期。

[8] 牛铭实:《从封建、郡县到自治:中国地方制度的演变》,《开放时代》2004 年第 6 期。

[9] 李培林,张翼:《社会冲突与阶级意识》,社会科学文献出版社 2005 年版。

[10] 戴维·格伦斯基. 王俊等译:《社会分层》华夏出版社 2005 年版。

附件 1：

调研样本分布情况

项　目		样本总计 1120		有　效	缺失（未选）
		人数	百分比		
性别	男	604	56.2	1 040	34
	女	436	40.6		
年龄	20 岁及以下	25	2.3	1 070	4
	21～30 岁	164	15.3		
	31～40 岁	311	29.0		
	41～50 岁	324	30.2		
	50 岁以上	246	22.9		
教育程度	小学及以下	149	13.9	1 056	18
	初中	412	38.4		
	高中或中专	298	27.7		
	大专	133	12.4		
	大学本科	64	6.0		
政治面貌	中共党员	282	26.3	1 054	20
	共青团员	103	9.6		
	民主党派	4	.4		
	群众	665	61.9		
婚姻状况	已婚	914	85.1	1 059	15
	未婚	115	10.7		
	其他	30	2.8		
户口	上海本地农业户口	760	70.8	1 074	0
	上海本地非农户口	255	23.7		
	外地农业户口	59	5.5		
职务	未担任	869	80.9	1 018	56
	村两委委员	38	3.5		
	其他村干部	54	5.0		
	镇干部	26	2.4		
	其他	31	2.9		

附件 2：

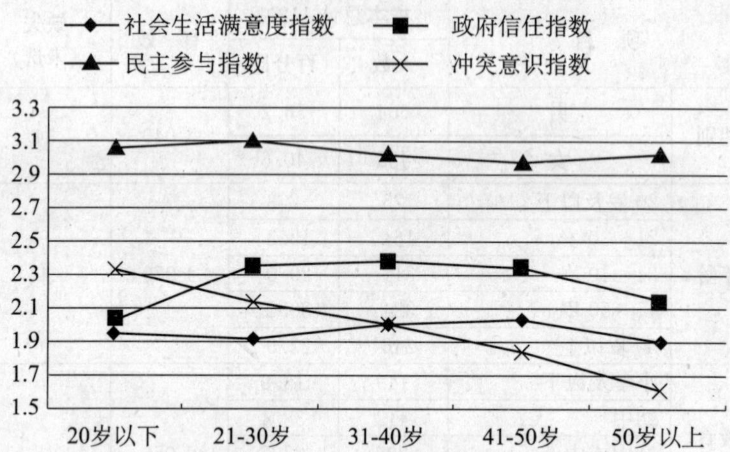

图 1　不同年龄群体的态度指数均值比较

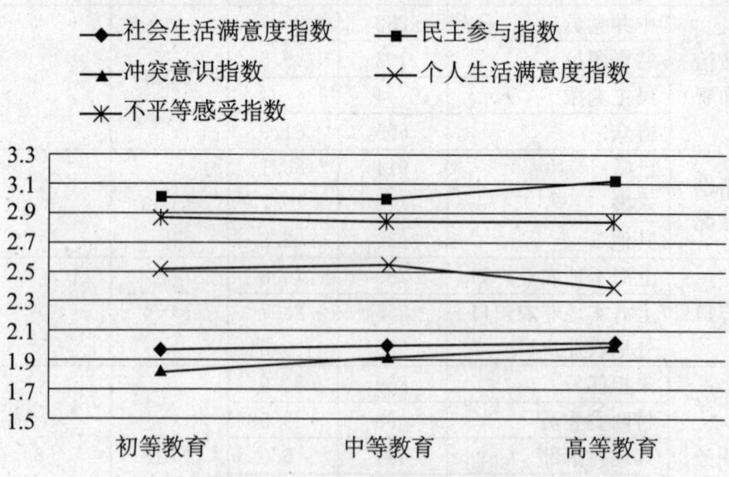

图 2　不同受教育程度群体的态度指数均值比较

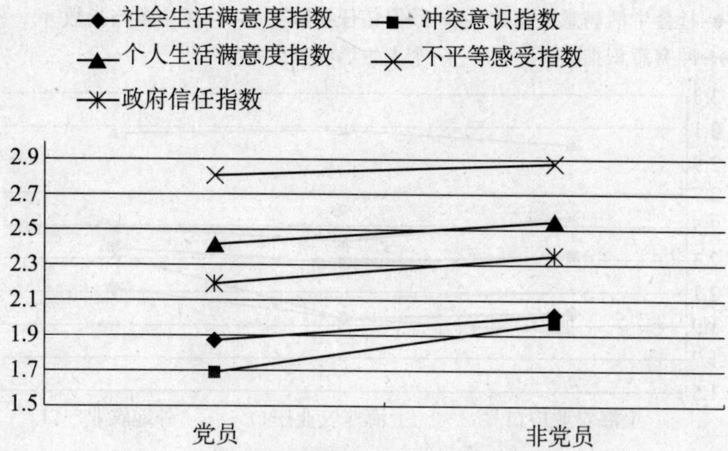

图 3　不同政治面貌群体的态度指数比较

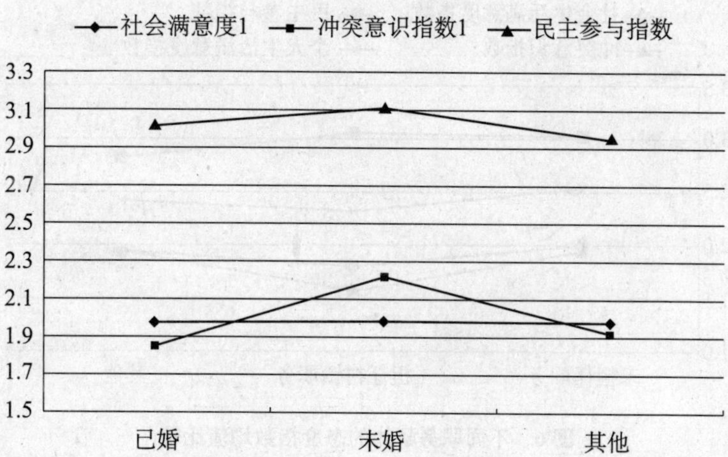

图 4　不同婚姻状况群体的态度指数均值比较

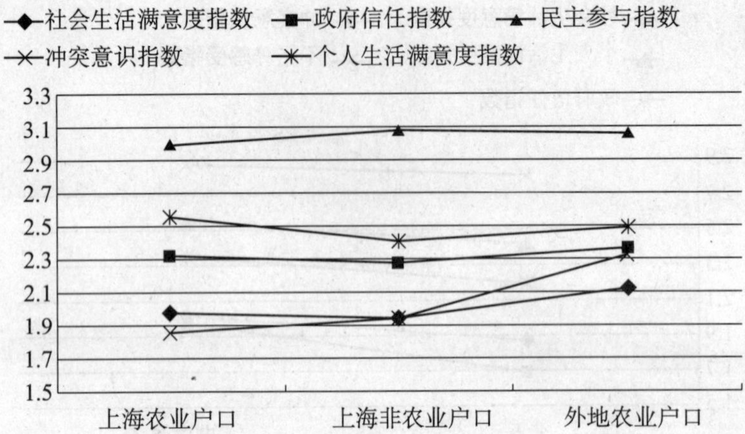

图 5　不同户籍群体的态度指数均值比较

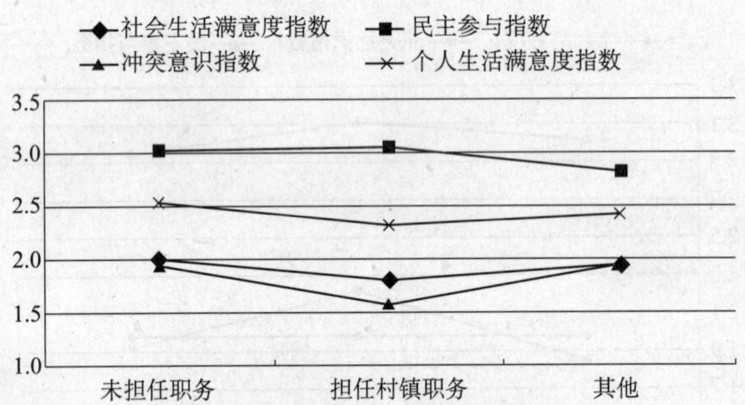

图 6　不同职务群体的态度指数均值比较

乡贤文化与农村基层治理

——以广东云浮乡贤理事会为例

广东行政学院　张　艺*

内容提要：加强社会建设、创新社会管理，就是要在新的经济社会条件下构建新型农村社会秩序，推动农村基层社会治理实现自治化、自组织化和自稳定性。广东云浮积极发展乡贤理事会，发挥乡贤群体社会作用，弘扬新时期乡贤文化，运用传统文化资源创新社会管理。这一探索在新农村秩序再造和农村基层治理中具有实用价值。

关键词：乡贤文化　乡绅　乡贤理事会　农村基层治理

随着工业化、城镇化的推进，农村社会发生了深刻的变化，进城务工、创业经商、开办工厂等等，人口大量和频繁地流动，利益关系的改变，原有的社会秩序被打破，基层社会治理遇到挑战。加强社会建设、创新社会管理，就是要在新的经济社会条件下构建新型农村社会秩序，推动农村基层社会治理实现自治化、自组织化和自稳定性。在这样一个建设过程中，需要整合多方面社会资源。其中，乡贤人士作为农村社会民意和价值观代表的群体，是农村基层社会治理非常重要的社会资源，如何承续传统文化中乡贤文化的优点，在新农村社会秩序的再造中发挥乡贤的多方面作用，有着极为重要

* 张艺，广东行政学院现代化战略研究所教授。

的价值。本文以广东云浮近年来以乡贤理事会建立促进农村基层社会管理为例,分析乡贤文化在农村基层治理中的实用价值。

一、乡贤与农村社会

在传统文化中,乡贤通常指的是散居民间,有一定社会地位,或掌握一定社会资源,有才德有声望的贤明通达人士。传统中国社会,大一统的国家结构中,乡贤群体是中国传统社会秩序的守护者,在历史文化过程中扮演了重要角色。

对乡贤文化认知往往是在乡绅文化解读中。乡绅是中国历史文化中特殊的阶层,散落在乡野村落的宗族领袖、落第文人、忠烈义士、私塾先生和赋闲官吏等等,作为乡村中的政治、经济、文化精英以及道德楷模,构成了乡绅阶层。乡绅阶层依赖自身的社会地位以及所掌握的社会资源,搭建起官方与基层民众之间沟通的桥梁,一方面贯彻官方的政策协助治理乡村,也作为乡村利益代表与官府交涉,是官方值得信赖的替代治理者;另一方面,在乡村社会内部,乡绅是有本事有权威的“能人”,维系宗族礼法,处理公共事务。正如费孝通先生所言,拥有权力和财富、植根于土地的乡绅阶层,连接了以家庭为单位的社会成员与国家,充当了乡村的治理者。

虽然乡贤总体上属于乡村士绅,但两者还是有一定区别,乡绅是社会变迁中自然产生的社会阶层,具备一定条件发挥一定作用当然视之为该阶层成员,而乡贤往往有一定的推选和官方认可的程序。乡贤也不同于一般的乡村士绅,而是指称比较开明贤达的乡绅。对于乡村士绅总体评价中,这一阶层发挥了治理基层、维系稳定、服务乡梓和传承文化的作用,应该给予正面积极的历史评价。但是,也出现了一些横行乡里、作威作福、欺压民众的劣绅,劣绅凭借门第,出入官府,包揽钱粮,武断乡曲,对地方百姓造成极大危害。因此不能一般地把乡贤文化等同于乡绅文化,而是应该区别乡村士绅的不同作为，择取贤达之用，弃取恶习之劣，尤其是发挥在基层社会治理中的积极作用。实际上，传统上也把有一定社会声望的人尊称为社会贤达，彰显服务乡里、道德文章、为人师表、奉献社会之成就和公德，这也应该成为弘扬乡贤文化的主旨要义。乡贤群体对于基层社会治理的作用主要可以概括为：促进社会稳定，担当公共事务，传播传统文化，捍卫传统价值。

乡贤群体是乡村稳定的中坚力量。首先，表达乡村社情民意。乡贤具有官方认受，又从宗族、家族、民众那里得到支持，具有较广泛民众基础的社会地位，他们成为乡村民众的代表，能够向上反映社情民意，在公共决策与乡村利益冲突时，代表乡村与官方进行正式或非正式的体制内沟通，是传统社会民意诉求表达机制的有效途径。如乡村民众对朝廷政令及各种赋税的服从或抗争，首先反馈到乡贤那里，并听从乡贤或乡绅的建议，争取乡贤的认同，再向官府反映民意。其次，调解乡村矛盾纠纷。乡贤往往也是宗族、家族、乡村的精神领袖，对日常事务和民规俗约具有一定的裁判权，进行邻里纠纷的调解裁决，大量的矛盾在基层社会得到解决，减少官府诉讼压力。第三，维护乡村社会治安。在一些边远乡村，乡贤出资兴办地方治安队或团练，大多还自任头领，对乡村社会治安进行自治管理。在兵荒马乱、水深火热的旧时代，乡村自卫自救的作用非常重要。

担当公共事务是乡贤社会地位和声望的重要源泉，有些社会人士就是因为热心乡村公益事业而成为乡贤之士。从史料的记载来看，有关乡绅为地方做善事的事例俯拾即是，他们捐资济贫、修路修桥，兴办善堂、支持学校，几乎地方上的各种公务都有他们的主持或参与。一是公益事业。张仲礼在《中国绅士》一书中详尽考证与分析绅士在地方公益事业中的作用，如修路造桥、兴办水利工程、兴办救济慈善、学校教育事业，以及调解乡村邻里纠纷等。二是福利救济，就是赈灾救灾，捐款捐物，既是主要捐助人，也是组织者。传统的宗族家族社会救济有很多形式，如累世共财同居的大家族，通过类似原始的公社式的家族共同体实行互助；再如由在朝的官员或当地绅士出面设立义庄、义田救济、赡养本族成员，资助同姓子弟读书。三是公共活动。一些乡村的公共活动，如祭祀、迎送、修谱等等，都由乡贤出面组织并主持，推动了乡村社会和谐。

乡贤群体是传统文化和价值观的传播者和捍卫者。一是对传统文化深刻体认。乡贤大多在追求功名过程中研习文化典籍，而且在人生实践中对传统文化精神也有着深刻领悟，通过言传身教，无形中影响着周围的人的文化价值观乃至社会价值观，在这个过程中又逐步确立了自身在乡村社会中的文化主导者地位。二是传播传统文化。通过私塾、祠堂、公共活动等途径，传播传统文化博大精深的知识要点、价值体系等。乡村农民的知识主要源于这一传播渠道，特别是对于社会、价值和目标的认知。三是捍卫传统价值。文化体认决定了乡贤的价值观，并且在乡村社会治理实践中一以贯之。如对宗族礼法的裁定和解释。四是道德示范作用。在重德文化传统影响下，对乡贤的评价更多强调其道德修养的示范作用。乡贤群体不仅是社会精英，也是道德楷模。

从历史看，乡贤文化曾经被忽视和中断。但是，在非正式途径，这一传统并未中断，一些乡贤或创办企业，或传道授业，延续着乡贤群体的特殊社会治理作用。如在 20 世纪 80 年代改革开放初期，第一批创业农民就有着这个阶层的影子。

二、乡贤理事会的社会创新

加强和创新农村管理，必须充分利用优秀传统文化资源。农村社会是优秀传统文化保存相对更完整的地区，而优秀传统文化至今仍影响着群众的日常生产生活和人生追求，在促进农村社会管理中依然发挥着积极作用。广东省云浮市通过培育和发展自然村乡贤理事会，充分利用本土优秀传统文化，培育与现代农村社会管理相适应的“自立自强、互信互助、共建共管”精神，使优秀传统文化资源在促进农村社会管理中焕发出了新的生机与活力。

（一）乡贤理事会的构建

云浮市在推进农村综合改革时，以自然村为基础，启动培育和发展乡贤理事会，把农村老党员、老教师、老模范、老干部、复退军人、经济文化能人等乡贤，以及热心本地经济社会建设服务的其他人士吸纳到理事会，协助党委、政府开展农村公益事业建设，协同参与农村社会建设和管理。乡贤理事会是以参与农村公共服务、开展互帮互助服务为目的建立的公益性、服务性、互助性的农村基层社会组织，弥补基层政府和自治组织提供公共产品和公共服务的不足，形成有益补充。

乡贤理事会以自然村为单位组建，理事成员产生方式是由自然村（村民小组）在具有独立民事责任能力的经济文化管理能人、老党员、老干部等有威望、有能力的乡贤和热心为本村经济社会建设服务的人士中推荐提名，经村（社区）党支部审核，由自然村（村民小组）公布后确认成为理事成员，并由理事成员会议选举产生理事长、副理事长、秘书长，使自然村乡贤理事会定好位、定好规、定好人，保证其在同级党组织的领导下，协助好镇（街）、村（居）委、自然村（村民小组）开展农村公共服务和公益事业建设。理事人数由各地按人口比例自行确定，理事会的理事人数 21～81 名之间，由“两代表一委员”中的本辖区非公职人员、复退军人、杰出乡贤、退休村干等组成，乡贤理事比例应占 50％以上。理事会设理事长 1 名，设副理事长 6～17 名，设秘书长 1 名具体负责处理日常事务。理事长、副理事长、秘书长均由理事以无记名投票选举产生。

理事会的事务决策，重大事项实行“一事一议”，一般事项以“三议三公开”的方式民主议事，即理事会提议、理事走访商议、户代表开会决议，议案决议公开、实施过程公开、办事结果公布。理事会成员围绕本章程规定的工作职责，每年向村民作出公开履职承诺，并自觉接受群众监督。

（二）乡贤理事会社会作用

乡贤理事会按照“民事民办、民事民治”的原则开展工作，主要履行关乎群众切身利益的“五小”职责，即调解邻里小纠纷、兴办农村小公益、纠正群众小陋习、提出工作小建议、履行自治小职能。以小见大，村民文明一小步，社会管理一大步。乡贤理事会社会作用主要有：

一是促进农民增收。乡贤理事会积极协助农业龙头企业推动现代农业经营体制机制创新，把创新“公司＋理事会＋农户”经营模式作为其中一项重要探索试验内容，理事会在原有的“公司＋农户”的产业化发展模式中的作用是引导参与试验区建设，在公司和农户之间起着重点单位协调者作用，协助解决农业龙头企业与农民合作的土地租赁、承包、置换和生产环境整治等问题，推进农村农业发展。成立以来，各地理事会已协助农业龙头企业解决生产环境整治问题 299 个。

二是参与公益事业。引导自然村乡贤理事会特别是乡贤理事，带头践行优秀传统文化，动员、引导村民参与由财政奖补的公益项目，带头做到“自律自强、互信互助、共建共管”，推进项目建设和公益事业。此外，乡贤理事会还推进“反哺工程”，担当“智囊团”、“规划师”、“治安队”、“慈善家”，尊师重教、奖教助学、扶贫济困。

三是弘扬优秀传统文化。乡贤理事会牵头组织编写村歌、村史、村民荣誉榜、好人好事汇编等宣扬道德规范，引导人们明辨是非荣辱，推动组织了“六祖诞”、“抢大炮”、“舞火箊”、“走大王”等民间风俗节庆文化活动，让群众在参与中增进感情，建立和睦、融洽的邻里关系。

四是落实村规民约促进乡村治理。与建立村规民约、促进乡村治理相结合，自然村乡贤理事会协同自然村建立健全自然村村规民约，使理事会依据村规民约理事调解农村矛盾纠纷、促进社会和谐。至2012年8月，全市自然村乡贤理事会共协助制定村民小组的村规民约3 904个，推动制定村秩序管理相关制度2 806项，成立监督小组1 582个、管护小组4 119个，村民捐赠公共设施管护经费达到590万元，依据村规民约调解矛盾纠纷1 691宗，凝聚了广大群众，发挥群众主体作用，促进自我管理、自我教育、自我服务、自我监督的水平提升。

（三）建立乡贤激励机制

乡贤文化是社会管理创新中非常重要的社会资源，必须从制度上加以保证和完善。有鉴于此，云浮在乡贤理事会制度中，专门建立了乡贤激励机制，以表彰和鼓励乡贤服务农村、报效家乡的热情和积极性，也对现代乡贤的社会地位给予认可。

云浮市设立了“公德史册”，把外出乡贤捐资公益、农村好人好事等以及每年的评选结果以大事记形式记载下来，著述村庄历史变迁、能人贤良、慈善之举，并以宣读公德史册、兴建公德堂等形式，在农村倡导“以德为先、以和为贵”的文明新风，引导群众自律自强、互信互助、共建共享。

还在有条件的地方以编写村歌、撰写村史、设公德榜等形式，把乡贤理事公德载史入册。如罗定市试点建立乡贤荣誉激励机制。通过电视台、电台等媒体在重大节日期间连续多天对乡贤事迹进行大力度的滚动宣传报道，推行公益事业捐建“命名制”，命名了“柏林街”、“国生大桥”等，吸引了更多乡贤关注并参与到理事会工作中。

三、完善农村基层社会治理

改革开放以来，我国农村社会变迁出现了许多新情况新特点。如农村人才、资金等外流，农村普遍出现“真空”，实施多年的村民自治出现“脱节”，村民委员会“行政化”，承担大量的行政事务，村民自治没办法着力，村民小组过于单薄和分散，没办法合力，如何破解这一难题，已成为当前农村社会管理的重大课题。与此同时，乡贤文化所代表的农村助产兴学、忠孝仁义等传统观念在农村生活中仍然影响着群众生产生活，大批乡村精英尤其是外出精英怀有叶落归根、反哺家乡的强烈愿望，成为建设和管理农村的一支不可忽视的力量。因此，应该大力弘扬乡贤文化，发挥乡贤群体在农村基层社会管理中的积极作用。

乡贤群体是农村社会管理积极力量。乡贤大多见过世面，接受过现代化信息的影响，有利于提高农村的建设水平、管理水平与农民的思想意识水平。大多数乡贤有广泛的社会基础，有强烈的反哺意识，能够成为家乡落后地区的积极建设力量。云浮通过培育和发展自然村乡贤理事会，在激发群众主体过程中，将游离于体制之外的乡贤整合到村庄建设与管理中，使其成为了农村社会多元共治的重要力量。

乡贤社会地位的时代特色。云浮乡贤理事会的价值在于以理事会这样的社会组织方式，承认乡贤所具有的社会地位和社会资源价值，尤其是被推选为理事成员或担任理事会负责职务的乡贤。与传统乡绅不同，现代乡贤有着新的界定：政治、经济、文化、社会、道德等方面有专长、资源和影响力的相关人员，在云浮，乡贤的范围主要是农村老党员、老教师、老模范、老干部、复退军人、经济文化能人等乡贤，以及热心本地经济社会建设服务的其他人士。

培育农村基层社会组织。农村基层社会组织的建设和发展是一个需要高度关注的问题，一方面，农村社会的封闭性使农村社会具有自组织特征，因而，具有隐秘的非正式组织的特点，在某些公共活动中会发生影响作用。另一方面，农村分散的生产生活方式需要通过社会组织的联结具有现代社会运行特点。因此，农村基层社会组织需要加以重点培育。云浮通过培育和发展自然村乡贤理事会，在同级党组织、政府、村委的正确领导下，给广大乡贤提供了参与平台。同时，以乡贤作为联结村民与政府的载体，发挥乡贤的社会积极作用，以社会组织方式发展乡贤文化。

重建新时期乡村价值观。社会生活是以价值观为联结的，农村社会发展处在大变革时代，随着乡村的远去和消逝，传统乡村价值观也在消解。因而，新农村建设包含了价值观重建命题。农村社会建设和社会管理更是绕不过这一问题，需要在加强社会管理创新中探索新的价值观重建方式。在这方面，乡贤文化的作用，一是要重视发挥乡贤的道德引领作用，改变重经济、轻道德的现象，以社会主义核心价值体系为指导，重视乡规民约制定规范，重视自律，重建乡村价值观。二是重视乡村文化知识传播。现代文明和文化知识的传播和认受不仅有利于思想道德的培育，也有利于价值观的确立。经历工业化、城镇化冲击的农村社会，在其价值重建过程，尤其需要现代民主和科学的改造。

参考文献

[1]费孝通:《乡土重建》，上海书店。

[2]张仲礼:《中国绅士》，上海社会科学出版社 1991 年版。

[3]张星久:《对传统社会宗族、乡绅历史地位的再认识》，湖北行政学院学报 . 2002 年第 4 期。

[4]王如林:《“乡绅政治”的前世今生》，《大众日报》2009 年 9 月 12 日。

[5]《云浮市关于培育和发展三级理事会 2012 年实施方案》。

后 记

2012 年 12 月 1 日至 2 日,“2012 年全国行政学院系统社会管理教研协作会议”在上海行政学院召开。本次会议是继 2009 年以来第四届全国行政学院系统的社会管理教研会议,会议以“城市化进程中的社会管理”为主题,来自全国行政学院系统的 110 多名代表参加,并特别邀请了中国社会科学院、清华大学、华东理工大学和上海市民政局的社会管理专家和官员到会发表演讲。会议通过主题演讲、大会报告以及分论坛研讨等形式围绕着“社会融合与公共服务”、“社区改造与社区治理”、“城市化背景下的农村社会管理”、“社会管理体制创新”、“城市化社会管理理论前沿”等主题对城市化进程中社会管理的重点问题进行了深入的交流,取得了积极的成果。地方行政学院社会和文化以及相关领域的教研部主任一起交流了教研部建设经验。

本次教研协作会议由国家行政学院社会和文化教研部、上海市行政学院共同主办。会议得到了国家行政学院副院长周文彰同志的亲切关怀和热情支持,他在百忙之中出席会议并发表了重要讲话。上海行政学院常务副院长王国平宣读了上海市副市长、上海行政学院院长姜平同志的书面致辞,上海行政学院副院长郭庆松教授出席会议并主持开闭幕式。此次教研协作会议的筹办工作得到了上海行政学院院领导的高度重视以及上海行政学院上下特别是社会学教研部、办公室相关同志的精心组织。各地行政学院以及系统外高校和研究机构的专家也对会议高度重视,提交了高质量的交流论文。

国家行政学院社会和文化教研部的全体人员为此次会议的成功举办付出了辛勤的劳动，教研部李志明和沈伟鹏老师，以及办公室副主任陈萌承担了大量的沟通联络和组织协调工作，从学院研究生部到教研部交流轮岗的霍小娟副研究员也积极参与了会议筹办。会议结束后，李志明协助我从参会的113篇论文中精心选编了36篇论文，形成了这本论文集。

近年来，社会管理和社会建设已经成为各级行政学院教学培训、科研咨询的重点，行政学院的专家学者在这个领域积极探索，研究不断深入、队伍不断壮大、成果不断丰富。国家行政学院社会和文化教研部自2009年开始每年选择一个主题召开一次全国行政学院系统的社会管理教研协作会议，为行政学院系统的同行提供交流研讨的平台。会后，每年编辑出版一本《中国社会管理论丛》，既忠实记录和反映行政学院系统学者的研究成果，也为致力于社会管理改革和创新的专家学者和实际工作者提供理论参考。

龚维斌

2013年6月26日